周宁年鉴

2022

中共周宁县委党史和地方志研究室 编

方志出版社
Publishing House of Local Records

图书在版编目（CIP）数据

周宁年鉴. 2022 / 中共周宁县委党史和地方志研究室编. —北京 : 方志出版社, 2022.12
ISBN 978-7-5144-5655-4

Ⅰ. ①周… Ⅱ. ①中… Ⅲ. ①周宁县－2022－年鉴
Ⅳ. ①Z525.74

中国版本图书馆CIP数据核字（2022）第257448号

责任编辑：张颢
责任校对：刘玉霞
责任印制：梅中英
出 版 者：方志出版社
地　　址：北京市朝阳区潘家园东里9号（国家方志馆4层）
邮　　编：100021
网　　址：http://www.zgfzcb.cn
发　　行：方志出版社图书营销中心（010-67110500）
印　　刷：福州力人彩印有限公司
开　　本：889毫米×1194毫米　1/16
印　　张：17.25
字　　数：487千字
版　　次：2022年12月第1版
印　　次：2022年12月第1次印刷
定　　价：260.00元

中共周宁县委年鉴工作领导小组

组　长：蓝杰英（周宁县委常委）

副组长：刘荣生（周宁县人民政府副县长）

成　员：李清旺　谢庆何　张　剑　郑潮平　肖家炼
陈孙芳　许胜全　蓝陈财　孙华金　郑　斌
林桂仁　黄瑞宝　陈先景　陈兴斌　黄锦荣
许　剑　吴宏勇　郑春章

《周宁年鉴（2022）》编辑部

主　编：钟陈灼

副主编：江陈树　陈贵正

编　辑：李其奖　陈明汉　陈辛非　林慧丹
郑　钰

编辑说明

一、《周宁年鉴》是由中共周宁县委、周宁县人民政府主办，周宁县委党史和地方志研究室编纂的年度综合性资料文献，创办于2001年（1989—1999年间总编），从2015年开始按“一年一鉴”编纂公开出版。

二、《周宁年鉴》以马克思列宁主义、毛泽东思想、邓小平理论、“三个代表”重要思想、科学发展观、习近平新时代中国特色社会主义思想为指导，坚持辩证唯物主义和历史唯物主义立场、观点、方法，旨在全面、系统地记载年度周宁县自然、政治、经济、文化、社会等方面情况，为社会各界了解和研究周宁提供权威、翔实的信息资料，为周宁积累史料。

三、《周宁年鉴（2022）》记述时限为2021年1月1日至2021年12月31日。但为了记述完整，在特载、附录中有跨年度叙述。

四、《周宁年鉴（2022）》设类目、分目、条目三个层次，以条目为基本记述单位。全书设35个类目164个分目851个条目。全书以文字、照片、图表内容构成。

五、《周宁年鉴（2022）》文字、标点符号、计量单位依照国家现行规范和相关行业规定。但为了资料原始性，在专文、附录中的选文存在特殊计量单位如“亩”字情况。文中凡简称“省、全省”均指福建省，“市、全市”均指宁德市，“县、全县”均指周宁县，“党、党员”分别指中国共产党、中国共产党党员。

六、《周宁年鉴（2022）》所收录的资料因来源、统计方法和口径不同，不同部门提供的数据或有不一致，年鉴中以记录原貌出现，确切数据以统计部门公布的数据为准。

周宁县地图

比例尺 1：210 000

编制单位：福建省地图出版社 审图号：宁S〔2022〕70号 资料截至：2021年12月

周宁名片

国家生态文明建设示范区

中国鲤鱼文化之乡

全国村庄清洁行动先进县

国家级商务进农村综合先进县

九龙漈、鲤鱼溪

——国家级风景名胜区

——国家 AAAA 旅游景区

——宁德世界地质公园核心景区

鲤鱼溪全国首个鱼文化主题公园

仙风山国家森林康养基地

全省首个林业生态文明实践基地

福建省森林公园

福建省园林县城

省级“四好农村公路”示范县

省级食品安全社会共治示范县

福建省林下经济重点县

周宁数据

（2021）

辖区面积 **1035.49** 平方千米

年末户籍人口 **21.09** 万人，常住人口 **14.8** 万人

地区生产总值 **901163** 万元

农林牧渔业总产值 **161914** 万元

农林牧渔业增加值 **93983** 万元

规模以上工业增加值增长 **20.6**%

固定资产投资（不含铁路）下降 **3.9**%

商品房销售面积 **190585** 平方米

社会消费品零售总额 **282772** 万元

一般公共预算总收入 **58163** 万元

地方一般公共预算收入 **39539** 万元

实际利用外资 **351** 万元

年末金融机构本外币存款余额 **787617** 万元

年末金融机构本外币贷款余额 **768549** 万元

城镇居民人均可支配收入 **34953** 元

农村居民人均可支配收入 **19756** 元

城镇居民人均生活费支出 **22187** 元

农村居民人均生活费支出 **15265** 元

周宁城关（谢劲松 2021 年 8 月 30 日摄）

习近平总书记在宁德工作期间，曾三次到周宁县黄振芳家庭林场调研。1989 年 1 月 3 日，时任宁德地委书记的习近平第三次到黄振芳林场调研时，亲手种下三棵杉树。在《摆脱贫困》一书中，习近平首次提出“森林是水库、钱库、粮库”的“三库”绿色生态理念，从此周宁县走上绿色发展的致富之路。图为三棵树现场　　　　　　　　　　　　　　　　　　　（郑文敏　2021 年 7 月 20 日摄）

2021 年 4 月 27 日，游客到黄振芳林场参观习近平总书记种的“三棵树”　（周宁县融媒体中心　供图）

2021 年 10 月 14 日，周宁县被命名为第五批“国家生态文明建设示范区”。图为中华人民共和国生态环境部授予的牌子（周宁县环保局　供图）

2021 年 7 月 20 日，全省首个“林业生态文明基地”落户周宁县七步镇黄振芳家庭林场。图为授牌仪式　（郑文敏　摄）

1999 年建成的以发电、防洪为主，兼灌溉、供水、养殖、旅游等功能的周宁芹山湖
（钟陈灼　2021 年 4 月 21 日摄）

2021 年 5 月 5 日，周宁县创建全国首座“森林党校”。图为“森林党校”外景
（周宁县融媒体中心　供图）

2021 年，周宁县有毛竹林 6667 公顷。图为红阳村千亩毛竹林一角（2021 年 8 月 5 日摄）
（泗桥乡　供图）

2021 年 7 月 28 日，宁德市周宁生态环境局与福建广电网络集团周宁分公司共同打造的周宁县“绿水青山”电视专区平台启用现场 （魏知秋　摄）

2021 年 11 月 5 日，省市驻村第一书记、乡村振兴指导员专题培训班实践学习活动在周宁县“森林党校”举行。图为学员参观“三库”生态文明实践主题展览馆 （魏知秋　摄）

2021 年 1 月 25 日，周宁县纯池镇举办“深化村企共建　共促乡村振兴”润福缘茶业携手禾溪村结对共建茶苗发放仪式。图为茶农领取茶苗　　（魏知秋　摄）

2021 年 8 月 10 日，周宁县举办第八届“周宁高山云雾茶”斗茶赛。图为专家评审茶叶等级　　（林子杰　摄）

2021 年 2 月 28 日，浦源镇福建馨蕙兰园艺有限公司智能花卉大棚种植的文心兰
（浦源镇　供图）

礼门乡立兹曼生态茶园一角　　（钟陈灼　2021 年 5 月 3 日摄）

周宁组团参加第 11 届中国（武汉）国际茶产业博览会。图为“周宁高山云雾茶”展馆

（李林金　2021 年 9 月 13 日摄）

2021 年 8 月 24 日，周宁县七步竹下村玫瑰葡萄种植基地游客在体验采摘乐趣

（周宁县融媒体中心　供图）

2021 年 11 月 5 日，周宁县举办甘薯新品种观摩会。图为李墩镇际会甘薯基地观摩现场

（周宁县融媒体中心　供图）

全国文明村玛坑乡首章村 （2021 年 7 月 18 日摄） （玛坑乡 供图）

2021 年，周宁县开办 61 所“长者食堂”。图为 11 月 12 日，七步镇登科地村长者在“长者食堂”用餐

（周宁县融媒体中心 供图）

2021 年 9 月 29 日，周宁县举行立源棉纱纺织生产项目 1 号厂房投产仪式　（王珊珊　摄）

建设中的周宁县不锈钢产业园（2021 年 10 月 8 日摄）　（周宁县融媒体中心　供图）

2021 年 5 月 12 日，中国华电集团福建分公司与周宁县人民政府战略合作协议签约仪式在福州华电集团福建分公司举行。图为签约现场（周宁县融媒体中心　供图）

周宁县李墩不锈钢深加工产业园工人在加工钢管
（王珊珊　2021 年 12 月 1 日摄）

2021 年 8 月 22 日，周宁抽水蓄能电站 1 号机组转子起吊

（林子杰　摄）

周宁抽水蓄能电站上水库　　（叶罗彪　2021 年 11 月 21 日摄）

2021 年 12 月 18 日、27 日，周宁抽水蓄能电站 1 号机组、2 号机组并网发电。图为电站下水库

（叶晓晖　摄）

2021 年 11 月 19 日，周宁县疾病预防控制中心综合楼封顶　　（周宁县融媒体中心　供图）

2021 年 12 月 28 日，周宁县城乡供水一体化项目（一期）工程在新区水厂举行开工仪式

（周宁县融媒体中心　供图）

2021 年 4 月 14 日，周宁县龙潭村举办“三月三”民俗活动。图为群众观看社戏现场

（周宁县融媒体中心　供图）

2021 年 6 月 24 日，周宁县举办庆祝中国共产党成立 100 周年文化惠民演出。图为文化宫首场演出现场

（郑文敏　摄）

2021 年 4 月 3 日（农历三月三），龙潭村举行传统板灯龙活动。图为板灯龙活动现场 （魏孙亮 摄）

浦源镇萌源村制砼继承人肖永灿展示制砼技艺 （林子杰 2021 年 12 月 13 日摄）

2021 年 6 月 11 日，周宁县在文化宫举办摄影风筝节。图为群众放飞风筝 （郑文敏 摄）

2021 年 7 月 10 日，周宁县举办"高山明珠 大美周宁"2021"上海临港—福建周宁"青少年暑期研学旅行活动启动仪式。图为参加活动的青少年合影 （林子杰 摄）

2021 年 5 月 10 日，周宁籍运动员魏婷娜在浙江江山举行的全国举重锦标赛中获女子 45 公斤级第三名。图为魏婷娜在比赛

（周宁县文旅局　供图）

2021 年 6 月 26 日，福建省全民健身运动会（周宁赛区）篮球赛在周宁文化馆举行　　（林子杰　摄）

2021 年 9 月 26 日，周宁籍运动员汤星强参加东京奥运会男子 4×100 米接力赛获铜牌。图为亲朋好友聚集汤星强家观看比赛　　（周宁县融媒体中心　供图）

2021 年 10 月 31 日，周宁县举办“城市管理杯”山地自行车邀请赛　　（林子杰　摄}

2021 年 4 月 27 日，周宁县举办“鲤乡福境·云端周宁”全域旅游推介会系列活动。图为签约仪式现场 （周宁县融媒体中心　供图）

2021 年 4 月 27 日，周宁县举办“云端周宁 · 茶乡福境”文化旅游节。图为晚会演出现场

（周宁县融媒体中心　供图）

2021 年 4 月 27 日，周宁县苏家山 AAA 级景区游客在玻璃栈道上合影留念

（周宁县融媒体中心　供图）

2021 年 11 月 8 日，周宁县鲤鱼溪水幕灯光秀投入使用

（魏孙亮　摄）

2021 年 4 月 27 日，周宁县举办“鲤乡福境 · 云端周宁”全域旅游推介会系列活动之旅游线路踩线活动。图为旅行社人员在九龙漈合影　（汤文娟　摄）

2021 年 6 月 6 日，周宁县举办首届“童心向党”红领巾小导游比赛。图为小导游讲解鲤鱼文化　　（周宁县融媒体中心　供图）

2021 年 12 月 19 日，周宁县在陈峭村举办“陈峭冬晒”暨第五届礼门乡文化旅游节。图为冬晒现场

（魏孙亮　摄）

总目

专文

大事记

县情概貌

中共周宁县委员会

周宁县人民代表大会

周宁县人民政府

政协周宁县委员会

纪检监察

外事　侨务　台港澳事务

群众团体

法　治

军 事

应急管理

经济管理与监督

财政 税务

自然资源管理

生态环境

农业农村

工　业

商贸服务业

交通运输

邮政通信

城乡建设

金　融

教　育

体　育

旅游业

社会生活

乡 镇

人 物

附 录

索 引

周宁县获第五批国家生态文明建设示范区称号

2021年10月14日，第五批国家生态文明建设示范区、"绿水青山就是金山银山"实践创新基地表彰授牌活动和"绿水青山就是金山银山——从理念到实践"主题论坛在云南昆明隆重举行。当天，周宁县获第五批国家生态文明建设示范区称号，再获"国字号"称号。

周宁县，是福建省海拔最高的县城，群山环绕，素有"天然空调城""天然氧吧"之美誉。近年来，该县深入践行"森林是水库、钱库、粮库"的"三库"绿色生态理念，把生态环境作为核心竞争力来打造，坚持生态优先、绿色发展，不断放大生态效益，探索走出一条生态好、产业兴的动能转换之路。

近年来，周宁县不断提升生态环境质量，加大力度推进造林绿化、森林抚育、封山育林工作以及"绿盈乡村"建设。同时，在全省率先采用建管一体化（EPC+O）农村生活污水治理模式、在全市率先提出并实施"民间河长"做法，逐步推进全流域水系治理。如今，周宁绿色家底逐年厚实，生态名片越发耀眼。全县森林覆盖率高达72.96%，获称"福建省森林县城""福建省园林县城"；全年空气质量优良比例达100%，空气状况指数连续三年全市第一，五年来稳居全省前五；成功创建3个国家级生态乡镇、5个省级生态乡镇、26个省级生态村、100个市级生态村；全县54条河流水质综合合格率达100%……

在"绿水青山就是金山银山"及"三库"绿色生态理念指引下，周宁依托良好的生态优势以及亚热带季风气候条件，全面推动高山云雾茶、高山马铃薯、高山冷凉花卉、高山高优蔬菜、高山晚熟水果等生态产业发展，精心打造"鲤乡福境·云端周宁"全域旅游品牌，并探索推进产业间的互动发展，致力打造生态产业新格局。

在周宁，生态文明建设所带来的实惠，惠及每个乡村。2020年底，周宁县行政村集体经济收入均达10万元以上、农民人均年收入17705元，居宁德市山区县首位。站在新的发展阶段，周宁县将以国家生态文明建设示范区为新起点，主动融入宁德"一核两廊五轴"发展格局，在放大生态效益上下足功夫，做大做强特色现代农业、全域旅游等生态产业，培育发展可再生能源、数字经济等新业态，走生态产业化、产业生态化发展路子。

（单志强　郑文敏）

生态为底，描绘高质量发展“新风景”

10月的周宁，林海绵延，稻花飘香。走进鲤鱼溪景区，保存完好的明清古民居沿溪而建，“人鱼同乐”的独特人文景观在村中“流淌”，花海小镇里各色鲜花竞相绽放，引得游人纷至沓来。

在周宁，像这样的美丽生态画卷不仅铺展在鲤鱼溪畔，还绣画在山城田园风光里、绿化森林中、流水潺潺处。

守住“生态美”，换来“产业兴”，实现“百姓富”。近年来，周宁县深入践行“森林是水库、钱库、粮库”的“三库”绿色生态理念，把生态环境作为核心竞争力来打造，坚持生态优先、绿色发展，不断放大生态效益，探索走出一条生态好、产业兴的动能转换之路。

在新的发展阶段，该县将以争创国家生态文明建设示范区为新起点，主动融入宁德“一核两廊五轴”发展格局，在放大生态效益上下足功夫，做大做强特色现代农业、全域旅游等生态产业，培育发展可再生能源、数字经济等新业态，走生态产业化、产业生态化发展路子。

生态保护　绿色家底逐年厚实

周宁县素有“天然空调城”“天然氧吧”之美誉，是国家重点生态功能区。近年来，周宁加大力度推进造林绿化、森林抚育、封山育林工作以及“绿盈乡村”建设。2016年以来，累计治理水土流失2233.33公顷、植树造林1720公顷、森林抚育6740公顷。

如今，周宁绿色家底逐年厚实，生态名片越发耀眼。全县森林覆盖率高达72.96%，获称“福建省森林县城”“福建省园林县城”；全年空气质量优良比例达100%，空气状况指数连续三年全市第一，五年来稳居全省前五；成功创建3个国家级生态乡镇、5个省级生态乡镇、26个省级生态村、100个市级生态村。

人养山，山养人。依靠丰富的林业资源，周宁县做大生态效益补偿“蛋糕”，扩大全面保护天然林政策覆

绵延青山（李洪元摄于2021年9月12日）

云雾茶园　　（李洪元摄于 2021 年 5 月 22 日）

盖面，选聘 163 名生态护林员，开展生态补偿扶贫，绵绵青山成了农民增收的“绿色银行”。

“不砍树一样有效益！这片 4.67 公顷的生态公益林，我每年都能收到 1200 多元的补偿金。”说起生态公益林补偿金，礼门乡秋楼村村民陈鸣毅笑着说。

在良好的森林资源涵养下，周宁被列入水源涵养国家重点生态功能区。在此基础上，周宁县委、县政府不断为良好的水环境再添筹码。

该县累计投入水治理专项经费 5.37 亿元，逐步推进全流域水系治理，在全省率先采用 EPC+O 农村生活污水治理模式、在全市率先提出并实施“民间河长”做法，完成改厕 6331 户、改水 132 个建制村，新建及改造污水管网 40.28 千米……一系列举措落地见效，全县 54 条河流水质综合合格率达 100%，河湖长制工作考核连续三年居全市前列。

依托生态资源优势，周宁县探索“以林蓄水，以水发电”循环生态新路子。在周宁抽水蓄能电站地下厂房，工人们正抓紧对四台机组进行组装，预计今年底可实现 1 号机组投产发电。该电站为日调节纯抽水蓄能电站，年发电量 12 亿千瓦时，概算总投资约 67 亿元。电站投产后，每年可减少电网煤炭消耗量约 20.79 万吨，减少排放二氧化碳 41.58 万吨、氮氧化合物 1040 吨、二氧化硫约 2765 吨，实现经济效益与生态效益的有机统一，助力国家“碳达峰、碳中和”目标。

点“绿”成金　生态产业蓬勃发展

10 月 11 日，走进七步镇后洋村黄振芳家庭林场，466.67 公顷林场绿树成荫下，垄垄土地种满了芍药、黄精等中药材。

“什么时候闽东的山都绿了，什么时候闽东就富裕了。”30 多年前，年逾半百的后洋村村民黄振芳开垦荒山植树造林，带领全村人掀起了造林热，让后洋村座座“荒山”变成“青山”。

“好生态，给了我们一个好的经济基础。”七步镇党委委员、副镇长吴丽玉说，得益于丰富的林业资源，后洋村积极探索林旅融合的产业化发展模式，和谐牧业、三杉花卉、林下中草药种植等“绿色”产业纷纷“涌入”后洋，推动村民增收致富，“青山”变成了“金山”。2020 年，后洋村村民人均收入达 2 万元。

2021 年 7 月，全省首个“林业生态文明实践基地”在周宁县“三库”生态文明学习实践基地（黄振芳家庭林场）授牌成立。该实践基地通过展示馆、特色景观、党建活动等形式聚焦“三库”理念、阐释“三库”理论、讲述“三库”故事，打造“黄振芳”文化品牌。

现如今，依托丰富的森林资源，周宁县利用林地 9 万多亩发展林下经济，培育黄振芳式企业、合作社、家庭农场 560 多家及个体种养户 2600 多户，总产值超过 3 亿元，带动近万人就业增收。

林下经济快速发展是周宁县生态产业崛起的缩影。在“绿水青山就是金山银山”及“三库”绿色生态理念

在黄振芳家庭林场，当地村民发展林下经济种植黄精
（黄起青摄于 2021 年 3 月 27 日）

村民采收锥栗 （郑文敏摄于 2021 年 10 月 25 日）

游客在纯池高山晚熟葡萄基地体验采摘乐趣
（郑文敏摄于 2021 年 10 月 5 日）

指引下，周宁依托良好的生态优势以及亚热带季风气候条件，全面推动高山云雾茶、高山马铃薯、高山冷凉花卉、高山高优蔬菜、高山晚熟水果等生态产业发展，并探索推进产业间的互动发展，致力打造生态产业新格局。

在纯池镇纯池村淳兴种养合作社葡萄装箱车间里，工人们正忙着收拾设备，欣喜地结束这一年最忙碌的时节。“合作社现有社员 68 人，发展高山晚熟葡萄近 33.33 公顷、阳光玫瑰 4 公顷，年产值达到 600 多万元，产品销往全国各地。最忙的时候，有七八十人在合作社帮忙。”合作社负责人徐守臻说。在合作社的示范带动下，纯池村发展 53.6 公顷晚熟葡萄，年产值近千万元。

从无到有，从有到优，短短几年间，周宁县高山晚熟葡萄种植面积达 400 公顷，产值达 1 亿多元，成为农户致富的“金果果”。

“好生态”换好生活、“好风景”换好前景，生态周宁已成为农民增收的“绿色银行”。截至目前，周宁县拥有茶园面积 7133 公顷，茶产业综合产值达 10.2 亿元；高山蔬菜种植面积约 2406.67 公顷，产量 4.49 万吨，产值 1.93 亿元；水果种植面积 993.33 公顷，产量 1.04 万吨，产值 1.08 亿元；花卉苗木种植面积 173.33 公顷，年产值达 1.2 亿元。

借景生财 生态红利持续释放

借助好环境释放的生态红利，在周宁这片钟灵毓秀的土地上，全域旅游越来越红火。国庆期间，走进七步镇苏家山景区，蓝天白云下，苍山抱翠。高空眺台、高空玻璃栈道、空中滑索、丛林穿越等体验区，游客们嬉闹玩乐，欢笑声、惊呼声此起彼伏。

在浦源盛周花卉基地，工人在整理包装小雏菊
（许孙月摄于 2021 年 5 月 27 日）

游客体验苏家山“步步惊心”项目
（魏孙亮摄于 2021 年 10 月 2 日）

花海小镇引客来　　（郑文敏摄于 2021 年 10 月 1 日）

过去，苏家山村交通不便，祖祖辈辈靠天吃饭。而今，茶旅融合的新发展模式、一系列互动体验式项目让苏家山一举从乡村游中脱颖而出，跻身国家 AAA 级景区，成为远近闻名的“乡村迪士尼”。短短几年间，该村接待游客量超过百万人次，村民做起了生意、当起了上班族、增设了游玩新项目、办起了民宿，村民人均纯收入翻了好几番。

在景区美食广场摆摊卖手抓饼的脱贫户苏克强高兴地说，好多村民和他一样，沾了景区旅游发展的光，现在纷纷盖起砖房，过上了安稳幸福的好生活。

在周宁，生态文明建设所带来的实惠，惠及每个乡村，一大批和苏克强一样的村民搭乘上了“旅游 +”的致富快车。2020 年底，周宁县行政村集体经济收入均达 10 万元以上、农民人均年收入 17705 元，居宁德市山区县首位。

周宁县浦源村丰景客栈的经营者叶文珍也是受益者之一。“2018 年，客栈刚开业就接待了来自新疆、河北、上海等地的游客，节假日更是房源紧张，供不应求。接下来，我还准备建设餐厅和娱乐设施，让游客玩在景区、住在景区、乐在景区。”叶文珍对未来发展充满了希望。

坚持因势利导、顺势而为，周宁县累计投资近 10 亿元，推动旅游配套项目 30 多个，凸显生态优势，促进农旅、文旅、商旅等充分融合，短短三年，共有 56 个乡村游经营点先后开放运营，涵盖游览观光、休闲度假、采摘体验、户外探险等多种类型，累计创建省级以上旅游品牌 50 多个。2021 年上半年，全县接待游客量 159 万人次、比增 536%，旅游收入 7.95 亿元、比增 536%，“鲤乡福境·云端周宁”旅游品牌影响力不断提升。

（郑文敏　黄起青）

周宁抽水蓄能电站实现双机并网运行

2021 年 12 月 27 日 15 时 58 分，周宁抽水蓄能电站 2 号机组首次并网成功。这是继 12 月 18 日 1 号机组首次并网成功后，仅相隔 9 天，第 2 台发电机组顺利并网，实现了年内两台机组并网运行。

周宁抽蓄电站是中国华电首座同时也是国内五大发电集团首座抽水蓄能电站。项目自 2017 年 3 月开工建设以来，贯彻精品工程理念，创新采用斜井定向、大坝碾压混凝土质量实时监控与分析等技术，1 号、2 号机组建设速度领先福建省内同期开发建设的两个抽蓄项目近一年，实现水库蓄水、输水系统充水、升压站倒送电、机组并网抽水发电等“一次成功”，工程质量多次得到可再生能源发电工程质量监督站的高度肯定。

周宁抽蓄电站总装机容量 120 万千瓦，年发电量 12 亿千瓦时。作为福建电网的“稳压器”，该电站承担福建电网的调峰、填谷、调频、调相及备用等任务，是国家能源局批复的福建电网 2020 年新建抽水蓄能电站三个推荐站点之一，也是福建省继仙游抽蓄电站投产后第二个动工建设的抽蓄项目。该电站投产后，可替代受电区域的火力发电，每年可减少电网煤炭消耗量约 20.79 万吨，减少排放二氧化碳 41.58 万吨、氮氧化合物 1040 吨、二氧化硫约 2765 吨，是落实绿色发展理念，构建清洁低碳、安全高效能源体系的重大工程，将为“碳达峰”“碳中和”的减排目标做出巨大贡献，实现经济效益与生态效益的有机统一。

（魏知秋　邹小卿　文珊　阮丽英）

1月

1日， 周宁县第一届“风谷山居”杯足球邀请赛在县体育场开赛。

6日， 周宁县“鲤乡福境　云端周宁”全域旅游推介展在福州三坊七巷举行。

22日， 周宁县在县住建局举办公廉租房配租公开摇号，74户居民喜圆“安居梦”。

28日， 周宁县2021年第一季度重大项目——福建宁德正上管业科技建设项目在不锈钢深加工产业园举行竣工投产仪式。

2月

4日， 周宁县应急指挥部在体县育场开展大规模群众新冠肺炎核酸采样检测应急演练。

5日， 周宁县在县人防办举行宁德市首届“最美退役军人”（黄晓敏、周黄伟）授牌仪式。

8日， 中共周宁县纪委十三届六次全体会议召开，审议通过《聚焦“十四五”发展　忠实履行监督保障职能　为奋力谱写全面建设社会主义现代化国家周宁篇章提供坚强保证》工作报告。

8日， 周宁县文旅局在浦源美术馆举办克里姆·李油画作品展览。

20日， 周宁县委书记袁华军在县宾馆会议室主持召开异地商会会长座谈会，与在外企业家代表畅叙桑梓情谊，共谋家乡发展大计。

20日， 周宁县县长黄桂诚在县信访局开展接待群众来访活动，面对面倾听群众心声，解决群众的合理诉求和困难。

3月

2日， 周宁县举行省、市、县最美家庭、五好家庭暨2020年度周宁县三八红旗手（集体）、巾帼文明岗揭晓仪式。

4日， 周宁县公安局交警大队直属女子骑行中队成立。

同日， 福建省副省长郭宁宁到周宁县开展民宿贷、涉农资金等调研。

6日， 福建省委党校副校长温敬元到周宁县开展“弘扬红色文化、推进党史学习教育”调研。

8日， 周宁县总工会在工人文化宫举办“巾帼英雄展风采”全县女职工拔河赛。

22日， 宁德市委书记郭锡文一行到周宁县开展“四下基层”暨开展“再学习、再调研、再落实”活动日调研。

23日， 宁德市政协副主席陈美莺到周宁县开展“如何打造一流营商环境，进一步激发市场主体活动”专题调研。

25日， 福州市政府副秘书长虎发仁带领甘肃省定西市在榕挂职干部考察组到周宁县考察人居环境整治、林下经济发展情况。

同日， 周宁县举行县医院感染病综合楼项目开工仪式及周宁县2019—2020年农村生活污水治理项目竣工仪式。

30日， 福建省政府副省长崔永辉一行到周宁县开展特色现代农业、农村人居环境整治调研。

4月

9日， 福建省水投公司副总经理吴丹婴到周宁县调研，实地察看李园水库、坂坑水库项目。

12 日，周宁县文旅局党支部与福建省旅游有限公司党支部在月牙湾酒店签订文旅共建协议。

13—14 日，福建省应急管理厅厅长刘琳到周宁开展应急工作检查，实地察看周宁不锈钢（新型材料）深加工产业园、芹山水电站、龙溪二级水电站、坂坑村转移避灾点、后洋村转移避灾点、应急救援训练基地等，并召开座谈会。

15 日，周宁县玛坑乡在杉洋林公宫举办林公文化节。

同日，宁德市“传承红色基因，助力乡村振兴”网络公益行活动在周宁县泗桥乡坂坑村广场启动。

19 日，中共周宁县委全委会议召开。会议审议通过《中国共产党周宁县第十三届委员会第十四次全体会议关于召开中国共产党周宁县第十四次代表大会的决议》《中国共产党周宁县第十四次代表大会筹备工作领导小组成员名单及内设机构名单》。

21 日，周宁一中孔子像落成。

26—27 日，周宁县文旅局、玛坑乡在玛坑乡举办“鲤乡福境·云端周宁”系列活动。

28 日，福建省地质矿产勘查开发局副局长郑荣富到周宁县李墩芹溪矿山公园开展调研。

5 月

10 日，周宁籍运动员魏婷娜在浙江江山举行的全国举重锦标赛中获女子 45 公斤级第 3 名。

12 日，周宁县政府与中国华电集团有限公司福建分公司在福州华电集团分公司签订清洁能源项目开发战略合作协议。

14 日，全国政法队伍教育整顿中央第八督导组副小组长火亮、省政法队伍教育整顿第九指导组副组长张宝华一行到周宁县，实地察看智慧执法办案管理中心、跨部门涉案财物管理中心等情况。

16 日，周宁县首个新冠病毒疫苗流动接种点启用。

19 日，民进苏州市委会“学党史、忆会史、走基地”教育培训团到周宁县开展学习考察及“古城镇保护利用”课题调研活动。

同日，福建省信访局副局长范志平到周宁县调研信访工作。

31 日，周宁县政协第 25 次主席会议召开，审议修订《周宁县政协委员履职量化考评细则（试行）》《县政协机关财务管理制度》，审议制定《县政协机关固定资产管理制度》。

6 月

2 日，福建省政协主席崔玉英一行到周宁县七步镇、浦源镇开展乡村振兴调研活动。

8 日，福建省人大常委会到周宁县开展“七五”普法决议执行情况及作出“八五”普法决议专题调研。

11 日，“闽东之光·云端周宁”全国摄影大展暨风筝节在周宁旅游集散中心举行。

26 日，2021 年福建省全民健身运动会（周宁赛区）暨庆祝中国共产党成立 100 周年男子篮球赛在周宁县体育馆举行。

28 日，周宁县举行鲤鱼溪文化旅游产业园、周宁县“三库”理念生态文明学习实践基地、周宁县综合检验检测中心、周宁宏特不锈钢深加工、福建胜朗不锈钢深加工等项目开工仪式。

29 日，周宁县在县工人文化宫召开庆祝中国共产党成立 100 周年表彰大会暨“光荣在党 50 年”纪念章颁发大会。

同日，周宁县在泗桥下楼村举办首个地下交通红色历史展陈馆揭牌仪式。

7 月

1 日，周宁抽水蓄能电站下闸蓄水。

5 日，福建省委常委、省纪委书记、省监委主任李仰哲到周宁县调研七步“三库”、浦源高山冷凉花卉。

6 日，福建省人社厅厅长林卫宠到周宁开展返乡创业带动就业情况调研。

8 日，工信部原材料司一级巡视员到周宁县开展国家钢铁去产能“回头看”督导检查。

9 日，中央政研室副主任、秘书长林尚立到周宁县开展下基层宣讲党的政策活动调研。

19 日，福建省林业局局长陈照瑜一行到周宁调研林长制、松材线虫病防控等工作。

27 日，全省首个“林业生态文明实践基地”在周宁县“三库”生态文明学习实践基地揭牌成立。

28 日，全省首个“电视 + 环保”专区项目落户周宁。

28—30 日，中国共产党周宁县第十四次党代会在县工人文化宫召开。会议听取和审查《中国共产党周宁县第十三届委员会报告》《中国共产党周宁县第十三届纪律检查委员会工作报告》，选举中国共产党周宁县第十四届委员会、中国共产党周宁县第十四届纪律检查委员会，选举出席中国共产党宁德市第五次代表大会代表。

8月

1 日，福建省水利厅副厅长丘汀萌到周宁县浦源村、七步村调研水利项目。

2 日，宁德市委副书记、市政府市长张永宁一行到周宁县调研抽水蓄能电站建设情况 。

3 日，福建省发改委二级巡视员周元勋到周宁县开展全省农村公共基础设施管护体制改革试点工作调研，实地察看浦源镇溪坪村高标准农田设施、溪坪村卫生所建设情况。

4 日，周宁县首家规范化渣土运输公司——福建省谷贻建设发展有限公司授牌成立。

6 日，中国队获东京奥运男子 4×100 米接力赛第 3 名，周宁籍运动员汤星强首棒出战。

9 日，周宁县文旅局和县法院在县法院会议室举办廊桥文化遗产“司法 + 保险 + 服务”签约仪式。

10 日，周宁县茶叶局举办第八届“周宁高山云雾茶”杯斗茶赛，评出综合茶王、绿茶组茶王、红茶组茶王、白茶组茶王、荒野组茶王各 1 个及各茶组金奖、银奖。

11 日，福建省调查队总队长杨永兴到周宁县开展统计执法检查。

12 日，福建省金融监管局局长薛鹤峰到周宁县调研，实地察看周宁不锈钢深加工产业园建设与相关企业生产经营，芹溪村乡村振兴工作情况。

17 日，福建省中医药科学院副院长王宫一行到周宁县调研中医药种植及中医药健康产业发展情况。

同日，福建省移民发展中心主任卞宏达主任一行到周宁县纯池镇调研移民后扶项目。

31 日，周宁一中举行 2021 年秋季开学典礼暨“国广一叶·周宁一中叶先熙先生奖教奖学基金”颁奖大会，发放 66 万元奖教奖学金。

9月

1 日，福建省人社厅二级巡视员刘涛一行到周宁开展疫情防控督导，实地察看县总院、机关幼儿园及七步苏家山等。

2 日，周宁县慈善总会举办 2021 年贫困大学生助学金发放仪式，发放助学金 3 万元，资助 6 名孤儿大学生。全年资助贫困大学生 226 人，发放助学金 91.7 万元。

7 日，漳州市政协副主席何伟燕到周宁县泗桥乡、七步镇开展“农村生活污水治理情况”专题考察活动。

12 日，国家发展改革委评督司副司长吴君杨到周宁县督导检查中央预算内投资项目。

13 日，宁德市人大常委会党组书记、主任金敏到周宁县开展“四下基层”活动。

28 日，福建省派驻疫情防控工作组、福建中医药大学附属人民医院党组书记赵红佳一行到周宁督查疫情防控工作，实地察看县总院、东门隔离点、李墩镇等。

29 日，周宁县李墩不锈钢园区举办不锈钢园区服务中心项目开工仪式、周宁县立源棉纱纺织生产项目投产仪式及福建一帆不锈钢深加工项目竣工仪式。

29 日，周宁县举行 2021 年第三季度招商引资项目签约仪式，县领导袁华军、陈文卿、邹渊等参加，共签约项目 14 个，投资额 88.47 亿元。

30 日，共青团周宁县委员会第二十三次代表大会在政府七楼会议室召开，完成县级团委换届工作，产生县级团委委员 33 人。

10月

11 日，周宁县政协党组书记陈梁、副主席龚立举与县委统战部部长李早雨一行到上海、杭州、广东开展招商和换届委员考察活动。

11 日，福建省关工委“福光助学金”发放仪式在周宁一中举行，发放助学金 2 万元，资助学生 10 人。

11 日，周宁县举办云煌农村资产资源管理公司、云上融资担保有限公司、大宗商品交易中心揭牌仪式。

14 日，周宁一中校友陈丙东捐赠藏书仪式在县一中举行。

同日，周宁县领导袁华军、孙永全前往云南省参加第五批国家生态文明建设示范区授牌活动及主题论坛，周宁县获第五批“国家生态文明建设示范区”称号。

18 日，周宁县召开全运会冠军汤星强（周宁籍）座谈会，县领导袁华军、陈文卿等有关人员参加。

20 日，周宁县微电影《英雄凌福顺》杀青。

22日，水利部长江委监督局巡视员涂剑到周宁县调研城区高水高排水利工程安全生产情况。

同日，《砸碎锁链——十字木架上的英雄凌福顺》雕塑捐赠仪式在周宁县烈士陵园凌福顺纪念馆举行。

23日，全省第二个县城小学钢琴教室落户周宁县实验小学。

同日，省政协副主任阮诗玮到周宁县参加“同在蓝下·同享音乐美——圆乡村儿童钢琴梦”活动。

25日，南安市政协主席黄华强一行到周宁县学习考察文物保护和康养旅游产业发展方面的经验和做法。

同日，李墩中心幼儿园举行新园开园仪式。

26日，周宁县在河滨公园召开第26届环卫工人节表彰大会，表彰优秀管理员10人、优秀保洁员30人。

28日，周宁高山云雾茶亮相第九届中国茶博会。

30日，周宁启动3～11周岁儿童新冠疫苗接种工作。

31日，九三学社中央常委、社会服务部部长徐国权一行到周宁县开展科普福建行活动。

同日，周宁举办环纵三线山地自行车团体邀请赛。

11月

5日，周宁县在福州三坊七巷举办“鲤乡福境·云端周宁”全域旅游推介展。

7日，水利部特派员董国华一行到周宁县察看赛江流域防洪三期工程建设情况。

8日，福建省林业厅党组成员、副厅长王梅松到周宁调研松材线虫有关工作，察看咸村镇松材线虫病除治情况，仙风山森林公园建设情况。

9日，福建省委副书记、政法委书记罗东川，市委副书记杨方到周宁县调研乡村振兴情况 。

13日，周宁县第十八届中小学生田径运动会在县体育场育场举行。

14日，周宁宝丰古银场矿山公园开园仪式暨白银古道徒步体验活动在李墩镇芹溪村举行。

21日，周宁县领导袁华军、周建斌、李旱雨前往福州市参加福州周宁商会第三届理事会暨乡贤恳亲会。

23日，福建省家庭健康促进行动试点工作暨“关爱新生命——儿童营养改善项目”启动仪式在周宁县纯池镇向阳新村广场举行。

24日，2021年宁德市少年儿童举重锦标赛暨中小学生举重联赛在周宁县工人文化宫举行。

26日，周宁县召开九届县政协第二十六次主席会议，讨论通过县政协新一届政协委员分组名单。

同日，周宁县新一届县、乡两级人大代表换届选举，选出县人大代表189人、乡(镇)人大代表546人。

28日，全市教职工山地自行车团体赛在“纵三线”开启。

12月

3日，福建省森林防灭火应急救援综合演练在周宁县李墩阮家洞村举行。

8日，周宁县工会第十四次代表大会在县工人文化宫举行。

14日，中国人民政治协商会议第十届周宁县委员会第一次会议召开，选举产生新一届领导。

同日，周宁县第十八届人民代表大会第二次会议在县工人文化宫召开。会议听取和审议专项工作报告、人事任免、重大事项等议题。

18日，周宁抽蓄电站1号机组首次并网成功。

19日，“陈峭冬晒”暨第五届礼门乡文化旅游节在陈峭村举行。

21日，中国共产党周宁县第十四届委员会第二次全体会议召开。会议听取和讨论县委书记袁华军作的报告，审议通过《中共周宁县委关于深刻领会党的百年奋斗重大成就和历史经验汇聚周宁发展强大精神动力的决定》。

同日，周宁县委副书记、县长陈文卿主持召开县政府第一次全体会议暨集体廉政谈话会议。

22日，福建省级移民后扶示范项目——纯池库区风情小镇环境综合治理提升工程开工仪式在纯池镇举行。

26日，周宁县乡村振兴服务中心建成投入使用。

27日，华电福建周宁抽水蓄能电站2号机组首次并网发电成功。

28日，周宁县城乡供水一体化项目在新区水产举行开工仪式。

30日，周宁县咸村举办周宁火车站站前工贸科技园开工仪式。

同日，周宁县在李墩不锈钢园区举办不锈钢深加工产业园项目、周宁金纬不锈钢深加工项目、周宁宏特不锈钢深加工项目、周宁腾奇不锈钢深加工项目竣工仪式。

同日，周宁县举行2021年第四季度招商引资项目签约仪式。县领导袁华军、陈文卿、邹渊等参加，签约项目13个，总投资7.8亿元。

同日，周宁县智慧体育公园建成投入使用。

地理环境

【区位特征】 周宁县位于福建省东北部，介于北纬26° 53′ ～27° 19′，东经 119° 06′ ～119° 29′ 之间。东临福安，西接政和，北连寿宁，东南与蕉城接壤，西南与屏南隔溪相望。全县东西宽 33 千米，南北长 46 千米，土地总面积 1035.49 平方千米。地处鹫峰山脉东麓，地势由西北向东南倾斜，素有“高山明珠”之称。县人民政府驻地狮城镇，距离宁德 110 千米，距离省会福州 200 千米。

【道路交通】 2021 年，国道 353 线、省道 207 线（纵三线）、宁武高速公路横贯县境，衢宁铁路过境周宁并在咸村镇设站。车程距福州 2.5 小时、宁德 1.5 小时。

【地形地貌】 地处鹫峰山脉东麓，地势由西北向东南倾斜。境内峰峦起伏、山陡谷深、溪谷错综。地貌有中山、低山、丘陵三大类型，中山占全县土地面积的 61%；低山占 26.7%；丘陵地占 12.3%。境内平均海拔在 800 米以上，最高点龙岗头，海拔 1506 米；最低点街头亭，海拔仅 65 米；县城所在地狮城镇海拔 880 米，居福建省之首，千米以上的高峰 282 座。

（林辉辉）

自然资源

【土地资源】 2021 年，周宁县域面积 103549.31 公顷。其中，耕地面积 6666.23 公顷，园地面积 7029.64 公顷，林地面积 82400.4 公顷，草地面积 758.29 公顷，城镇村及工矿用地 200.97 公顷，交通运输用地 1217.19 公顷，水域及水利设施用地 1938.05 公顷，其他土地 3338.54 公顷。

【矿产资源】 周宁地处闽浙火山岩喷发带，地层以中生代火山岩为主。境内已发现矿产主要有：明矾石、珍珠岩、高岭土、饰面石材、紫砂土、叶蜡石、银、铁、钨、钼、铅锌、稀土、泥煤、硅石等矿床 14 处，矿点 26 处，矿化点 30 余处。此外，1/20 万区调工作中，全县还发现和圈定重砂异常 6 处，金属量异常 11 处，分散流异常 9 处（其中黄金异常 2 处），岩石光谱异常 4 处，航空磁异常 21 处。已批矿山 2 个，有浦源进登大宅石材矿、咸村坪坑矿区建筑用火山角砾岩矿。

【森林资源】 2021 年，周宁县林地面积 82400.4 公顷，森林蓄积量 425 万立方米，森林覆盖率 72.96%，湿地面积 1642.12 公顷。境内有屏南省级宜洋鸳鸯猕猴自然保护区、市级闽东鸳鸯猕猴自然保护区、县级后垅自然保护区和各类自然保护小区总计 9505 公顷，有省级仙风山和仙岗山森林公园面积 1682.354 公顷。县内得天独厚的地理条件使得森林资源丰富，古树众多，仅县林业局登记在册的就有 1432 棵，古树群 23 处。

【水资源】 周宁县境内溪流纵横，水系发达，水力资源十分丰富，境内流域总面积 100 平方千米以上的溪流有 5 条，流域总面积 50 ～ 100 平方千米的有 5 条。周宁县年降水量较大，多年平均降水量 1936 毫米，全县多年平均径流量总量 13.98 亿立方米（不含过境流量）。已建成小（2）

型以上蓄水工程25座，总库容3.66亿立方米，其中：大型水库1座（芹山水电站水库），总库容2.65亿立方米；中型水库2座（后垄溪二级水电站水库、周宁电站水库），总库容0.7亿立方米；小（1）型水库8座，总库容0.26亿立方米；小（2）型水库14座，总库容455.8万立方米。全县5万千瓦及以下电站34座，装机12.4135万千瓦，发电量1.79亿千瓦时。

【气候】 周宁县属中亚热带海洋性季风山地气候，四季分明、冬长夏短、气候温和、雨量充沛。冬季受大陆性气候影响较显著，夏季却受海洋性气候影响。2021年周宁县城区平均气温16.4℃，极端最高气温32.7℃，极端最低气温-5.9℃，年降水量2050.5毫米，降雨天数238天，日照时数1578.6小时。因海拔落差大，立体气候十分明显，夏无酷暑，盛夏季节平均气温7月份25.0℃、8月份23.7℃、9月份23.4℃，享有"天然空调城"之美誉。

（林辉辉　徐孙斌）

2021年周宁县月均平均气温、降水天数、降水量及日照一览表

表1

月份	平均气温（℃）	降水量（毫米）	降雨天数（天）	日照时数　（小时）
1	6.9	8.3	13	166.0
2	10.0	120.6	16	108.7
3	12.7	109.0	23	94.1
4	14.0	113.0	24	117.4
5	19.8	484.6	27	115.4
6	23.0	208.2	20	136.2
7	24.5	159.6	21	196.2
8	25.3	390.3	25	121.6
9	22.6	137.9	13	209.5
10	17.1	179.7	25	91.6
11	11.2	104.4	18	100.7
12	8.4	34.9	13	121.2

说明：极端最高温32.7℃（7月11日），极端最低温-5.9℃（1月9日）

建置沿革

【明清及以前】 周宁古为七闽地。春秋属越，战国属楚。秦属闽中郡。西汉为闽越国，东汉属会稽郡。三国属吴建安郡。两晋、南朝属温麻县。隋属原丰县（闽县）。唐属长溪县。五代闽龙启元年（933）起属宁德县，宋初为青田乡东洋里。明嘉靖三十五年（1556），建东洋行县，由宁德县主簿驻征赋税。清雍正十三年（1735），分割东洋里十五至十八都设东洋分县，由宁德县丞驻治，光绪三十三年（1907）改由县佐驻治。

【民国时期】 民国元年（1912），东洋分县改由宁德县派分驻员治理。民国3年（1914）复设县佐。民国18年（1928），裁县佐设警察所，综理辖区行政事务。民国19年（1930）改设公安分局。民国22年（1933）6月，改设宁德县第五区。民国24年（1935）6月，改设周墩特种区，脱离宁德县辖，直属福建省第一行政督察区（公署驻长乐）。民国25年（1936）2月，又改为宁德县第三区。民国26年（1937）1月，复为周墩特种区，隶第一行政督察区。民国32年（1943）9月，改隶第八行政督察区。民国34

年（1945）8月1日设县，定名周宁县，县治在狮城，辖地639.6平方千米，隶第八行政督察区［民国36年（1947）4月，改称第一行政督察区］。民国37年（1948）9月，宁德县析咸杉乡（今咸村、玛坑部分行政村）127.7平方千米归周宁县辖，全县面积增至767.3平方千米。

【中华人民共和国时期】 1949年6月28日，周宁和平解放；9月1日，成立周宁县人民民主政府；11月12日，成立周宁县人民政府，隶福安专员公署。1955年9月，寿宁县划出第六区（今纯池镇的11个行政村和泗桥全乡）辖地278.7平方千米，归周宁县辖，全县面积增至1046平方千米。1970年7月起，隶宁德地区（现宁德市）。

（县民政局）

区划人口

【行政区划】 2021年，周宁县共有乡级行政区划单位镇6个、乡3个。基层群众自治组织共计147个，其中：村委会140个，村民小组1105个，村委会成员456人；居委会7个，居委会成员35人，居民小组49个。

【人口】 2021年末，周宁县常住人口14.8万人，比上年末减少0.2万人。其中，城镇常住人口8.0万人，常住人口城镇化率53.9%，比上年末提高1.1个百分点。全年出生人口0.14万人，出生率9.36‰；死亡人口0.13万人，死亡率8.96‰；自然增长率0.4‰。

年末户籍人口21.09万人，比上年末减少0.09万人。

（刘天霖）

2021年周宁县行政区划情况一览表

表2

乡镇名称	村委会（个）	居委会（个）	村委会、社区居委会名称
全　县	140	7	
狮城镇		6	兴福、中兴、城西、东园、长安、桥南
	8		洋庄、龙潭、安后、洋尾、坂头、虎岗、前坪、陈凤
咸村镇		1	咸村
	23		洋中、咸洋、上坂、坪坑、詹家洋、下坂、云门、富濑、川中、梅山、芹村、光夏、樟源、茶广、碧岩、南门楼、高际头、梧桐、梅台、枣岭、王宿、车盘、樟岗
浦源镇	17		浦源、端源、萌源、上洋、溪坪、西坑、东升、官司、紫云、吴山底、萌底、进登、半岭、龙亭、龙住院、五源、江源
七步镇	20		七步、登科地、龙溪、八蒲、岭头、梧柏洋、桐岔、象运、苏家山、柿洋、郭洋、后洋、宅头、官洋、坑源底、徐家山、溪头、洋头、竹下、黄家山
李墩镇	10		李墩、东山、黄埔、陈厝、际会、阮洋中、阮家洞、际头、芹溪、楼坪
纯池镇	18		纯池、祖龙、溪尾、禾溪、桃坑、桃园、前溪、林源、莲地、底源、西山、三门桥、庭洋中、儒源、福山、豪阳、后溪、向阳
泗桥乡	12		泗桥、赤岩、洋尾弄、周墩、下西坑、红阳、坂坑、下楼、硋窑、常洋、杨厝边、溪口
礼门乡	17		礼门、仕本、贡川、大碑、芹源、大林、常源、陈峭、秋楼、玉山、溪兜、山头、梨坪、首洞、后垅、梅渡、油湾
玛坑乡	15		玛坑、升阳、灵凤山、首章、紫竹、杉洋、宝岭、长峰、赤洋、下坑、孝悌、东坑、芹太丘、沈洋、溪边

2021 年年末周宁县常住人口数及其构成一览表

表 3

指　标	人口数（万人）	占比（%）
常住人口	14.8	100
其中：城镇	8.0	53.9
农村	6.8	46.1

经济社会发展

【概况】 2021 年，周宁县实现地区生产总值 90.12 亿元，比上年增长 14.3%。其中，第一产业增加值 8.91 亿元，比上年增长 6.0%；第二产业增加值 27.37 亿元，增长 15.6%；第三产业增加值 53.84 亿元，增长 15.2%。三次产业增加值占地区生产总值的比重分别为 9.9%、30.4%、59.7%。全年人均地区生产总值 60481 元，比上年增长 13.9%。全年一般公共预算总收入 5.82 亿元，比上年增长 7.8%，其中，地方一般公共预算收入 3.95 亿元，增长 1.1%；一般公共预算支出 19.19 亿元，下降 11.7%。全县税收收入 2.39 亿元，比上年增长 12.6%。

【农业发展】 2021 年，周宁县农林牧渔业总产值 16.19 亿元，比上年增长 7.0%。粮食播种面积 4800 公顷，比上年增加 80 公顷，其中稻谷播种面积 3613 公顷，增加 40 公顷；茶叶种植面积 4953 公顷，增加 87 公顷；蔬菜种植面积 2480 公顷，增加 73 公顷；水果种植面积 1087 公顷，增加 87 公顷。全年粮食产量 2.68 万吨，比上年减少 80 吨，下降 0.3%。其中，稻谷 2.28 万吨，比上年减少 0.02 万吨，下降 1.2%。

全年肉蛋奶总产量 13635 吨，比上年增长 44.5%。肉类总产量 5828 吨，比上年增长 14.3%。其中，猪肉产量 4834 吨，比上年增长 17.8%；禽肉产量 753 吨，下降 0.8%；牛肉产量 39 吨，增长 34.1%；羊肉产量 67 吨，下降 2.2%。年末生猪存栏 6.99 万头，比上年增长 12.4%；生猪出栏 6.83 万头，增长 20.5%。禽蛋产量 1589 吨，比上年增长 20.2%。水产品产量 2139 吨，比上年增长 3.8%。

【工业和建筑业】 2021 年，周宁县工业实现增加值 16.97 亿元，比上年增长 27.9%。规模以上工业增加值比上年增长 20.6%。按行业分，金属制品业比上年增长 76.0%，电力、热力生产和供应业增长 53.0%，酒、饮料和精制茶制造业下降 72.7%。规模以上工业产品销售率 97.6%。全县工业用电量 2.38 亿千瓦时，比上年增长 20.7%。

全年规模以上工业实现利润 1.60 亿元，比上年增长 120.7%；资产负债率 46.5%，降低 2.3 个百分点；每百元主营业务收入中的成本为 87.4 元，增加 0.6 元；主营业务收入利润率为 7.0%，提高 2.2 个百分点。

全年周宁县建筑业实现增加值 10.41 亿元，比上年增长 0.1%。全县具有资质等级的总承包和专业承包建筑业企业完成建筑业总产值 2.98 亿元，比上年增长 20.7%。

【固定资产投资】 2021 年，周宁县固定资产投资（不含铁路）比上年下降 3.9%。其中，第一产业投资比上年下降 14.8%；第二产业投资下降 11.3%；第三产业投资增长 5.4%。

全年建筑安装工程投资比上年下降 1.1%。基础设施投资比上年增长 2.1%，占固定资产投资的比重为 36.8%。民间投资比上年下降 6.6%，占固定资产投资的比重为 51.5%。从到位资金情况看，全年到位资金比上年增长 15.1%。其中，国家预算资金比上年增长 24.6%，国内贷款增长 31.6%，自筹资金增长 2.6%，其他资金增长 8.6%。

全年房地产开发投资 11.93 亿元，比上年增长 21.4%。商品房销售面积 19.06 万平方米，比上年增长 38.5%。全年建成项目 44 个，新开工 29 个项目。

【第三产业发展】 2021 年，周宁县服务业增加值 53.84 亿元，比上年增长 15.2%。其中，批发和零售业增加值 14.53 亿元，比上年增长 41.6%；住宿和餐饮业增加值 1.45 亿元，增长 15.9%；交通运输、仓储和邮政业实现增加值 1.26 亿元，增长 23.4%；金融业增加值 8.01 亿元，增长 10.5%；房地产业增加值 6.99 亿元，增长 6.4%；其他服务业增加值 21.10 亿元，增长 5.3%。

全年公路通车里程919千米，比上年增长3.4%，其中，高速公路32千米。全县有桥梁197座，比上年减少2座。全年货运量62.39万吨，比上年增长28.2%，货物周转量6417.04万吨千米、增长45.7%；客运量167.03万人、下降23.9%，旅客周转量6635.92万人千米、下降6.2%。年末汽车保有量2.36万辆，其中，轿车保有量0.58万辆。

全年邮电业务收入1.21亿元，比上年增长6.1%。其中，电信业务收入1.00亿元，比上年增长5.4%。年末电话用户总数14.89万户，比上年增长1.9%。固定电话用户1.55万户，比上年下降5.9%。移动电话用户13.33万户、增长2.9%，其中4G用户9.16万户，5G用户4.18万户。互联网宽带接入用户5.37万户，比上年增长14.5%。

全年接待游客410.84万人次，比上年增长101.6%；旅游总收入28.37亿元，增长81.0%。

【社会民生事业】 2021年，周宁县居民人均可支配收入26828元，比上年增长10.0%。按常住地分，农村居民人均可支配收入19756元，比上年增长11.6%；城镇居民人均可支配收入34953元，增长9.5%。

全年居民人均生活消费支出18405元，比上年增长14.6%。按常住地分，农村居民人均生活消费支出15265元，比上年增长18.9%；城镇居民人均生活消费支出22187元，增长12.7%。

年内参加城乡居民基本养老保险人数12.47万人，比上年增加0.06万人。参加基本医疗保险人数17.86万人，比上年减少0.09万人。参加失业保险人数5703人，比上年增加1133人。

年内领取失业保险金人数83人，比上年增加29人；纳入城市最低生活保障的居民252人，比上年减少12人；纳入农村最低生活保障的居民5959人，比上年增加176人；城乡特困人员1227人，比上年减少133人。支付最低生活保障金额370.7万元。全年城镇新增就业938人，有209名城镇失业人员实现再就业，年内城镇登记失业率4.1%，比上年上升0.05个百分点。

全年中等职业教育招生461人，在校生1251人，毕业生291人。全县普通高中招生999人，在校生2891人，毕业生815人。初中招生1928人，在校生5738人，毕业生1709人。普通小学招生1605人，在校生11764人，毕业生1943人。特殊教育招生10人，在校生67人，毕业生10人。学前教育在园幼儿4506人。九年义务教育巩固率118.6%，高中阶段毛入学率96.3%。

年内，全县有各级各类医疗卫生机构15个（不含村卫生室）。其中，医院2个，卫生院10个。年内有卫生技术人员694人，其中执业医师134人，注册护士282人。年末有医疗机构床位745张。

周宁县运动员在全国级赛事中获得5金1银；在省级赛事中获得5金6银1铜。

【生态文明建设】 2021年，周宁县植树造林总面积3926公顷，完成“三沿一环”森林景观提升8公顷，村庄绿化4公顷，松林改造提升368.27公顷，其他造林更新12.3公顷。森林抚育2144.2公顷，封山育林815.93公顷。新增建成区绿地面积15.94公顷。

全县森林覆盖率72.96%，森林蓄积量445万立方米。截至年底，周宁县获得国家生态文明建设示范县命名，礼门、泗桥、玛坑3个乡获国家级生态乡镇命名；全县省级生态乡镇8个，生态村26个；市级生态村100个。国家级自然公园1处，省级自然公园2处。国家AAAA级旅游景区1家，国家AAA级旅游景区4家。

空气质量达到国家二级标准，全年空气优良天数365天，达标比例为100%。区域噪声均值51.8分贝，交通干线噪声均值67.6分贝。

（县统计局）

中共周宁县委员会

综 述

【概况】 2021年，周宁县委坚持以习近平新时代中国特色社会主义思想为指导，全面贯彻党的十九大和十九届历次全会精神，深入贯彻习近平总书记对福建、对宁德工作的重要讲话重要指示精神，按照中央和省、市工作部署，主动融入宁德“一核两廊五轴”发展格局，团结带领全县广大干部群众，推进经济建设、政治建设、文化建设、社会建设、生态文明建设和党的建设。2021年全县地区生产总值90.12亿元，比上年增长14.3%，增速居全市第二、山区县第一。

【党史学习教育】 2021年，周宁县委把贯彻落实习近平总书记重要讲话重要指示精神和党中央决策部署作为重大政治任务，开展党史学习教育，创新推动“五学联动”（潜心自学、集体研学、领导带学、典型导学、巡听评学）模式，实施传承红色基因“八个一批”行动，新培育县级爱国主义教育基地6个，组织编印《周宁英烈》等“口袋书”，宣讲1600余场次。开展“再学习、再调研、再落实”活动，县处级领导带头调研1457次，形成县级调研报告62份；各级各部门发现问题731个，提出措施849条，解决问题657个，并召开调研成果交流会。

【现代产业体系构建】 2021年，周宁县委以百日攻坚行动、“三比三赛”活动等重点工作为抓手，全年策划实施重点项目182个，总投资241.69亿元；19个省、市在建重点项目全面超过序时进度。总投资67亿元的周宁抽水蓄能电站，实现双机组并网运行。不锈钢（新型材料）深加工产业园一期实现35家企业动工，其中17家投产，二期青山钢管总部、不锈钢针管孵化园等项目开工建设。站前工贸科技园启动基础配套设施、标准化厂房等建设。山海协作产业园加快推进，立源棉纺项目1号厂房投产。梨坪铸造产业科技园10家传统铸造企业实现“退城入园”并投产。以创建国家级全域旅游示范县为目标，举办全国摄影大展暨风筝节、“云端周宁·茶乡福境”文化旅游节、首届陈峭“冬晒”摄影节等系列文化活动，出台激活文旅消费市场“六条措施”，宝丰古银场矿山公园开园，鲤鱼溪水幕光影秀、城区“四园一体”等文旅项目有序推进，全年接待游客量412万人次，比上年增长102%，带动服务业增长15.2%，增幅居全市第一。推行“一把手”招商、小分队招商、产业链招商，签约项目15个，总投资38.82亿元，市下达年度目标完成率111%。

【乡村振兴】 2021年，周宁县委执行五年过渡期政策，落实“四个不摘”要求，制定无劳力生活保障、防贫救助保险及“一键报贫”工作机制，消除54户170个重点对象返贫风险。落实粮食安全党政同责，完成粮食播种面积4797.73公顷，新建高标准农田633.33公顷。出台《周宁县马铃薯产业发展扶持办法》等政策文件，设立“金种子”保种和孵化培育中心，打造“周宁有鲤”区域公共品牌，构建高山马铃薯、茶叶、冷凉花卉“3+N”特色产业体系，全年农林牧渔业总产值增幅居全市首位。启动农村人居环境整治提升五年行动，垃圾干湿分类处理及资源化利用试点工作覆盖58个行政村，农村生活垃圾、污水处理率分别达100%、82%，获评全国村庄清洁行动先进县。全域推进“一规划两清单”工作，完成67个“多规合一”实用性村庄规划编制，“一月一乡镇”举办现场会，打造市级线路4条、乡镇特色线路9条。建成周宁县乡村振兴服务中心，成立云煌农村资产资源管理公司，打造一批具有周宁特色县域乡村振兴服务平台。

【民生福祉】 2021年，周宁县委推进“我为群众办实事”实践活动，落实七大类327项“我为群众办实事”项目。全年财政民生支出16.2亿元，占一般公共预算支出的84.4%。践行“三库”理念，全县空气监测优良天数比例100%，森林覆盖率高达72.96%，监测水质状况均达到或优于Ⅲ类标准，获评国家生态文明建设示范区，“三库”生态文明学习实践基地被授牌全省首个“林业生态文明实践基地”。补齐民生领域短板，县第二机关幼儿园、三源幼儿园和礼门幼儿园建成投入使用，年度新增学位990个；县疾控中心综合楼、县医院感染病综合楼、县总医院咸村分院住院病房大楼完成主体工程；投入使用长者食堂61所、农村区域性养老服务中心2个。提高社会保障水平，城镇新增就业801人，城镇登记失业率控制在3.99%；基本养老保险参保率99.5%，医疗保险参保率97.6%，9个乡镇医保服务窗口全覆盖。加强和创新社会治理，健全风险隐患滚动排查、清单管理、对表销号等工作机制，打造县社会治理综合服务中心，2021年度“三率”调查综合结果位列全市第二，市对县平安建设考评获评优秀。

【依法治县】 2021年，周宁县委坚持党的领导、人民当家作主、依法治国有机统一，推动人大工作高质量发展。履行宪法法律赋予的监督权，听取和审议计划、预算执行和审计工作情况报告，促进经济社会持续健康发展。坚持发展全过程人民民主，依法选出县人大代表189人、乡（镇）人大代表546人，县乡人大代表结构比例均符合要求。坚持党管干部和人大依法任免有机统一，严格执行任前法律考试、表态发言、宪法宣誓制度，任免“一府一委两院”和人大机关工作人员31人次。针对民办教育促进法、残疾人保障法、农产品质量安全法、公路法、消防法等法律法规的贯彻实施情况进行执法检查，督促各部门增强法律意识和执法水平。回应人民关切，全年办理代表建议113件，受理群众来信来访72件（批）。

发挥人民政协作为政治组织和民主形式的效能，提高政治协商、民主监督、参政议政水平。完成县政协换届工作，依法选举产生新一届领导班子，选出县政协委员165人。精选国家生态文明建设示范区创建、大数据产业及数字经济发展、推进基层社会治理现代化等8项重点议题，建言献策。围绕乡村振兴、全域旅游、红色文化传承、医疗服务能力提升等重点工作，组织20余次调研视察，形成调研报告9篇。密切联系党外人士、非公有制经济人士、新的社会阶层人士、民族宗教人士等群体，促进各界人士共同团结奋斗。召开县统一战线庆祝中国共产党成立100周年座谈会，县社会主义学校举办培训班2期。落实委员履职考核办法，对18名履职优秀的委员予以表扬，对13名履职不合格的委员予以通报。全年办理提案115件，立案提案办结率100%。

【全面从严治党】 2021年，周宁县委履行全面从严治党政治责任，筛选14个年度重点项目、重点工作列入一线考核，提拔重用晋升职级67人，占总数34.64%。持续开展党支部“达标创星、晋位升级”活动，14个基层党（工）委书记领办“导师帮带制”试点等党建项目28个，整顿软弱涣散基层党组织11个。制定出台周宁县党委（党组）落实意识形态工作责任制实施方案，探索建立“一单三函”“走访约谈”“三审报备”等创新工作机制。持续深化党管武装工作，县人武部获评省军区“全面建设先进人武部”和“征兵工作先进单位”。紧盯领导班子、“关键少数”，运用监督执纪“四种形态”批评教育帮助和处理215人次。保持惩治腐败高压态势，年内立案78件，查处群众身边不正之风和腐败问题8起10人。

（周宁县委办）

重要会议

【概况】 2021年，中共周宁县委召开第十四次党代会及县委全会8次、常委会会议53次。学习贯彻党的十九届六中全会和省第十一次党代会、市第五次党代会及上级系列重大会议、重要文件精神，传达学习上级相关政策及会议精神，研究部署乡村振兴、推进重点项目建设、全域旅游、工业园区建设、招商引资和民生补短板项目等方面工作。

【县委全会】 2021年4月19日，中共周宁县委第十三届委员会第十四次全体会议召开。会议审议通过《中国共产党周宁县第十三届委员会第十四次全体会议关于召开中国共产党周宁县第十四次代表大会的决议》《中国共产党周宁县第十四次代表大会筹备工作领导小组成员名单及内设机构名单》。

5月21日，中共周宁县委第十三届委员会第十五次全体会议召开。会议审议通过《中国共产党周宁县第十三届委员会第十五次全体会议关于部分乡镇党政正职拟任人选和推荐人选表决办法（草案）》，审议部分乡镇党政正职拟任人选和推荐人选名单，并进行县委委员投票表决。

6月22日，中共周宁县委第十三届委员会第十六次全体会议召开。会议听取和讨论县委书记袁华军的报告，审议通过《中共周宁县委关于学习贯彻习近平总书记来闽考察重要讲话精神奋力谱写全面建设社会主义现代化国家的周宁篇章的决定（草案）》。

7月19日，中共周宁县委第十三届委员会第十七次全体会议召开。会议审议通过《周宁县出席宁德市第五次党代会代表候选人预备人选圈选办法（草案）》，圈选周宁县出席宁德市第五次党代会代表候选人预备人选。

7月24日，中共周宁县委第十三届委员会第十八次全体会议召开。会议听取县第十四次党代会筹备工作情况报告；审议通过《县第十四次党代会县委报告（草案）》《县委报告决议（草案）》《县纪委工作报告（草案）和县纪委工作报告决议（草案）》《大会代表资格初步审查的报告（草案）》《党费收缴、使用和管理情况的报告（草案）》《大会日程（草案）》《大会选举办法（草案）》《大会相关建议名单（草案）》《十四届县委委员、候补委员、纪委委员候选人预备人选名单（草案）》《十四届县委、纪委组成人员候选人预备人选名单（草案）》。

12月21日，中共周宁县委第十四届委员会二次全体会议召开。会议听取和讨论县委书记袁华军作的报告，审议通过《中共周宁县委关于深刻领会党的百年奋斗重大成就和历史经验汇聚周宁发展强大精神动力的决定》。

【县委第十四次代表大会】 2021年7月28—30日，中共周宁县委第十四次代表大会召开。会议听取和审查《中国共产党周宁县第十三届委员会报告》《中国共产党周宁县第十三届纪律检查委员会工作报告》，选举中国共产党周宁县第十四届委员会、中国共产党周宁县第十四届纪律检查委员会，选举出席中国共产党宁德市第五次代表大会代表。

【县委常委会会议】 2021年1月7日，周宁县委召开常委会会议，听取县人大常委会、县政府、县政协、县法院、县检察院党组工作报告和县纪委监委有关工作汇报，审议《周宁县2020年度全面从严治党主体责任落实情况检查工作方案（送审稿）》。

1月18日，周宁县委召开常委会会议，传达贯彻“平安福建”“平安宁德”建设相关工作会议精神以及1月15日省委常委会会议精神，研究春节慰问活动、全县公安工作、成立“中共周宁县委工业园区工作委员会”相关事宜及干部工作。

1月28日，周宁县委召开常委会会议，传达贯彻《中共中央办公厅、国务院办公厅关于做好人民群众就地过年服务保障工作的通知》《中共福建省委办公厅、福建省人民政府办公厅关于统筹做好2021年春节期间疫情防控和生产生活保障有关工作的通知》《中共宁德市委组织部关于高质量做好2021年领导干部报告有关事项工作的通知》精神，以及1月21日省委常委会会议、省十三届人大五次会议、省政协十二届四次会议、省委第十轮巡视工作动员部署会、市四届人大六次会议、市政协四届五次会议精神；听取2020年县委巡察工作报告，研究巡察工作、干部工作。

2月7日，周宁县委召开常委会会议，研究审议《在中国共产党周宁县第十三届纪律检查委员会第六次全体会议上的工作报告》《关于做好2020年度县管领导班子和领导干部年度考核有关工作的方案》《周宁县科级干部动态管理办法》《关于开展第三批选派县管干部参加乡村振兴工作的方案》，研究2021年县委和县政府为民办实事项目。

2月19日，周宁县委召开常委会会议，研究《周宁县开展“再学习、再调研、再落实”活动方案（讨论稿）》、“七一勋章”提名和全国“两优一先”推荐事宜。

3月10日，周宁县委召开常委会会议暨县委宣传思想文化（意识形态）工作领导小组会议。会议审议《周宁县关于创建全域生态旅游示范县工作方案（送审稿）》《周宁县激活文旅消费市场六条措施（试行）（送审稿）》《周宁县集聚下派力量助力乡村振兴的实施方案（试行）（送审稿）》，研究全省、全市“两优一先”表彰对象推荐事宜、公务员辞退事宜等。

4月19日，周宁县委召开常委会会议，传达贯彻全市机关党的建设工作会议精神，研究县乡党委换届工作相关事宜。

4月12日，周宁县委召开常委会会议，传达学习全省巩固拓展脱贫攻坚成果同乡村振兴有效衔接暨农村建设品质提升第一次现场推进会、全市乡村振兴“抓两头带中间”现场推进会（福鼎）精神和全国、全省政法队伍教育整顿推进会精神；研究乡村振兴、狮城镇撤镇设街道行政区划调整、政法队伍教育整顿工作等。

5月28日，周宁县委召开常委会会议，研究审议《周宁县2021年拟列县重点项目基础设施类及产业类项目汇总表（讨论稿）》，并研究县乡换届工作相关事宜。

6月15日，周宁县委召开常委会会议，传达贯彻省委十届十二次全会精神，审议《周宁县社会治理综合服务中心实施方案（讨论稿）》，研究2020年度重点项目重点工作先进集体先进个人表彰推荐名单、全县“两优一先”表彰、周宁县不锈钢（新型材料）深加工产业园项目一期概算调整等相关事宜。

6月22日，周宁县委召开常委会会议，传达贯彻习近平总书记致世界环境司法大会贺信精神、致世界马克思主义政党理论研讨会贺信精神、致《中国日报》创刊40周年贺信精神、给廖俊波同志母亲季平英同志重要回信精神、对湖北十堰市张湾区艳湖社区集贸市场燃气爆炸事故作出的重要指示精神，以及市委四届十四次全会精神；研究县委十三届十六次全会相关事宜及安全生产、生态环境工作。

6月28日，周宁县委召开常委会会议，学习贯彻习近平总书记重要文章《学好“四史”、永葆初心、永担使命》《中华人民共和国乡村振兴促进法》及《中共中央、国务院关于全面实施乡村振兴加快推进农业农村现代化的意见》《中共中央、国务院关于实现巩固拓展脱贫攻坚成果同乡村振兴有效衔接的意见》等文件精神，传达贯彻省、市基层党建工作重点任务推进会精神及全市乡村振兴“抓两头带中间”现场推进会精神，研究2020年度县绩效考评（含站前工贸科技园项目工作人员绩效奖励）有关事宜。

7月19日，周宁县委召开常委会会议，听取十三届县委巡察五年工作总结，审议2018—2020年度县级精神文明建设考评结果；研究市、县党代会代表推选工作，以及新一届县委委员、候补委员、纪委委员候选人预备人选相关事宜。

8月12日，周宁县委召开十四届常委会第一次会议，传达学习全省县、乡、村三级团组织换届工作会议精神，研究周宁县贯彻意见；研究审议《周宁县全面推进林长制实施方案（讨论稿）》《2021年度周宁县绩效管理工作方案》。

8月20日，周宁县委召开十四届常委会第二次会议，研究推荐宁德市出席中国共产党福建省第十一次代表大会代表候选人推荐人选事宜。

8月25日，周宁县委召开十四届常委会第三次会议，审议《周宁县关于2021年省委对宁德市全面从严治党主体责任落实情况检查发现问题整改方案（讨论稿）》《关于县委领导挂钩联系2021年软弱涣散村党组织的通知（送审稿）》《周宁县2021年软弱涣散村党组织整顿方案》，研究确定2020年度县管领导班子及科级干部年度考核优秀等次。

9月3日，周宁县委召开十四届常委会第四次会议，研究讨论村党组织换届试点村礼门乡仕本村、梅度村、贡川村党组织书记候选人预备人选。

9月16日，周宁县委召开十四届常委会第五次会议，研究审议《关于开展周宁县2021年全面从严治党主体责任落实情况检查的通知（讨论稿）》，研究新一届村（社区）党组织书记候选人预备人选、县乡两级人大代表换届选举工作相关事宜。

9月29日，周宁县委召开十四届常委会第六次会议，传达学习《中国共产党党内法规制定条例》《中国共产党党内法规和规范性文件备案审查规定》《中国共产党党内法规执行责任制规定（试行）》精神，听取党内法规情况汇报，研究审议《县委规范性文件前置审核工作规程（试行）（送审稿）》，研究新一届村党组织书记换届选举有关事宜、干部工作。

11 月 11 日，周宁县委召开十四届常委会第十二次会议，研究县第十八届人民代表大会代表初步建议人选有关事宜。

11 月 22 日，周宁县委召开十四届常委会第十四次会议，研究审议《2021 年市委对周宁县全面从严治党主体责任落实情况检查发现问题整改方案（讨论稿）》，研究县“两会”、县政协委员推荐人选和常委建议人选、县工会换届等有关事宜。

12 月 9 日，周宁县委召开十四届常委会第十六次会议，研究审议《2022 年县政府工作报告（送审稿）》《周宁县 2021 年预算执行情况及 2022 年预算（草案）》《周宁县 2021 年国民经济和社会发展计划执行情况与 2022 年国民经济和社会发展计划（草案）》；研究周宁县“两会”筹备工作、周宁县推荐政协第五届宁德市委员会委员建议人选名单、干部工作等有关事宜。

12 月 20 日，周宁县委召开十四届常委会第十七次会议，传达贯彻宁德市委五届二次全会精神，研究涉粮问题专项巡察整改工作、中共周宁县委十四届二次全体会议相关事宜。

（周宁县委办）

组织工作

【概况】 2021 年，周宁县委组织部践行新时代党的建设总要求和新时代党的组织路线，围绕中心大局，在抓基层、选干部、聚人才上持续发力，推动组织工作质量与水平全面提升。公务员工作在全省作交流发言，村级党组织换届选举工作在全市率先完成，党建引领社会组织规范化管理得到省领导批示肯定，“能人回引”“景村党建”“近邻党建”等工作在新华社、人民网、《中国组织人事报》、《福建日报》、《福建组工通讯》、《八闽快讯》等媒体刊物上刊登，信息工作由 2020 年全省第 64 位升至全省第 33 位。2021 年全市组织工作考评，获全市第二、山区县第一。

【庆祝中国共产党成立 100 周年系列活动】 2021 年，周宁县委组织部实施党员“凝心铸魂”工程，开展表彰一批先进对象、走访慰问一批重点对象、开发一批精品党课、开设一个宣传专栏、挖掘一批党员教育特色资源、开展一次下基层宣讲等“十个一”系列活动，营造“党的盛典、人民的节日”氛围。完成全国、全省、全市“两优一先”评选推荐工作和全县“两优一先”表彰暨“光荣在党 50 年”纪念章颁发工作。

“七一”前后，全县表彰优秀共产党员 55 人、优秀党务工作者 45 人、先进基层党组织 40 个，颁发纪念章 532 枚。《周宁发放“光荣在党 50 年”纪念章》在《福建日报》刊登。走访慰问获得党内功勋荣誉表彰的党员、生活困难党员、老党员、老干部、烈士遗属、因公殉职党员干部家属、“五老”及遗孀等 7 类人员 1176 人，发放慰问金 93.75 万元。

【换届选举】 2021 年，周宁县委组织部分别于 5 月底、7 月底召开县、乡党代会，选举产生新一届县乡党委、纪委领导班子以及出席宁德市第五次党代会代表。其中，乡镇领导班子平均年龄 36.19 岁，35 岁以下干部占 50.52%。

9 月 21 日，完成全县 140 个村、7 个社区党组织换届选举；11 月 21 日，完成村（居）委会换届选举，选出“两委”成员 777 人，全面实现“一肩挑”。村（社区）党组织书记平均年龄分别为 44.5 岁、39.1 岁，大专以上学历比例分别为 66.43%、100%。村、社区“两委”成员平均年龄分别为 41.6 岁、38.7 岁，中专或高中以上比例分别为 75.9%、94.5%，结构比例较往届优化。

【生态文明基地建设】 2021 年，周宁县委组织部依托“三库”生态

周宁县“三库”生态文明学习实践基地（森林党校）主题展览馆（2021 年 8 月 30 日摄）

（周宁县委组织部　供图）

文明学习实践基地，建设践行习近平新时代中国特色社会主义思想党性教育基地，创建全国首座“森林党校”。森林党校立足资源优势，通过辐射全县9个乡镇党校、41个现场教学点，形成“1+9+N”学习阵地体系，为省林业局挂牌全省首个“林业生态文明实践基地”，获宁德市委党校现场教学点授牌；全年接待参观学习者280批次，6300余人次。其中，举办县委党校主体班3期126人，全域生态旅游、乡村振兴等专题班3期161人；承接宁德市“省市驻村第一书记培训班”、漳州市长泰区委党校、霞浦县委党校干部培训班等共计40余期，培训学员1600余人次。吸引市内及福州、漳州、上海、江西等地4000余名党员干部前来开展党日活动、参观考察学习，重走总书记走过的机耕路、重访黄振芳家庭林场。

【党员干部教育培养】 2021年，周宁县委组织部制定《2021年干部教育培训专题班总体方案》，围绕“六个专题”培训班，采取“线上+线下”“走出去+请进来”培训方式拓宽干部教育培训渠道。年内举办各类培训班11期，培训干部1676人次；选派69名领导干部参加省市各类专题培训，完成对全县近600名在职县管干部党的十九届五中全会精神的集中轮训。加强换届后乡镇领导班子建设，6月17—19日，在闽东乡村振兴学院举办乡镇领导班子能力提升培训班，新任乡镇领导36人受训。抓好乡镇党校“四化”建设（规范化建阵地、多元化用人才、精细化办学班、常态化抓培训），打造农村党员“家门口的”党校，推动新思想培训全覆盖。举办学习贯彻新思想培训班66期，培训农村党员4300余人。12月13—15日，举办全县新一届村（社区）主干培训班，县委书记为260余名学员讲授“履新第一课”，提升新任村（社区）主干、驻村第一书记、乡村振兴指导员的综合素质和履职能力。

2021年9月8日，周宁县委组织部在县委党校举办干部考察员业务培训班

（周宁县委组织部 供图）

【干部队伍建设】 2021年，周宁县委组织部坚持“按需选派、一线成长、正向激励”原则，选派干部到重点项目一线服务，开展一线跟踪考核，加大一线考察识别和提拔使用干部力度。年内筛选31个年度重点项目、重点工作列入一线考察，对293名干部进行跟踪考察，累计进考察点148次，提拔重用晋升职级71人，占提拔重用晋升职级总人数35.26%。深化“五位一体”干部考核评价机制，建立年度县管干部实绩档案，收集整理实绩档案483份；注重年轻干部跟踪管理使用，年内提任35岁以下干部50人，占年内提任干部总数58.82%。做好干部能力素质提升，推荐列入“两型”年轻干部储备库291人。制定《2021年度县级关心关爱基层干部工作计划》，细化措施27条，为基层干部松绑减负。采取“乡镇定额补贴+绩效差异量化”发放方式，落实乡镇机关干部待遇高于县直机关同职级待遇20%政策，乡镇公务员、事业干部月均收入分别高1100元、900元。落实公务员科学化、规范化管理要求，做好公务员信息采集、工资统计工作，序时完成公务员信息系统更新维护。完善人事管理平台人员职务职级信息实时维护，2021年规范办理公务员登记手续51人。组织在村任职选调生脱产参加青年干部班培训1个月，提升选调生履职能力。

【基层组织建设】 2021年，周宁县14个基层党（工）委书记领办基层党建项目28个，推动“导师帮带制”试点、人居环境整治等项目落地见效。推行“党建+旅游+N”新模式，以乡村旅游助力乡村振兴，创建省级金牌旅游村2个。年内发展党员237人，整顿连续两年及三年以上未发展党员村32个。全县纳入台账管理“三有”非公企业、社会组织党组织覆盖率分别88.6%、83%，党的工作覆盖率均为100%。

开展党支部领办合作社发展壮大村级集体经济“三年行动”，确定35个村作为支部领办合作社试点村，并在玛坑乡探索推行支部领办合作社联合社新模式，成立茶产业联合社“大党委”，在全市重点组织工作集中调研中得到肯定。突出“县乡统一运作+村级自行发力”方式，对投到县国投公司统一运营且合同到期的75个村进行续签。2021年，村级集体经济收入15万元以上村100个（占比71.43%），20万元以上村61个（占比43.57%），50万元以上村31个（占比22.1%）。

构建“一网五团创五好”近邻党建机制，29个小区均成立党支部，安排7名县处级领导兼任社区“大党委”第一书记，建立“轮值主席”制度，推行“网格员+党员志愿者+驻区单位志愿者”服务模式，并在中兴社区打造“智慧社区”管理模式，推动服务、管理、资源、力量向社区集聚。共计120个机关企事业单位党组织的1437名在职党员到社区居住地报到7038人次，帮助解决实际问题177个，相关经验做法在人民网党史学习官网、《中国城市报》刊登。将“近邻”党建理念延伸至浦源鲤鱼溪景区，组建“邻鲤党建联盟”。

在全省率先探索开展党建促民间组织规范管理工作，对全县符合条件的“老人会”“宗祠会”等村级社会组织进行登记备案，规定村级社会组织活动“五要十不准”和村级社会组织重要事务向村党组织报备制度，共规范备案村级社会组织189个，累计登记各类社会组织重大事项、重大活动51场次，改造提升宗祠、民俗活动场所为自然灾害避灾点、文化宫等75处。

【人才队伍建设】 2021年，周宁县委组织部制定《周宁县“云端人才”评价认定办法》，推进普惠与个性结合、本土与引进兼顾的人才政策体系建设。制定《周宁县政府顾问团组建实施方案》，着力人才柔性引进，破解高层次人才紧缺问题，在紧缺急需、民生事业等专业领域发挥智囊参谋作用。提升人才服务保障水平，建成县级人才驿站5家，在外人才工作站1个。

2021年，引进省级高层次C类人才1人，省工科类青年人才1人，宁德“天湖人才”20人，宁德市紧缺急需医疗卫生、基础教育专业人才5人。加强人才平台建设，建成县级人才驿站6家，驻外人才工作站2个，被确认为宁德市星创天地1个，成立名医“师带徒”工作室3个。建立福建茶学会首章创新驱动服务站，上报省科协认定。实施“扬帆计划”，征集大学生返乡实习岗位322个，上岗126个。

印发《周宁县集聚下派力量助力乡村振兴的实施方案》，推进下派干部力量“集约化”管理，成立9个乡村振兴工作组，整合乡村振兴指导员、驻村第一书记、各类人才等下派力量，“组团式”服务乡村振兴。年内开展跨村跨乡服务436次，解决难点问题174个，推动项目落地105个。同时，与省农科院合作，盛周香水百合种球繁育项目取得突破，改变香水百合种球依靠国外瓶颈问题；实施新型职业农民培育计划，围绕直播带货、马铃薯种植等，全面完成培训高素质农民任务。

（周宁县委组织部）

宣传工作

【概况】 2021年，周宁县委宣传部履行意识形态、理论武装、舆论引导、精神文明建设、对外宣传、文化建设等工作职责。围绕庆祝中国共产党成立100周年主线，开展理论中心组学习24场，带动周宁县各级党组织学习研讨600余场、专题党课310余节、主题党日活动430余场；推出新闻报道5000余条、短视频600余条，累计开展志愿服务活动1100余场。2021年，市对县意识形态工作考评并列全市第一。

【党史学习教育】 2021年，周宁县党史学习教育县委常委带头开展学习26次，开展理论中心组学习24场，带动周宁县各级党组织学习研讨600余场、专题党课310余节、主题党日活动430余场次。实施传承红色基因“八个一批”行动，新建、提升“三库”生态文明学习实践基地（森林党校）等一批红色基地，培育县级爱国主义教育基地6个，上线VR云展馆，完成《周宁红色故事》《周宁英烈》等“口袋书”和《学史力行践初心——周宁县党史学习教育新闻报道汇编》，开展“品读

2021 年 3 月 18 日，周宁县举办党史学习教育系列活动之“百年党史·红色故事我来讲”活动。图为百岁老兵肖宜文在狮城一小给青少年讲红色故事

（周宁县委宣传部　供图）

红色经典，赓续精神血脉”全民阅读活动。设立“云端周宁学习讲坛”，推广“非遗 + 宣讲”模式，统筹新时代宣传师等主体，开展分众化对象化宣讲 1600 余场；“非遗文化传承 + 理论宣讲服务队”被列为全省 14 个“理论进基层示范点”之一；实施 7 大类 327 项“我为群众办实事”项目。

【新闻宣传】 2021 年，周宁县委宣传部开辟短视频宣传渠道，开展“奋斗百年路，启航新征程”重大主题宣传、“决胜全面小康、决战脱贫攻坚”成就宣传和“十四五”开局宣传，累计开设专题专栏 50 余个，推出新闻报道 5000 余条、短视频产品 600 余条。坚持守正创新，建立对外新闻宣传工作联席会议制度，加强与驻宁媒体沟通联系，配合中央电视台做好《决不掉队》《东西南北贺新春》等节目录制，借助上级媒体力量讲好周宁故事，传播周宁声音。《生态为底 描绘高质量发展“新风景”》获全国县级融媒体中心优秀作品双月赛一等奖，《奏响新时代“山海协奏曲”》《与党同龄，与党同行》等一批重点报道在《人民日报》、新华网、《光明日报》等中央媒体刊登，《福建日报》头版上稿 17 篇，福建电视台《新闻联播》播出 34 条，《闽东日报》、福建电视台、宁德电视台、新宁德等媒体上稿量均提前超额完成年度任务。同时拓展融媒体经营业务，打造“生态周宁”融媒矩阵，经营性收入 200 余万元。

【文化事业发展】 2021 年，周宁县委宣传部以庆祝中国共产党成立 100 周年为主线，深挖周宁特色资源，打造“周宁有鲤”城市 IP。策划四大类 19 项“永远跟党走”群众性主题宣传活动，实施英雄凌福顺主题“四个一”精品创作工程，举办“闽东之光·云端周宁”全国摄影大展暨风筝节、“我和我的祖国”主题快闪等活动 40 余场，展播《1921》《革命者》等红色电影 1600 余场。推出“周宁有鲤”公共文化品牌，“鲤乡福境·云端周宁”全域旅游推介展暨闽东契约文书展在福州引起巨大反响。启动《大鲤鱼溪规划》编制，打造印象鲤鱼溪文化旅游产业园，完成水幕灯光秀、四季花海等项目建设；“三月三”驮灯习俗、木拱桥营造技艺入选省级非遗代表

2021 年 6 月 11 日，“闽东之光·云端周宁”全国摄影大展暨风筝节启动仪式在周宁县旅游集散中心举行

（周宁县委宣传部　供图）

名录，杖头木偶戏等6项民俗入围市级推荐名单；培育乡村文化队伍27支、文化骨干242人。开展红色文化遗存普查，探索“红＋古（古村保护）”“红＋绿（绿盈乡村）”发展模式；推进芹溪、洋中等一批乡村振兴示范村建设，打造梧柏洋、碧岩等一批红色旅游特色村；“周宁红色岁月研学游”“‘三库’生态文明基地红色体验游”分别入选全省、全市红色旅游精品线路，陈峭村入选中国美丽休闲乡村，浦源村被评为福建省旅游金牌村。

【文明实践】 2021年，周宁县委宣传部围绕培育和践行社会主义核心价值观，实施文明创建工程，推进省级文明县城创建，建立网络化管理体系，开展整治市容市貌、交通秩序等八大提升行动，创城初评成绩在福建省县级（市县）城市排名第11、全市第一。突出榜样引领，组织各级各类群众性精神文明创建活动，开展身边好人、新时代好少年等先进典型培育选树，创建市级以上文明单位、文明村镇、文明校园135家。突出实践养成，搭建“新时代文明实践‘志愿红’频道”，依托服务窗口设立文明实践点，打造“中心—所—站—点”四级服务网络，开展志愿服务活动1100余场，首创的“爱家驿站”实践模式被省广电网络集团作为公共服务典型在全省推广。突出典型示范，举办“爱周宁”首届志愿服务项目大赛，培育形成“方言评书”“鲤想青年”等一批特色志愿服务项目，“方言评书”志愿服务项目获全省、全市大赛金奖。中国文明网以《福建周宁：云端绽放文明花　新时代文明实践浸润人心》《“红领巾”飘扬鲤鱼溪》为题，报道周宁县文明实践工作成效。狮城镇中兴社区获评2021年文化和旅游领域全国“最美志愿服务社区”、长安社区获评全省“最美志愿服务社区”。

（阮仕钊）

统战工作

【概况】 2021年，周宁县委统战部学习贯彻习近平新时代中国特色社会主义思想，全县统战系统召开学习会48场、专题研讨会30场，撰写心得体会100篇。举办党外人士培训班，开展阶层人士统战工作，完成36名新侨人士及75名海外留学生信息登记。

【党日活动】 2021年，周宁县委统战部指导开展党史学习教育，各驻外党支部开展庆祝中国共产党成立100周年“学党史、悟思想、办实事、开新局”党史学习教育系列活动7场。开展慰问困难党员活动，为7名困难党员发放慰问金5600元，

2021年4月15日，周宁县委宣传部（文明办）主办的“爱周宁”周宁县首届志愿服务项目大赛在新时代文明实践中心举行
（周宁县委宣传部　供图）

2021年5月31日，周宁在沪青年创业者与周宁县英才实验学校开展共建图书室活动并举行首次捐书仪式（县委统战部　供图）

为2名老党员发放“在党50周年党员”纪念章。引导广大在外青年勇担社会责任，15名在沪青年创业者捐款购买价值6万元图书1800余册，捐赠给周宁县英才实验学校，惠及700名学生。参与宁德市在沪“青年创业先锋”评选活动，推荐评选“青年创业先锋”10人、“青年创业能手”3人。

【党外人士培训】 2021年，周宁县社会主义学校举办党外人士（网络代表人士）培训班、党外知识分子培训班各1期，全县无党派人士、非公经济人士、新的社会阶层人士（网络代表人士）、党外知识分子等70人参加培训。

【民族工作】 2021年，周宁县委统战部制定少数民族村帮扶政策，提请县委常委会研究同意将周宁县少数民族村帮扶政策延续至2024年，扶持资金从每年27万元提高至40万元并纳入财政预算。指导东岗畲寨举办“三月三”畲族民俗风情采风活动，展示畲乡特色风情和畲族民俗文化。培养乡土文化能人、民族民间文化传承人，鼓励、引导畲族群众将民族语言、歌舞、生产技术和工艺、节日庆典、婚丧习俗融入日常生活。不断挖掘、保护和传承畲药，推动云门畲药列入第二批县级非物质文化遗产名录。

【宗教事务管理】 2021年，周宁县委统战部召开县委统一战线工作领导小组会议2次，专题研究天主教工作，加强与天主教闽东教区主教府沟通联系，为天主教神职人员王某某办理退养手续，天主教工作取得阶段性成效。做好信众思想工作，引导信众到已登记的宗教场所开展活动。

【乡镇商会组织建设】 2021年，周宁县委统战部推动统战工作向商会组织覆盖，把统战工作贯穿于商会组建和管理的各个环节，促进民营经济健康发展和民营经济人士健康成长，县委统战部、县工商联多措并举，推动乡镇商会组织建设。在原有狮城、浦源、咸村3个乡镇商会基础上，完成李墩、七步、纯池、礼门、玛坑、泗桥6个乡镇商会组建工作，实现乡镇商会组织全覆盖。

【民营经济领域统战工作】 2021年，周宁县委统战部召开周宁县政银企供需对接会，推动金融机构与企业进行“一对一”洽谈，精准推介金融产品、设计授信方案、敲定实地考察时间，促进企业与银行达成合作意向。推动周宁县信用联社领导前往广东省福建周宁商会参观考察乡贤（会员）小微企业，搭建银企对接平台，为乡贤（会员）企业推荐“乡贤贷”和“额度高、利率低、手续简、审批快”等便捷服务，为13家小微企业授信800万元。联合开展“职”在民企“就”有未来暨2021年民营企业招聘月专场招聘会，24家用人单位提供各类需求岗位117个，为广大求职者提供更多灵活就业岗位选择，实现“人找岗位”向“岗位招人”的转变。

【“万企兴万村”活动】 2021年，周宁县委统战部引导民营企业履行社会责任。开展“万企兴万村”行动，制定《周宁县开展“万企兴万村”行动实施方案》，引导民营企业、商会组织助力周宁县乡村振兴战略。组织周宁县上海商会和4家民营企业与6个结对帮扶村开展“情系桑梓、开春送暖”等系列活动，为69户脱贫户和困难户发放7万元产业帮扶资金。发动商会爱心传递接力消费帮扶，周宁县上海商会、广东省福建周宁商会共向坑源底、紫云等村订购土豆5000余千克，帮助农户解决土豆销售难题。开展乐善助学活动，联系宁德市蕉城乐善助学促进会、恒锋信息科技股份有限公司为50名新考入大学困难学子发放助学金15万元。

【新的社会阶层人士统战工作】 2021年，周宁县委统战部推动“同心成长·共享物件”工作站建设，打造一个集在线爱心捐赠与认领于一体的信息类综合性智慧化公益平台，广泛凝聚网络代表人士智慧力量。发挥县新阶联网络代表人士分会作用，承接“鲤乡福境 云端周宁”、福建省全民健身运动会网络直播15场。指导县新阶联在12月13日，召开一届三次会员代表大会及年会活动，新增会员35人。

（温斌）

机构编制管理

【概况】 2021年，周宁县委机构编制委员会办公室（简称“周宁县委编办”）贯彻党的机构编制工作条例，围绕周宁县经济社会发展，加强机构编制管理，统筹配置机构编制资源，巩固深化机构改革成果，推进事业单位改革。至2021年底，周宁县行政编制842名，事业编制3814名，机关工勤编制83名，科级以上领导职数499名。

【编制资源控制】 2021年，周宁县委编办严格控制行政编制和事业编制总量，确保行政编制不以任何方式突破省分配下达总额，事业编制不以任何方式突破2012年底统计基数。截至年底，省核定周宁县行政编制842名（含14名省垫增公安自定编制），其中：党政群系统行政编制626名，实有558人，空编68名；政法系统行政编制216名（含省垫增公安政法专项编制14名），实有206人，空编10名。事业编制3814名（含群团机关使用的事业编制21名），实有3646人（含群团机关使用事业编制21人），空编168名。机关工勤编制83名，实有65人。科级以上领导职数共499名（正科124名，副科375名），其中行政机关387名（正科105名，副科282名），事业单位112名（正科19名，副科93名）。

【编制管理】 2021年，周宁县委编办召开编委会4次，研究通过涉及纪检监察、市场监管、综合执法、社会治理、教育卫生、文物保护等机构编制事项30余项。做好公务员考录、事业单位公开招聘等编制使用计划审核工作，确保各单位招聘考录人数在审核确定的空编使用计划内。审核同意使用公务员考试（含参公）用编29名，事业单位公开招聘用编117名。完善与组织、人社、财政等部门协调配合机制，理顺人员调配程序，严格编制使用审核，把好人员“进出关”，受理审核公务员考录、事业单位公开招聘、人员流动等使用编制申请近800人次。

【编制资源配置】 2021年，周宁县委编办根据职能变化，撤销县商业总公司，设立县政府直属相当正科级事业单位周宁县国有资产服务中心，核定事业编制15名；增设群团组织周宁县贸促会，核定群团事业编制3名；增设政府派出正科级行政机构周宁工业园区管理委员会，核定行政编制3名；核增县财政投资评审中心事业编制6名。为促进基础教育均衡发展，设立周宁县狮城第一幼儿园、周宁县新城幼儿园（浦源中心幼儿园），将周宁县英才实验学校更名为周宁县狮城第四小学，并通过调整城乡编制资源分布，保障城区教职工用编需求。2021年教师招聘按“80＋X”计划安排，开启教育人才引进用编绿色通道，审批同意引进人才专项编制7名，用于招聘高层次教育人才。为促进新时代卫生事业平衡发展，核增县精神康复医院财政拨补事业编制6名，核增股级职数1名；核增县萌源卫生分院财政拨补事业编制1名。事业单位招考重点向卫生系统倾斜，并通过定向委培医疗卫生人才，2021年底在校委培生30名，当年招收委培生10名。统筹使用乡镇科级领导职数，实施乡镇科级领导职数动态调整机制，核增狮城镇、咸村镇科级领导职数各1名，核减玛坑乡、泗桥乡科级领导职数各1名。

【编制核查】 2021年，周宁县委编办根据中央、省、市部署要求，依托福建省机构编制管理信息系统全面启动第二次全国机构编制核查工作，结合实际制定《周宁县第二次全国机构编制核查实施方案》，按照时间节点推进第二次全国机构编制核查工作。抓好部门协作，建立健全编办牵头，组织、财政、人社配合，各单位协作联动工作机制，各司其职，形成合力，将实名制系统的机构编制数据与组织、财政、人社部门的有关数据进行详细比对，对存在差异的找出原因并及时整改，做到各系统数据一致。年内完成全县355个机关事业单位核查数据的审核，并更新完善机构编制实名制管理信息，完成核查任务，提升机构编制管理科学化水平。

【综合行政执法改革】 2021年，周宁县委编办按照中央、省委、市委部署，推进综合行政执法队伍改革。将县文化和旅游市场综合执法大队更名为县文化市场综合执法大队；将县城市建设监察大队更名为县城市管理综合执法大队，并调整内设机构和领导职数等，撤销执法类事业单位县综合执法大队，将其承担的职责划入县城市管理综合执法大队；规范自然资源执法机构设置，将县国土资源监察大队更名为县自然资源综合执法大队；完成应急管理综合执法队伍改革方案及“三定”规定印发工作。

【部门职责关系理顺】 2021年，周宁县委编办及时对上级的职责调整通知、部门提出的职能调整事项等进行全面梳理调研，理顺明确关系，提高行政效能。撤销县综合执法大队，将其承担的职责划入县城市管理综合执法大队；将原由县住建局承担的农村环境卫生管理职责划入县城市管理局；将民政局所属事业单位县光荣院（县福利院）中的县光荣院职责划转至县退役军人事务局；明确县民政局与县卫健局关于老年人高龄津贴有关职责分工。

【重点领域改革】 2021年，周宁县委编办按省市部署，规范开发区管理机构，成立周宁工业园区管理委员会，为县政府派出正科级行政机构，并完成“三定”规定印发及所属事业机构设置、编制调整工作。做好扶贫机构与乡村振兴机构的调整和衔接，不再保留县扶贫开发领导小组和县委实施乡村振兴战略领导小组，设立县委扶贫开发成果巩固与乡村振兴工作领导小组，领导小组办公室设在县农业农村局；县农业农村局不再加挂“周宁县扶贫开发领导小组办公室”“中共周宁县委实施乡村振兴战略领导小组办公室”牌子，加挂“周宁县乡村振兴局”牌子，并对原承担的扶贫开发相关职责进行调整。

【事业单位改革】 2021年，周宁县委编办按照中央和省委、市委改革部署和要求，坚持优化协同高效原则，稳妥推进“小散弱”和职责相近事业单位的撤并整合。通过前期调研摸底、与其他县市沟通交流，在请示宁德市委编办的基础上，拟对县委办、政府办、组织部、发改局、农业农村局、林业局等重点单位进行先行先试，形成初步改革方案。做好经营类事业单位改革后续工作，完成最后一家生产经营类事业单位县干部招待所的撤销和人员分流安置工作。

【事业单位登记管理】 2021年，周宁县委编办完成2020年度事业单位法人年度报告公示工作，完成年检公示事业单位169家。按要求开展事业单位法人公示信息“双随机”抽查工作，全年开展两轮“双随机”抽查工作，按5%的比例共抽取18家事业单位进行现场核查，及时公布抽查结果。同时，针对检查单位存在的问题，由专人跟进，责令限期整改，并持续跟踪后续运行情况，确保抽查结果运用到位，提升抽查工作成效。

【赋码工作】 2021年，周宁县委编办做好事业单位登记管理和党政群团机关赋码工作，办理事业单位设立登记39个，变更登记86个，变更事项121项，注销登记25个；机关、群团变更14个，撤销机关单位1个，机关特殊情形统一社会信用代码换证单位2个。

（游梅芳）

机关党建

【概况】 2021年，周宁县委县直机关工委全面贯彻新时代党的组织路线，开展党史学习教育，推进机关党建。年内吸收预备党员61人，预备党员转正40人；组织机关党员2860人次参加义务植树、交通劝导、疫情防控、环境整治等服务103场。

【组织建设】 2021年，周宁县委县直机关工委持续深化组织建设，落实各党组织按期换届提醒督促制度，全年批复32个支部换届、14个支部补选支委、成立12个支部，撤销7个支部。依托农行“智慧党费”App系统推行机关党员缴纳党费云服务，有104个支部采用App缴纳党费。开展党建年终检查，重点围绕三会一课、理论学习、民主生活会等方面进行考评，进一步严肃党内政治生活。

2021年7月22日，中共周宁县委县直机关代表会议在县委县政府办公楼七楼会议室召开　（周宁县委县直机关工委　供图）

【中国共产党县直机关代表会议召开】 2021年7月22日，周宁县委县直机关工委在县委七楼会议室召开中国共产党县直机关代表会议。会议选举产生县直机关出席中国共产党周宁县第十四次代表大会代表。

【党员教育培训】 2021年，周宁县委县直机关工委按照成熟一个发展一个党员要求，安排年度发展党员指标。年内吸收预备党员61人，预备党员转正40人。贯彻落实《2019—2023年全国党员教育培训工作规划》，依托县直机关工委“微党建”课堂，开展党员发展对象培训班7批次；举办入党积极分子暨党员培训班一期，220余人参训。依托“微党建”课堂，“点单式”分专题开展党建业务交流研讨和业务培训。开展“支委会专题”《党委（党组）落实全面从严治党主体责任》解读2期，180余人参训。

【庆祝中国共产党成立100周年系列活动】 2021年，周宁县委县直机关工委联合团县委等部门开展主题为“传承五四精神，迎接建党百年”的党史知识网络有奖答题活动。组织“两优一先”评选推荐活动，推荐机关先进基层党组织10个、优秀共产党员12人、优秀党务工作者14人。在萌源红色文化馆举行“光荣在党50年”纪念章颁发仪式暨新老党员宣誓活动，为老党员颁发纪念章，新老党员交流发言，并一起重温入党誓词。开展党内关心关怀。在春节前夕、七一前夕，以县领导慰问、委托支部慰问、工委走访慰问及集中慰问的方式，共计组织慰问困难党员、“光荣在党50年”老党员等221人，发放慰问金16.5万元，颁发“光荣在党50年纪念章”130枚。

【“双报到”服务】 2021年，周宁县委县直机关工委深化“双报到”服务，在职党员参加社区或居住地党组织的义务植树、交通劝导、疫情防控、环境整治等服务共计103场，累计2860人次。出台《关于推行县处级领导兼任社区“大党委”第一书记和共建单位负责人轮值主席制度的通知》，推行县处级领导兼任社区大党委书记、共建单位负责人实行轮值主席、共建单位联络员、

2021年6月30日，周宁县直机关工委在萌源村萧家岭红色文化馆举办“光荣在党50年”纪念章集中颁发仪式并举行老中青党员集体入党宣誓活动。图为老中青党员集体入党宣誓　（周宁县委县直机关工委　供图）

报到服务联席会议等制度。

（黄星晨）

精神文明建设

【文明县城创建】 2021年，周宁县委文明办全力抓好文明县城创建统筹协调工作，在全市各县（市、区）率先实行网格化管理模式，常态化组织开展市容市貌、环境卫生、市场秩序整治和新时代文明实践志愿服务活动，营造浓厚创建氛围，在省文明委组织的暗访督查中，取得全省同类县（市）第11名、全市第一名好成绩。

完善创建工作机制　8月10日，周宁县召开创建文明县城工作动员大会，印发《周宁县2021—2023年度创建省级文明县城常态化工作实施方案》《周宁县2021—2023年度创建省级文明县城工作重点任务分解表》《周宁县创建省级文明县城2021年考察点问题清单》《周宁县常态化推进文明县城创建工作网格化管理安排表》以及网格化管理区域示意图等文件，将城区划分成99个网格，依据单位与社区共建情况，每个网格指定1～2个单位为责任单位，将99个网格分为31个片区，每个片区安排1名处级领导牵头挂片。将任务进一步分解、细化，责任落实到岗到人，提升工作针对性和实效性。

抓好弱项整改提升　组织全县机关企事业单位深入各网格挂片区域开展环境卫生整治、文明行为劝导、创城宣传等600余场次，参与人员5000余人次，实现全员动员、全员参与的局面。召开缆线整治、超标电动车整治、渣土车整治、停车场建设等专题会议，协调各职能部门开展市容市貌、环境卫生、交通秩序、缆线等专项整治活动，大力提升县城环境面貌。同时，县委文明办每周深入各实地考察点、乡镇、社区、公共场所开展督查，发出《督查专报》6期，责令整改涉及环境卫生、乱停车、占道经营、氛围营造、缆线乱拉等各类问题132个。结合城区各公共场所公益广告布局情况，设计制作公益广告景观小品7个，平面公益广告554个，并设置广播电视开机广告；组织志愿者在城区各交通路口开展文明交通劝导活动，参与志愿者640人次，服务群众12000余人次，营造浓厚的文明创建氛围。

抓好市民素质教育　出台《周宁市民文明行为规范》，通过“生态周宁”微信公众号发布《齐心抗疫、文明过节倡议书》《文明乔迁、文明燃放烟花爆竹倡议书》《珍爱粮食、节俭惜福倡议书》《中考、高考禁噪倡议书》，号召市民讲文明、树新风。联合县公安局、县城市管理局印发《关于“坚决破除乔迁陋习，大力倡导移风易俗”的通告》700余份，分发到全县各乡镇、村、社区张贴宣传，并在《生态周宁》微信公众号宣传，阅读量7022人次。同时，县委文明办联合县公安局、县城市管理局开展移风易俗专项整治行动。

【文明村镇与文明单位创建】 2021年，周宁县委文明办利用新时代文明实践微信小程序、微信群等开展精神文明创建工作宣传，加强信息收集报送工作；加强文明单位创建日常管理，统筹做好上一届（2018—2020年度）省、市、县级文明村镇（单位、社区、校园）推荐上报和表彰工作；结合2020年各级文明村镇（单位、社区、校园）总评成绩，按照评选推荐程序，经负面清单审查、常委会研究通过，推荐上报2018—2020年度省级、市级精神文明建设各类先进名单。其中省级各类先进25个，市级各类先进107个。表彰县级各类先进125个。同时启动新一届（2021—2023年度）精神文明建设各级各类先进申报工作。组织符合条件的单位（村镇、社区、校园）进行系统申报，并对各申报主体进行资格审查，共申报国家级参评对象4个，省级参评对象74个，市级参评对象140个，县级参评对象59个。组织各学校开展文明校园创建宣传活动，收集创建文明校园的创新做法、典型经验、品牌项目等优秀案例4篇。围绕校园环境、校园文化、校园故事、校歌校训校徽、活动场景、典型人物等方面，拍摄宣传片12个。各校组织文明创建主题班会20余场。

【新时代文明实践中心建设】 2021年，周宁县委文明办通过培育特色志愿服务项目、组织开展各类新时代文明实践志愿服务活动。

推进线上平台建设　开发建设“新时代文明实践中心云平台”微信小程序和文明实践“志愿红”频道，建立供需对接的菜单运行机制，实现“群众点单、中心派单、志愿服务队伍接单、群众评单”的互动功能，满足群众全方位需求。不断完善文明实践中心微信小程序功能，建设完成新时代文明实践平台暨电视会议系统，建立文明实践中心和9个乡镇文明实践所的10个终端双向互联互通。

培育特色志愿服务项目　4月15日，周宁县在工人文化宫报告厅举办“爱周宁”首届志愿服务项目大赛总决赛。大赛于2020年12月发起，88个项目报名参赛。经项目初审、项目培训、项目预赛等环节，共15个项目进入总决赛，参赛项目涉及环境保护、关心关爱未成年人、医疗卫生、应急救援、宣传宣讲、阳光助残、敬老助老、传统文化传承、优秀民俗保护等多个领域。大赛评选出金奖1个，银奖3个，铜奖6个。县委文明办对获奖项目进行资金、服务内容等方面进行扶持。在第二届宁德市志愿服务项目大赛中，狮城镇“方言评书”、鲤鱼溪“红领巾小导游”、浦源镇“鲤想青年”志愿服务项目分别获得金奖、银奖和铜奖。在全省志愿服务项目大赛中，周宁县选送的《方言评书》项目获得金奖，《红领巾小导游》项目获得银奖，周宁县获金银铜奖项目数量在全省各县（市）中排名第一。同时，中国文明网“文明在这里”专题摄制组到周宁县对“方言评书”和“红领巾小导游”开展蹲点报道，福建电视台拍摄的《文明福建——宁德周宁：云端绽放文明之花、探索文明实践之路》专题片在福建省新闻频道播出。

志愿者培训　邀请福建省团校高级讲师郭云芳和团省委青年志愿者协会秘书长、省委文明办专家库成员陈李聪，为各乡镇和县直各单位志愿者开展新时代志愿服务项目化建设培训。举办“回首百年路 奋进新时代”新时代文明实践主题宣讲比赛培训会。开展应急救护知识培训、家庭教育讲座、摄影讲座等活动。同时，积极开展星级志愿者评选推荐认定工作，年内全县有五星级志愿者4人，四星级志愿者17人，三星级志愿者15人。

举办志愿服务活动　依托新时代文明实践中心（所、站）常态化开展政策理论宣讲、关爱弱势群体、环境卫生整治、文化惠民、移风易俗、科学知识普及、疫情防控等各类志愿服务活动1090场次。2021年，全县注册志愿者1.8万名，注册志愿服务队298支，累计服务时长达30万小时。

2021年4月15日，周宁县委文明办举办“爱周宁”周宁县首届志愿服务项目大赛。图为参赛代表合影　（汤文娟　摄）

【未成年人思想道德建设】　2021年，周宁县委文明办通过培育先进典型、开展主题教育实践活动等，推进未成年人思想道德工作。

培育先进典型　县委文明办联合教育局、团委、妇联、关工委等部门广泛组织开展“新时代好少年”推荐工作，督促指导各中小学组织推荐，收到推荐名单22份，县委文明办择优向市委文明办报送候选人3个。其中1人获评宁德市“新时代好少年”，2人获宁德市“新时代好少年”提名奖。

开展主题实践活动　举办“小小志愿者 为您讲党史”主题志愿服务实践活动。经组织报名，32名小学生报名参加“小小志愿者 为您讲党史”活动，协调凌福顺纪念馆和革命历史纪念馆作为志愿者讲解场所，设定讲解词，组织志愿者进行培训，并将志愿者实景讲解的过程录制成视频，参加宁德市百名“优秀小小志愿者”评选，让青少年在活动中更加了解党的奋斗历程和伟大成就。组织开展“扣好人生第一粒扣子”主题实践活动。“十一”国庆节期间组织全县各中小学校举办“向国旗敬礼”主题教育活动，通过国旗下讲话、开展主题班会、开展地方德育“闽东系列小故事”诵读活动、“向国旗敬礼”的手抄报比赛、网上签名寄语等，共开展“向国旗敬礼”活动20余场。组织开展“清明祭英烈”“童心向党红领巾小导游比赛”“童心向党歌咏比赛”“党的故事我来讲”等活动，引导未成年人听党话、感党恩、跟党走。

（阮爱请）

老干部工作

【概况】 2021年，周宁县委老干部局管理和服务的离休老干部11人，平均年龄92.09岁，“5·12”退休干部9人，平均年龄90.33岁，县处级退休干部25人，离休干部无工作遗属18人。年内走访慰问老干部210余人次，送去慰问金12万余元。3月，周宁县委老干部局被宁德市委老干部局评为“2020年度宣传工作突出单位”，6月获评第十四届宁德市文明单位。

【政治待遇落实】 2021年，周年县委老干部局落实老干部阅读文件、听取报告、订阅报刊、参加重要会议和活动等政治待遇，年内对接县委县政府召开老干部工作通报会2场。10月29日，组织离退休干部参观视察李墩镇不锈钢深加工产业园，重阳敬老节组织离退休老干部参观重点工程——抽水蓄能电站。

【生活待遇落实】 2021年，周宁县委老干部局根据上级文件对接县有关部门及时调整落实离休干部护理费。同时在春节、七一、中秋节期间开展集中走访慰问老干部210余人次，发放慰问金12万余元。针对离休干部普遍进入“双高期”的实际情况，将服务工作从常规服务向精准化服务转变，实行县委老干部局、离休干部原工作单位“双联系”制度，每个离休干部均由县委老干局及离休干部原工作单位分别安排干部进行挂钩联系，同时确定每个老干部有1名县在职领导联系挂钩，建立县领导联系老干部制度。

【老干部活动】 2021年，周宁县委老干部局指导离退休干部党支部开展“7个1”党史学习教育活动。组织专题访谈座谈一次，主题宣讲一轮，重温红色记忆活动一场，录制微视频一部，联合县退教协党支部举办离退休干部庆祝中国共产党成立100周年文艺演出一场，举行“光荣在党50年”纪念章颁发仪式。

2021年10月29日，周宁县委老干局组织离退休干部参观李墩镇不锈钢深加工产业园 （林婷 摄）

【老干部组织建设】 2021年，周宁县老干部局对全县21个离退休干部党支部逐一走访，开展组织力评估，逐项核实支部工作开展活动情况，评定“六有”支部3家，“五有”支部5家，“四有”支部12家，“四有”以下支部1家。抓好离退休干部示范党支部创建工作，年度创建省级离退休干部示范党支部2个、市级示范点2个。推荐1名老干部获评“八闽银发先锋”，4名老干部获评“闽东银发先锋”，引导老干部进一步发挥余热作用。

【老年大学办学成效】 2021年，周宁县老年大学在新冠肺炎疫情常态化防控要求下恢复老年大学教学班9门实用课程。6月承办宁德市老年大学校际交流研讨会暨师资培训会，舞蹈班学员编排的《扇情舞韵》参加市老年大学庆祝中国共产党成立100周年暨教学成果汇报演出获金奖。11月8日，县老年大学太极拳协会被省老年大学评为“全省老年大学专业社团先进集体”。

（周宁县委老干局办公室）

党校工作

【概况】 2021年，周宁县委党校举办各类培训班19期，培训2036人次。其中，主体班4期，专题班13期，

2021 年 4 月 15 日，周宁县党校第一期科级干部进修班、中青班学员在周宁革命历史纪念馆开展现场教学　　（周宁县党校　供图）

合作办班 2 期。选派骨干教师进基层宣讲 41 场次。参与“三库”生态文明学习实践基地内涵挖掘、课题调研等工作。开展党史学习教育和“再学习、再调研、再落实”活动。

【教学科研】　2021 年，周宁县委党校召开专题会议研究部署党校科研工作 2 次。组织教师开展《闽东土地革命根据地略考——以 1933—1938 年周宁县碧岩村为例》《关于发挥现场教学红色资源作用的研究——以周宁为例》《全面乡村振兴的关键在于发展新型农村集体经济》《浅析森林就是“钱库” 绿色生态理念》《从黄振芳“家庭林场”实践中探析森林是“粮库”绿色生态理念》《森林是水库、钱库、粮库理论的实践路径研究》等课题研究。年内党校教师发表省级 CN 刊物论文 3 篇，入选省级以上学术交流论文 2 篇、市级内刊 1 篇，完成省级以上课题 1 个、省级课题立项 1 个、市级课题 2 个、县级课题 5 个、县委党校课题 16 个。学员论文汇编 4 期，教师论文汇编 1 期。

2021 年，周宁县委党校注重课题开发，突出新课试讲，加强集体备课，集中开展教研活动 9 次。把“四史”教育作为党的理论教育和党性教育的重要内容，作为党校主体班次的主课、必修课。围绕“四史”教育，组织开展教学研究和备课工作，形成《中国共产党夺取全国政权的成功经验》《深入学习习近平总书记来闽考察重要讲话精神》《中国共产党的“能”耐》《周宁乡土历史》等党史学习教育精品课，为全县开展党史学习教育提供教学培训支撑，全方位推动党史教育进教材、进课堂、进头脑。

【教学基地建设】　2021 年，周宁县委党校参与“三库”生态文明学习实践基地内涵挖掘、课题调研等工作。由常务副校长兰挺雄担任“三库”生态文明学习实践基地研究专班副组长，选派 4 名教师参与周宁县“三库”生态文明学习实践基地课题研究。参与“森林党校”创建工作，协助做好师资库建设、专业课程和培训套餐设置、现场教学点等工作。该基地建立 62 人的省市县授课师资库，开设习近平新时代中国特色社会主义思想、全域旅游、乡村振兴等八大类 78 门特色课程，形成 12 个培训课程套餐。选派 1 名教师作为讲解员参加“三库”故事视频拍摄，并作为“森林党校”网

2021 年 11 月 10 日，周宁县全域旅游专题培训班学员在周宁县“三库”绿色生态学习实践基地开展现场教学　　（周宁县委党校　供图）

络教学内容。苏昌强老师把“三库”绿色生态理念研究成果转化为课堂教学，为学员讲授《习近平“三库”绿色生态理念——基于〈摆脱贫困〉的解读》专题课。

【干部培训】 2021年，周宁县委党校举办各类培训班19期，培训2036人次。其中，主体班4期：科级干部进修班2期86人，中青年干部培训班1期38人，新一届村（社区）党组织书记培训班1期252人。专题班13期。其中，新提任领导干部廉洁从政专题培训班1期62人，县管干部学习贯彻党的十九届五中全会精神培训班1期578人，党外人士培训班3期127人，新一届乡镇领导班子能力提升专题培训班1期91人，周宁县干部考察员专题培训班1期36人，周宁县全域生态旅游专题培训班1期60人，县直机关入党积极分子暨发展对象培训班1期169人，突发事件应急处置能力提升专题培训班1期76人，周宁县“两型”干部专题培训班1期65人，全县意识形态工作暨增强“四力”教育培训班1期176人，县乡村振兴战略专题培训班1期80人。与县政法委、公安局合作办班2期140人。

【基层宣讲】 2021年，周宁县委党校开展理论宣讲“五进”活动。选派7名教师组成党史学习教育宣讲团，到乡镇、机关、企业和学校开展党史学习教育专题宣讲14场次；安排9名教师外出授课21场次、受众1300余人次；选派6名教师参加党的十九届六中全会精神暨省第十一次党代会精神宣讲6场次、受众680余人次。

【“我为群众办实事”实践活动】 2021年，周宁县委党校开展党史学习教育和“再学习、再调研、再落实”活动。校委班子6次深入挂钩村咸村镇芹村村开展调研和走访慰问活动，为脱贫户提供6500元资金帮助，巩固脱贫成果。开展志愿服务活动。组织党员干部到周宁县光荣福利院开展志愿服务活动1次，选派4名党员干部参与新冠肺炎疫苗接种引导志愿服务活动6次，选派4名党员干部到车站开展常态化疫情防控志愿服务活动8次。落实在职党员到社区报到服务活动，12名党员参加志愿服务10场次。与东园社区开展支部共建活动，通过设置党员先锋岗、履职践诺等方式增强服务群众意识，深入社区上党课、开展环境整治、疫情防控、创城宣传、交通劝导等志愿服务活动，并资助东园社区经费5000元。

（吴朝华）

党史和地方志工作

【概况】 2021年，中共周宁县委党史和地方志研究室（以下简称“周宁县党史方志室”）重点工作是研究周宁地方党史和文献，组织编纂周宁综合志书和《周宁年鉴（2021）》，开展党的历史和地方志文化宣传教育，发挥党史、文献、地方志存史资政育人作用，为新时期建设和县委、县政府的决策服务。年内完成《中国共产党周宁历史》第二卷（1949—1978）初稿，《周宁年鉴（2021）》编纂出版；利用红色文化资源，开展党史宣传教育活动，周宁县革命历史纪念馆全年接待参观74场次、参观人数3583人。

【党史学习教育】 2021年，周宁县党史方志室根据中央开展党史学习教育要求和县委部署，抽调3名干部到县委党史学习教育领导小组办公室工作，制定党史学习教育实践活动方案，完成编辑党史学习教育资料4册，协助编辑党史学习教育口袋书5册；推进“我为群众办实事”实践活动，向市委党史学习教育领导小组办公室上报“我为群众办实事”典型案例4个，汇编县级典型案例20个。

【年鉴编纂】 2021年，周宁县党史方志室根据《周宁县委办公室 周宁县人民政府办公室关于做好〈周宁年鉴（2021）〉编辑工作的通知》要求，于6月底完成初稿编辑工作，经过3轮修改，于11月底前交海峡出版发行集团出版。全书设29个类目187个分目，共614千字，记述2021年周宁县自然、经济、政治、文化、旅游、生态等方面基本情况。

【红色遗存保护开发】 2021年，周宁党史方志室完成周宁县重要红色文化遗存、革命遗址普查工作，普查遗址43处；协助完成凌福顺事迹展示馆、泗桥乡地下交通红色历史展示馆、中共周墩中心县委旧址展示馆（紫云）、中共周墩县委第六区委旧址（苏家山）、萧家岭红色文化馆、闽东特委机关展示馆（茶

周宁革命历史纪念馆展示厅 （钟陈灼 摄于2021年4月16日）

广）、梧柏洋红色革命展示馆等党史学习教育参观点建设7处；联合县有关部门补充、完善周宁革命历史纪念馆展示厅；规划确定“传承红色基因 走出闽东特色乡村振兴之路”党史学习教育参观线路4条（县级），上报市级1条被采用；完成涉红涉史信访问题协调解决工作，回复解决涉红涉史信访件2件。

【乡镇志编纂】 2021年，周宁县党史方志室领导多次到咸村镇指导《咸村镇志》编纂工作，3月正式开编，高谢彦任主编，年内完成初稿10篇。

（陈贵正）

保密工作

【概况】 2021年，周宁县国家保密局开展保密宣传教育、保密检查、服务等工作。为全县重要涉密会议提供保密保障服务13场次，参加“中国共产党成立100周年保密宣传教育作品征集评选活动”，征集作品30余份，向宁德市国家保密局上报纪实类作品1份、书画摄影类作品8份。1名保密局干部获全省保密系统先进工作者称号。

6月22日，中共周宁县委召开常委会会议，专题研究保密工作，明确新形势下保密工作的要求和责任，强化主要领导干部保密意识。6月25日，县委保密委成员（扩大）会议召开，传达省市县相关会议、文件精神，回顾总结2020年工作，部署2021年保密工作。

【宣传教育】 2021年，周宁县保密局结合党史学习教育，整合红色革命历史、地下交通站（点）及地下交通员张云盛等同志革命事迹，推进周宁地下交通红色历史展馆改造升级，获“宁德市保密教育示范基地”授牌。

【保密检查指导】 2021年9月，周宁县国家保密局依托保密工作人才库优势，组织县纪委监委、县公安局工作人员，对22家单位开展保密专项检查，内容涵盖自查自评督查、互联网邮箱、微信、QQ管理等内容，并提出整改意见146条。

【保密服务】 2021年，周宁县国家保密局为全县重要涉密会议提供保密保障服务13场次。高考前夕会同县公安局开展高考试卷保密检查工作，保障高考试卷运送、存储等各方面保密工作安全有序。

【人才库建设】 2021年，周宁县国家保密局印发《关于向周宁县保密工作人才库推荐人选的通知》，整合县内保密人才资源，建立由30余人组成的周宁县保密工作人才库，为全县保密工作高效运转提供人才技术保障。

（吴荣斌）

周宁县人民代表大会

综　述

【概况】 2021年，周宁县人大常委会召开人大常委会会议6次，作出决定7项。针对民生热点，开展专项工作调研，听取审议财政预算执行情况、农村饮水安全、环境保护、宁台民间融合交流、全域旅游、“七五”普法决议执行情况、国有资产管理情况等“一府两院”专项工作报告，对民办教育促进法、残疾人保障法、农产品质量安全法、公路法、消防法等5部法律法规实施情况检查。跟踪督办代表议案建议113件，受理群众来信来访72件（批），选举产生县人大代表189人、乡（镇）人大代表546人，召开县第十八届人大一次会议。

【人事任免】 2021年，周宁县人大常委会坚持党管干部原则和依法行使人事任免权有机统一，确保县委提名人选通过法定程序成为国家机关工作人员。年内任免“一府一委两院”和人大机关工作人员31人次，许可对2名代表采取强制措施。

【重大事件决定】 2021年，周宁县人大常委会坚持把审议决定重大事项与推进全县经济社会发展紧密结合起来，行使重大事项决定权。表决通过《周宁县人大常委会关于开展第八个五年法治宣传教育的决议》。审议通过县政府债务举借并相应调整政府收支预算的议案，同意举借债务37866万元，用于议案所安排的项目。审议通过《周宁县人民政府关于提请审议收回2020年地方政府债券资金重新安排的议案》，要求县人民政府要贯彻上级有关债券资金使用管理规定精神，及时下拨资金，组织项目施工，确保资金使用合规有效，促进周宁经济社会事业更好更快发展。

【人大信访工作】 2021年，周宁县人大常委会探索增强人大信访工作实效途径，重点加强民生领域、涉黑涉恶、生态环境保护等信访问题的交办督办，引导群众依法维权。年内受理群众来信来访72件（批），其中来信31件，来访41批65人次。所有来信均及时转办，并对部分重大信访案件进行跟踪督办。

（张若珊）

重要会议

【概况】 2021年，周宁县召开第十八届人民代表大会第二次会议及7次人大常委会会议。会议听取和审议专项工作调研报告、执法检查报告、人事任免、重大事项讨论决定等议题。

【县十八届人大一次会议】 2021年12月14—18日，周宁县第十八届人民代表大会第一次会议召开。会议听取和审查周宁县人民政府代县长陈文卿关于周宁县人民政府工作的报告；审查和批准周宁县2021年国民经济和社会发展计划执行情况与2022年国民经济和社会发展计划草案的报告；批准周宁县2022年国民经济和社会发展计划；审查和批准周宁县2021年预算执行情况和2022年预算草案的报告；批准周宁县2022年县本级预算；听取和审查周宁县人大常委会主任叶健松关于

2021年12月14—18日，周宁县第十八届人民代表大会第一次会议在县工人文化宫召开　（周宁县人大办　供图）

周宁县人大常委会工作的报告；听取和审查周宁县人民法院代院长陈立峰关于周宁县人民法院工作的报告；听取和审查周宁县人民检察院检察长钟明关于周宁县人民检察院工作的报告；选举周宁县第十八届人民代表大会常务委员会主任、副主任、委员，周宁县人民政府县长、副县长，周宁县监察委员会主任，周宁县人民法院院长，周宁县人民检察院检察长，宁德市第五届人民代表大会代表；表决通过周宁县人民代表大会监察和司法委员会、社会建设委员会组成人员名单。

【常委会会议】 2021年4月21日，周宁县第十七届人大常委会第三十三次会议召开。会议传达学习习近平总书记来闽考察重要讲话及省委常委会（扩大）会议、全省领导干部大会、市委常委会（扩大）会议、县委常委会（扩大）会议精神；审议和通过周宁县人大常委会2021年工作要点；人事任免及其他事项。

6月30日，周宁县第十七届人大常委会第三十四次会议召开。会议听取和审议县人民政府关于农村饮水安全巩固提升工作情况的报告，县人大常委会执法检查组关于《中华人民共和国民办教育促进法》实施情况的检查报告，县人民政府关于对台民间融合交流工作情况的报告，县人民政府关于2020年度环境状况和环境保护目标完成情况的报告，县人大常委会执法检查组关于《中华人民共和国残疾人保障法》实施情况的检查报告，2020年县本级决算情况的报告和2020年预算执行和其他财政收支情况的审计报告，2021年政府债务举借并相应调整政府收支预算的议案，县人民政府关于周宁县不锈钢（新型材料）深加工产业园项目一期概算调整情况的报告及有关人事任免。

8月23日，周宁县第十七届人大常委会第三十五次会议召开。会议听取和审议县财政局局长陈铃满关于2021年上半年预算执行情况的报告，县人大常委会财经工委主任汤世龙关于2021年上半年预算执行情况的调研报告，县人民政府关于全域旅游工作情况的报告，县人大常委会执法检查组关于《中华人民共和国农产品质量安全法》执法检查报告，县人大常委会执法检查组关于《中华人民共和国公路法》《中华人民共和国道路运输条例》执法检查报告，县人大常委会执法检查组关于《中华人民共和国消防法》《福建省消防条例》执法检查报告及人事任免等有关事项。

9月18日，周宁县十七届人大常委会第三十六次会议召开。会议听取和审议关于设立县和乡（镇）选举委员会及其办事机构的议案，关于提请决定周宁县2021年县、乡两级人民代表大会代表换届选举时间的议案，关于周宁县2021年县、乡两级人民代表大会代表换届选举工作方案的议案，关于提请调整乡镇人大代表名额的议案。

10月27日，周宁县十七届人大常委会第三十七次会议召开。会议听取和审议周宁县人民政府关于“七五”普法决议执行情况的报告；听取和审议2021年政府债务举借并相应调整政府收支预算的议案、关于调整2021年财政预算的议案，2021年预算调整的初步审查报告以及人事任免。

11月23日，周宁县十七届人大常委会第三十八次会议召开。会议传达学习党的十九届六中全会和中央人大工作会议精神，听取和审议县政府关于全县国有资产管理情况的综合报告，县政府关于县十七届人大五次会议代表议案建议办理情况的报告以及人事任免。

12月7日，周宁县十七届人大常委会第三十九次会议召开。会议听取和审议周宁县第十八届人大代表的代表资格的审查报告，确认县十八届人大代表资格，关于召开周宁县第十八届人大一次会议的议案以及人事任免；审议周宁县第十八届人大一次会议的相关事项，讨论修改人大常委会工作报告（征求意见稿）。

（张若珊）

人大监督

【概况】 2021年，周宁县人大常委会贯彻实施监督法，改进监督方式，加大监督力度，增强监督实效，人大督促做好“六稳”“六保”工作，推动县域经济社会实现高质量发展。贯彻落实党中央关于坚持和完善人民代表大会制度新要求，推动中央、省、市、县委决策部署及法律法规有效实施，维护人民群众合法权益。

【司法监督】 2021年，周宁县人大常委会及时作出关于开展第七个五年法治宣传教育的决议，“谁执法谁普法”责任制落实。对民办教育促进法、残疾人保障法、农产品质量安全法、公路法、消防法5部法律法规贯彻实施情况进行执法检查。在全市范围内率先开展全县《民法典》法律知识竞赛活动。坚持规范性文件备案审查制度，对县政府提请人大常委会备案审查的20件规范性文件进行审查。

【财经监督】 2021年，周宁县人大常委会听取和审议计划、预算执行和审计工作情况报告，提出审议意见。听取审议国有资产管理情况报告。批准年度收支决算和地方政府债券资金收支专项预算调整方案。3次审议通过县政府债务举借并相应调整政府收支预算的议案。

【民生监督】 2021年，周宁县人大常委会听取和审议县政府关于学前教育工作情况报告，督促加大教育投入、加强教师队伍建设、注重教育资源均等化。为推动周宁县城乡供水一体化项目建设，对农村饮用水安全开展专项调研，督促政府进一步加大投入力度，推进饮用水工程建设，保障城乡居民饮水安全。关注扶残助残、基本养老保险、公益性公墓建设与管理、对台、侨务、宗教等工作。

【环境保护监督】 2021年，周宁县人大常委会听取和审议县政府关于环境质量状况和环境目标完成情况报告。组织代表视察库区水环境治理，督促推动有关工作进展。围绕人民群众反映强烈的环保热点难点问题，开展中华环保世纪行宣传

2021年5月18日，周宁县人大常委会在宁德市率先开展全县《民法典》法律知识竞赛活动 （周宁县人大办 供图）

活动，营造全社会关注、支持和参与环保的良好氛围。

（张若珊）

代表工作

【概况】 2021年，周宁县人大常委会树立为代表服务的意识，深化代表服务管理工作，支持和保障代表依法履职，有效发挥代表服务改革发展、推进民主法治建设作用。邀请代表300余人次，列席人大、“一府一委两院”有关会议和参加视察，办理代表建议113件。

2021年12月15日，周宁县人大代表视察重点项目——周宁立源棉纺厂建设情况

（周宁县人大办 供图）

【代表履职管理】 2021年，周宁县人大常委会常态化开展代表培训、监督议题专题辅导、代表小组集中学习等活动，利用代表履职服务平台、微信等新媒体，发布县委重大决策、人大工作动态、政府工作重点和代表履职信息，向代表书面通报人大常委会工作情况，拓宽代表知情知政渠道。年内邀请代表300余人次，列席人大、“一府一委两院”有关会议和参加视察、专题调研、执法检查等活动，帮助代表找准履职着力点，提高履职能力和水平。

推进人大代表联系群众活动室规范化建设，打造3家重点活动室、1家特色行业活动室。推广应用福建省三级人大代表履职服务平台手机客户端，深化“互联网＋代表履职”。加强代表履职管理，强化代表思想政治建设、作风建设、意识形态工作，规范代表履职行为。坚持定期为代表寄送《人民政坛》等刊物，印发常委会会议及学习资料，拓展知情知政渠道。

【代表建议办理】 2021年，周宁县人大常委会做好县十七届人大五次会议及闭会期间代表建议交办督办工作，继续实施代表建议县政府有关部门承办、常委会相关委室跟踪督办工作制度，主动加强协调，落实办理责任，持续跟踪督促，着力完善代表建议办理工作评价机制，持续对代表建议办理质量进行满意度测评，将测评结果纳入承办单位年度绩效管理。年内办理代表建议113件，代表满意和基本满意率96.5%。

【代表视察】 2021年4月1日，周宁县人大常委会组织40余名代表，实地走访李园水库、芹山水库、钟山桥水库、水库周边农业养殖基地、农家乐等，了解周宁县水库建设管理、库区水上垃圾治理、库区水产养殖、水库源头养殖和农业源污染治理、库区水质监测管理及备用水源规划建设情况。

12月15日，县第十八届人民代表大会第一次会议代表实地察看周宁“三库”生态文明实践基地、抽水蓄能电站上库、不锈钢深加工产业园、山海协作产业集中区等项目建设情况。

（张若珊）

综　述

【概况】　2021年，周宁县地区生产总值90.12亿元，比上年增长14.3%。固定资产投资38.97亿元，比上年下降3.9%。社会消费品零售总额28.28亿元，比上年增长2.0%。实际利用外资351万元，比上年增长6.0%。一般公共预算总收入5.82亿元，比上年增长7.8%。城镇居民人均可支配收入34953元，比上年增长9.5%；农村居民人均可支配收入19756元，增长11.6%。年内周宁县获评“国家生态文明建设示范区”“全国村庄清洁行动先进县”。县文旅局获评“全国群众体育工作先进单位”。推进全国新时代文明实践中心试点，中兴社区获评“全国最美志愿服务社区”。

【工农业发展】　2021年，周宁县实现农林牧渔业总产值16.19亿元，比上年增长7.0%，新建高标准农田633.33公顷，粮播面积稳定在4797.74公顷。高山云雾茶、冷凉花卉、马铃薯、晚熟葡萄、猕猴桃等特色产业不断壮大，新增省级龙头企业2家，“周宁高山百合”“周宁高山杜鹃”获批国家地理标志证明商标。新增规模以上工业企业13家。不锈钢（新型材料）深加工产业园一期实现35家企业动工，其中17家投产，青山钢管总部、不锈钢针管孵化园等项目开工建设；站前工贸科技园（一期）项目土石方工程及标准厂房等基础设施启动建设；山海协作产业园加快推进，立源棉纺1号厂房投产；梨坪铸造产业科技园完成12个标准厂房建设，10家传统铸造企业实现“退城入园”并投产。玛坑机制砂项目一期洗砂设备建成投入使用。

【第三产业发展】　2021年，周宁县出台激活文旅消费市场“六条措施”，全年接待游客412万人次、比上年增长102%。宝丰古银场矿山公园开园，鲤鱼溪水幕光影秀、城区“四园一体”等文旅项目有序推进，举办“闽东之光·云端周宁”全国摄影大展暨风筝节，陈峭村入选“中国美丽休闲乡村”名单，浦源村获评省级“金牌旅游村”。大宗商品交易中心挂牌运营，宁德市大数据产业园及基础设施配套项目签约并动工建设。

【重点项目建设】　2021年，周宁县成立项目“前期办”，建立三级审批服务会商机制，新增“五个一批”（谋划一批、签约一批、开工一批、投产一批、增资一批）项目122个，总投资93.8亿元。开展重点项目“三比三赛”（比履约率、开工率、投产率，赛前期报批、安征迁、筹融资）“百日攻坚”等活动，集中破解一批项目前期报批、安征迁、筹融资等难题。19个省、市在建重点项目完成投资26.3亿元，占年度计划101%。抽水蓄能电站2台机组实现并网发电。

【改革创新】　2021年，周宁县国企改革三年行动稳步实施，薪酬制度改革和“一企一策”经营业绩考核试点有序推进，完成省级农村公共基础设施管护体制改革试点工作，成立周宁县云煌农村资产资源管理公司，流转耕地930余公顷、林地350余公顷。“放管服”改革纵深推进，“一趟不用跑”事项占比提升到89.2%，行政审批服务事项审批时限压缩率达90.4%。开展优化营商环境百日攻坚行动，组建四大园区招商专班，推行每季度“集中签约+集中开竣工”，成功签约项目15个，总投资38.8亿元。

【城乡建设】 2021年，周宁县推进省级文明县城创建，开工建设132个城区品质提升项目，总投资44.5亿元，年度完成投资16.2亿元。推动农贸市场迁建和提质改造，新建雨污管网13.4千米，停车位157个，东园小区被列为省级老旧小区改造试点。赛江防洪（三期）、城区高水高排项目加快建设，城市综合交通枢纽主体工程基本完工。

【乡村振兴】 2021年，周宁县脱贫成果有效巩固，54户170人重点巩固和监测对象无一例返贫。推行“一规划两清单”，梳理产业规划、技术服务等各类需求216项。五大试点示范片区实施产业项目60个、基础设施项目105个，总投资1.2亿元。坚持“一月一乡镇”现场会推进机制，打造市级示范线路3条。新建“四好农村路”10千米，改造危桥6座，整治农村裸房832栋。启动农村人居环境整治提升五年行动，垃圾干湿分类处理及资源化利用试点村达58个，农村生活垃圾、污水处理率分别达100%、82%。

【民生福祉】 2021年，周宁县财政民生支出16.2亿元，占一般公共预算支出的84.4%，27个为民办实事项目有效落实。多措并举稳就业，城镇新增就业801人，城镇登记失业率3.99%。基本养老和医疗保险精准扩面，参保率分别达99.5%、97.6%。深化大病救助体系建设，发放各类救助、补助资金近5000万元。开设“长者食堂”61所，建成县社会福利中心、福乐家园和4所农村区域性养老服务中心。

【社会事业】 2021年，周宁县实施教育补短板项目8个，新增学位990个，教育投入实现“两个只增不减”，义务教育教师平均工资收入不低于公务员平均工资收入水平，中小学课后服务全面推行，教育质量稳步提升。县医院感染病综合楼、县疾控中心综合楼、县总医院咸村分院住院病房大楼加快建设，实现标准化村卫生所全覆盖。文体事业繁荣发展，智慧体育公园建成投用，微电影《英雄凌福顺》完成拍摄。

【生态文明】 2021年，周宁县成功创建“国家生态文明建设示范区”，全省首个“林业生态文明实践基地”落户黄振芳家庭林场，建成全省第一个“电视+环保”宣传平台。综合治理水土流失1666.67公顷，造林绿化390余公顷，创建“绿盈乡村”26个。完成6个行政村生活污水治理，智慧监管典型案例在全国数字峰会上展播。周宁国有林场完成全市首笔碳汇交易，走出一条“生态美”与“百姓富”有机统一发展新路。

【平安建设】 2021年，周宁县扫黑除恶斗争和政法队伍教育整顿纵深推进，建成跨部门涉案财物集中管理中心，“枫桥式”（公安部命名的先进公安派出所）派出所实现全覆盖，群众安全感率持续提升。在全省率先设立社会治理综合服务中心，创新管理模式，“一站式”受理纠纷，成功化解信访积案75件。全力抓好工业园区、景区和非景区景点、农村在建房屋、道路交通、城镇燃气等重点领域安全隐患大排查大整治，安全生产形势总体平稳。成功举办全省森林防灭火应急救援综合演练，南方山区森林火灾信息化预警与处置经验在全省推广。狮城镇退役军人服务站获评省级“五有”先进单位。

（周宁县政府办综合科）

重要会议

【概况】 2021年，周宁县召开县政府全体会议2次，县政府常务会议19次，研究讨论有关政治、经济、文化、社会、生态等方面的内容，并提出解决方案。

【政府全会】 2021年7月12日，周宁县政府召开2021年周宁县人民政府第二次全体会议暨集体廉政谈话会议。

12月21日，周宁县政府召开2022年周宁县人民政府第一次全体会议暨集体廉政谈话会议。

【常务会议】 2021年2月3日，周宁县人民政府召开常务会议，听取周宁县不锈钢（新型材料）深加工产业园项目总体进展及奖补资金使用管理办法（讨论稿）、项目进度资金需求、跟踪审计、生活设施及产业路配套、2021年为民办实事项目、体育事业与文旅产业发展、乡镇权责清单和县乡“属地管理”事项责任清单、招商引资项目、松材线虫病防治、城乡建设品质提升项目等事项。

3月30日，周宁县政府召开常务会议暨县政府党组理论学习中心组学习会，学习贯彻习近平总书记来闽考察重要讲话精神，研究乡村振兴与农业农村现代化、生态环境和森林资源保护、安全生产、公安工作、狮城镇撤镇设街道、创建“中国天然氧吧”等事项。

4月7日，周宁县政府召开常务会议，研究2021年重点项目、“福乐家园”公建民营、周宁不锈钢（新型材料）深加工产业园全面投产前的安全“体检”及配套保障等事项。

4月20日，周宁县政府召常务会议，研究乡村振兴和耕地保护、“数字周宁”建设、评先评优工作方案、战略合作与项目招商协议、统计工作、项目调概等事项。

5月31日，周宁县政府召开常务会议暨县政府党组理论学习中心组学习会，学习贯彻中共中央、国务院《关于全面实施乡村振兴加快农业农村现代化的意见》、《关于实现巩固拓展脱贫攻坚成果同乡村振兴有效衔接的意见》、《中华人民共和国乡村振兴促进法》、全省脱贫攻坚总结表彰大会精神，研究脱贫攻坚与乡村振兴有效衔接、城乡建设品质提升PPP项目前期工作、农村公共基础设施管护体制改革、国家级电子商务进农村综合示范县推进、茶产业发展、招商引资项目协议、稳就业促创业、县干部招待所（周宁宾馆）转企改制、龙潭小区保障性住房历史遗留问题等事项。

6月21日，周宁县政府召开常务会议，学习贯彻上级有关安全生产会议精神，研究安全生产、生态环境保护、财政预算及城乡供水一体化项目等事项。

7月19日，周宁县政府召开常务会议暨2021年县禁毒委第一次会议，审议《周宁县深入贯彻落实习近平法治思想进一步推进法治政府建设的若干措施（讨论稿）》，研究禁毒、“雪亮工程”建设等工作。

8月9日，周宁县政府召开常务会议，审议《周宁县全面推行林长制实施方案》《周宁县2021年绩效考评方案》《周宁县2021年上半年预算执行情况》《关于进一步完善财政资金审批拨付流程的通知》《周宁县城乡低保特困人员审批权限委托下放乡镇工作实施方案》5份讨论稿。

8月30日，周宁县政府召开县政府党组（扩大）会议暨县政府第十次常务会议，研究全县政府系统全面从严治党主体责任落实、安全生产、法治政府建设、突出生态环境问题整治、事业干部挂职县属国企等相关事宜，审议管道燃气特许经营补充协议。

9月22日，周宁县政府召开常务会议，研究政府法治建设、安全生产、粮食安全、城乡居民基本养老保险和医保基金征缴、衢宁铁路（周宁段）安征迁工作扫尾、周宁县不锈钢（新型材料）深加工产业园管道燃气特许经营权招投标中特许经营权使用费最低限价等事宜，审议《2021年政府债务举借并相应调整政府收支预算的议案（讨论稿）》。

10月11日，周宁县政府召开常务会议，研究部署全面推行林长制、县属国企改革、城乡供水一体化、农村生产要素流转融资等事宜。

10月18日，周宁县政府召开常务会议，研究祖垄矿区叶腊石矿普查探矿权办理延续勘查范围核查情况事宜，审议《关于调整2021年财政预算的议案（讨论稿）》。

11月17日，周宁县政府召开常务会议，研究征地补偿、城市管理、政府投资项目评审管理、规下企业转规上企业奖励办法等事宜，审议《周宁县城区基础设施提升PPP项目实施方案》《华电福新周宁抽蓄公司项目开发合作框架协议》《医药科学有关战略合作伙伴关系协议书》3份讨论稿。

11月29日，周宁县政府召开常务会议，研究天福茶博园综合开发项目相关事宜。

12月6日，周宁县政府召开常务会议，研究燃气安全和安全生产、乡村振兴、疫情防控等事宜，审议《2022年政府工作报告（讨论稿）》《关于周宁县2021年国民经济和社会发展计划执行情况与2022年国民经济和社会发展计划草案的报告（讨论稿）》《周宁县2021年预算执行情况及2022年预算草案的报告（讨论稿）》《周宁县农村市场要素流转市场管理规定（试行）》《周宁县农村生产要素融资服务管理规定（试行）》等文件。

12月18日，周宁县政府召开常务会议，审议《周宁县涉粮问题专项巡察整改方案（讨论稿）》和《周宁县农村生活污水提升治理五年行动实施方案（2021—2025）（讨论稿）》。

12月28日，周宁县政府召开常务会议，审议《周宁县关于贯彻落实宁德市进一步加强粮食安全生产七条措施的通知》《高山球根花卉培育基地项目框架协议》《闽东康养旅游度假区项目投资合作框架协议》3份讨论稿。

（周宁县政府办）

效能建设

【概况】 2021年，周宁县机关效能建设领导小组办公室（简称“周宁县效能办”）联合两办督查室等单位，开展重点项目、新冠肺炎疫情防控、“三比三赛”“百日攻坚”活动、会风会纪、防台防汛、机关效能、“12345”便民诉求件、生态环境保护、民生补短板、“放管服”改革、优化营商环境等机关作风和效能督查130余（趟）次，印发督查情况通报5份，效能督查建议书4份，效能问责2个单位5人次。“12345”平台收到群众诉求件2314件，比上年增长43.81%。诉求件办理群众满意率、按时查阅、批转准确率、及时批转率和及时报备率均为100%，按时办结率99.91%。

【“12345”品牌打造】 2021年，周宁县效能办全力打造“12345”便民服务品牌，提升群众诉求满意度。通过电话咨询、面对面访谈、现场核查等方式，开启“12345”直查快办工作机制，厘清事件缘由，全程跟踪督办，对责任单位敷衍应付、胡乱回复和诉求人评价不满意的事项，将其纳入督办事项。开展“直查快办”42件，有效化解群众不满意件65件，退回重新办理或补充办理51件。发放督查建议书或要求承办单位重新办理，将处理结果作为绩效管理察访核验扣分的依据。周宁县“12345”平台受理诉求件2314件，比上年同期增加727件，诉求件办理群众满意率、按时查阅、批转准确率、及时批转率与和及时报备率、按时办结率处于全市中上游水平。

【“马上就办”督查】 2021年，周宁县效能办围绕县委、县政府重大决策部署、领导重要批示件等工作推进，以及“12345”便民诉求件督查，全面强化“马上就办”政务督查。重点项目、疫情防控、“三比三赛”“百日攻坚”活动、会风会纪、防台防汛、机关效能、“12345”便

2021年9月8日，周宁县效能办联合县政府督查室到玛坑乡开展为民办实事督查活动　（周宁县效能办　供图）

民诉求件、生态环境保护、民生补短板、“放管服”改革、优化营商环境等重点领域专项督查130余次。印发督查通报5份，督查建议书4份，效能问责2个单位，效能问责5人。将效能督查结果与绩效管理相结合，把效能督查结果运用到绩效考评中，绩效管理方案中明确察访核验评分标准，被问责的单位不能评为“优秀”。将效能督查与综治平安考评相结合，效能督查发现的问题与综治平安单位考评相挂钩，对于被效能发放督查建议书及问责的单位与个人，其单位的综治平安考评酌情予以扣分。将绩效奖惩与干部选任相结合，县委组织部组织人事部门把绩效考评结果作为干部选拔转任的参考依据，直接运用于全县单位主要负责人动态管理。

【绩效考评】 2021年，周宁县效能办联合县委督查室、县委县直机关工委完成乡镇、县政府工作部门、县综合服务部门、垂直管理单位共4个序列74个单位绩效考评工作。将乡镇、县政府工作部门和综合服务部门考评分为重点工作绩效考评和差异化工作绩效考评，对每个单位（乡镇）制定差异化考评内容，让工作实绩成为绩效重要标杆，让实绩成为单位工作成效的衡量标尺。优化考核指标设置，强化考核针对性。实行考评指标总量控制，将共性工作考核指标列入业务工作范围，个性工作考核指标列入察访核验扣分项。同时，设置专项考评，加强考评针对性，以结果为导向，开展考评。

（叶小龙）

信　访

【概况】 2021年，周宁县政府信访局办理群众信访694批件，比上年下降24.6%。其中来信134批件，比上年下降10.7%；来访62批62人次，分别下降11.3%和30.6%；网上投诉416件，下降31%；领导信箱（省长、市长）、县长信箱81件，下降13.6%。办理省信访局转交办信访事项82件，比上年上升0.04%；办理市信访局转交办信访事项74件，上升14.9%；办理人民网地方领导留言板信访件10件，下降16.7%。

【“四门四访”工作】 2021年，周宁县政府落实信访制度化、规范化、常态化，实行党政领导干部接待群众来访制度，必要时增加接访次数，每日安排县级党政领导接待来访群众。2021年，县乡（镇）两级领导干部开展“四门四访”265批272人次，其中开门接访153批156人次，进门约访58批61人次，登门走访19批19人次，上门回访35批36人次。

【信访重积案化解】 2021年，周宁县人民政府信访局开展解难题化积案行动，制定《“解难题 化积案”9个专项行动的实施方案》《周宁县处级领导挂钩包案联系化解信访积案方案》，有效推动县级领导干部包案化解信访积案，完成化解涉周宁县3件省级信访积案、4件市级信访积案、1件县级信访积案。2021年周宁县治重化积信访事项39件，涉及6个乡镇和13个县直单位，17名县处级领导包案化解37件。

【信访评理建设】 2021年，周宁县政府信访局深化信访评理室作用，健全县乡村三级评理员库，全

2021年5月17日，周宁县委书记袁华军（右四）在县信访局接待来访群众
（周宁县信访局　供图）

县建立评理室157个，其中县级1个、乡（镇）级9个、村（居）级147个，共有1735个评理员。年内开展评理257件，化解244件，化解率94.94%。有效解决信访与调解、仲裁、行政裁决、行政复议和诉讼等途径相衔接问题。

（叶世鸿）

行政服务

【概况】 2021年，周宁县行政服务中心管委会（简称“周宁县行管委”）完善全市“一张网”电子交易平台建设，促进企业“减负”，深化工程建设项目审批制度改革，受理事项35600件，办结各类事项35455件，当日办结率89.5%，承诺时限办结率为100%。完成工程建设交易45宗，交易额11.79亿元，节约1.39亿元。政府采购项目交易133宗，交易1.36亿元，节约0.28亿元。土地矿产交易49宗，成交额1.77亿元。产权交易40宗，成交额0.05亿元，增加14.18万元。2021年县行管委被授予省级“诚信先进单位”称号。

2021年3月24日，福建省工改办副主任、住建厅二级巡视员钟昌辉带领省、市工改办人员到周宁县调研。图为工改办领导在行政服务中心窗口检查工作

（周宁县行政服务中心　供图）

【政务服务改革】 2021年，周宁县行管委聚焦工改，重塑小型工程建设项目审批流程，清理工程建设项目审批事项，减少保留事项前置条件，共梳理出前置审批事项清单24项、工程建设项目事项特殊环节清单32项，重新调整工程建设项目审批事项和市政公用事项155项并对外公布。推行告知承诺制，将部分环境影响评价审批、水土保持方案审批、建设工程规划许可证核发等15项审批事项改为告知承诺。协调成立“周宁县项目前期工作办公室”，推行“三级会商”工作机制，将大部分项目前期存在各类问题难题化解在“前期办”。对涉及重大、重要事项，一级会商确实无法协调会商解决的，视情形启动二级、三级会商解决，推动项目顺利开展。自“前期办”成立以来，启动一级会商49场次，帮助“四大园区”及各市场主体、项目业主协调处理各类事项36件，帮助县招商中心评估研判洽谈项目119个。

2021年7月23日，周宁县行政服务中心组织召开周宁县第二批“一件事”套餐工作协调会

（周宁县行政服务中心　供图）

优化提升“一件事”链条式服务。梳理“一件事”主题服务流程再造目录清单和高频民生事项流程再造目录清单，先后推出36件跨部门“一件事”套餐服务，办理各类“一件事”4600余件。

【政务服务提升】 2021年，周宁县行管委围绕“一件事一次办”改革为目标，在推出“一件事”主题套餐服务基础上，将“一件事”套餐办事指南制成二维码，群众和企业办理相关“一件事”套餐，只要扫一扫相对应的二维码“办事指南”，就可以了解办事流程、所需材料、办结时限、收费情况。设立“事难办”协调窗口，成立“事难办”协调窗口工作组。建立“窗口无权否决”机制，对企业群众提出的任何咨询、诉求、申请，不轻易作“否定回答”，不随意行使“否决权”，不未经研究沟通作答复。严格落实政务服务“好差评”制度，实行现场服务“一事一评价、一月一回访、一事一监督、一月一考核”，好评率99.97%。组建“政务服务流动小分队”，围绕县重点项目、工业园区、各类市场主体，开展“你开单我买单”的“菜单式”服务和“哪儿有需要我就在哪儿”的“保姆式”服务。深化“走进园区、服务项目”活动，加大对重点企业、重大项目“组团式”服务和集成服务力度。2021年帮助企业主协调天然气、环保、工程招投标、不动产抵押等问题20个，登记并完结2件事难办反映事项。

【“互联网+”政务服务】 2021年，周宁县行政服务中心依托福建省网上办事大厅、闽政通App，全面推行网上办理，省网上办事大厅周宁分厅汇集各部门1747个办事服务事项，全部开通网上申报服务，满足企业和群众线上办事需求。同时完善福建省网上办事服务大厅专区配置，设立“跨省通办、省内通办”线下专窗进行代收代办等工作，完成配置611项“跨省通办、省内通办”事项和212项“异地代收代办”事项。推动高频政务服务事项入驻“e政务”自助服务一体机，拓展“e政务”自助服务范围，在全县各乡镇部署10台自助服务一体机，汇聚公安、社保、医保、公积金、市场监管等19个部门的88项高频事项，建立完善全县一体化自助服务终端体系，推进周宁县政务服务“就近办、自助办”。推进“全市一张网”建设工作，强化公共资源全流程电子化交易，推广电子保函应用，成功开具电子保函11845张，累计保额33.29亿元。推行线上保证金缴退业务，为投标企业和群众提供网上自助缴纳保证金、异地跨行汇款、保证金原渠道退还、查询对账等一站式服务，实现“一趟不用跑”。推进远程异地评标工作，提升公共资源交易效率和服务水平。

（林玲玲）

政务公开

【概况】 2021年，周宁县人民政府落实《政府信息公开条例》，不断完善工作机制，提升政府信息公开质量和水平。全年制作政府信息1062条，其中主动公开信息728条，依申请公开信息159条。

【主动公开】 2021年，周宁县人民政府完善机构设置和权利配置信息公开，全面公开展示行政许可和处罚强制信息。做好新冠肺炎疫情防控相关重点领域信息公开，根据常态化疫情防控要求，发布新冠病毒疫苗接种、核酸检测机构等疫情防控和爱国卫生运动、健康中国行动工作信息。全年主动公开相关信息728条。

【依申请公开】 2021年，周宁县政府收到公开申请8件，2020年结转3件，其中同意公开9件。全年依申请公开159条。

【信息公开平台建设】 2021年，周宁县政府完成网站集约化建设和政府信息公开专栏规范化改造，方便群众获取政府信息。在周宁县人民政府办公室微信公众号上及时选登“生态周宁”及上级部门微信公众号发布的信息，拓宽群众获取政府信息渠道。及时回应公众关注热点或重大舆情286次，征集调查12期、收到意见24条、公布调查结果12期，开展在线访谈6期、答复网民问题54条。

（张雷）

综　述

【概况】 2021年，政协周宁县委员会（简称“县政协”）把握团结和民主两大主题，聚焦党委政府中心任务，开展8个专题协商，形成7篇调研报告，为县委、县政府科学决策提供参考依据。督办5件重点提案，带动115件提案全部办复。成立4个委派民主监督小组，完成对县工业和信息化局、自然资源局、民政局、卫生健康局4家单位委派民主监督工作。上报的社情民意信息被宁德市政协采用14篇。定期走访上海、广东、厦门、福州域外委员联络点，强化委员素质提升和能力建设。严格落实“外防输入、内防反弹”防疫措施，推进新冠疫苗接种工作，按时超额完成任务数。

【换届选举】 2021年，周宁县政协十届一次会议选举产生政协主席1人、副主席4人、秘书长1人和常务委员27人。

【文史编撰】 2021年，周宁县政协多次组织召开全县政协文史工作会议，邀请社会各界知名人士和文史资料编委会委员参会，征求意见，落实征稿任务，指导出版《周宁桥梁》。同时，支持初晴诗社开展工作，编辑出版《初晴》诗集第5集，刊发67名会员庆祝中国共产党成立100周年、纪念抗美援朝胜利70周年、敬颂喀喇昆仑山边防英雄等诗词联作品500余首。

（县政协办公室）

重要会议

【县政协十届一次会议】 2021年12月14—17日，周宁县政协十届一次会议召开。会议审议批准副主席龚立举代表九届县政协常委会所作工作报告，审议批准副主席蓝杰英所作提案工作情况报告，选举产生政协第十届周宁县委员会主席、副主席、秘书长和常务委员。会议审议通过县政协提案委员会关于政协第十届周宁县委员会第一次会议提案审查情况的报告并进行提案交接；审议通过政协第十届周宁县委员会第一次会议决议。大会收到提案152件，初审立案150件；编发简报6期，表彰九届县政协提案办理先进单位4家、优秀委员12人、优秀提案委员6人。

【常委会会议】 2021年6月18日，周宁县政协九届二十六次常委会召开。会议进行“全面实施《民法典》，助推基层治理现代化”专题协商。县政府副县长、公安局局长薛锦应邀参加会议。

7月9日，周宁县政协九届二十七次常委会召开。会议传达学习习近平总书记在庆祝中国共产党成立100周年大会上的重要讲话精神，开展“践行‘两山’理论，助推国家级生态文明示范县创建”专题协商。

8月13日，周宁县政协九届二十八次常委会召开。会议听取县政府上半年全县经济社会发展情况和提案办理情况通报，共商下半年经济发展大计和推进提案办理落实。

10月26日，周宁县政协九届二十九次常委会召开。会议传达学习习近平总书记近期重要讲话精神，开展“加强文旅融合，助推国家级全域生态旅游示范县创建”专题协商。

11月23日，周宁县政协九届三十次常委会召开。会议审议通过先进提案承办单位、优秀提案委员、优秀政协委员推荐名单；审议通过县政协十届一次全会有关事项；审议通过十届政协委员推荐人选有关事宜。

12月2日，周宁县政协九届三十一次常委会召开。会议听取周宁县法院、检察院、公安局工作情况通报。

12月17日，周宁县政协十届一次常委会召开。会议审议通过政协第十届周宁县委员会专门委员会主任、兼职副主任初步人选名单。

（县政协办公室）

民主监督

【概况】 2021年，周宁县政协坚持“监督就是服务”的理念，把政协民主监督融入全县总体工作大局中，坚持问题导向，瞄准薄弱环节，开展多样性经常性民主监督。成立4个委派民主监督小组；落实提案办理中全程监督，撰写提案，立案115件；提高提案办理工作效率，办复率100%；上报社情民意信息14篇。

【委派民主监督】 2021年，周宁县政协成立4个由政协副主席为挂点领导，28名政协委员为成员的委派民主监督小组，到县工业和信息化局、自然资源局、民政局、卫生健康局等单位开展委派监督。监督小组通过召开委派民主监督员工作动员会，反映社会各界高度关注的焦点问题，参与被监督单位重要会议，查阅台账资料，督促被监督机关工作人员履职尽责、改进作风、提高效率，推动文明执法、办事公开。推荐14名委员担任纪检监察机关、司法机关和其他部门的特邀监督员。

【提案办理监督】 2021年，周宁县政协委员关心民生、关注发展，撰写提案115件。通过提案交办、听取县政府提案办理工作通报、年终评议、提案办理网络平台建设、推选提案办理先进单位在政协全会上交流办理经验等。由县政府相关领导和县政协领导共同督办重点提案工作，推动古民居保护开发、计生特殊家庭帮扶制度、古树名木保护、办好“长者食堂”等工作进程。通过重点提案督办示范，推动提案办理，办复率100%，满意率比上年提高。

2021年7月27日，周宁县政协党组书记陈梁（左四）带领调研组到李墩镇楼坪村督办《关于加强李墩楼坪古民居保护开发的建议》重点提案办理情况

（周宁县政协办　供图）

【社情民意监督】 2021年，周宁县政协发挥社情民意信息“直通车”作用，围绕全县经济社会发展大局和群众关心关注的问题进行调研，上报《关于快速解决农村“黑户”问题的几点建议》《关于提高农产品质量安全助推乡村振兴的建议》等社情民意信息14篇。

（县政协办公室）

协商议政

【概况】 2021年，周宁县政协以全方位推动周宁高质量发展超越为己任，坚持围绕中心，服务大局，建言资政。召开常委会、专委会专题协商会议8场次，形成调研报告7篇。

【常委会协商】 2021年，周宁县政协选取“全面实施《中华人民共和国民法典》助推基层治理现代化”“践行‘两山’理论，助推国家级生态文明示范县创建”“加强文旅融合，助推国家级全域生态旅游示范县创建”等5个议题开展常委会专题协商。通过实地察看、座谈交流、个别走访等形式，深入调研，邀请县政府及相关部门领导与政协常委、委员面对面交流，形成调研报告5篇。

2021年，周宁县政协分别组织委员听取县政府工作通报暨提案办理和县法院、检察院、公安局工作情况通报。从民生、社会管理、经济发展、法治建设、精神文明、乡村振兴、提案办理质效等方面提出意见建议。在县法院、检察院、公安局工作情况通报会上，委员们与法检公负责

2021年12月14日，周宁县政协组织全体政协委员到重点项目——周宁抽水蓄能电站建设现场视察调研
（周宁县政协办　供图）

人就加强智慧政法建设、加大电信网络诈骗打击力度、服务民营经济法治、加强法治宣传、强化柔性执法等社会各界普遍关心、关注的热点难点问题，进行互动交流，达成共识。

【专委会对口协商】　2021年，周宁县政协为推进农村养老产业发展和大数据产业及数字经济发展，助力乡村振兴，进行“推进农村养老事业发展，助力乡村振兴”“积极推动周宁县大数据产业及数字经济发展”专委会对口协商，组织专委会委员到各乡镇开展专题调研，形成调研报告2篇，为县委县政府科学决策提供参考依据。

【提案办理协商】　2021年，周宁县政协从重点提案、难点提案、热点提案着手，围绕“关于加强李墩楼坪古民居保护开发的建议”“关于启动建设大西环路的提案”等5件重点提案，带领委员到县住建局、文旅局等提案承办单位开展调研，召开提案办理协商座谈会，推进古民居保护、计生特殊家庭帮扶、群众性体育设施建设与管护等一大批难点提案快速办理和有效落实。

【委员调研】　2021年，周宁县政协组织政协委员到上海、浙江、福鼎、古田、屏南及周宁县各乡镇等地调研、视察重点项目建设，开展12批次调研活动。

（县政协办公室）

联谊联络

【概况】　2021年，周宁县政协发挥政协人才优势、资源优势、渠道优势，围绕新时代创新政协工作，开展联络联谊活动。全年服务省市政协组织各类会议、调研活动，接待省内外政协同行30余批次。

【团结协作】　2021年，周宁县政协认真贯彻落实党的民族政策，联动省市政协开展少数民族乡村卫生事业发展情况、乡村振兴战略与旅游业发展等视察调研，建立经常性走访慰问工作机制，在团结联谊中加强思想政治引领，团结引领周宁籍乡亲积极投身家乡建设发展。加强与各地周宁籍知名人士和重要社会团体的交流，密切与社会各阶层人士，特别是新的社会阶层人士联系，畅通其利益表达和政治参与的渠道，调动积极因素，把各方力量凝聚到县委提出的坚持生态、产业、城乡“三位一体”，实施“西拓南承、呼应湾区”战略上来。

【联谊交流】　2021年，周宁县政协加强与省市政协和兄弟县（市、区）政协联络联谊，参加并服务省市政协组织各类会议、调研活动，接待省内外政协同行30余批次，就“传统文化挖掘”“加快推进文旅产业融合发展”等进行交流。安排九三学社中央专家科普团到周宁县开展“助力我省老区苏区巩固脱贫攻坚成果，推进乡村振兴战略实施”科普活动，民盟福建省委会“砸碎锁链——十字木架上的英雄凌福顺”雕塑捐赠及省政协“同在蓝天下·同享音乐美——圆乡村儿童钢琴梦”捐赠活动等。组织委员围绕“全面实施《民法典》，助推基层治理现代化”“践行‘两山’理论，助推国家级生态文明示范县创建”等课题，到浙江永嘉县、松阳县、景宁县和福州、福鼎等地考察学习，交流工作经验，加强互助协作。通过上下联动、横向沟通，宣传推介周宁县历史文化和重点产业，展示“鲤乡福境·云端周宁”旅游名片。县政协主席会议成员定期带队到广东、厦门、福州、上海等在外委员联络点开展走访指导工作，各联络点在组织委员学习、调研视察、反映社情民意、撰写提案等工作中发挥积极作用。

（县政协办公室）

综　述

【概况】 2021年，周宁县纪委监委推进全面从严治党、党风廉政建设和反腐败斗争，全年收到问题线索140条，处置问题线索136条，立案78件，移送司法机关2件2人，给予党纪政务处分69人，挽回经济损失153.97万元。全年化解“三多”信访件18件，化解率100%。县纪委监委机关先后获评省级文明单位和全县乡村振兴工作先进集体。

【组织建设】 2021年，周宁县纪委监委落实派驻机构改革要求，实践“四位一体”监督工作机制，协调做好县人民法院、县人民检察院派驻机构设立工作，对全县派驻机构监督范围进行优化调整，推动“四项监督”一体推进、同向发力。全年派驻纪检监察组立案8件，其中自办案件6件。制定并推行“室组地联动”监督机制，将纪检监察室、派驻机构、乡镇纪委划分为6个协作片区，明确片区领导、成员单位和相关部室的职责和任务，构建全方位、立体式监督格局。全年审结各类党纪政务案件77件，其中涉嫌职务犯罪移送司法机关2件，召开案件质量交叉评查交流会1场，模拟案件实战实训1场。

【反腐倡廉宣传教育】 2021年，周宁县纪委监委开展党章党规党纪宣传教育，开展新任科级领导干部任前廉政法规知识测试7次89人次。挖掘宣传周宁本土红色革命文化，宣传凌福顺、叶诚忠、凌其昌等周宁籍革命先辈的感人事迹和崇高精神，其中制作的《31年前，总书记在这里种下了三棵杉树》微视频获宣传福建好新闻系列三等奖。年内在中纪委网站上稿2篇，《中国纪检监察报》上稿2篇，省纪委网站上稿31篇，省市纪委微信上稿70篇。

（李益民）

重要会议

【周宁县第十三届纪律检查委员会第六次全体会议】 2021年2月8日，中国共产党周宁县第十三届纪律检查委员会第六次全体会议在县委七层会议室召开，全会传达学习十九届中央纪委五次全会、省纪委十届六次全会、市纪委四届六次全会精神，审议通过《聚焦“十四五”发展　忠实履行监督保障职能　为奋力谱写全面建设社会主义现代化国家周宁篇章提供坚强保证》工作报告。

【周宁县第十四届纪律检查委员会第一次全体会议】 2021年7月30日，中国共产党周宁县第十四届纪律检查委员会第一次全体会议召开，会议选举产生中共周宁县第十四届纪律检查委员会常务委员会委员、书记、副书记。陈华昌、肖家炼、陈晓峰、魏孙斌、汤登水、陈海森、郑文晖当选中国共产党周宁县第十四届纪律检查委员会常务委员会

2021年7月30日，中共周宁县第十四届纪律检查委员会第一次全体会议在县政协会议室召开　　（周宁县纪律检查委员会　供图）

委员，陈华昌当选县纪委书记，肖家炼、陈晓峰当选县纪委副书记。

（李益民）

督察执纪

【概况】 2021年，周宁县纪委监委联合监督机制作用，加强对统筹疫情防控和经济社会发展及做好“六稳六保”任务情况督查，形成15期督查通报，督促整改问题146个，发现问题线索2条。“四种形态”批评教育帮助和处理215人次。惩治腐败，立案78件，移送司法机关2件2人，给予党纪政务处分69人。开展新任科级领导干部任前廉政法规知识测试7次89人。

【政治责任监督】 2021年，周宁县纪委监委协助县委开展全面从严治党主体责任检查，细化检查细则，收集汇总监督执纪问题清单，并提出问责建议。列席县级党委工作机关、政府工作部门和乡（镇）述责述廉会议。年内问责党员领导干部、监察对象14人，其中科级干部4人。

【专项任务督查】 2021年，周宁县纪委监委发挥“1+X”“室组地”联合监督机制作用，加强对统筹疫情防控和经济社会发展及做好“六稳六保”任务情况督查，形成15期督查通报，督促整改问题146个，发现问题线索2条。建立健全违反换届纪律问题联查联办和快查快办机制以及换届有关人选“三级预警”监督机制，对村级“两推”人选进行党风廉政意见会审把关，取消17人参选资格。将农村集体“三资”管理、住房安全保障等20项突出问题列入“点题整治”内容，发现并督促整改问题21个，发出纪检监察建议书2份，公布阶段性整治成果2批次，通报典型案例1起，督促部门建立制度4份，查处群众身边腐败和作风问题10起12人。对全县扶持高山冷凉花卉等“三农”政策落实开展监督，保障2021年耕地地力补贴等惠农资金1320.5万元足额发放。推动巩固拓展脱贫攻坚成果同乡村振兴有效衔接，发挥“1+X”机制作用，开展挂钩监督，紧盯重点监测对象脱贫摘帽后“四个不摘”落实情况，发现并督促整改问题15个。开展粮食购销领域专项整治工

2021年10月20日，周宁县纪委监委干部在浦源镇高山冷凉花卉企业了解惠企政策落实情况　　（周宁县纪委监委　供图）

作，查处涉粮领域问题1起，立案1人，督促整改问题9个，发出检查建议书2份。做好与县政法队伍教育整顿办及政法各单位沟通协调，建立线索双向移送、快查快处、定期会商和协作办理机制，受理处置政法干警问题线索33件，党纪政务立案11人，其中乡科级7件7人。

【“四风”整治】 2021年，周宁县纪委监委查处形式主义、官僚主义问题9起10人，其中给予党纪政务处分5人。发挥“1+X”监督机制作用，结合“一县一清单”整治，紧盯年节假期，深挖细查“四风”隐形变异问题，联合县政府办等“X”职能部门，开展监督检查，督促整改问题8个。查处奢靡之风、享乐主义问题16起17人，其中给予党纪政务处分4人。查处移风易俗违规违纪问题15起16人，其中给予党纪政务处分15人。

【“四种形态”督察】 2021年，周宁县纪委监委全年运用“四种形态”批评教育帮助和处理215人次。落实“三个区分开来”要求，坚持严管和厚爱、激励和约束相结合，使用容错机制免于处分1人，对1名干部的失实问题举报予以澄清证明。严把选人用人关，回复廉政意见7685人次，提出否定意见34人次。围绕“三个聚焦”，紧盯领导班子和“关键少数”，特别是“一把手”，查找政治偏差，推动解决突出问题，全年巡察反馈问题413个，移交问题线索18条，追责问责9人。强化巡察整改，完成十三届县委前十三轮116个单位、3个乡镇村级党组织的巡察整改公开工作。

【腐败惩治】 2021年，周宁县纪委监委惩治腐败立案78件，移送司法机关2件2人，给予党纪政务处分69人，挽回经济损失153.97万元。案件查办，全年发出纪检监察建议书4份。

（李益民）

巡　察

【概况】 2021年，周宁县委巡察办开展2轮3批次常规巡察，常规巡察9个单位、巡察“回头看”7个单位，实现县委十三届106个单位、147个行政村（社区）巡察全覆盖。

【常规巡察】 2021年，周宁县委巡察办3月开展年度第十三届第十四轮巡察“回头看”，对县交通运输局党组（交战办）、交通运输综合执法大队、运输管理所、交投公司、县民政局党组、原周宁县老区办、县农业机械化发展中心开展巡察“回头看”，发现问题84个。9月、10月，开展年度县委第十四届第一轮第一批常规巡察，先后对县人力资源和社会保障局党组、人事人才公共服务中心、机关事业社会保险中心、县水利水电工程移民发展中心、县水务公司、县市场监督管理局党组、县市场监管综合执法大队等单位开展巡察，发现问题120个；10月，配合市委开展的“提级＋交叉”涉粮问题专项巡察，共发现问题37个。11月、12月，开展县委第十四届第一轮第二批常规巡察，先后对县林业局党组、县水利局党组等单位开展巡察，发现问题75个。

【巡察整改】 2021年，周宁县委巡察办发挥“统筹协调、跟踪督促、汇总报告”职能，配合县纪委监委、县委组织部开展巡察整改日常监督，督促被巡察单位领导班子及主要负责同志担起巡察整改主体责任，把抓好巡察整改作为严肃的政治任务，以上率下推动问题整改到位。年内协助纪委监委相关纪检监察室审核十三届第十二轮、十三轮、十四轮整改进展情况报告，协调做好整改公开工作，审核社会公开稿21件。

（许守青）

外事 侨务 台港澳事务

外　事

【概况】 2021年，周宁县人民政府外事办公室开展涉外安全管理和对外开放等各项工作，坚持经济发展和疫情防控两手抓，国外入境周宁人员信息784人，其中返（入）周宁180人。国外入境返（入）周宁人员全部及时纳入防疫网格。

【涉外安全管理】 2021年，周宁县委调整外事工作委员会组成人员，加强对外事工作的领导。召开县委外事工作委员会第三次会议，研究部署周宁县外事工作。

7月，联合县公安、教育、侨办、工商联等相关部门，开展预防性领保宣传活动，引导周宁籍海外企业人员及留学生关注中国领事服务网、“领事直通车”微信公众号、外交部“12308”小程序、“领事之声”微博二维码等，及时获取《中国领事保护和协助指南（2018年版）》电子书、海外安全提醒、咨询服务、应急求助、重大突发事件处置等领事保护与协助工作的相关内容，加强境外安全风险预警，指导境外人员和机构有针对性地开展防范和强化安全保障措施。

【外籍新娘登记】 2021年，周宁县有外籍新娘151人，其中有效登记在册70人。

【新冠肺炎疫情常态化防控】 2021年，周宁县落实厦门、福州、泉州等口岸国外返乡人员解除集中隔离“点对点”闭环转运、信息对接、居家隔离、健康管理等措施，建立（返）入周宁“14+7+7”对象“一人一策”“手递手”转送机制，确保转运全过程“全链条、无缝隙”，环环相扣、无缝衔接、手续齐全、闭环管理，派出车辆“点对点”无缝转运境外返周宁人员及厦门、福州等口岸解除集中隔离人员。

（周宁县外事办）

侨　务

【概况】 2021年，周宁县侨联、侨办开展《福建省华侨权益保护条例》颁布5周年宣传活动，发放宣传资料500份，受普及2000余人。完成新侨人士及海外留学生信息登记。走访慰问困难归侨、侨属。

【“送温暖”活动】 2021年，周宁县侨联、侨办在元旦、春节期间，通过发送电子邮件、微信等形式，加强与周宁籍侨胞联系，向他们宣传家乡发展变化，增进对祖国和家乡的了解；同时，开展入户走访慰问活动，慰问侨界代表人士和困难归侨侨眷56人次，了解他们的生产、生活情况，听取他们的意见和建议，并送上慰问金共计2.8万元。

【普法宣传】 2021年，周宁县侨联、侨办紧扣“七五”普法规划，做好《福建省华侨权益保护条例》颁布5周年纪念宣传工作，发放宣传资料及宣传品500份，受普2000余人。

【信息登记】 2021年，周宁县侨联、侨办做好新侨人士及海外留学生登记工作。组织开展本县新侨人士信息情况调查，完成36名新侨人士及

79名海外留学生的信息登记。

【教育基金申报助力】 2021年，周宁县侨联、侨办开展“我为群众办实事”实践活动，通过联系对接欣欣教育基金会北京代表处，申请加入基金会。该基金会由美国加利福尼亚州旧金山湾区华侨于1997年成立，基金会建校项目起步资助金额5万美元。年内落实玛坑杉洋小学、泗桥赤岩小学、礼门中心小学、李墩中心小学等4所学校申报工作。

（何丽丽　温斌）

2021年3月20日，周宁县侨联干部到七步镇七步村走访慰问侨眷。图为工作人员慰问侨眷黄顺莲　（周宁县侨联　供图）

台港澳事务

【概况】 2021年，周宁县有在台同胞349人，台属2632人，注册台资企业3家，在生产台资企业1家。

【政策宣传】 2021年，周宁县委台港澳办3次走访周宁台企立兹曼茗茶业有限公司，宣传贯彻全国“31条惠台措施”、“26条措施”、“11条措施”及省“66条实施意见”、“融合发展42条”、“助力台企发展28条”、“农林22条措施”、《关于深化闽台乡建乡创融合发展若干措施的通知》、市“56条惠台措施”等。

【宁台乡建乡创发展】 2021年，周宁县委台港澳办积极探索新模式、新路径，贯彻落实惠台利民政策措施，引进台湾青年建筑师团队参与浦源镇端源村人居环境整治提升、浦源镇所在地集镇环境整治、狮城镇虎岗村村庄规划设计工作。浦源镇所在地集镇环境整治项目，总投资1245万元，由台湾教授吴正隆设计团队（时代建筑设计院有限公司）承接。年内完成4栋古民居修缮，集镇停车场、巷道污水管网硬化等项目建设。浦源镇端源村人居环境整治提升项目与福州百川文化创意有限公司（闽台合作团队）开展乡建乡创闽台合作，以提升农房建筑风貌及农村人居环境整治规划设计为主要服务内容，涉及面向旅游集散中心及沿河道农房外观改造设计，建设以端源村为主要浏览线路上两侧进行空间改造策划，并针对吴厝自然村32栋房屋开展外立面改造。乡建乡创闽台合作项目台湾创业团队与虎岗村、玛坑乡首章村签订合同，进行村庄规划设计。

【台企服务】 2021年，周宁县不断优化台胞台企金融服务，推进“台胞台企金融信用证书”颁发工作，完成台农生物科技有限公司、台糖农业发展有限公司的申报工作，颁发信用卡1人。为乡建乡创闽台合作项目狮城镇虎岗村、玛坑乡首章村争取省乡建乡创陪伴式补助资金各50万元。立兹曼茗茶有限公司、莲峰茶业有限公司列入福建省闽台农业融合发展示范基地，并享受上级补助资金17万元。

【走访慰问】 2021年，周宁县委台港澳办贯彻落实中央台办秘书局《关于做好春节期间慰问台胞台企工作的通知》文件精神，春节期间，慰问台胞台属23人，发放慰问金9500元。

（陈露露）

群众团体

周宁县总工会

【概况】 2021年，周宁县总工会新建工会组织20个，新增工会会员734人，包含新就业形态劳动者所在的饿了么、美团、万顺叫车、天蓝蓝农业、印象周宁等5家新业态企业工会，会员172人。年内全县建基层工会261家，其中包含9家乡镇工会联合会，1家工业园区联合会，工会会员14688人，农民工会员5795人，覆盖单位636家。年内紧扣庆祝中国共产党成立100周年主线，突出服务中心大局，聚焦职工维权保障，深化暖心帮扶工程，实施产业工人队伍建设改革，推进周宁工会各项事业健康发展。

【“春送岗位”活动】 2021年，周宁县总工会联合人社部门组织专项招聘会1场，县内外24家企业提供岗位涵盖铸造、制衣等岗位110个，500余人参加应聘，咨询人数400余人次，达成就业意向107个。现场还开展政策咨询、就业创业指导等服务，发放宣传资料1500份。

【“夏送清凉”活动】 2021年7月，周宁县总工会到工地、高温作业现场，为坚守在一线的执勤交警、农民工、电力工人、外卖小哥等560余名户外高温工作人员送去总价值3万余元的“清凉大礼包”600余份。

【金秋助学活动】 2021年，周宁县总工会为11名考上大学的应届、往届困难职工子女发放助学金4.1万元。

【送温暖活动】 2021年，周宁县总工会在“两节”、五一、七一、丰收节、环卫节等节日期间，走访慰问困难职工、劳模和重点项目重点工作一线职工等465人次，发放慰问金23.43万元。

【留岗职工慰问】 2021年，周宁县总工会走访慰问青山钢管等企业就地过节职工，为他们送去“新春

2021年8月17日，周宁县总工会领导到不锈钢产业园青山钢管企业慰问一线职工 （肖锦程 摄）

2021年2月4日，周宁县总工会领导班子到李墩工业园区为就地过年的外省籍职工送上“新春大礼包” （肖锦程 摄）

大礼包”136份、鲤鱼溪·九龙漈景区门票500余张；慰问新冠肺炎疫情期间坚守一线工作者10人，发放慰问金0.8万元。

【劳模示范引领】 2021年，周宁县总工会于4月先后制作推出7期劳动模范和先进工作者典型事迹报道，开展劳模进企业、进校园、进村（社区）宣讲活动4场次，推荐获评先进劳动者申报省级劳动奖章人选2人、省五一劳动奖章1个和省市工人先锋号单位4家，发放劳模荣誉津补贴11.96万元。8月建成劳模展示馆，展区面积100平方米，以图文展板、实物陈列等形式，展现全县各级劳动模范先进事迹。

【女工委活动】 2021年，周宁县总工会于3月开展全县职工线上知识竞答活动，14600人次参与答题。开展“课后服务 工会有爱”主题慰问活动，为27名一线女教师送上节日祝福和慰问金。举办“巾帼英雄展风采”全县女职工拔河赛，17支队伍199名女职工参加比赛。开展“情系女职工 法在你身边”法律知识宣传活动，发放《福建省女职工劳动保护条例》等宣传材料300余份。六一前夕到英才实验小学开展“点亮梦想 放飞希望”关爱留守儿童成长走访慰问活动，为50名留守儿童送去“微心愿”礼包。组织县妇幼保健院医生到李墩镇工业园区青山钢管有限公司开展健康义诊活动，为73名女职工提供问诊服务，同时送上营养爱心礼包。推荐评选省级“职工最美家庭”1个，省级“我最喜爱妈妈小屋”1个。

【维权服务】 2021年，周宁县总工会于3—4月开展集体协商“要约行动月”活动，畅通工会维权服务“12351”热线，健全政府、工会、企业三方多部门协商会议制度，推行平等协商制度，向企业发放要约66份，应约66份，惠及职工5765人。发挥调裁诉衔接协调委员会在劳动争议调解和预防化解社会矛盾的作用。参与“工会+”多部门劳动纠纷调解工作，妥善处理职工信访事项，参与职工调裁诉工作，累计受理职工（农民工）来信来访6批24人次，维护职工合法权益。全年进行工会法人资格证新建与变更62次。

【宣传教育活动】 2021年，周宁县总工会开展“中国梦·劳动美——永远跟党走、奋进新时代”主题系列教育活动。4月举办党史知识学习竞答活动，来自基层工会干部职工50余人参加活动。6月10—11日，举办“共享百年华诞 邮票上的党史”职工集邮展，近100家基层工会900余名职工观展。6月24日，联合县委宣传部、县文旅局举办“永远跟党走”周宁县文化惠民演出。7月26日，选送舞蹈节目《春芽》获得宁德市总工会举办的“中国梦·劳动美——永远跟党走 奋进新时代”职工文艺汇演优秀组织奖。

【职工体育】 2021年4月29日，周宁县总工会举办庆五一迎中国共产党成立100周年全县职工乒乓球赛，来自县直单位、乡镇的12支代表队60余人参加比赛。6月6—16日，举办“迎百年华诞”职工篮球邀请赛，八支代表队参加比赛。12月开展“健康生活 快乐工作”太极拳普及推广活动。

【“五小”创新活动】 2021年，周宁县总工会申报创新项目13个，其中公路局申报的沥青清灌缝自制喷油嘴、国网福建省周宁县供电公司申报的一种单通故障判别方法获得福建省百万职工“五小”（小革新、小发明、小改造、小设计、小建议）创新大赛三等奖。

【职工医疗互助】 2021年，周宁县全县161家单位有7383名职工参加医疗互助。年内为511人（次）患病职工报销医疗补助费50.05万元。

【经费审查】 2021年，周宁县总工会结合“1+X”专项督查以实地审和报送审相结合、重点指定和随机抽查相结合方式进行审查审计。年内开展联合审查40次、下发审计报告40份，提出审计意见123条，指出不规范问题117个，涉及纠错资金14.85万元。

【工会十四次代表大会】 2021年12月8日，周宁县工会第十四次代表大会召开，选举产生周宁县总工会新一届领导班子。

【县政府与县总工会联席会议】 2021年12月28日，周宁县政府与县总工会第十六次联席会议召开，县长陈文卿主持会议，县领导谢景峰、陈剑杰及县直有关部门领导参加会议。会议听取县总工会党组书记、常务副主席陈友文作的工作汇报，与会人员进行交流讨论，并议定有关事项。

（谢舜清）

共青团周宁县委员会

【概况】 2021年，共青团周宁县委员会（以下简称“周宁团县委”）下辖22个团委，2个团工委，309个团支部。周宁团县委贯彻落实习近平总书记关于共青团和青少年工作的重要论述，持续深化共青团改革，保持和增强政治性、先进性、群众性，提升组织力、引领力、服务力。年内发展团员418人；组织开展各类党史宣讲30余场，组织学习800余场，覆盖团员青年3500余人；征集发布大学生返乡实习岗位322个，筹集资助款19.68万元，资助困难学子125人。2021年度宁德共青团工作考核评价获优秀等次。

【团县委第二十三次代表大会】 2021年9月29—30日，共青团周宁县第二十三次代表大会在周宁县政府七楼会议室召开，完成县级团委换届工作，产生县级团委委员33人，平均年龄28岁。

【基层团组织建设】 2021年，周宁团县委成立换届工作领导小组，制定换届实施方案，提早完成乡镇、村级团组织换届工作，产生乡镇团委委员68人，平均年龄25.8岁；产生村级团支部委员271人，平均年龄29.5岁。各级团组织班子年龄结构进一步优化，学历层次明显提高，实现换届预期目标。年内新建社会领域团组织38个。推进“一专一站两联”工作机制建设，138名团代表进驻团代表联络站，联系团支部145个，联系团员青年1500人。严格入团标准、程序，发展团员418人。成立县级教育团工委，全县12所中学建立团校、24所中小学少工委全覆盖。举办团干部培训5场，培训200人次。举办首届少先队辅导员职业技能大赛暨2021年度少先队辅导员培训班。

【思想引领】 2021年，周宁团县委围绕中国共产党成立100周年，组织全县广大团员青年、少先队员共同开展党史学习教育和“再学习、再调研、再落实”活动，各级团组织开展各类党史宣讲30余场，组织化学习800余场，覆盖团员青年3500余人。以清明、五四、建队日等重大时间节点为契机，推出清明缅怀先烈、党史知识竞答活动、“争做新时代好队员”等主题实践活动20余场。开展“90对话90”系列活动，邀请抗美援朝百岁老兵用亲身经历为青年讲述抗战故事。运用“周宁共青团”微信公众号等线上平台弘扬主旋律、传递正能量，年内发布微信640篇，阅读量28.5万次；发布微博110篇，浏览互动26.6万次；推出38期“青年大学习”网上主题团课，参学16.96万次。开展“周宁青年五四奖章”“两优两红”等评选活动，深化“青年文明号”号争创工作，推荐优秀青年参与全国、省、市各类先进评选，104个集体（个人）获省、市级以上表彰，145名个人、65个集体获县级表彰。

【青年发展平台搭建】 2021年，周宁团县委持续推进校地合作，与福建农林大学、宁德师院等高校常态化开展暑期“三下乡”社会实践活动，对接团队5支83人，联合福建省农科院团委17个团支部开展高山马铃薯科技服务宣传。开展“我和我的家乡”团助农直播、青联委员服务千村暨捐助长者食堂系列活动，引导团员青年投身乡村振兴建设。承办2021年宁德市涉农青年电商（新兴青年群体）培训班暨农村青年致富带头人培训班，举办返乡青年创业交流座谈会，助力电商青年创业。实施“扬帆计划”“返家乡”社会实践，征集发布大学生返乡实习岗位322个，创新设置乡村振兴助理员岗位，确认上岗155个；推荐50名实习生获得省、市级“扬帆之星”表扬。举办宁德市人才日周宁县系列活动“扬帆计划·逐梦云端”优秀学子暑期实践营活动，来自各大高校30名周宁学子感受家乡变化，共话家乡发展。招募500余名青年及返乡大学生加入新冠肺炎疫情防控应急青年志愿服务队，召集61支青年志愿服务团队及社会公益组织，协助开展疫情防控工作，投入疫情防控志愿服务力量3410人次，累计志愿服务时长2.45万小时。

【帮困助学】 2021年，周宁团县委联合无锡义工联盟走访摸底全县9个乡镇100余人，按学期结对资助困境青少年37人；争取筹集资助款19.68万元，资助困难学子125人。开展“心手相连，暖冬有我”关爱留守儿童活动，为80名困境留守儿童发放温暖包及防疫物资；六一期间为偏远山村三门桥小学60余名师生捐赠运动衣物、营养牛奶、学习文具等爱心物资；开展“铸魂筑梦”公益金募捐活动，募集公益金3.1万元。

【普法宣传】 2021年，周宁团县委联合公、检、法、司等单位开展未成年人法治宣传月巡讲活动，组建巡讲团队为县内19所小学1924名六年级毕业生送出《中华人民共和国未成年人保护法》《中华人民共和国预防未成年人犯罪法》“两法进校园”专题讲座15场，发放各类宣传手册3000余份。联合相关单位开展“青年普法志愿者法治基层行”、模拟法庭进校园、周宁县第一届“春泥护花杯”法律知识竞赛、法治书法大赛等普法活动，覆盖青少年2000余人。

（傅如涛）

周宁县妇女联合会

【概况】 2021年，周宁县妇女联合会（以下简称“周宁县妇联”）开展线上线下宣传活动70余场次，引导广大妇女儿童和家庭爱党爱家爱国，传承良好家风；开展《父母如何激发孩子的内驱力》等主题家庭教育公益大讲堂巡讲活动，推进《福建省家庭教育促进条例》宣传覆盖。推进妇女儿童关爱行动，组织农村妇女“两癌”筛查2900人，开展“春蕾计划”助学行动，发放助学金1.6万元。开展花艺、茶艺和导游等培训，协调金融部门发放“巧妇贷”“巾帼创业贷”1775.59万元，惠及231户家庭。

【寒假儿童关爱】 2021年1月12—13日，周宁县妇联牵头组织“把爱带回家”2021寒假儿童关爱服务“四送”活动，到狮城三小、咸村中心小学等学校开展交通安全、假期安全、防性侵害等相关知识宣传讲解，活动共慰问留守儿童和困境儿童200名，发放慰问金6000元、爱心棉服209件、书包30个、学习用品56份。

【庆“三八”系列活动】 2021年，周宁县妇联组织开展庆“三八”插花艺术培训。3月5日，县妇联协同县党史方志研究室、县直机关幼儿园邀请2020年度福建省级最美家庭代表、革命烈士李宏伦后代李丹丹，在县直机关幼儿园五楼多媒体厅开展“盛世绽芳华 巾帼心向党”讲巾帼英雄故事沙龙座谈暨庆“三八”活动。

【清明缅怀先烈活动】 2021年4月2日，周宁县妇联组织全国巾帼建功标兵、省最美家庭、五好家庭等女性先进代表到周宁县革命烈士纪念碑陵园开展“继承革命传统 弘扬闽东精神”为主题清明缅怀先烈活动。活动中，各级先进巾帼代表为烈士默哀3分钟、重温入党誓词、参观遗迹、瞻仰烈士墓、献鲜花、参观全省关心下一代传承红色基因教育基地——凌福顺纪念馆等。

【“两纲”验收】 2021年，周宁县顺利通过市级“两纲”评估组和省级“两纲”评估组对《周宁县妇女发展纲要（2011—2020年）》和《周宁县儿童发展纲要（2011—2020年）》实施情况评估验收。

【家庭教育周宣传】 2021年5月12日，周宁县妇联在河滨喷泉广场开展首个家庭教育宣传周宣传活动。发放好家风好家训好家教宣传单、《福建省家庭教育促进条例》读本等1000余份。

【女性就业技能培训】 2021年，周宁县妇联协同茶业局、文旅局等

2021 年 5 月 26 日，周宁县举办“高山韵·女子茶艺培训班”。图为茶艺实操实践课现场
（周宁县妇联　供图）

部门开展茶艺培训和导游培训，共计培训学员 120 人。培训打破以往单一的只教理论知识常规学习思路，通过形体态训练、理论知识学习、实践实操和综合考核 4 个过程，提升学习成效，通过考核 30 名学员获得县第一批地方导游讲解证。

【女性关爱行动】 2021 年，周宁县妇联开展“关爱女性健康”活动启动会暨“关爱女性健康”知识讲座，各级妇联、基层妇女等 60 余人参会。会上，对周宁县 2020 年度“关爱女性活动”工作先进单位及周宁县“关爱女性活动”巾帼志愿者进行颁奖，特邀专家张友隆通过小游戏、问答等方式进行“关爱女性健康”知识讲座，讲解女性疾病知识及预防、治疗办法等知识。

【“六一”系列活动】 2021 年“六一”期间，周宁县妇联开展“党风家风润童心 关爱儿童健康成长”系列活动。5 月 29 日、5 月 31 日，县妇联协同县公安局交警大队女子骑行中队到周宁县狮城第二小学、周宁县英才小学开展“6·3”虎门销烟纪念日宣传教育活动。5 月 31 日，县妇联到周宁县英才小学开展“党史知识进校园”之革命历程中红色故事宣传教育活动，活动现场进行党史知识竞答，并深入周边留守儿童家庭宣传党史知识。开展留守流动儿童“自强之星”寻找活动。在全县范围内寻找留守流动儿童“自强之星”25 人，推送市级第九届留守流动儿童“自强之星”2 人，并为孩子们送去奖状和奖品，鼓励孩子们自强自立，不断进步。开展“党风家风润童心”暨“点亮微心愿 圆梦手拉手”系列活动。6 月 4 日，县妇联联合民政局和狮城中心幼儿园组织幼儿园孩子及家长 80 多人进行革命故事表演、党史知识竞赛等，并发放 40 余份“微心愿”礼包。

【育婴员培训】 2021 年 11 月 9—10 日，宁德市妇联携手周宁县妇联举办 2021 年“乡村振兴巾帼科技行”育婴员培训班。市妇联主席钟梅允、副主席罗丽光，县委副书记王美苗参加开班仪式。培训 30 名有意愿从事家政服务业且身体健康的农村妇女参与，培训课程分为家政服务规范与职业规划、婴幼儿喂养指导、婴幼儿意外伤害防治等理论和婴幼儿生活照料实操技能。培训课程结束后，组织学员参加结业考试，考核合格后颁发“结业证书”。

【家庭教育公益大讲堂巡讲】 2021 年 11 月 15—17 日，福建省、市、县三级妇联携手深入狮城第四小学、咸村中心小学、玛坑中心小学、泗桥中心小学开展家庭教育公益大讲堂巡讲活动，近 300 名家长聆听讲座。此次讲座以《父母如何激发孩子的内驱力》《爱，还要会爱》《成功的教育从好习惯培养开始》《原生家庭对孩子成长的影响》等为主题，分享家庭教育误区和教子心得，让家长们认识家庭教育重要意义并深刻意识到父母言传身教及正确的家庭教育对孩子成长的深刻影响，引导家长以积极心态去面对孩子在成长过程中的各种问题，为儿童健康成长营造良好家庭氛围。

【预防性侵害讲座】 2021 年，周宁县妇联联合县教育局举办为期两天的“守护童年 呵护希望”儿童预防性侵公益巡回讲座。此次巡回讲座共 12 场次，直接受益对象 1000 余人。特邀福州市“女童保护”志愿者讲师到狮城第一小学、狮城第二小学、狮城第三小学、狮城第四小学、实验小学城北校区、实验小学城西校区 6 所学校授课。讲座过程中，志愿者讲师以游戏的方式引入主题，用通俗易懂的语言与图文并茂的PPT来告诉同学们如何预防和应对性侵害。

【"两癌"贫困母亲救助】 2021年，周宁县妇联开展"母亲健康1+1"公益募捐活动，募捐善款7.2万元，救助"两癌"贫困母亲39人，发放救助金20万元。

【先进典型培树】 2021年，周宁县妇联开展"美丽庭院""绿色家庭"创建活动。创建省市级"绿色家庭"18户，在省级乡村振兴试点村和乡村振兴实绩突出村中申报省级美丽庭院65户、市级美丽庭院65户。申报全国"五好家庭"1户，省级"最美家庭"1户，市级"最美家庭"5户，市级"五好家庭"3户，市级优秀禁毒女性1户，市级优秀禁毒家庭1户。

【基层妇联组织建设】 2021年10月29日，周宁县妇联召开乡（镇）、村（社区）两级妇联换届工作部署会。11月25日，周宁县9个乡镇妇联换届选举工作完成，选举产生乡镇妇联主席9人，兼挂职副主席27人，妇联执委190人。乡镇妇联主席平均年龄31岁，大学及以上学历9人，占比100%。12月15日，全县147个村（社区）妇联组织换届完成，选举产生村级妇联主席147人，执委1617人。妇联主席平均年龄41岁，高中及大专以上学历102人，占比69%，同时推进女性进村"两委"，实现女性"一肩挑"20个村，完成女性进村（社区）"两委"任务。其中女性当选村支部书记20人，比上年增长82%，女性进"两委"290人，比上年增长21%。新建"妇女微家"14个、妇联组织5个、"五亮"村46个。

（叶艳娟）

周宁县科学技术协会

【概况】 2021年，周宁县科学技术协会（以下简称"周宁县科协"）围绕中心、服务大局，按照"四服务"职责定位，团结引领广大科技工作者创新争先，推进科技繁荣，促进科学普及。指导周宁县玛坑乡首章茶叶专业合作社创建周宁县首个省级学会创新驱动服务站；争取基层科普行动计划资金20万元，用于支持3个乡镇3个村科普示范村建设和1个新时代文明实践中心科技志愿服务试点建设；拨款6万元，支持乡镇4个村建设科普活动室和1个镇新时代实践所科普建设；支持社区支部共建活动经费2万元；走访慰问挂钩帮扶贫户0.5万元；开展科普"五进"活动30次。

【科普平台建设】 2021年，周宁县科协推动资源力量下沉基层、服务一线，拨款4万元，支持建设七步镇溪头村、礼门乡常源村和咸村镇碧岩村、王宿村等4个村建设科普活动室。指导周宁县玛坑乡首章茶叶专业合作社创建福建省茶叶学会创新驱动服务站。加强2021年"基层科普行动计划"项目申报和对接服务工作，为周宁县争取基层科普行动计划资金20万元，用于李墩镇际会村、七步镇苏家山村、泗桥乡下楼村科普示范村建设和新时代文明实践中心科技志愿服务试点建设。开展科普中国乡村e站、社区e站、校园e站建设，推进科普中国云资源落地应用。利用县委党校科技馆、中兴社区青少年科学工作室、周宁十中青少年科学工作室和县乡村科普画廊（宣传栏）等平台，发挥科普展教服务。

【科普宣传活动】 2021年，周宁县科协开展科技文化卫生"三下乡"活动，并支持浦源镇新时代实践所科普建设与宣传活动经费2万元。县科协通过开放参观、展览展示、专家讲解和发放各类科普资料等方式，面向公众开展科普"五进"活动30余次。开展禁毒、反邪教、防灾减灾和食品安全等系列科普活动，普及科学知识。继续实施"互联网+科普"行动，动员公众通过手机等载体关注科普中国微信公众号，参与2021年农民科学素质网络竞赛。在"全国科普日"期间，组织机关干部、科普志愿者到七步后洋、浦源闽绿生猪养殖等村庄、企业，通过发放宣传资料、入户调研、设立展台等方式，开展科普宣传活动，营造浓厚氛围，在彰显科技为民方面发挥作用。

【科普知识讲座】 2021年，周宁县科协举办"众心向党　科教赋能"——2021年"福建省院士专家科普报告希望行"活动，邀请福建医科大学附属第一医院原副院长、教授、博士生导师徐国兴等3名专家，分别到狮城二小、周宁十中、周宁一中举办《儿童青少年近视防控与视觉保护》《我的健康我做主——21世纪健康生活方式》《野生动植物资源及其保护——以福建珍稀濒危动植物为例》3 场科普讲座，受众师生 600 余人。联合农业局开展红火蚁防治科普培训班，为周宁县农技员、科协委员、科普志愿者等 30 余人就红火蚁防治开展培训；联合科技局邀请宁德师院副主任医师孙雪春为周宁二中 40 余名学生进行急救知识培训。

【乡村振兴助力】 2021 年，周宁县科协按照县扶贫办统一部署，继续跟踪县科协挂钩帮扶礼门乡大林村 8 户脱贫户稳定脱贫，定期走访脱贫户询情况、送关怀、找出路、谋发展，助推在稳定脱贫的基础上增收致富。持续开展关爱弱势群体活动。节假日期间，走访挂钩帮扶脱贫户 8 户慰问金 0.6 万元，走访挂钩联系残疾户 2 户慰问金 0.2 万元。开展社区共建活动，支持长安社区支部共建活动经费 2 万元，助力乡村振兴。

（阮学武）

周宁县社会科学界联合会

【概况】 2021 年，周宁县社会科学界联合会（简称“周宁县社科联”）在 2021 年第 16 期全省社科知识竞答活动中，取得全省第三的成绩，获得全省优秀组织奖，得到省社科联的通报表彰；创建 6 个社科普及基地，并在市社科联举办的六届九次全体（扩大）会议暨 2021 年全市社科工作会议上做《“建、管、用”三措并举，全力推动社科普及基地建设》典型经验交流发言；社科工作者在 CN 级刊物发表论文 3 篇。

2021 年 12 月 1 日，周宁县开展社会科学普及宣传周活动。图为启动仪式现场

（周宁县社科联　供图）

【社科知识普及】 2021 年，周宁县社科联加大社科知识普及力度，利用专栏、讲座、展板、宣传品、竞答、大型活动等形式，开展社科知识普及活动。在 2021 年第 16 期全省社科知识竞答活动中，发动广大党员、干部、学生参与社科网络知识竞答活动，取得全省第三的好成绩。12 月 1 日，由县委宣传部、县社科联主办的“永远跟党走 谱写新篇章”，2021 年周宁县社会科学普及宣传周在河滨广场启动，来自县社科联学会、协会及县直有关部门等 20 余个单位参加，参与群众 1000 余人。活动中，县有关部门及社科联所属学会（协会、促进会）为群众发放社科宣传材料、开展相关咨询、展板展示、社科知识灯谜竞猜、义诊、消防演练等特色活动，为群众提供义诊 100 余人次、咨询 200 余人次，发放社科宣传资料、小礼品 1000 余份、制作展板 100 余张。

【讲坛讲座举办】 2021 年，周宁县社科联不断扩大“周宁讲坛”影响力，融合新时代文明实践活动，邀请国学、情商、养生、礼仪、传统文化、教育等多领域县内外专家开坛授课，开办讲坛 3 期，受众 200 余人次；11 月 9 日，举办“福建省百场社会科学专题报告会”，邀请福建师大教授、博士生导师廖福霖教授做“习近平生态文明思想及其在福建的实践”专题讲座，近百名听众参加。

【社科基地建设】 2021 年，周宁县社科联对 3 个新创建的社科普及基地进行补助，解决部分乡镇建设经费不足问题。到各乡镇和社科普及基地巡回展出“永远跟党走 谱写新篇章”系列展板、海报，扩大社科知识覆盖面和影响力。在全市社科工作会议上做《“建、管、用”三措并举，全力推动社科普及基地建设》典型经验交流发言。

【社科学术研究】 2021 年，周宁县社科联调动县内社科工作者积极性，并资助其开展社科研究活动，在 CN 级刊物发表论文 3 篇。《1933—

1938 年闽东革命根据地略考——以周宁碧岩村为例》和《森林是水库、钱库、粮库理论的实践路径研究——以周宁为例》入选 2021 年宁德市社科研究课题并立项。

（陈思婷）

周宁县文学艺术界联合会

【概况】 2021 年，周宁县文学艺术界联合会（以下简称“周宁县文联”）围绕庆祝中国共产党成立 100 周年主题，组织开展“百年党史·红色周宁”庆祝中国共产党成立 100 周年系列活动。与市文联联合开展“学党史，悟思想”灯谜文艺小分队下基层送文化活动，以群众喜闻乐见的灯谜为载体，向群众传播党史知识；组织开展“追寻红色足迹”文学采风创作活动，挖掘周宁县红色文化；举办“我们都是追梦人”主题征文、“百年风华正青春”演讲比赛、“永远跟党走”文艺惠民演出、“丹青书画颂党恩”书画展等多场活动，展示周宁县改革开放以来经济社会发生的巨大变化，体现周宁县域风土人情、地域特色及各行各业取得成就。围绕服务社会经济，承办“闽东之光·云端周宁”全国摄影大赛暨风筝节活动，推动周宁文化旅游发展；开展“云端风情”系列摄影采风创作活动，以摄影形式，记录云端周宁风情；举办“周宁高山云雾茶”文学摄影采风创作活动，围绕周宁茶文化主题，做好县域地标产品宣传推广活动。

【文艺平台搭建】 2021 年，周宁县文联持续巩固文艺创作平台。对鲤鱼溪民间文艺创作基地进行修缮提升，增设展厅，发挥文艺创作基地作用，先后举办《风，远方的家》创作分享座谈会、周宁县民间文化摄影作品展等活动。推进鲤鱼溪合唱基地建设，巩固云门摄影创作基地建设；新增县级文艺创作基地“楼坪文艺创作基地”“陈峭摄影创作基地”“周宁县茶旅摄影创作基地”。完成《鲤鱼溪畔》26、27 期编辑出版，“周宁文学”公众微信号推送文章 100 期。

【文艺惠民】 2021 年，周宁县文联结合“我为群众办实事”实践活动，推动文化惠民活动。配合县委宣传部完成 2021 年文化科技卫生“三下乡”集中示范活动，完成第十届“翰墨飘香远 春联进万家”活动，以小分队形式，分场所题写，并入户赠送，送出春联 5000 余幅 。开展“岁月年轮”敬老摄影百村行志愿服务暨“我为群众办实事”活动，邀请摄影家解海龙参与摄影志愿服务，为象运、茶广、光夏、碧岩等老区基点村近 400 名老人免费拍摄老人照，赠送相框照片。举办周宁县民间文化摄影展，开展“文化惠民·书香周宁”活动，向广大群众赠阅各类书籍，同时运用“社科普及周”“网络宣传周”等广场活动平台，免费赠送文艺书籍 4000 余册。开展“图书进校园”活动，为周宁一中捐赠图书 600 余册，其中包含《宁德文丛》《红色闽东》《鲤鱼溪畔》《青山·绿水·乡愁》等。

【文学艺术活动】 2021 年，周宁县文联组织各具特色文学艺术活动。

文学　举办“追寻红色足迹”“高山云雾茶”“走进祖龙”等文学采风活动，创作文学作品近 200 篇。举办肖书椿《乡村女民办教师》创作分享座谈会。初晴诗社邀请周宁、霞浦、福鼎、政和四地诗词楹联爱好者参加礼门村廊桥征诗征联创作、组织开展周宁“万福桥芳名廊”征联等活动。林平出版诗联集《韵海徜徉》、郑仕康出版《听雨轩自书诗联集》。

摄影　开展采风创作活动 21

2021 年 4—5 月，周宁县文联开展敬老摄影活动。图为 4 月 10 日摄影家为百岁老兵拍照

（周宁县文联　供图）

2021 年 3 月 12 日，周宁县文联开展“云端风情”系列摄影采风活动。图为“云端风情·咸村下坂”民俗舞龙

（李洪元　摄）

场，举办摄影作品展 4 场，选送 100 余幅作品参加福建省第 27 届艺术摄影作品比赛、选送 30 余幅作品参加宁德市老区村福建省摄影作品比赛，协助完成《周宁旅游摄影指南》画册设计、编辑，邀请市级及以上摄影家开展摄影专题讲座 2 场。

音乐舞蹈　联合举办庆祝中国共产党成立 100 周年“永远跟党走”文艺惠民演出。各乡镇及县艺术团、鲤鱼溪合唱团等县直单位参与节目编排，以情景剧、歌伴舞、非遗展示、配乐诗朗诵等多种艺术表演形式，展示乡镇特色文化。

美术书法　邀请福州市晋安美术家协会主席黄天登带队到鲤鱼溪、禾溪、陈峭、常源开展“云端山城·醉美周宁”写生采风活动。举办“翰墨飘香远 春联进万家”活动，组织春联小分队开展活动十余场次，送出春联 1 万余副。其中，狮山书画社举办“翰墨飘香 情暖狮山”书写春联公益活动。为狮城群众书写春联，送福进万家。举办两期“翰墨颂党恩，丹青绘百年”书画作品网络展及书画名家邀请展，共展出作品 100 余幅。开展“老吾老”敬老公益活动，携手桥南社区为老人们清理卫生，书写福寿。开设“书香传家”经典诵读公益课堂、家长课堂“共读一本书，幸福一座城”等。

根艺　组织会员前往福鼎、宁德等地开展学习创作交流活动；邀请省市 30 余名民间艺术家协会会员到周宁艺术博览苑开展创作座谈，现场艺术品评点活动，给周宁根艺爱好者上一堂专业课。11 月，周宁县被宁德市民间艺术家协会指定为“宁德市民间艺术家协会创作基地”。

【会员成绩】　2021 年，周宁县文艺硕果累累。

文学　肖林盛、魏爱花、肖珊、阮梦昕、郑梅、陈圣寿、李典义、张彩霞、郑振木等会员在国家、省、市级刊物上发表作品 30 余篇。会员肖林盛出版《竹影泉声》文学作品集、张桂传出版乡土教材《家乡》。2 名会员加入市作家协会。初晴诗社会员林平《七律·敬献建党 100 周年》获第八届“相约北京”全国文学艺术大赛一等奖，刘云《咏梅》获二等奖；刘云《五律·红河哈尼》获第十二届“羲之杯”全国诗书画邀请赛一等奖，《五律·梳秧节》获第八届中外诗歌散文邀请赛二等奖；省楹联学会举办“百年八闽，盛世中华”征联活动，林平、孙雁鸰、周田太、肖林盛、阮其福、陈清民 6 位会员对联入选百联佳作。8 名会员成为福建省楹联学会会员，4 名会员成为福建省诗词学会会员。

美术书法　陈晓明中国画作品《萧家岭战斗》《幽谷听涛》、周许端中国画作品《荷塘八月赋》、高敦宝中国画作品《万壑千礮锁翠烟》、周更元中国画作品《花鸟》入选宁德市美术作品展。张苏闽、许天诚、龚孝明作品入选“国际书画艺术联合会首届网络书画大展”；张苏闽作品《报春图》入选全国公安“丹青颂忠诚”中国共产党成立100周年书画作品展，《清气》参展全国书画家助力河南抗洪救灾公益作品展，《铁骨幽香》获第八届福建公安艺术作品展二等奖。

摄影　叶先设作品《海上圆舞曲》“运动类”获奖并入围2021索尼世界摄影大赛公开组，《妈祖出巡》获第六届全球妈祖文化摄影大赛一等奖，《世外桃源》获2021年1月第七届《海峡摄影》全国月赛“田园风光”优秀奖，《铁技巡游》《高山晨雾》获“地球的崛起”国际摄影（孟加拉国）《水乡》优异奖及“中国民俗”全国民俗摄影大典优秀奖，《传统龙伞庆丰年》获“中国民俗”全国民俗摄影大典优秀奖，《瑞雪家园》获2021年2月《海峡摄影》全国月赛三等奖，《家谱探源》获2021年3月第七届《海峡摄影》全国月赛“我爱我家”作品“世外桃源”二等奖，《开谱》入选2021第三届“乡村”国际艺术摄影展（塞尔维亚），《家谱探源》入围2021年大众摄影“闽东之光”宁德文化旅游全国摄影大展，《搬签》获宁德市摄影家协会“美丽古田、我是行动者”佳作奖，《快乐田园》《仙境村溪村》《山村春色》《抓鸡》获宁德市摄影家协会“美丽古田、我是行动者”优秀奖，《美丽山村——后洋老区村》入围宁德老区村建设成就摄影大赛，《军礼》2021年11月第七届《海峡摄影》全国月赛“环境人像”作品“世外桃源”三等奖。李洪元作品《板凳龙》入围《大众摄影》宁德文化旅游全国摄影大展，《奋进中的苏家山》《腾飞的山村》（组照）宁德老区村福建省摄影大赛入围奖，《春意》宁德市摄影家协会“美丽古田·我是行动者”入围奖，《三仙桥》入选《福建的文化与自然遗产》一书。

（黄舒婕）

周宁县残疾人联合会

【概况】　2021年，周宁县残疾人联合会（以下简称“周宁县残联”），开展入户评残活动，推进无障碍环境建设和整治，全面完成第三代残疾人证换发工作；组织开展“一助一”爱心助残挂钩帮扶活动，全面落实残疾人兜底保障，发放“一户多残”残疾人生活补助。改善残疾人生活环境条件；加大项目资金补助及残疾人就业服务，举办困难残疾人职业技能和实用技术培训，做好全县持证残疾人基本状况调查工作，开展精神病患者防治工作，为残疾儿童提供康复训练补助，做好康复辅助器具购买补贴工作；开展“残疾预防日”“全国助残日”“国际残疾人日”等系列活动，完成3家“爱心助残驿站”设备购置、无障碍改造相关工作，完成“福乐家园”项目建设；到县市特教校开展慰问活动；运动员陈星宇和祝彩玲在全国第十一届残运会上取得一金一银两铜成绩。

【无障碍设施改造】　2021年，周宁县残联推进无障碍环境建设和整治，与县人大常委会、政协、住建局、自然资源局、卫健局、文旅局组成督导小组，开展联合督导活动，随机督导城区部分公共场所无障碍设施建设情况，发现部分公共场所无障碍设施建设问题4个，并对存在问题提出督导整改意见，发出整改函3份。残疾人家庭无障碍改造46户，补助97880元。

【“五个一”助残活动】　2021年，周宁县残联开展各类助残活动，组

2021年12月1日，周宁县残联组织16名重度残疾人参观闽东特委历史展陈馆

（周宁县残联　供图）

织16名重度残疾人文化进家庭“五个一”（读一书、游一次园、看一场电影、参观一次展览及参加一次文化活动）活动。在周宁县喷泉广场发起“慈善之光 与爱同行”眼健康科普宣教活动。

【第三代残疾人证换发】 2021年，周宁县残联协调县医院医师到9个乡镇为83名残疾人开展“入户评残”现场诊疗，解决残疾人因出行不便而造成办证难问题。年内完成第三代残疾人证换发工作。全县持证6532名残疾人完成残疾状况核查、基础信息采集及三代证换发，换证率100%。

【困难残疾人帮扶】 2021年，周宁县残联通过组织开展“一助一”爱心助残挂钩帮扶活动，结对帮扶贫困残疾人家庭420余户，给予每户帮扶资金不少于1000元。全面落实残疾人兜底保障，推动1407名符合条件重度残疾人纳入最低生活保障工作。继续推动两项补贴工作，共有3203名残疾人享受重度残疾人护理补贴，3498名残疾人享受困难残疾人生活补贴，累计发放生活补贴365万元，护理补贴374万元。对“一户多残”572户1186人，发放补助资金118.6万元。开展“助力一户多残，共享美好生活”调研，走访3户“一户多残”家庭，并为5户农村贫困残疾人进行危旧房屋修缮改造，每户补助10000元，共计补助5万元。

【残疾人创业就业】 2021年，周宁县残联对86户残疾人家庭创业就业补助资金43万元，扶持71名自主创业就业残疾人享受社保补贴25.9万元。通过扶持1家残疾人辅助性就业机构示范性建设，推动安置残疾人就业6人，年内发放奖补资金6.18万元。做好残疾人毕业生和困难残疾人家庭毕业生就业援助，开展就业指导、岗位推荐、技能培训等工作，开展残疾人就业援助月活动，针对性地提供就业帮扶，为138名就业年龄段的智力、精神和重度肢体残疾人申报居家托养补助项目，每人补助2000元，合计补助金额27.6万；为33名就业年龄段的智力、精神和重度肢体残疾人申报“阳光家园计划”项目33人，每人补助2000元，合计补助金额6.6万元；完成8家公司13名残疾人就业审核认定；举办困难残疾人职业技能和实用技术培训班，30人参加培训；为6名应届毕业残疾人大学生提供就业指导。

【残疾人康复补助】 2021年，周宁县残联继续将贫困精神病患者住院、服药项目列入康复服务目录并出台相关实施文件，为327名贫困精神病患者给予服药补助，补助资金19.62万元；为24名精神病患者提供住院补助，合计补助资金4.2万元；为52名残疾儿童提供康复训练补助，补助资金66.47万元。做好康复辅助器具购买补贴及辅具“百乡行”工作，补助残疾人152人，辅具器具175件，补助资金24万元，维修辅具32件。继续开展“复明工程”为47名患者完成白内障手术。开展“残疾预防日”“全国助残日”“国际残疾人日”等系列活动，为有康复需求的2453名残疾人提供康复服务，服务率100%；为4个试点乡镇有康复需求及意愿老年残疾人提供精准康复上门服务137人，补助资金12.12万元；完成桥南社区南庄长者食堂、七步村居家养老服务中心、莲地村长者食堂3家“爱心助残驿站”设备购置、无障碍改造相关工作；完成“福乐家园”项目建设，采购相关康复服务设备。

【残疾人助学】 2021年，周宁县残联为2名残疾人考生提供高考便利，残疾人大学生和低保户残疾人子女大学生助学项目、建档立卡户残疾人家庭子女大学生助学项目补助57人37.66万元。前往县特教班开展慰问活动，给26名在校学生送去校服及4台电子琴，到市特教学校给12名周宁籍学生发放慰问金。开展“送教上门”活动，对17名残疾儿童提供上门服务，并在“六一”节送上慰问礼包。

（陈文炜）

周宁县红十字会

【概况】 2021年，周宁县红十字会弘扬红十字精神，加强组织建设，发挥政府在人道主义领域的助手作用，履行职责做好大病救助、救援工作、救护培训、人道救助、无偿献血、造血干细胞捐献等工作。全年无偿献血450人次，总献血量742.25U，“99公祭日”发动党员募捐资金2.26万元，用于慰问44户贫困家庭。年内被市红十字会评为应急救护、志愿服务优秀工作单位。

【宣传活动】 2021年，周宁县红十字会利用“世界红十字日”“世界艾

2021 年 12 月 1 日，周宁县红十字会在尚城广场开展第 34 个“世界艾滋病日”主题宣传活动 （谢林秀 摄）

滋病日”“世界急救日”“无偿献血日”等时机，通过博爱驿站等平台联合多部门开展系列宣传活动，如联合县计生协会开展应急救护知识进农村、联合团县委开展水上安全知识进校园活动、联合县卫健局、县防疫站等部门开展艾滋病防治宣传。

【无偿献血活动】 2021 年，周宁县红十字会开展健康咨询宣传，讲解无偿献血的目的和意义，提高对无偿献血工作认识，增强民众对科学献血无损健康的理念。全年无偿献血活动献血 450 人次，总献血量 742.25U。组织开展人体器官和造血干细胞捐献，以及预防艾滋病知识和关爱艾滋病病人的宣传工作，在全社会营造关心、关怀、帮助艾滋病病人氛围。

【大病医疗救助】 2021 年，周宁县红十字会做好大病救助宣传，通过周宁有线电视、义诊活动进行宣传，以及在各医疗单位、医保（新农合）中心张贴广告等形式，宣传红十字大病救助相关政策。全年大病救助发放情况：市级救助 24 人，救助金额 12.48 万元；2 例白血病患儿申请小天使基金救助，获救助金额 6 万元。

【困难家庭救助】 2021 年，周宁县红十字会落实困难家庭零负担光明行动，实现 20 例白内障免费手术。“99 公益日”发动党员募捐，共募捐资金 2.26 万元，募捐资金用于慰问 44 户贫困家庭。做好扶贫挂钩户扶贫救助工作，在节日送去慰问物资食用油、棉被等，落实子女就学帮扶，为挂钩户买女性安康险。

【救护培训】 2021 年，周宁县红十字会开展应急救护知识“六进活动”。开展水上安全知识进校园活动，受训学生 2500 人。开展应急救护知识培训，受训人数 2000 人。开展应急救护员培训，培训初级应急救护员 301 人。

【救援活动】 2021 年，周宁县红十字蓝天救援队在礼门、竹下、纯池、玛坑等地共开展 32 次人员失踪搜救行动，12 次大型活动安保；参加县景区应急演练、县防汛救援、抢险综合演练 4 次。

（谢林秀）

2021 年 6 月 23 日，周宁县红十字会在步行街喷泉广场开展无偿献血活动 （谢林秀 摄）

周宁县工商业联合会

【概况】 2021 年，周宁县工商联

发挥桥梁和纽带作用，坚持“信任、团结、服务、引导、教育”的方针，践行“两个健康”工作主题，开展乡镇商会建设、万企兴万村行动、乐善助学等。年内，为69户建档立卡贫困户发放7万元产业帮扶资金，发放助学善款15万元。获得福建省“千企帮千村”精准扶贫行动组织工作先进集体和2020—2021年度全国“五好”县级工商联称号。

【异地周宁商会建设】 2021年，周宁县工商联主动对异地周宁商会进行联络、服务、协调、引导，通过多次走访调研了解商会发展状况和遇到的困难，向商会通报家乡的经济发展及产业政策等情况。把异地商会中的社会声望高、事业发展规模大、产业带动能力强的核心人物，推荐担任人大代表、政协委员，共计68人。

【乡镇商会建设】 2021年，周宁县工商联在原有狮城、浦源、咸村3个乡镇商会的基础上，加强七步、李墩、纯池、泗桥、礼门、玛坑6个乡镇商会组建指导工作，年内实现周宁县乡镇商会建设全覆盖。

【异地周宁商会会长座谈会召开】 2021年2月20日，周宁县工商联配合县委县政府县宾馆召开异地周宁商会会长座谈会，17名企业家代表先后发言，结合自身企业发展实际和当前经济形势，就进一步发展壮大周宁县域经济提出意见建议。

【民企之家建立】 2021年10月29日，周宁县“民企之家”揭牌成立。周宁县工商联发挥桥梁纽带作用，凝心聚力、沟通搭建政企“连心桥”，增强企业家归属感、获得感、成就感和荣誉感，进一步激发引领争做“爱国敬业、守法诚信、创新创业、回报社会”的典范，推进两个健康发展。

【“万企兴万村”行动】 2021年，周宁县工商联引领民营企业、商会组织参与“万企兴万村”行动，围绕巩固拓展“百企帮百村”成果，全面助推乡村“五个”振兴，开展回报家乡专项行动、其他公益活动等。周宁县上海商会、福建省闽绿立体农业综合开发有限公司、周宁县安易铸业有限公司、周宁县闽光建材有限公司、广州华都皮具有限公司分别深入七步坑源底村、浦源江源村、狮城镇桥南社区、狮城镇虎岗、纯池镇禾溪、桃坑等村结对帮扶村开展“情系桑梓、开春送暖”等系列活动，共为69户建档立卡贫困户和病灾困难户，发放7万元产业帮扶资金和慰问保健品。

【消费扶贫】 2021年，周宁县工商联发动周宁县上海商会、广东省周宁商会开展爱心传递接力消费扶贫，及时为坑源底村、紫云等村的农户解决土豆销售难题，订购1万余千克土豆。

【第五届乐善助学活动】 2021年8月25日，周宁县工商联组织宁德市蕉城乐善助学促进会及恒锋信息科技股份有限公司开展第五届乐善助学活动。乐善资助50名新考入大学困难学子，每人3000元，共发放爱心善款15万元。

（黄玉春）

周宁县慈善总会

【概况】 2021年，周宁县慈善总会有会员244人，理事157人。年内募集善款438.21万元，其中基金捐赠97.14万元，定向捐赠341.07万元，发放各类善款451.51万元，帮扶救助各类困难群众4500余人次。

2021年11月24日，周宁县七步商会成立大会在周宁县月牙湾酒店举行

（周宁县工商联　供图）

2021 年 8 月 25 日，周宁县“党旗领航·圆梦行动”暨周宁县第五届乐善助学活动在狮城镇办公大楼举行　　（周宁县工商联　供图）

【慈善募捐】 2021 年，周宁县慈善总会开展以“汇聚多方慈善力量，助力养老公益事业”为主题的“慈善一日捐”活动。活动得到各县直机关、企事业单位的支持，共募集善款 46.12 万元，善款全部用于“慈善幸福院长者食堂”等助老项目使用。

2021 年，周宁县慈善总会利用捐赠性税前扣除资格优势，通过宣传，广泛动员爱心企业和社会力量参与慈善募捐，市民踊跃捐款。其中一名匿名爱心人士肖先生捐赠 5 万元；70 岁老人林许云捐赠省吃俭用积攒的 4 万元；一名不愿透露姓名的乡镇领导干部捐献受到嘉奖的 3 万元奖金，年内共募集善款 438.21 万元。

【慈善救助】 2021 年，周宁县慈善总会继续实施“助学、助医、安老、帮残、抚孤、救灾、乡村振兴、公益事业”等慈善项目，因地制宜开展社会救助，造福社会弱势群体。全年资助贫困大学生 149 人，资助金额 53.30 万元；资助贫困中小学生 349 人，发放助学金 138.70 万元，奖励优秀教师 106 人次，奖励金额 28.87 万元。

总会继续投入大量资金开展重大疾病患者医疗救助工作。根据不同困难类型精准施策，对五保户、低保户、孤儿、重度残疾人等贫困家庭病患者，降低住院医药费起付线，极力体现慈善救助“危、重、急、难”的特性。每月安排一次大病医疗救助金发放，在实施大病医疗救助常态化的同时，把救助政策向患重大疾病少儿和家庭主劳力倾斜。年内共资助各类重病患者 192 人，发放救助金 65.43 万元。

开展“情暖万家”“九九情”等助老助困活动，到乡村摸底调查，慰问孤寡老人和弱势群体 550 人次，支出善款 69.66 万元。

年内，总会为全县建成运营的 26 个村的慈善幸福院长者食堂提供 47 万元资金支持，并动员爱心企业和爱心人士为长者食堂捐资捐物。

联合书画家协会、闽越书画院在春节前深入乡村、社区、广场等地开展文化下乡活动，为群众免费赠送春联 1000 余副，通过赠送春联宣传慈善理念，传播慈善文化。

【慈善公益】 2021 年，周宁县慈善总会参与巩固脱贫成果，助力乡村振兴。发动多家爱心企业为周宁县公益事业出资 330 余万元，用于落后乡村基础设施建设、贫困学生助学帮扶和助老项目。

【慈善慰问】 2021 年 1 月 25 日，宁德市政府副市长黄建龙、宁德市慈善总会会长缪耕山到周宁县开展“情暖万家”慰问活动，县政府副县长杨财华，县慈善总会会长郑仕强、凌银柳陪同慰问困难家庭 60 户，慰问款物总价 6 万余元。4 月 24—27 日，常熟市青年爱心助学阳光站一行 25 人再次来到周宁县开展助学活动，分别走访七步、李墩、礼门 3 个乡镇的 30 名困难中小学生，赠送慰问金和学习生活用品，并对 30 名困难学生进行长期结对资助。6 月 25 日，周宁县慈善总会、周宁县助力慈善协会举行全县困难退役军人慰问活动，慰问全县 9 个乡镇困难退役军人，慰问金额 3 万余元。

【助学金发放】 2021 年 9 月 2 日，周宁县慈善总会举行贫困大学生助学金发放仪式。县政府副县长林旺梅，县慈善总会顾问周孔寿，县慈善总会书记郑仕强，县民政局局长阮金增，县慈善总会会长凌银柳，爱心企业家代表及受助学生代表共 50 余人参加助学金发放仪式。县慈善总会全年资助贫困大学生 149 人，发放助学金 53.30 万元。

（陈帮校）

政法与综治

【概况】 2021年，周宁县政法机关以人民群众满意为检验标准，聚焦“治理、智治、品牌、实事”，推进平安建设典型培育，平安建设位列全市优秀行列。2021年被中共宁德市委、市政府授予全市扫黑除恶专项斗争先进集体，县看守所获评全国公安机关监管部门抗击疫情成绩突出集体。11月，宁德市平安建设工作经验交流会在周宁县召开。

2021年8月11日，周宁县在县宾馆会议室召开全县政法队伍教育整顿总结大会。图为总结大会现场　（周宁县政法委　供图）

【政法队伍教育整顿】 2021年，周宁县持续开展政法队伍教育整顿，推进“六大顽瘴痼疾”整治。县委主要领导、政法各单位党组（党委）“一把手”带头讲党课，举办专题讲座280余场次，召开警示教育大会16场次，参观红色教育基地、缅怀革命先烈735人次，举办全县政法英模事迹报告会4场，选树政法先进典型23人，弘扬本地政法先进典型案例15起；排查整治“六大顽瘴痼疾”问题及线索93条，研判处置45个问题36人，均全部办结，其中：移送纪检监察机关处置21个问题14人；制定规章制度38项、修改完善42项，完成中央督导组4个方面16个问题、省第九指导组的4个方面17个问题整改。

【社会稳定维护】 2021年，周宁县政法机关受理各类治安案件763件，发案数比上年下降15.78%；查处涉“黄赌毒”“盗抢骗”“食药环”案件196件，破获电信诈骗案件25件、劝阻879件，电诈警情比上年下降29.34%。全县各级调解组织排查化解案件、纠纷2300余件，全县万人成诉率（件）比上年下降17.58%；化解“治重化积”信访件37件，省市县信访积案8件，县域范围未发生影响社会安定稳定重大群体性事件、重大刑事、治安案件；完成中国共产党成立100周年大庆、各级“两会”、党代会等重大活动期间安保维稳任务。

【经济发展服务】 2021年，周宁县政法干警全面到基层一线，参加抗疫攻坚战，开展送法进企业活动，加强涉企案件办理，执结涉企案件133件，执行到位金额3853.96万元，为22家民营企业开展“法治体检”，出具法治体检报告23份。县法院加大案件审结执行力度，刑事案件、民商案件审结率分别比上年上升4.26%、9.67%，发放执行案款近1.3亿元。县检察院对铸造园区企业涉嫌侵占生态林案件依法作出不诉决定。县公安机关出动安保警力1200人次，排查旅居周宁人员，立偷越或组织他人偷越国边境案件4件、刑拘14人。指导维也纳国际酒店办理消防验收手续，确保酒店及时开业。

【社会民生服务】 2021年，周宁县公安局推出“女子骑行队”“快处快赔”组合拳，推动道路交通秩序改善；县法院开展执行案款清理专项春风行动，完善失信被执行人信用修复激励机制；县检察院监督推进城区违法占道经营问题整治，牵头查处校园周边非法售卖“刮刮彩”行为。全县政法机关累计开展为民办实事1105件。

【基层社会治理】 2021年，周宁县县级综治中心功能持续完善，7个乡镇综治中心相继投入使用；成立县人民调解员协会，行政复议合法率在市对县依法行政绩效考评中位居前列；平安责任考核机制落实，建成无毒村示范基地8个，71个行政村符合无毒村创建标准，占比48.3%；“雪亮工程”持续推进，新增视频监控120路、升级368路，联网总量4465路，2个智能安防小区投入使用。

【社会治理创新】 2021年，周宁县建成全市首个跨部门涉案财物管理信息化平台，实现全县涉案财物信息跨部门互联互通，并参加第四届数字中国建设成果展览会展示。全省首创县社会治理综合服务中心投入使用，经验做法被《长安》杂志刊发，列全市“抓点带面”典型推广。县法院普惠金融纠纷司法协同调处中心、“诉讼服务E点通”投入使用，建成诉非联动中心25个，在全省基层法院诉服2.0+平台质效评估指标评比中居第二名、宁德市第一名。县公安智慧执法办案中心平均办案时间从原来24小时缩减至8个小时；“综治+保险”“公安+保险”机制在全市全面推广，构建“品牌调解工作室”社会治理新模式入选《2021全国社会治理创新案例库》；中宣部“学习强国”以《建久安之势，成长治之业》刊登周宁县平安建设做法。

（李孙弟）

法治政府建设

【概况】 2021年，周宁县召开县委全面依法治县委员会第四次、第五次会议。全年共收到行政复议申请11件，代表县政府参加以县政府为被告的行政应诉案件5件，胜诉率达100%。审查规范性文件21件，审查出台规范性文件15件；接受县直部门报送备案规范性文件1件，审查其他涉法文件109件。2021年，周宁县持续推进法治政府建设，行政复议和行政应诉质效不断提升。党政主要负责人认真履行推进法治建设第一责任人职责，召开专题会议，研究部署法治政府建设、行政执法监督、法治宣传等方面工作，发挥县委全面依法治县委员会作用，

2021年6月29日，周宁县社会治理综合服务中心挂牌

（周宁县政法委　供图）

2021年12月20日，周宁县委全面依法治县委员会第五次会议在县委县政府办公大楼会议室召开 （周宁县司法局 供图）

加大法治政府建设统筹协调力度，推进依法执政，逐步形成党委统一领导，人大、政府、政协各负其责，部门协同推进，人民群众广泛参与的法治政府建设工作格局。组织召开县委全面依法治县委员会第四次、第五次会议，传达学习《福建省党政主要负责人履行推进法治建设第一责任人职责情况列入年终述职内容工作方案》，审议通过《周宁县行政复议体制改革实施方案（送审稿）》。制定下发《中共周宁县委全面依法治县委员会2021年工作要点》《关于为全方位推动高质量发展超越提供有力法治保障的实施方案》。

【行政案件受理】 2021年，周宁县收到行政复议申请11件，其中立案前化解3件，立案8件，办结8件，代表县政府参加以县政府为被告的行政应诉案件5件，胜诉率100%。

【规范性文件审查】 2021年，周宁县审查规范性文件21件，经审查出台规范性文件15件，并按时报送市政府和县人大常委会备案，报备率与及时率达100%。接受县直部门报送备案规范性文件1件。做好涉法事务审查工作，共审查其他涉法文件109件，其中，内容涉及重点项目建设、招商引资、城市管理、公共服务等多个方面，经审查提出的意见建议全部被采纳。开展规范性文件专项清理工作，对涉及行政处罚的规范性文件开展专项清理工作，经梳理，未发现周宁县存在涉及行政处罚规范性文件。

【行政执法公示】 2021年，周宁县组织全县申换领取行政执法资格证284本。取消证明事项4项，保留证明事项43项，并将保留的证明事项在门户网上向社会公布。

（周宁县司法局）

公 安

【概况】 2021年，周宁县公安局围绕维护国家政治安全和社会稳定任务，防范化解重大风险为主线，推进队伍教育整顿，战疫情、防风险、保安全，确保全县疫情防控形势和社会治安持续稳定。年内接警情电话49580个，化解矛盾纠纷613起，处理交通违法24035起，破获各类刑事案件316件，立刑事案件530件。2021年，周宁县公安局平安建设（综治工作）位列全市优秀行列，公安工作获评“县级公安机关综合考评优胜单位”。

【“110”接处警】 2021年，周宁县公安局接警情电话49580个，日均电话量113个，有效警情5023起，其中刑事警情488起、行政（治安）警情1170起、交通警情2142起、消防警情17起、求助1183起、其他警情13起；接处警满意率99.22%。

【刑事立案侦破】 2021年，周宁县公安局立案刑事案件530件，破获各类刑事案件316件。其中多发性侵财犯罪案件123件，追回赃款赃物折合人民币300余万元；抓获各类刑事犯罪嫌疑人656人，抓获网上在逃人员201人；立破八大类暴力案件18件，破案率100%，潜逃28年的犯罪嫌疑人迫于压力主动投案，沉积28年命案积案成功侦破。建立健全“合成快侦”“以扫黑模式打电诈”等经常性专项打击整治机制，破获电信诈骗案件25件，抓获涉诈嫌疑人34人，电信网络诈骗

2021 年 8 月 27 日，周宁县泗桥乡派出所民警到赤岩小学为学生开展反诈骗讲座

（林涛　摄）

刑事警情比上年下降 29.34%；推广应用“金钟罩”反诈程序，累计注册 3.82 万余人，受保护人数 4.78 万余人，预警 5500 余条，劝阻电信网络诈骗 879 起，制止群众财产损失 350 余万元。

【社会治安管理】　2021 年，周宁县公安局化解矛盾纠纷 613 起，完成安保任务 27 场次，其中大型活动安全保卫 10 场次、领导到周宁调研安全保卫 13 场次、县两会安保 1 场次、中（高）考试安保 3 场。开展“缉枪治爆”“昆仑 2021”等专项行动，全年查处赌博案件 98 件（行政案件 85 件、刑事案件 13 件，其中省督案件 2 件），抓获 478 人，刑事强制措施 32 人、行政处罚 446 人；查处涉黄行政案件 3 件，处罚 16 人；立案查处涉枪涉爆案件 23 件（刑事案件 6 件、治安案件 17 件），抓获违法犯罪嫌疑人 25 人，其中采取刑事强制措施 8 人、治安处罚 17 人，收缴枪支 9 支、子弹 51 发、黑火药烟火剂 0.65 千克、管制刀具 53 把；破获食药环犯罪案件 10 件，立省督案件 2 件，抓获犯罪嫌疑人 7 人。推进标准地址二维码管理工作，完成 1787 个梯位牌、户室牌、楼牌等门牌安装。

2021 年 10 月 25 日，周宁县公安局女子骑行队上街巡逻。图为女子骑行队在桥南街巡逻

（林涛　摄）

【经济犯罪立案侦破】　2021 年，周宁县公安局立经济刑事案件 12 件，移送审查起诉 17 人，刑拘 9 人，逮捕 7 人，破案率 100%。协查各类云端案件 90 件，在涉税专项行动中破获王某华等人虚开增值税专用发票案，成功发起涉税领域跨省数据协同。上缴假币总额 28000 元，警银收缴比 63.5%。七步镇后洋村建成周宁县首个“打击走私示范村”。

【禁毒工作】　2021 年，周宁县公安局开展“飓风肃毒 2021”暨“净边 2021”、寄递业百日攻坚“禁种铲毒”“平安关爱”“无毒村创建”等工作。全县 82 个行政村符合无毒村创建标准，占比 55.8%。全年侦办涉毒案件 15 件，抓获涉毒犯罪嫌疑人 4 人，查获吸毒人员 3 人，铲除罂粟 276 株，处罚 11 人。

【网络安全监管】　2021 年，周宁县公安局开展网吧等互联网经营场所安全管理整治工作，召开网吧业主座谈会1次，开展网吧安全检查72家次。开展公安机关互联网站备案工作，审核通过6家互联网站备案。强化网上信息巡查、处置与引导，发现处置各类舆情信息23条。开展网络安全执法检查工作，现场检查重点单位27家，检查信息系统13个，技术检测发现网络安全高危漏洞10个，下发整改意见通知书30份。

【出入境管理】 2021年，周宁县公安局受理出入境证件申请288人次，比上年下降80.54%；开通“绿色通道”21人次（其中急事急办8人次）；查办“三非”案件4件4人，遣送和驱逐出境“三非”人员3批4人，协办妨害国边（境）管理犯罪案件4件，抓获犯罪嫌疑人14人（其中刑拘14人、取保6人、逮捕8人、起诉8人），摧毁组织偷渡线路1条。报备法定不批准出境人员312人，比上年下降36.71%，登记境外人员临时住宿103人次，下降7.21%。

【公安交通管理】 2021年，周宁县全县机动车保有量23639辆，驾驶人33121人，全年办理车管业务12602起，驾管业务5293起，处理交通违法24035起。开展道路交通事故预防“减量控大”行动，全年查处严重违法行为18837起，其中酒醉驾301起、三超类1894起、涉牌涉证4614起、未戴头盔10095起、未按规定使用安全带1226起、其他违法行为707起。按一般程序处理道路交通事故34起，死亡人数6人，受伤人数40人，经济损失6.9万元。与上年相比，减少9起下降20.93%，死亡人数减少2人下降25.00%，受伤人数减少18人下降31.03%，直接财产损失减少9.45万元下降57.80%，道路交通事故四项指数全面下降。

【户政管理】 2021年，周宁县实有人口210843人，比上年减少1060人。其中新增出生人口2024人、死亡注销874人、迁入1010人（省内迁入687人、省外迁入323人）、迁出3073人（迁往省内2014人、迁往省外1059人），登记流动人口19224余人、出租房屋4891户，解决117名群众无户口问题。

【公安信息化建设】 2021年，周宁县公安局完成第一至第五期视频监控368路升级改造，完成120路视频监控、10路前端智能感知设备建设，全县视频监控自建联网总量4465路，7个智能安防小区投建使用。

（钱龙彬）

检 察

【概况】 2021年，周宁县检察院受理审查逮捕案件144件185人，比上年上升54.8%和27.5%；批准逮捕112件148人，上升38.2%和12.1%；存疑不捕17人，相对不捕23人，绝对不捕3人，不捕率22.9%；受理审查起诉案件234件366人，上升18.7%和25.7%；提起公诉208件328人，上升19.5%和41.3%。发出检察建议30份，收到回复30份，回复率100%，建议回复采纳率100%。召开公开听证会6场。周宁县检察院获评“省级精神文明单位”“全省离退休干部党建工作示范点”，郑黄宝被评为“全省扫黑除恶先进个人”，倪立雄被评为“全省行政检察业务能手”。

【刑事检察】 2021年，周宁县检察院开展“两项监督”工作，监督立案5件，监督撤案4件，建议行政机关移送案件2件，纠正漏捕3件4人，追诉漏罪3件4人，追诉漏犯9人，发出纠正违法通知书12份、侦查活动监督通知书5份、检察建议4份。批捕故意杀人、故意伤害、强奸等严重暴力犯罪22人，起诉22人；批捕电信诈骗、盗窃等多发性侵财犯罪58人，起诉67人；受理破坏环境资源案件18件32人，批捕1件1人，不捕1件2人，起诉8件13人，不诉4件8人，其中适用生态环境修复案件9件，修复面积约4公顷。推进侦查监督平台使用，审结捕诉案件发现问题项目数累计172个，居全市前列。落实办案信息互通机制和“两法衔接”工作机制拓宽立案监督渠道。全面梳理分析派出所每月报送办案信息通报表100余份，逐一审查“两法衔接”平台行政案件信息300余条，排查立案监督线索，纠正有案不立、以罚代刑等问题。依托县公安局执法办案中心派驻检察室，强化侦查活动同步监督，不定期派驻一名员额检察官和一名助理前往派驻检察室开展“两项监督”工作，推动侦查监督关口前移。强化刑事执行监督，开展社区矫正、涉财产刑执行、强制医疗执行等专项检察，针对执行不到位等问题，发出纠正违法通知书7份，移送司法机关工作人员相关职务犯罪案件线索1条，监督收监执行2人，复查1990—2020年减、假、暂案件43件43人。

【民事检察】 2021年，周宁县检察院监督、支持法院解决执行难，聚焦执行环节群众反映强烈的消极执行、被错列失信被执行人名单等突出违法情形，推动执行规范和解决执行难问题，受理审查民事生效裁判、执行监督案件9件，发出执行监督检察建议4件，再审检察建议1件。对申请执行人撤回执行申请，法院裁定终结执行后未及时解除执行查封措施情形发出检察建议2件，有效规范民事执行活动。

【行政检察】 2021年，周宁县检察院依托“两法衔接”信息共享平台，推动共享执法司法信息298条，促进行政执法机关依法履职。加强对行政机关监督，受理行政检察监督案件9件，其中办理行政非诉执行监督案件4件，办理行政机关不依法履职案件5件，发出检察建议9件。采取公开听证方式，推进行政争议实质性化解，向周宁县民政局发出检察建议，促其依法注销错误结婚登记信息，化解一起20年行政争议。

【公益诉讼检察】 2021年，周宁县检察院办理公益诉讼案件32件，比上年增长128%，发出检察建议14件。开展文物和文化遗产保护工作，联合县法院、文旅局等部门举行周宁县廊桥文化遗产“司法+保险+服务”签约仪式，为县内9座木拱廊桥投放保障金额476万元古廊桥文物保护险。聚焦社会广泛关注的国有资产流失问题，针对周宁县城区范围内多家房地产建设项目存在施工扬尘、未依法缴纳环境保护税情况，督促相关单位对2018年以来周宁县范围内建设项目进行全面核查，依法征收，追缴环境保护税税款25.82万元。开展窨井盖专项治理守护“群众脚下的安全”，启动公益诉讼诉前程序，促成更换、修复窨井盖101个。联合县纪委、住建局等部门开展“美丽井盖，扮靓狮城”井盖彩绘活动，完成井盖彩绘作品100余幅，提升社会井盖安全关注度。该做法被省检察院作为先进工作经验，在全国检察机关推动落实“四号检察建议”经验交流会上展示。

2021年4月24日，周宁县检察院联合县多家单位开展主题为“美丽井盖、扮靓狮城”井盖彩绘自愿活动。图为志愿者整装待发 （许文昌　摄）

【未成年刑事检察】 2021年，周宁县检察院针对一起涉案未成年人监护人监管严重缺位等问题，送达首份督促监护令，督促监护人做好监督管教工作。探索开展涉未成年人公益诉讼，针对未成年人吸食电子烟问题开展调查立案，向电子烟监管部门宣告送达“检察建议书”2份，促成有关部门开展联合专项行动整治商店向未成年人售卖电子烟问题，为未成年人健康成长营造无烟环境。开展“法治进校园”活动，15名员额检察官担任16所中小学法治副校长，开展宣讲活动23场次，受益师生9500余人。创新普法方式，举办第一届“春泥护花杯”青少年法律知识竞赛和模拟法庭活动。开展“性侵未成年人案件立案监督”专项工作，共监督公安机关立案2件2人，促成公安机关自行立案4件4人。牵头建立侵害未成年人强制报告制度，落实教职人员入职查询制度。

【控告申诉检察】 2021年，周宁县检察院落实“群众信访件件有回复”制度，妥善处理群众来信来访64件，均在7日内给予回复，对属于检察机关管辖的，3个月内办理情况或结果答复率100%。延伸办案职能，常态化开展检察长接访、带案下访工作，解决群众实际问题，检察长接待并受理来访件8件9人，均办结且息访息诉，检察长带案下访1件1人，息诉息访。办理国家司法救助2件，发放司法救助金8万元，全年无一件信访件因处理不当而引发重大突发事件和进京上访。

【民企经济诉讼检察】 2021年，周宁县检察院依法惩治侵犯企业合法权益、破坏市场公平竞争环境的犯罪活动，批捕破坏市场经济秩序案件8件10人，起诉11件23人。到周宁县李墩工业园区开展送法进企业活动，与20余名民营企业代表围绕保护和预防开展座谈交流，接受法律咨询10余人次，发放预防民营企业职务犯罪宣传册50余份。

【扫黑除恶】 2021年，周宁县检察院受理审查逮捕涉恶案件2件8人，审查批准逮捕7人，不批准逮捕1人；受理涉恶案件1件8人。开展涉恶案件（线索）倒查工作，对办理的11起涉恶案件进行倒查，未发现问题线索。联合县公安局、法院出台《关于加强防范打击黑恶势力犯罪常态化开展扫黑除恶工作的实施意见》，细化提前介入、立案监督等8项工作机制，完善办理该类案件的衔接与配合机制，推动扫黑除恶常态化开展。

【认罪认罚从宽制度】 2021年，周宁县检察院依法对认罪认罚犯罪嫌疑人程序上从简、实体上从宽处理，适用制度171件278人，适用率86.9%。注重量刑规范化，认罪认罚案件中采用确定刑量刑建议占比96.8%，量刑建议采纳率96.9%。

【检察队伍教育整顿】 2021年，周宁县检察院开展政法队伍教育整顿活动，召开队伍教育整顿动员部署会、工作推进会、队伍教育整顿领导小组会议、院党组会18场，制定学习教育、顽瘴痼疾整治、自查自纠、法律监督专项检查等工作方案10个，开展各类学习活动80余场次，开展三轮谈心谈话169人次，组织全体干警填报《检察干警自查事项报告表》三轮108人次。12名干警获评市县政法系统先进个人，其中市级嘉奖、通报表扬各1人，县级嘉奖4人，通报表扬6人。

（刘梦婷）

法 院

【概况】 2021年，周宁县法院受理各类案件2339件，办结2276件，结案率97.31%，结收比101.47%，均位居全市基层法院第一名。在体现诉源治理的全省基层法院诉服2.0+平台质效评估指标评比中居全省基层法院第二名、宁德市第一名。周宁县法院按照疫情防控要求，落实机关防控“五个毫不放松”、线下庭审“七个一律”，推进互联网司法，运用移动微法院等互联网平台加大线上办案力度，宣传推广网上诉讼服务、自助立案、网上信访等。年内办理电话咨询、查询等事项364人次，在线立案、调解、庭审589件，跨域立案10件，当场立案率97.03%，电子文件送达5906件次。

【刑事审判】 2021年，周宁县法院审结各类刑事案件196件，审结涉枪爆、交通肇事及故意杀人、故意伤害、抢劫、盗窃、贩卖毒品等案件57件。审结传销、非法吸收公众存款等涉众型经济犯罪3件，涉案金额1775万元。审结利用网络实施“套路贷”、开设赌场案件11件，涉案金额6250.05万元，审结帮助信息网络犯罪案件21件，涉案金额4671万元。审结侵害未成年人权益犯罪案件17件。

【民商事审判】 2021年，周宁县法院审结民商事案件1350件。深化家事审判方式改革，在县民政局设立诉非联动中心、在县妇联设立“妇儿法苑”法官工作联络室，诉前调解婚姻家事案件185件，审结婚姻、继承等家事纠纷案件230件，发出“民法典”实施后周宁县法院首份人身安全保护令。加强民生司法保障，深化道路交通事故损害赔偿纠纷“网上数据一体化处理”机制，推动纠纷快速解决、依法获偿，对297起交通事故调解协议效力进行司法确认，全部自动履行到位。加强金融审判工作，推进金融纠纷多元化解机制建设，审结金融借款、民间借贷、银行卡纠纷等案件501件，涉案金额46727万元。

【案件执行】 2021年，周宁县法院受理执行案件685件，执结653件，到位金额10947.69万元，腾退不动产21处，以拒不执行判决、裁定罪追究刑事责任3件3人。开展执行案款清理专项春风行动，清理案款1515笔11176.70万元。制定《执行案款管理实施细则》，落实“一案一账号”制度，发放执行案款1257笔12978.69万元。完善失信被执行人信用修复激励机制，强化失信震慑，清理失信被执行人137人次，发布失信名单397例，促成21人履行还款义务，履行金额915.01万元。

【智慧法院建设】 2021年，周宁县法院发挥互联网高效快捷优势，拓展优化线上诉讼服务，按照“一站通办、一网通办、一号通办、一次通办”要求，畅通立体化诉讼服务渠道，打造“厅网线巡”一体化的一站式、智慧型诉讼服务中心；设立普惠金融纠纷司法协同调处中心，借助远程视频终端，在线对接9个乡镇网点，串联“法院—中心—乡镇”，构建普惠金融纠纷“一站式”调处、“一体化”解纷、“一次性”解决司法协同机制，通过远程视频终端调解金融纠纷32件，涉及金额178万元。

【诉源治理】 2021年，周宁县法院坚持非诉解纷挺前、法院裁决断后，主动融入县域诉源治理机制建设，联动更多法治力量向引导和疏导端用力，诉前调解案件495件，占新收民商事案件总数的37.16%，万人成讼率比上年下降0.17%。与县人社局、县住建局、县民政局、县妇联、银保监办等26家行业部门建立诉非联动机制，联合出台多元解纷指导性文件5份，建成“嵌入型”“主导型”“项目型”“社区村居型”等诉非联动中心25个，对接特邀调解组织12个，特邀调解员25人。入驻周宁县社会治理综合服务中心，受理承办矛盾纠纷和群众诉求97件，化解工程类纠纷、人身损害赔偿、医患纠纷、商事纠纷和涉军问题等81件。畅通群众诉求表达渠道，实行员额法官信访窗口每日轮流接访制度；联合县信访局设立信访矛盾纠纷诉非联动中心，参与办结“治重化积”信访案件39件，化解信访案件231件。突出强基导向，坚持“三个便于”“三个服务”“三个优化”原则，发挥人民法庭在诉源治理中的前沿作用，与辖区司法所、派出所、39个村居建立联系网络，构建“群众说事、干部说理、法官说法”机制，通过日常“义诊”、提前“约诊”、法官“坐诊”、综合“会诊”、上门“巡诊”的“五诊疗法”，精准把脉基层群众“揪心事”，化解基层群众“疑难事”。

【司法监督】 2021年，周宁县法院坚持开门推进队伍教育整顿工作，通过“请进来”召开征求意见座谈会和“走出去”到企业、社区、村居走访代表委员、听取群众意见方式，收集意见建议33条。依法接受县人大及其常委会监督，贯彻落实县人大有关决议、决定。自觉接受政协民主监督，及时通报法院工作。落实代表委员联络制度，办理代表建议和委员提案，邀请代表委员旁听庭审、见证执行、列席审委会、参加座谈20余人次。依法接受检察机关监督，邀请检察长列席审委会讨论重大案件。自觉接受社会监督，上网公开裁判文书1537篇，网络庭审直播556场次，人民陪审员一审案件陪审率99.66%。

【营商环境法治】 2021年，周宁县法院审结与民营企业有关的各类纠纷133件，涉案标的总额12085万元。开展法官挂点联系服务企业机制，16名员额法官挂钩企业18家，走访联络企业31次，帮助解决复工复产等问题7个。联合县总工会、县人社局、县市场监督管理局出台《深入开展民营企业“法治体检”

2021年11月25日，周宁县法院向周宁县不锈钢深加工产业园送去首份“法治体检报告”
（周宁县法院　供图）

活动的实施方案》，针对不锈钢深加工园区企业出具周宁县法院首份“法治体检报告”，帮助企业梳理法律风险点6个，完善规章制度3项。

【驻县林长制办公室法官工作联络点设立】 2021年，周宁县法院围绕碳达峰、碳中和及生态省建设、国家生态文明试验区建设战略部署，设立驻县林长制办公室法官工作联络室、服务保障国家“林·碳”战略生态司法实践联络点，助力“双碳”目标。加强与公安、检察、林业、环保等部门联动，在泗桥乡周墩村设立生态修复示范地，用于补植复绿生态异地修复项目。

【首例动植物防疫检疫案件审结】 2021年2月23日，周宁县法院公开宣判周宁县首例妨害动植物防疫、检疫罪案件。依法分别判处被告3人拘役4个月至5个月不等刑期，适用缓刑，并处罚金2000元。

【首份人身安全保护令发出】 2021年6月3日，周宁县法院在审理一起离婚诉讼案件后，因被告多次对妻子实施恐吓，其言行严重影响妻子的正常生活。为保障当事人及其子女的生命安全，周宁县法院依法签发周宁县首份人身安全保护令，并向申请人所在辖区派出所、居（村）民委员会、妇联进行送达并予以协助执行。该次保护令是周宁县法院在民法典实施后发出首份人身安全保护令。

【廊桥“司法＋保险＋服务”签约仪式】 2021年8月9日，周宁县法院联合有关部门举行周宁县廊桥文化遗产“司法＋保险＋服务”签约仪式，对县域现存9座木拱廊桥进行全覆盖投保，总保险金额476万元。为加强廊桥文化遗产司法保护力度，周宁县法院指定九位员额法官作为廊桥文化保护联络员，实现“一桥一人一档”。

2021年4月20日，周宁县法院联合有关部门对一起非法占用农用地案件补植复绿情况进行现场验收 （周宁县法院 供图）

【普惠金融司法协同调处中心成立】 2021年8月20日，周宁县法院联合县农信社成立普惠金融司法协同调处中心。该中心配备的远程终端设备，可对接全县9个乡镇网点，实现“乡乡有机构、村村有服务”。通过远程视频终端，当事人无需到法院就可享受释法析理、证据交换、多方远程视频调解等在线服务，实现包括在线委派案件、在线调解案件和在线司法确认在内的“全流程”诉调对接。对于双方申请司法确认和调解不成转立案的，都可通过线上平台导转，由对接指导法官直接承办，让当事人“最多跑一趟”，实现“一站式”纠纷化解。

（郑树泉）

司法行政

【概况】 2021年，周宁县举办参与各类法治宣传活动178场次，组织5次领导干部任前宪法法律知识考试。排查调处各类矛盾纠纷1154起，调解成功1149起。成立周宁县人民调解员协会、咸村派出所4+N多元调处中心。累计接收社区矫正对象132人，在册144人。开展公共法律服务工作，帮助企业梳理法律风险点16个。办理各类法律援助案件205件，办结各类公证事项316件，制定《周宁县司法局“我为群众办实事”工作方案》，开展“我为群众办实事”44件。

【普法宣传】 2021年，周宁县政府制定出台《关于深入贯彻落实习近平法治思想推进依法行政建设法治政府若干措施》，推动习近平法治思想贯彻落实到法治政府建设全过程各方面。审议通过“八五”普法规划，制定下发《2021年周宁县普法依法治理工作要点》《2021年周宁县各乡镇及重点县直机关普法责任清单》，确定主要工作任务，细化责任措施，强化监督检查，确保全面依法治县工作稳步推进。落实国家机关“谁执法谁普法”责任制，以“法律七进”为载体，举办参与各类法治宣传活动178场次，其中大型广场活动8场次；共发放宣传资料3万余份，普法书籍1000余本，普法小礼品4000余份，在全县各乡镇悬挂大型条幅130余条，展出展板110余面，解答法律咨询4000余人次，受教育群众近3万人次。组建县级巡讲团队，为19所小学1924名六年级毕业生送出《“两法”进校园》专题讲座15场，发放宣传材料2000余份。开展“法治乡村普法行，电影下乡进千村”民法典宣传活动，播放36场，观影人数4000余人。组织开展“美好生活·民法典相伴”、宪法宣传周及“春泥护花杯”法律知识竞赛等一系列有特色的普法宣传活动。被省市媒体采用新闻稿件28篇，组织5次领导干部任前宪法法律知识考试，参加考试人员69人次。联合泗桥乡人民政府打造泗桥乡法治文化广场，加强法治阵地建设，营造良好法治宣传氛围。

【人民调解】 2021年，周宁县基层司法所排查调处各类矛盾纠纷1154起，调解成功1149起。其中，口头调解1090起，书面调解59起，协议涉及金额500余万元。同县法院、公安局对接，在咸村镇站前工贸园区、咸村火车站、站前工贸园区办公大楼建成多元调处中心及周宁县公安局咸村派出所4+N多元调处中心。指导成立周宁县供电公司人民调解委员会、周宁县生态环境局生态纠纷人民调解委员会和县人民调解员协会，研究建立周宁县人民调解员专家库，评定林陈水等5人为周宁县三级、四级调解员，陈桂清等9人为周宁县金牌调解员，成立陈洪丹个人调解工作室，为疑难矛盾纠纷的解决提供人才保障。联合周宁县财政局出台《关于调整人民调解个案补贴标准的通知（试行）》，提高调解案件补贴标准。

【社区矫正】 2021年，周宁县司

2021年6月2日，周宁县司法局在狮城二小举行2021年周宁县未成年人法治宣传月启动仪式（周宁县司法局　供图）

法局接收社区矫正对象132人，在册144人，其中六类重点对象3人，解除矫正152人。出具警告决定书7份，训诫决定书22份。收到各地法院、检察院、公安及监狱社会调查报告121份，出具社会调查意见书116份，因经常居住地不在周宁县区退件5份。审批外出162人次，经常性跨市县活动2人，居住地变更迁出12人、迁入3人。收到检察院纠违2起。开展交叉评查案卷500余册，对周宁县133册减、假、暂“三类罪犯”案卷进行集中评查。开展集中教育1163人次，集中主题教育1场次，个别教育1100余人次，开展心理辅导611人次。协调县民政局，为家庭困难社区矫正对象落实低保1人，为社区矫正对象开展技能培训37人，就业指导16人次，联系就业2人次。年内实现无漏管、无脱管现象，未出现社区矫正对象自杀、闹事、集体上访等事件。

【安置帮教】 2021年，周宁县在册安置帮教对象1120人，新衔接安置人员280人，开展在册安置帮教对象重点人员排查3次。落实“必接必送”重点刑满释放安置帮教对象13人，其中司法所工作人员接回4人，监狱送回9人。全县建立5个安置帮教基地，安置24人。帮扶刑满释放人员110人，其中提供心理服务64人，推荐就业16人，帮助申请低保3人，一次性帮扶2人，开展就业培训1次，参加人数25人，

2021年10月28日，周宁县开展法治基层行普法宣传活动。图为律师、公证员在李墩镇黄埔村向村民普法 （周宁县司法局 供图）

发放培训补助0.89万元。全县安置帮教人员无疫情输入、无人员感染、无重大刑事案件发生。

【法律服务】 2021年，周宁县司法局建立县级公共法律服务中心，发挥“一村一法律顾问”作用，提供驻村（社区）服务609次，进村宣传559次，发放宣传单12600余张，法律咨询1250人次，开展法律讲座11次，协助村居调委会调解辖区矛盾纠纷376起。组织法律服务队伍对周宁县域内12家民营企业开展“法治体检”，帮助企业梳理法律风险点16个，出具法律意见28条，出具法治体检报告12份。严格审查各律师事务所、公证处、基层法律服务所及周宁县全体律师、基层法律服务工作者的年检初审材料，并上报市司法局。推进“110”报警平台与“12348”法律服务平台联动处置纠纷工作，以“电话转接”“三方通话”方式建立对接流转机制，实现双向流转。办理各类法律援助案件205件（刑事案件72件，民事案件28件，法律帮助105件），受援人数205人；接待、解答群众来访来信来电法律咨询1100余人次（其中“12348”热线咨询308人次），为受援人免收法律服务费用33.2万元。受理医患纠纷4起，其中司法确认1起，调解成功率100%。办结各类公证事项316件，其中，涉外公证56件，国内公证260件（含涉台公证12件，涉港澳类公证1件）跨省通办1件，办理“最多跑一次”公证255件。

（朱婷婷）

军事

人民武装

【概况】 2021年，周宁县人民武装部以习近平强军思想为统领、国防动员为主轴，团结奋进，较好地完成各项任务。精准采集国防动员重点潜力数据，确保各类潜力数据可用；组织训练演练，提升民兵遂行任务能力；注重专职武装干部训练，在宁德市第一、二期专职武专武干部集训中，周宁县取得团体总分第一的成绩。严抓首长机关训练，县人武部推动加强课题研究，组织开展授课、督导学习等活动。推进“一站式”服务综合保障点建设，军地联合组织“一站式”服务综合保障点建设课题演练，提高支援保障能力。2021年，周宁县人武部被省军区评为“全面建设先进人武部”，周宁县征兵办被评为“省征兵工作先进单位”。

【军事训练】 2021年，周宁县人民武装部组织民兵应急连、保交护路分队和情报信息员训练演练，指导纯池镇、泗桥乡抓好应急排集中轮训，有效提升民兵遂行任务能力。选出民兵骨干参加上级培训比武，其中3人被评为优秀学员。11月，军地联合组织“一站式服务”综合保障点建设课题演练，提高支援保障能力。

【民兵队伍编建】 2021年，周宁县人民武装部坚持用质量标准牵引民兵队伍编建，与地方应急管理体系有机衔接，依托周宁县总医院、交通、公路等行业系统，编建应急队伍、专业队伍、特殊队伍，构建应急应战体系。对照“千分制”考评细则，以福建省民兵迎检工作集中会审为契机，抓好四个方面共性问题和个性问题整改，在全省民兵工作软件资料集中会审中排名第二。

【兵员征集】 2021年，周宁县人民武装部开展征兵宣传；联合周宁县融媒体中心拍摄特色征兵宣传片《有志青年，当兵去》；实行“末位补差”奖惩办法，联合周宁县政府出台落实《关于进一步加强征兵工作奖惩激励措施的通知》，调动乡（镇）开展征兵工作积极性，激发适龄青年参军热情。完成征集新兵、直招士官任务，其中大学毕业生占65%，征兵“五率”全省排名靠前，周宁县征兵办被评为“省征兵工作先进单位”。

【规范化建设】 2021年，周宁县人民武装部协调县委、县政府出资，推动民兵训练保障基地、人武部作战值班室和视频会议室项目建设。通过“以奖代补”方式，投资推进基层武装部和村（社区）民兵营（连）部基层规范化建设。2021年，县人武部在军分区组织的“四个秩序”规范化建设检查中排名第二。

【双拥共建】 2021年，周宁县人民武装部坚持落实县委议军、“军事日”、现场办公、年度述职等党管武装制度；加强全民国防教育，会同县委宣传部、县教育局联合举办“百年风华正青春”演讲比赛；利用春节、八一等时机走访慰问现役军人军属、退役军人家庭；在县光荣福利院开展“学党史　悟思想　办

2021 年 12 月 1 日，周宁县人武部组织人员到礼门乡大碑村走访慰问退役军人

（叶思佳 摄）

实事 开新局”主题党日活动。

（陈启文 江勇 彭政旗）

武警部队

【概况】 2021 年，武警周宁中队推进军事训练、政治教育、安全管理和后勤建设等方面工作，担负周宁县看守所看守看押任务及武装警戒、武装巡逻、抢险救援、维稳处突等各项任务。全年出动官兵 200 余人次，完成临时勤务 20 余起。

【军事训练】 2021 年，武警周宁中队紧贴实战，以党在新时代的强军目标为统领，以能打仗、打胜仗为核心要求，以值勤、处突、反恐怖、抢险救援任务为牵引，树立战斗力根本标准，按照训战一致原则，最大限度缩小训练与实战差距，提高部队整体遂行任务能力。按实战化要求，修订完善战备以及后勤保障方案 10 余份。

【安全保卫】 2021 年，武警周宁中队为贯彻落实中央军委、武警福建总队关于加强社会面稳控工作的指示要求，做好社会面防控、武装巡逻勤务。开展常态武装巡逻，在春节、“五一”劳动节、国庆节等法定节日期间加大巡逻力度，实现周宁县政府及周边广场、车站地带安全稳定无事故。

（赵琪源 张捷富 申鸿志）

人民防空

【概况】 2021 年，周宁县人民防空办公室（以下简称周宁县人防办）根据上级人防工作部署，立足县情和人防工作实际，推进军事斗争准备、人防信息化建设、人防行政审批、人防工程建设和管理、人防宣传教育等各方面工作，完成年度各项工作任务。县人防办参加全市人防系统通信比武竞赛卫星通联科目考核获第二名。

【人防指挥体系建设】 2021 年，周宁县人防办健全完善人防组织指挥体系，根据实案化、实名化要求，按照“一中心三部门”编成模式，完成人防指挥部编成方案更新调整。加强人防专业力量建设，按照专业对口，由县直有关单位实名制组建人防专业队。强化人防实战化训练，组织人防干部参加福建省县级人防机动指挥所建设及跨区应急支援示范训练、全市人防系统机动指挥平台跨区支援训练，提高应急应战能力和水平。

【人防信息化建设】 2021 年，周宁县人防办完成周宁县第二代人防机动指挥平台建设，并投入使用。定期开展人防机动指挥平台、人防视频会议系统、短波电台等联调联训，确保人防指挥手段始终保持良好通信状态。坚持开展防空警报设施日常巡检和维护管理，在县城区开展“6·28”防空警报试鸣活动。

【人防行政审批】 2021 年，周宁县人防办贯彻上级行政审批改革和提升营商环境相关规定，落实“多测合一”、并联审批和联合竣工验收等措施，推进网上审批，提高审批效率和服务水平，营造良好营商环境。全年依照人防法律法规要求开展人防结建工作，办结 154 件，结建把关率 100%。

【人防工程建设管理】 2021 年，周宁县人防办结合新建民用建筑修建防空地下室，人防工程面积稳步增长。年内，开展人防工程消防安全检查 4 次，开展“双随机、一公开”

2021 年 5 月 31 日，周宁县人防办联合县住建局在洋尾小学开展“学党史、办实事”暨人防宣传“进校园”活动　（周宁县人防办　供图）

人防执法检查 2 次，强化日常监管，确保人防工程战备功能。

【人防宣传教育】　2021 年，周宁县人防办结合“4·15”国家安全教育日、“5·12”防灾减灾日、“6·28”防空警报试鸣日等重要时间节点，开展人防宣传教育“五进”（进机关、进社区、进学校、进企业、进网络）活动，通过发放宣传资料、开展知识讲座、制作宣传长廊等多种形式，普及人防法律法规和防空防灾知识，增强市民国防观念、人防法治意识和应急处置能力。

（黄观钦）

退役军人事务

【概况】　2021 年，周宁县退役军人事务局（以下简称县退役军人事务局）接收自主择业退役士兵，发放 2020 年度退役士兵一次性地方经济补助金，完成部分退役士兵社保接续工作；发放义务兵优待金，义务兵优待奖励金。年内，新增各类优抚对象 36 人，发放优抚对象生活补助金 504 万元，下拨光荣院优抚对象伙食等补助金 8.01 万元，发放部分残疾军人护理费 19.5 万元，为重点优抚对象医疗补助 11 万元，为全县退役军人发放慰问金 60 余万元，发放“光荣之家”年画和新春慰问信 8000 余份、节日慰问短信 3000 余条。评选第二届市级“最美退役军人”1 名。县退役军人事务局 2021 年 6 月被市委、市政府评为“市级文明单位”，8 月被国家机关事务管理局、中共中央直属事务管理局、国家发改委、财政部评为“节约型机关”。12 月 31 日，将县光荣院（县福利院）中的光荣院职责由县民政局划转至县退役军人事务局，县退役军人服务中心加挂“周宁县光荣院”牌子。

【示范型退役军人服务中心（站）建设】　2021 年 3 月，周宁县退役军人服务中心和狮城、咸村、浦源、纯池、礼门、七步 6 个乡镇退役军人服务站被省退役军人事务工作领导小组办公室评为示范型服务站，其中狮城镇退役军人服务站被评为“五有先进单位”。年内持续推进李墩、玛坑、泗桥 3 个乡镇退役军人服务站创建工作。

【国家安全教育基地设立】　2021 年 10 月，周宁县凌福顺事迹展示馆（含县革命烈士纪念碑陵园）被县委国安委列为“周宁县国家安全教育基地”。凌福顺事迹展示馆位于县革命烈士纪念碑陵园内南侧，占地面积 258 平方米，于 2014 年 10 月

2021 年 9 月 30 日，周宁县委、县政府主要领导参观凌福顺事迹展示馆。图为讲解员为县领导讲解凌福顺事迹　（周宁县退役军人局　供图）

奠基，2018完成布馆工作，整个展馆为三层框架结构，其中一、二层为展厅，三层为管理办公室。凌福顺事迹展示馆（含县革命烈士纪念碑陵园）属市级爱国主义教育基地，和党史教育基地。周宁县退役军人局培养3名红色义务讲解员，结合党史学习教育和“再学习、再调研、再落实”工作部署，开展周宁革命史、凌福顺烈士事迹宣讲，为前来参观的各级党政机关、企事业单位、社会团体和社会各界人士提供义务讲解160批次，接待参观人员5300余人。

2021年10月22日，凌福顺雕像在烈士陵园凌福顺纪念馆前落成

（周宁县退役军人局　供图）

【就业创业扶持】 2021年，周宁县退役军人事务局以加强退役军人就业竞争力、提升退役军人职业技能为重点，推进退役军人教育培训和就业创业扶持。开展年度退役士兵适应性培训，邀请各领域老师授课，帮助退役士兵了解当前就业创业形势和相关优惠政策，提升就业创业知识，树立正确的择业观，上好职业转换第一课，当年自主就业退役士兵参加适应性培训。举办专场招聘会2场、线上招聘会1场、职业推介会1场。鼓励引导退役军人返乡创业，给予退役军人创业担保贷款计197万元返乡创业资金支持。推荐2个退役军人企业（团队）参加宁德市退役军人创业创新大赛并获第二名。

【拥军慰问】 2021年，周宁县委、县政府落实双拥工作机制，强化拥军优属工作，县退役军人事务局持续开展“双拥在基层”活动。在春节、“八一”建军节期间，县委、县政府主要领导带队走访慰问驻周宁部队官兵，赠送慰问品。

【烈士纪念设施提升】 2021年，周宁县退役军人事务局对周宁县烈士纪念碑陵园、周宁县烈士陵园、周宁县西街革命烈士公墓及县级以下烈士纪念设施进行全面提升改造。开展县级以下烈士纪念设施数据采集校核，实现烈士纪念设施一处一档，按照“应迁尽迁，集中管护”原则，实现应集中尽集中、应修缮尽修缮。

【凌福顺雕像落成】 2021年10月22日，由中国民主同盟福建省委员会捐赠、戴宽南出资、民盟江苏省常州市李公朴支部创作、福建省雕刻艺术家协会组织雕塑家潘尤龙、黄平辉创作的花岗岩雕塑作品《“砸碎锁链”——十字木架上的英雄》凌福顺雕像在周宁县凌福顺事迹展示馆落成。

【学生军训】 2021年，周宁县退役军人事务局组织15名退役军人担任学生军训教官，在秋季开学前为周宁十中毕业班学生开展为期一周的军训，1000余名学生参与军训。

（周华剑）

综　述

【概况】 2021年，周宁县应急管理局（简称“周宁县应急局”）推进安全生产应急管理领域辅助性工作、全县重大危险源综合预警、综合性应急救援队伍建设事务性工作。协调组织开展全县森林和社会面火灾、水灾、旱灾、台风、地震、泥石流等灾害和交通、危化品等事故的抢险救援和公共应急事件的处置，配合参与县内重大活动安全保障工作。年内，县应急局完善安全生产责任制，组织开展应急救援演练，加强应急预案编制，推进应急管理宣传。遏制重特大安全事故发生。全年牵头各单位派出执法2213人次、排查单位（场所）1618家次、排查各类隐患2236个。

【应急救援培训演练】 2021年，周宁县应急局坚持“安全第一、预防为主、综合治理”的方针，进一步完善安全生产“大宣教”工作格局，营造良好的安全生产氛围。全年累计开办防汛、防火、应急处置干部培训班5场（次），培训人员500人次；组织开展各类安全生产宣传70场次、累计参与2523人次；组织应急救援队伍相应培训4场次，培训人员260人次。开展省级应急演练1次（福建省森林火灾应急救援综合演练），开展市级应急演练（地质灾害、防汛暨森林防灭火综合演练和应急通信演练）2场次，开展县级综合、专项演练（消防火灾、危化品道路交通事故、公安反恐、地震灾害、新冠疫情、景区非景区景点安全事故、应急民兵拉动）7场次，

2021年12月3日，福建省森林防灭火应急演练在周宁县李墩镇阮家洞村举行。图为演练现场（周宁县融媒体中心　供图）

指导督促县直各部门、辖区各乡镇根据行业主管和辖区风险分布特点，开展防汛、消防、森防、地质灾害以及疫情防控等演练160余场次。

【应急预案修编】 2021年，周宁县应急管理局牵头组织编制县级总体应急预案和安全生产类、自然灾害类专项预案，综合协调应急预案衔接工作。完成《周宁县防汛防台风应急预案（试行）》《周宁县抗旱应急预案》《周宁县突发地质灾害应急预案》《周宁县突发事件总体应急预案》《周宁县非煤矿山（含尾矿库）事故灾难应急预案》《周宁县危险化学品生产安全事故应急救援预案》《周宁县森林火灾应急预案（修订）》等预案修编和修订工作。完成《周宁县安全生产事故灾难应急预案》修订，并经专家评审定稿印发。

（徐巧婷）

安全生产监管

【概况】 2021年，周宁县应急局提请召开县委常委会3次，县政府常务会议6次、专题会议4次，组织召开防范重特大生产安全事故例会4次、全县安全生产工作会议4次，加强安全生产工作部署，落实安全生产监管责任。全县共发生各类生产安全事故7起，死亡7人（其中建筑施工领域3起，工贸行业领域2起，其他领域1起，交通领域1起，危险化学品、非煤矿山、烟花爆竹领域未发生生产安全事故）。牵头各单位累计派出执法人员2213人次、排查单位（场所）1618家次、排查各类隐患2236处，未发生较大及以上安全生产事故。

【安全生产责任落实】 2021年，周宁县应急局制定下发《关于继续深入开展安全隐患大排查大整治和安全生产专项整治三年行动的通知》《全县城镇燃气安全排查整治实施方案》《关于定期报送安全隐患大排查大整治及安全生产专项整治三年行动有关工作情况的通知》《关于做好2022年“两节”“两会”期间和岁末年初安全防范工作的通知》等文件，督促各乡镇及各有关部门落实安全生产责任。

【监管执法】 2021年，周宁县应急局对辖区内6家危险化学品经营企业开展检查44人次，下达整改指令书22份，发现一般隐患58处，隐患均按时整改到位。联合县反恐大队等部门对加油站开展反恐检查3家次，检查辖区内2家烟花爆竹批发企业18人次，下达整改指令书7份，发现一般隐患19处，均按要求整改到位。春节期间，联合公安局开展“打非治违”专项行动，查获各类烟花爆竹890件。对辖区内1家生产矿山和1家尾矿库开展排查16家次，下达整改指令书7份，发现一般隐患16处，整改完成16条。

（徐巧婷）

防灾救灾

【防汛抗旱】 2021年，周宁县发布气象预警信号293条，重要天气预警报告24期，重要气象信息专报20期，雨情通报8期。经历8场暴雨过程，防汛预警33个降雨监测站点触发预警短信140次，启动气象灾害应急响应暴雨灾害5次，低温1次，启动3次防台风响应。响应等级Ⅳ级7次，Ⅲ级2次，Ⅱ级1次，转移人员331人次，下沉干部2908人。预警平台发送对应责任人手机短信6303条，小型以下水库满至溢流，中大型水库芹山水库库容差1亿余

2021年8月17日，周宁县召开全县安全生产事故警示约谈会

（周宁县应急局　供图）

2021 年 5 月 22 日，周宁县委书记袁华军（前左三）深入李墩不锈钢深加工产业园查看防汛备汛情况（周宁县融媒体中心 供图）

立方米，维持生态泄洪；中型水库后垄电站泄洪 2 次，共 1.1 亿立方米，周宁电站保持生态泄洪，泄洪量 3.19 立方米每秒，各重点区域安全度汛，在防汛抗旱工作中，未造成人员伤亡和重大灾险情。年内未发生旱情。

【防震减灾】 2021 年，周宁县应急局结合“春季森林防火宣传月”“安全生产月宣传咨询日”活动以及建设工程地震安全监管检查，向社会公众发放《地震灾害识与防》《农村地震安全手册》《地震应急与自救互救》《地震应急小扇子》等宣传手册 1450 余册。开展地震应急实战演练和消防火灾事故应急实战演练，对全县 5 个在建工程项目建设工程进行地震安全监管检查。加强对 3 个地震宏观观测点观测监管，开展全国应急避难场所综合信息录入，推进全国应急避难场所综合信息管理服务系统推广应用。继续做好自然灾害公众责任保险及农村住房保险工作。自然灾害公众责任保险投入保险经费 47 万元，农村住房保险投入保险经费 18.29 万元。开展周宁县第一次全国自然灾害综合风险普查工作，及时启动自然灾害救助应急预案，做好救灾救助工作。完成全县救灾物资储备情况自查工作和全县 153 个自然灾害避灾点建设指导、协调和督促工作。协调乡镇、村筹备全国综合减灾示范社区创建工作，龙住院村列入 2021 年“全国综合减灾示范社区”社区候选单位名单。

【应急处置】 2021 年，周宁县应急局接处森林火警 9 起，协助消防处置民房火灾 6 起；组织执行山地搜救任务 8 次，帮助 23 人脱险；执行水域搜救任务 1 次。9 月 6 日 21 时许，公安部门接群众报警称，有一名 86 岁老人走失未归。接警后，当地政府组织综合救援队、蓝天救援志愿者及村民群众，对重点区域进行搜寻至 9 月 9 日下午，搜救人员在距离走失点 2000 米的峡谷河道中找到老人，用担架将老人转移至公路并送医检查，该老人脱险。10 月 1 日 21 点 50 分许，周宁县公安局接到报警求助电话，有一队群众到官山景区游玩失联。接警后，周宁县公安局浦源派出所、狮城派出所、巡特警反恐大队值班民警立即前往搜救，并紧急联系县应急管理局、消防大队、志愿者服务队等相关单位一同搜救。2 日凌晨 3 时许，找到被困 9 名群众（被困人员中年龄最大 59 岁，

2021 年 9 月 6—9 日，周宁县应急、消防等部门联合搜救八旬老人。图为 9 日搜救队员用担架护送老人现场（周宁县应急局 供图）

最小 13 岁）并全部护送回家。

（徐巧婷　肖锦华）

森林防火

【概况】　2021 年，周宁县制定出台 2021—2025 年森林防灭火责任书，落实森林防灭火党政领导负责制。加强重要节点、防火期森林火情隐患排查，严格落实 24 小时值班、领导在岗带班和每日火灾零报告制度，结合安全生产三年行动，检查单位和场所 169 家，排查发现隐患 14 处，整改 14 处；查处野外违章用火行为 5 起 5 人，行政处罚 8600 元。强化森林防火监管，完成九龙漈、鲤鱼溪两个风景名胜区和仙风山森林公园的“防火码”设置工作。加强对重点区域森林防火的监督管理。组建七步、浦源、礼门、咸村 4 支早期扑灭火队伍，开展防火知识培训和技能演练。完善森林防火预防体系，率先在宁德地区推进林地（林区）森林防火网格化管理，出台《周宁县林地（林区）森林防火网格化管理实施方案的通知》，构建“县、乡、村”三级森林防火网格化管理体系，强化责任落实、宣传发动、火源管控、隐患排查、督导检查等措施，全县森林火灾持续控制在低位。

【森林防火宣传】　2021 年，周宁县森防办加强《森林防火条例》宣教，采取多种形式、通过多种媒介开展森林防火法规、政策的宣传教育活动。组织人员到边远乡镇自然村、进校园进行有针对性的森林防火宣传教育，发放森林防火宣传单 1 万多份、林业法律法规 5000 多册、森林防火宣传袋 1 万多个，安装永久性森林防火宣传牌 80 面。

【森林防火属地责任落实】　2021 年，周宁县制定下发《周宁县人民政府办公室关于下达 2021—2025 年森林防灭火责任书的通知》《周宁县人民政府办公室关于印发周宁县进一步落实森林防灭火责任实施细则（试行）的通知》《周宁森林防灭火指挥部关于印发〈周宁县林地（林区）森林防火网格化管理实施方案（试行）〉的通知》，落实森林防火属地责任。

（卢熠　徐巧婷）

消防救援

【概况】　2021 年，周宁县消防救援大队接警出动 117 起，其中，火灾 44 起，出动消防车 131 辆次，出动指战员 876 人次，抢救疏散被困群众 50 人次，全县未发生亡人或有影响的火灾。大队完成官山“8·28”“10·1”两起共 23 人被困山岳救援，西铭加水站“8·30”危险品运输车侧翻起火处置任务。年内检查单位 1165 家，发现火灾隐患 587 处，下发整改通知书 575 份，罚款 21.26 万余元。2021 年，大队狮城站获省级“安康杯”竞赛先进班组，获评共青团福建省委 2021—2023 年省级“青年文明号”和周宁县五四青年集体奖章，1 人获得宁德市五四青年奖章、1 人获得周宁县优秀共青团员，1 人当选周宁县第十四届党代表。

【火灾防控】　2021 年，周宁县消防救援大队提请县委、县政府召开消防工作会议 10 次，依托县消防工作联席会、县消防安全委员会下发工作文件 11 份。消防救援大队开展消防安全“三年行动”“百日攻坚行动”、电动自行车消防安全综合治理、高层民用建筑等消防专项整治工作，主动协调对接应急、公安、教育、民政、住建、卫健和市场管理等部门开展联合检查，涉及景区、非景区景点、文物、学校、医院、民宿、酒店、宗教、仓储物流、金融等场

2021 年 9 月 24 日，周宁县林业局工作人员深入学校宣传森林防火活动现场

（周宁县林业局　供图）

所，累计排查消防安全隐患300余处；建立健全行业部门之间信息共享、情况通报和联合执法机制，发送工作提示函、告知函30份；联合文旅、教育、卫健、住建、民政等开展行业领域消防培训；专题向县委、县人大、县政府主要领导、分管领导做消防安全报告，提请县政府组织乡镇、行业部门开展消防安全集中约谈；协调辖区9个乡镇全部成立消防工作站，签订“行政执法委托协议书”；配合县人大开展“一法一例”检查，形成报告上报县人大常委会审议；配合县政协开展高层建筑消防安全情况调研，在县委主办期刊发表《加强高层建筑消防安全 共建平安和谐家园》；推动政府投入120余万元用于2处老旧小区消防管网、消防车道、消防设施的改造升级，协调县政府挂牌督办高层建筑重大火灾隐患1处，消除火灾隐患；针对易地扶贫搬迁安置点开展消防安全帮扶指导及宣传工作，指导苏家山景区建立小型消防站，多次前往鲤鱼溪、九龙漈等景区指导消防安全工作，提升景区抗御火灾的能力；开展各种形式的上门服务指导43次，涉及单位场所79家。

【消防宣传】 2021年，周宁县消防救援大队通过传统消防知识讲座和实操培训形式，先后对各乡镇、行业部门、重点单位进行培训；联合县教育局组织开展消防绘画作文征集活动助力消防宣传。开展消防宣传进学校、社区、家庭、企业、农村培训50场，受教育人数5000余人。在“119”消防宣传工作中，大

2021年12月3日，周宁县消防救援大队开展森林防灭火综合应急演练活动
（周宁县消防救援大队　供图）

队协调辖区社会单位，利用LED显示屏滚动播放消防安全提示，加强消防知识宣传。宣传月期间，大队在全县社会单位、小区物业张贴宣传彩页7000份。发动消防文员、社区志愿者、网格员开展入户式宣传和体验式培训，运用通俗易懂的语言和典型火灾案例，向群众讲授安全用火用电、预防火灾等知识。

【应急救援训练】 2021年，周宁县消防救援大队定期开展作战训练安全授课，提升指战员安全意识。通过战例研讨、视频观看等方式学习各类灾害事故处置方法，组织灭火救援战术研讨10次。大队按照“月初定目标、月末看成效”的基准，针对个人弱项短板，推行“分组分层次练”训练模式，发挥干部骨干带头训的先导作用，强化指战员3千米和5千米米负重、4楼绳索攀爬等科目训练，开展器材装备训练及合成操法训练，组织月训练考核12次，阶段性测试20次。围绕“高低大化”等重点对象及不放心场所，对33家重点单位及开展熟悉演练80次，更新重点单位预案33份；全面排查辖区消火栓情况，更新2021年度水源手册。深化防消联勤模式，同辖区蓝天救援队开展水域、山岳等领域理论学习和战术协同训练；整合乡镇政府专职队、微型站等消防力量，加强业务指导和培训，不定期进行拉动，并联合开展演练，组织县里多种形式消防队员业务技能比武竞赛，进一步提升队员扑救初期火灾能力。联合应急局组织承办福建省森林防灭火应急救援综合演练，提请政府举办周宁县2021年度全县多种形式消防队伍消防业务技能培训及大比武活动。

（黄义德）

宏观经济管理

【概况】 2021年，周宁县地区生产总值90.12亿元，比上年增长14.3%；居民人均可支配收入比上年增长10%；争取中央、省级预算内补助资金10947万元，获批地方政府专项债券35932万元用于不锈钢深加工产业园、现代农业示范基地基础设施、县食品公司定点屠宰场搬迁建设、县乡村振兴智慧农业示范园基地等项目建设。

【计划编制】 2021年，周宁县组织编制《周宁县2020年国民经济和社会发展计划执行情况及2021年国民经济和社会发展计划》，经县第十七届人民代表大会第五次会议审议通过，3月18日由县政府印发。

【主要指标完成】 2021年，周宁县地区生产总值90.12亿元，比上年增长14.3%。其中，第一产业增加值8.91亿元，比上年增长6.0%；第二产业增加值27.37亿元，增长15.6%；第三产业增加值53.84亿元，增长15.2%。农林牧渔业总产值9.39亿元，比上年增长5.9%；固定资产投资下降3.9%；一般公共预算总收入5.82亿元，增长7.8%，其中地方一般公共预算收入3.95亿元，增长1.1%。社会消费品零售总额28.28亿元，比上年增长2%；城镇居民人均可支配收入34953元，增长9.5%；农村居民人均可支配收入19756元，增长11.6%。

【项目审批】 2021年，周宁县受理工程审批141件，其中政府投资项目审批93件，企业投资项目核准2件，企业投资备案46件，完成电子证照录入108件。总投资50.77亿元，其中审批类项目22.68亿元，核准类项目0.64亿元，备案类项目27.45亿元。按照行政审批服务事项细化梳理工作的阶段性要求，完成71项审批事项“五级十五同”目录绑定。

【项目资金】 2021年，周宁县按照上级资金投向，通过梳理储备专项债券项目18个，总投资52.8亿元，专项债券资金需求18.59亿元。获批3.5932亿元，用于不锈钢深加工产业园、现代农业示范基地基础设施、县食品公司定点屠宰场搬迁建设、县乡村振兴智慧农业示范园基地等项目建设。争取中央、省级预算内投资资金项目17个，项目总投资7.36亿元，申报资金3.19亿元。获批10947万元，用于城区高水高排、乡村振兴基础设施，综合检验检测中心、周宁2021年森林生物多样性保护、周宁县医院感染病房综合楼、周宁县疾控中心综合楼、周宁县2021—2022年老旧小区改造、周宁县东园小区老旧改造等项目建设。

【营商环境优化】 2021年，周宁县制定印发《周宁县发展和改革局关于做好营商环境存在问题改进工作的通知》《关于印发周宁县贯彻落实政务服务“跨省通办省内通办”工作方案的通知》《关于印发周宁县重点工作百日攻坚行动实施方案的通知》《关于印发周宁县优化营商环境改革重点任务分工工作方案的通知》等文件。组织单位向上申报优化营商环境工作典型经验16条，5条优化营商环境工作典型经验获市级推广。在获得信贷方面，新增“首贷户”442户，各项贷款余额75.37亿元，比上年增长33.85%。开通全程网办、邮寄办，实现100%审批服务事项网上办理，县直行政许可及公共服务事项1823项，其中“一趟不用跑”事项1653项，占比90.67%；乡镇行政许可及公共服务事项2057项，其中“一趟不用跑”事项1802项，占比87.6%，平均全县“一趟不用跑”事项占比89.15%。复制推广厦门“e政务”模式，采购9台“e政务”自助一体机分别安装于李墩工业园区、周宁宾馆、月牙湾酒店、汽运站、咸村镇火车站；七步镇、纯池镇、泗桥乡、玛坑乡便民服务中心，提高办事效率，促进便企、便民服务。

【体制改革】 2021年，周宁县在全国信易贷平台注册企业297家，成功授信160笔，授信金额67690.50万元。25个涉信部门依托宁德市公共信用信息平台，加快推进社会信用记录体系建设，加强对社会信用信息的记录和整合。周宁县向市公共信用信息平台报送双公示数据4699条，其中行政许可数据量4319条，行政处罚数据量380条，降低行政许可和行政处罚漏报率、迟报率。

（叶圣斌）

重点项目建设

【概况】 2021年，周宁县实施县级重点基础设施和产业项目74个，完成投资30亿元，占年度计划的96%。“五个一批”年度任务110个，完成新增项目127个，占年度计划115.45%。其中，谋划项目新增21个，履约完成率110%；签约项目新增34个，签约完成率为100%；开工项目新增33个，开工完成率54%；投产项目新增35个，投产完成率87.5%；增资项目新增4个，增资项目完成率133%；在建重点项目20个，总投资117.63亿元，年度计划投资26.41亿元，完成投资26.78亿元，占年度计划102.8%；预备项目2个，总投资7.3亿元，年度计划投资1.86亿元，完成投资0.56亿元，占年度计划的30.05%。

年内，全县固定资产投资完成投资38.92亿元，库内剩余项目75个，投资60亿元。

【项目跟踪管理】 2021年，周宁县根据每月一跟踪的项目管理制度，对接合同、协议项目、省级重点推进项目及2020年“6·18”扶持资金项目的跟踪管理工作。对历届“6·18”扶持资金项目，确保项目按计划开工、投产，确保扶持资金使用合理，完成苏氏和鸿腾项目验收工作；结合“三维”对接机制，开展科研机构（专家、学者）、省内外科技型企业与周宁县企业专场对接。发掘本地特色，举办2场对接会（农业科技产品推介会和不锈钢管业项目成果推介会）；完成向企业发布技术成果100项，企业网上发布技术需求30项、网上对接入库21项。

（叶圣斌）

国有资产投资经营

【概况】 2021年，周宁县国有资产投资经营有限公司（以下简称“周宁县国投公司”）资产总额（含实业投资）累计15.8亿元，比上年增加0.97亿元。所有者权益7.29亿元，比上年增长2.11亿元；负债总额7.99亿元，负债率52.29%。

【实业投资管理】 2021年，周宁县国投公司经营收入1561万元。通过股权投资、股权划转、债务置换等方式，发展全资子公司4家、三级全资子公司1家，参股公司12家、控股公司3家、权属企业2家，合计22家。其中周宁县云居宾馆有限公司是新增持股企业，合计出资40347万元。

【融资经营】 2021年，周宁县国投公司做好投融资工作。周宁县现代农业示范基地基础设施项目申请2021年度专项债券资金8600万元。周宁县梅山公益性公墓项目向农业银行申请自营性贷款7000万元，并申报2022年地方政府专项债券。周宁县学前教育包项目、周宁县狮城特色农产品交易中心项目、周宁县康养中心等项目申请2022年地方政府专项债券。采取委托运营方式，统筹县、乡、村三级扶持村级集体经济资金6889万元，分别投资周宁县雷潭水电站、穆阳溪芹山水电站、购买固定资产等，并按年固定回报收益5%～18%给予扶贫村投资分红，2021年分红款共计545万元。根据县委专题会议纪要〔2018〕7号精神及《福建周宁抽水蓄能电站开发建设合作协议书》的约定，注资持有华电福新周宁抽水蓄能有限公司5%股权，资本金按同期同比例原则分期注入，注入资本金（含购买5%股权）3805万元。

【项目投资】 2021年，周宁县国投公司履行县政府重点建设投资主体责任项目22个，总投资17488万元，完成投资13800万元。在建项目9个：周宁县山海协作产业集中区基础设施项目、花卉科研组培展示一体化中心项目、周宁县追思大厅项目、周宁县咸村第二中心幼儿园项目、玛坑杉洋机制砂项目、天行山海房地产开发项目、雷潭水电站除险加固项目、周宁县山海协作产业集中区“金种子”保种和孵化培育中心项目、周宁县民兵训练保障基地项目。完工在办理决算审计项目10个：衢宁铁路周宁段咸村安置地及配套设施建设项目、周宁县职业成人教育学校项目、周宁宾馆垂直循环立体停车场项目、周宁县雷潭水电站增效扩容技改项目、周宁县月牙湾迎宾酒店项目、周宁县后洋冷凉花卉组培中心项目、周宁县李墩芹溪智能化花卉大棚项目、周宁县七步原茶博园智能化花卉大棚项目、周宁县第二机关幼儿园项目、周宁县三源幼儿园项目。开展前期项目3个：周宁县梅山城市公益性公墓项目、周宁县狮城特色农产品交易中心项目、周宁县康养中心项目。其中实施乡村振兴战略，结合“8+1”特色农业产业发展战略，筹集各级资金约8600万元，建设周宁县花卉科研组培展示一体化中心、农产品电商产业园、乡村振兴服务中心、金种子保种孵化和培育中心、后洋冷凉花卉组培中心、七步（原茶博园）智能化花卉大棚、李墩芹溪智能化花卉大棚等花卉产业发展及乡村振兴配套项目（部分项目投入使用）。

【国有资产经营】 2021年，周宁县国投公司名下国有资产主要有县龙溪一级水电站5号机组、县李园水库、县农贸市场、停车场及名下固定资产出租等。公司严格执行县财政局、县审计局《关于规范全县行政事业单位国有资产交易行业的通知》精神，进一步规范经营管理行为，提高国有资产经营管理效益。

（肖潇）

2021年12月26日，周宁县乡村振兴服务中心建成投入使用。图为乡村振兴服务中心大楼

（周宁县国投公司 供图）

审　计

【概况】 2021年，周宁县审计局审计项目计划24个，完成审计项目38个，完成率158%。其中，完成政策跟踪审计项目3个，预算执行及决算草案审计项目6个，经济责任审计项目10个，自然资源资产审计项目1个，政府投资审计项目17个，财政财务收支审计1项。审计查出主要问题金额12703万元，审计查出违规金额240万元，发现主要问题149个，审计促进整改落实有关问题金额489万元，审计后挽回损失729万元，核减工程造价2287万元，移送案件线索1件，涉案金额120万元，向被审计单位提出审计建议67条。

【重大政策跟踪审计】 2021年，周宁县审计局抽查9个单位、5个乡镇、156个项目、1家企业，审计发现主要问题5个，涉及金额4346.81万元，提出针对性审计建议5条。对周宁县开展慈善资金及物资管理和使用情况专项审计，审计发现主要问题14个，提出针对性审计意见建议2条。

【预算执行】 2021年，周宁县审计局查出主要问题金额10317万元，审计促进整改落实有关问题金额375万元，审计促进拨付资金到位0.83万元，审计发现主要问题50个，提出针对性审计意见建议23条，被审计单位采用23条，有效推动深化财税体制改革。

【经济责任审计】 2021年，周宁县审计局完成10个单位11名主要领导经济责任审计，审计过程中发现88个主要问题，查出主要问题金额1776万元，审计促进整改落实有关问题金额68万元，审计后挽回损失33万元，提交审计报告和审计结果报告21篇，提出审计建议34条，移送重大案件线索1件，涉案金额120万元。

【自然资源资产审计】 2021年，周宁县审计局完成李墩镇领导干部自然资源资产审计，审计发现主要问题2个，提出针对性审计建议2条，推动领导干部履行自然资源资产管理和环境保护责任，促进自然资源资产节约利用和生态环境安全。

【政府投资审计】 2021年，周宁县审计局围绕县政府投资项目建设重点和社会关注热点，优化服务投资经营环境，依法履行审计监督职责，全年完成审核政府性投资项目17个，送审金额19900万元，审定金额17612万元，核减金额2287万元。

【配合上级审计】 2021年，周宁县审计局完成年度审计任务，并抽调8名业务骨干配合和协助省审计厅对周宁县开展党政主要领导干部经济责任审计、自然资源资产离任(任中)审计，市审计局对周宁县开展农村人居环境整治相关政策和资金审计及困难救助补助资金审计工作。

【审计整改落实】 2021年，周宁县审计局对近两年审计发现问题整改情况进行跟踪检查，发现还有77个问题正在整改，5个问题未整改到位，推动整改落实到位257个，完成整改率75.8%。

(郑淑芳)

统　计

【概况】 2021年，周宁县统计局撰写各类统计分析35篇，统计信息100条，编发《统计月报》11期，开展工业、固定资产投资、服务业专项调研，形成3份调研报告，分析信息总计得到县委县政府主要领导批示6次。3月底发布《2020年周宁县国民经济和社会发展统计公报》，6月中旬发布《周宁县第七次全国人口普查公报》，9月底发布《周宁统计年鉴(2021)》。全年开展统计业务指导500人次，指导企业100余家；开展2021年统计“双随机”监督检查，抽取企业38家、乡镇2个；“四上”企业培育入库34家。年内获第十四届宁德市文明单位、宁德市第四次全国经济普查集体嘉奖、福建省第一批节约型机关荣誉称号。

【统计基层基础建设】 2021年，周宁县统计局结合“再学习、再调研、再落实”活动，定期到乡镇、企业、项目现场实地指导统计基层基础工作，全年开展业务指导500余人次，指导企业100余家。制定《周宁县统计局防范和惩治统计造假弄虚作假责任制的实施办法(试行)》，规范统计数据生产流程，提升统计数据质量。制定《加强统计指标预警及分析工作方案》，加强对企业上报数据监测预警，为县委县政府提供统计服务。从2021年1月起，将村级统计员补贴标准从50元每人/月提高至100元每人/月。

【统计法治】 2021年，周宁县统计局按照“双随机一公开”抽查工作细则，7月随机抽取38家企业、2个乡镇进行监督检查，发现6家问题企业给予口头警告并要求及时整改，对1家企业给予责令改正通告并处以1500元罚款。结合“9·20”统计开放日、“12·4”宪法日和“12·8”

2021年7月23日，周宁县审计局审计组到李墩镇政府对领导干部经济责任进行审计。图为李墩镇离任审计会议　　(周宁县审计局　供图)

统计法颁布日等时间节点，开展普及统计知识及法律法规活动，累计1000余人次参与。

【“四上”企业培育入库指导】 2021年，周宁县统计局指导推进“四上”企业培育入库工作，成立企业项目服务专班，完善培育入库流程，保障统计数据应统尽统。通过全面核查、培训指导和督促整改全流程闭环管理，保证统计数据质量。年内13家竣工投产达标工业企业成功申报“四上”企业，“四上”企业入库34家。开展“四上”企业优秀统计员评选，评选出优秀等次统计员10人，良好等次统计员19人，合格等次统计员23人。

（翁方玮）

市场监督管理

【概况】 2021年，周宁县市场监督管理局新设市场主体1912户，比上年增长12.34%，市场主体总量13150户。全年抽检食品500批次，立案查处食品案件144件，食品安全满意率居全市前两位；抽检药品110批次、上报药品不良反应数167例，增长36.9%；医疗器械不良事件数34例，增长61.9%；化妆品不良反应数16例，增长100%。年内，周宁县打击传销、查处无证无照、虚假广告整治等工作均列全市第一。全年查办各类违法案件343件，罚款116.35万元。

年内成功创建省级“诚信经营示范街”。县市场监督管理局牵头负责全县规上其他营利性服务业培育及其数据跟踪监测，规模以上服务业实现营业总收入10040万元，比上年增长88.9%；开展对李墩不锈钢深加工产业园区企业服务，协调省、市局，省特检院宁德分院到园区开展指导，破解园区企业特种设备取证难题；推进第三类器械产业园建设事宜，从产业调整、产品注册、质量体系建立等方面帮扶，引进浙江温州针管行业龙头企业——福建银海万向医用科技有限公司。

【企业信用监管】 2021年，周宁县市场监督管理局强化信用监管，开展双随机抽查3次，抽查市场主体319户，抽查结果100%录入国家企业信用信息协同监管平台。依法规范企业失信行为记录，将34家企业、14家农业专业合作社列入经营异常名录，将1家企业、10家农业专业合作社列入严重违法失信企业名单。与县人民银行、法院等单位协同联动，办理股权冻结2户，冻结股权1913.3万元，办理解除股权冻结2户，涉及金额1007.64万元。

【市场领域新冠肺炎疫情防控】 2021年，周宁县市场监督管理局盯紧冷链食品“一条线”防控，排查冷冻库36家，组织冷链食品一条线从业人员核酸检测1199人次，食品外表及外环境核酸检测2839次，冷链食品一条线从业人员疫苗接种率100%。以“日查+夜巡”模式，不间断劝导、督促超市、药店、大型餐饮服务单位落实疫情防控措施。严格实行“四类”药品（非医保）信息登记，全县29家药店均开通“购药码”，上报2.8万余条购药信息，发挥零售药店“哨点”作用。保障新冠疫苗、核酸检测试剂流通使用环节质量安全，对疫苗配送点、接种点实施3轮次监督检查，覆盖面100%。

【食品安全监管】 2021年，周宁县市场监督管理局持续治理“餐桌污染”、建设“食品放心工程”。推进食品生产企业取证工作，新增SC许可企业9家。全年抽检食品

2021年8月7日，周宁县市场监督管理局执法人员在餐饮服务单位检查疫情防控工作

（周宁县市场监督管理局　供图）

500批次，发现泥鳅、豇豆、豆芽等11批次样品不合格，不合格（问题）样品核查处置100%。食品生产经营单位、大型餐饮服务单位、持证学校食堂“一品一码”注册率和录入率100%。学校食堂“互联网+明厨亮灶”覆盖率96%，大型餐馆等高风险餐饮服务单位实现色标管理全覆盖。成功创建省级“互联网+明厨亮灶”示范点1家，市级小作坊示范点2家，农村食品安全示范点6个。从严打击食品生产环节“两超一非”、农村假冒伪劣食品等违法行为，开展网络餐饮服务食品安全、校园食品安全守护行动、餐饮安全你我同查等专项检查，立案查处食品案件144件，其中移送公安机关2件。发挥食品安全检测车作用，完成县“两会”、“鲤乡福境·云端周宁”全域旅游推介会等14场重大活动餐饮服务食品安全保障工作。

【药品安全监管】 2021年，周宁县市场监督管理局开展儿童化妆品、核酸检测试剂、医疗器械风险隐患排查等专项行动，责令改正61家，立案查处13件，罚款15万元，其中可爱多母婴店案件为新条例实施以来全市首例儿童化妆品处罚案件。全年抽检药品110批次、中药饮片11批次，发现中药饮片海金沙1批次不合格，立案查处。注重药械化不良反应风险监测，上报药品不良反应数167例，比上年增长36.9%；医疗器械不良事件数34例，增长61.9%；化妆品不良反应数16例，增长100%。

【特种设备安全监管】 2021年，周宁县市场监督管理局开展“控事故、保安全、迎建党百年”安全生产集中攻坚专项行动，加强重大节日、重点时段特种设备安全监管防患工作，全年检查特种设备使用单位187家次，整改使用未经检验特种设备、充装超期未检气瓶等隐患68处，立案查处6件，罚款35.1万元。督促企业落实安全管理制度和应急预案，指导福建省苏氏农业发展有限公司开展蹦极应急救援演练，提高企业防患意识，落实企业主体责任。

【质量安全监管】 2021年，周宁县市场监督管理局监督抽检流通领域工业品28批次，合格率100%。执法抽检电动自行车10批次，其中不合格样品8批次，涉及商铺5家，立案查处2家。抽检定量包装商品14批次，合格率100%。投入资金15万元，免费检定电子秤、水表等民生领域计量器具2983台件。开展计量服务实体经济三年行动，组建计量服务小分队，通过组建服务微信群、召开座谈会、培训会，推进企业计量基础能力提升。

【消费者权益保护】 2021年，周宁县市场监督管理局推进消费维权工作，受理各类消费者申诉、举报案件325件，办结325件，办结率100%，为消费者挽回经济损失20余万元。新增ODR（在线消费纠纷解决）企业2家，推动在线消费纠纷调解。联合县检察院、公安局等部门对校园周边非法售卖“刮刮彩”行为进行打击，净化校园周边环境。与周宁县人民法院联合成立“周宁县市场监督管理局诉非联动中心”，实现诉讼与非诉讼纠纷解决机制优势互补。依托“生态周宁”微信公众号，开展“3·15”“守护安全 畅通消费 抗击疫情守护消费无忧 我们在行动”有奖知识竞答活动。

【市场秩序维护】 2021年，周宁县市场监督管理局完成公平竞争审查工作联席会议成员调整，召开全县公平竞争审查局际联席会议，加强公平竞争审查工作，年内共报备规范性文件12件，增量审查12件，存量审查5件，修改1件。开展反

2021年11月26日，周宁县市场监督管理局执法人员开展电动自行车专项执法检查
（周宁县市场监督管理局　供图）

不正当竞争执法，营造公平竞争环境专项行动，重点加大保健品销售市场监管，查处1件虚假宣传案件，罚款20万元。强化重点领域虚假违法广告监管，立案查处违法广告案件4件，其中2件入选省违法广告典型案例。开展天价岩茶乱象整治、粮食市场秩序专项整治。集中销毁侵权假冒商品，打击证照、传销、直销合同等领域违法行为，配合做好旅游市场、农资市场、成品油市场、扫黄打非等监管工作，维护市场秩序。全年查办各类违法案件343件，罚款116.35万元。

【综合检验检测中心建设】 2021年，周宁县市场监督管理局推动周宁县综合检验检测中心项目建设，该项目被省发改委列为第三批“高质量发展专项2021年中央预算内投资计划”宁德市唯一项目并上报国家发展改革委，成功申请高质量发展中央预算内投资3300万元。周宁县综合检验检测中心于7月17日开工建设，12月20日完成主体工程建设。

（杨娟）

【物价管理】 2021年，周宁县加强价格调控，确保市场价格基本稳定。加强价格监测预警，建立5个商品价格采集、监测点，对粮食、食用油、肉禽蛋、水产、蔬菜等44种主要食品价格及12种主要农业生产资料价格，落实专人负责价格监测，坚持每周采价监测1次，对价格监测点的30种主要食品价格分别在县农贸市场LED显示屏每日滚动播出和县政府门户网站每周公布一次。及时启动平价商店运行机制，春节、中秋国庆期间，对大润福超市、利家超市、连心超市3家政府定点平价商店经营的猪肉、鸡蛋及蔬菜等12个品种实施为期16天和20天的稳价销售补贴活动，发放补贴款8.76万元。

开展政府定价管理经营服务性收费和行政事业性收费情况年度报告工作，加强事中事后监管。完成周宁县实行政府定价管理的经营服务性收费年度报告工作，审核收费项目10项，收费金额762.75万元；审核编制《周宁县发展和改革局关于公布2021年周宁县本级行政事业性收费单位名单及收费项目的通告》目录清单，在县政府政务网站公布，明确清单之外一律不得收费，并实行定期清理、动态调整。经审核，2021年周宁县有资质的行政事业性收费单位30个、收费项目58个，其中涉企收费单位7个，收费项目17个；完成周宁县37个行政事业性收费单位年度报告工作及全国收费动态监管系统信息网上审核、申报、录入工作，网上申报率100%，涉及收费项目79个、金额3150.19万元。根据省、市发改委的统一部署，对县级电网实行销售侧峰谷分时电价政策调查摸底、征求意见、方案上报和组织实施、政策宣传解释、服务工作；5月1日起执行，峰时上浮20%、谷时下浮25%，涉及工商业和农业用户362家。按照周宁县政府制定价格行为规则和法定程序，核定周宁县医院、群众文化中心等2个临时停车场机动车停放服务收费标准；调整周宁县管道天然气终端销售试行价格；会同县交通局核定新增周宁至洋尾弄、周宁至坂坑、周宁至福山农村道路客运班线票价；严格贯彻执行国家、省制定出台的各项降费政策，建立降费减负工作任务清单、督导计划和工作台账，及时通知相关单位做好收费变更工作，逐个单位逐个项目落实到位。同周宁县财政局组成降费减负专项督导组，深入相关收费单位，督促落实中央、省、市相关降费减负政策规定，确保各项降费措施及时落地见效。

（叶圣斌）

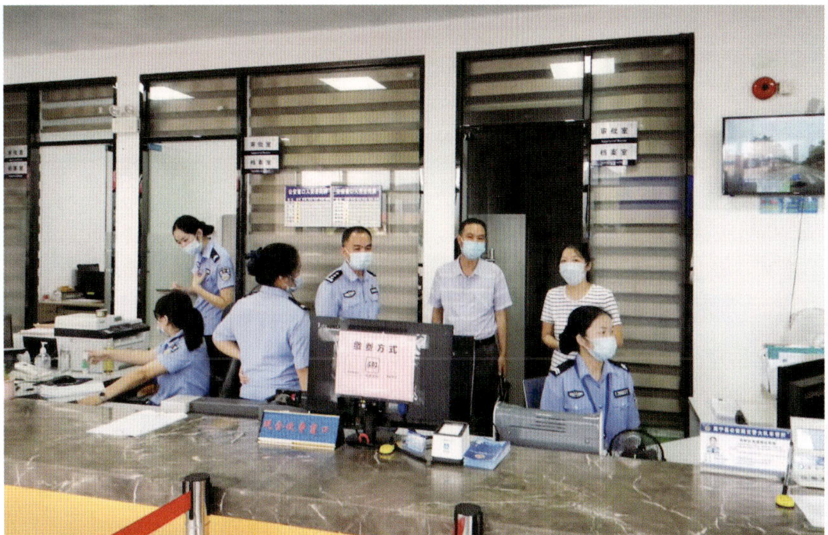

2021年6月9日，周宁县发改局物价股联合县财政局到县行政服务中心落实有关单位降费政策执行情况 （周宁县发改局 供图）

财　政

【概况】　2021年，周宁县一般公共预算总收入完成5.8亿元，比上年增长7.8%。其中，地方级一般公共预算收入3.95亿元，比上年增长1.1%。全县一般公共预算支出19.20亿元，比上年下降11.6%。年内投入各类农业保险保费补贴资金68.63万元、城区高水高排项目1000万元、应急备用水源地建设100万元；投入资金860.48万元，支持高标农田建设和管护相关工作，推动种养业健康有序发展；投入资金180万元，用于2021年茶产业发展项目公共品牌宣传。支持工业发展，投入循环经济奖励资金2588万元，推动冶炼铸造企业转型升级；投入增产增效、稳工稳岗专项资金322.1万元；投入3.4亿元，支持周宁县不锈钢（新型材料）深加工产业园、衢宁铁路周宁站站前广场等项目建设。支持旅游产业发展，投入旅游专项经费500万元，用于文物消防、智慧公园及各馆免费开放补助；投入1500万元，支持周宁县人鱼文化特色小镇路网PPP项目建设；投入100万元，用于城区夜景提升、公园绿化修复、园林景观建设。

【乡村振兴投入】　2021年周宁县持续巩固脱贫攻坚成果，投入1350万元用于脱贫村基础设施建设，27万元用于少数民族村帮扶，145万元用于县级老区扶贫建设，仓山区对口帮扶资金1200万元，用于贫困户“两不愁、三保障”问题，避免贫困户返贫发生。助力乡村振兴发展，持续加快特色现代农业建设，推动建设清新富饶美丽乡村，投入563.76万元，用于省级乡村振兴试点示范村专项配套；投入676.33万元，用于乡村振兴指导员开展乡村振兴相关工作；投入1725.5万元，用于村级基础设施建设维护、扶持壮大村级集体经济；投入1192万元，用于人居环境专项整治。

【民生保障】　2021年，周宁县落实社会保障政策，投入4411万元，用于城乡低保特困人员生活补助；投入6175万元，用于城乡居民养老金发放。强化弱势群体保障，投入739.65万元，用于残疾人生活补助；投入155万元，用于长者食堂建设。提高医疗保障水平，建立科学规范的补偿机制，投入“药品零差率”资金250万元；投入资金6000万元，支持县医院感染病房综合楼和县疾病预防控制中心综合楼项目建设；投入267.15万元，用于康复医院建设；投入972.34万元，用于乡镇卫生院建设。支持教育事业优先发展，投入6896万元用于保障教育人员刚性支出，投入3406万元用于保障校舍维修、改造、改善办学条件。强化疫情防控资金保障，统筹资金1843.1万元，用于疫情防控物资、工作运转、医疗保障等工作。落实稳岗就业政策，争取就业资金361万元，组织培训227人进行就业培训。投入中央服务业资金500万元，用于农村电商发展；投入普惠金融发展资金48万元，支持小微企业发展。

【财政管理】　2021年，周宁县财政局全面深化预算绩效管理，审结项目33个，审减资金近3500万元，提高项目预算的准确性及资金使用效益。规范政府采购行为，完成政府采购任务9256.38万元，节约资金支出1232.29万元，节约率11.75%。2020年周宁县财政管理绩效综合评价排名全国第17名、全省第一名。

（汤文峰）

税 务

【概况】 2021年，周宁县有纳税人5235户。单位纳税人1685户，其中一般纳税人487户；个体户3489户，临时税务登记纳税人61户。税收总收入74588万元，比上年增收10800万元，增长17%。年内，周宁县税务局获评全省纳税人满意度第八名并获“第八届宁德青年五四奖章集体”称号。

【税费收入】 2021年，周宁县税务局各项税收入74588万元，比上年增收10800万元，增长17%。其中：财政口径税收收入42566万元，比上年增收6459万元，增长18%；社会保险费收入25915万元，比上年增收3970万元，增长18%；非税收入2595万元，比上年增收1194万元，增长85%。从主要税种来看，增值税累计入库25028万元，比上年增收5556万元，增长29%；企业所得税累计入库8372万元，比上年增收2450万元，增长41%；个人所得税累计入库1327万元，比上年增收219万元，增长20%；城市维护建设税入库1193万元，比上年增收329万元，增长38%；契税入库3569万元，比上年减收1185万元，下降25%；土地增值税入库1940万元，比上年减收610万元，下降24%。从主要行业来看，制造业入库4437万元，比上年增收1594万元，增长56%；建筑行业入库6609万元，比上年增收1111万元，增长20%；批发和零售业入库10548万元，比上年增收2985万元，增长39%；金融行业入库4033万元，比上年增收1113万元，增长38%；房地产业入库10536万元，比上年增收2221万元，增长27%；电力行业入库699万元，比上年减收3155万元，下降82%。

【减税降费】 2021年，周宁县新增减税降费1403.89万元，其中2021年新出台政策减税降费469.89万元，2021年展期实施政策减税降费858.87万元，2020年年中出台政策在2021年翘尾新增减税降费75.13万元。年内周宁县税务局受理增量留抵退税4980万元，其中华电福新周宁抽水蓄能有限公司留抵退税4943万元。持续深化“银税互动”，为10家企业发放小微易贷及税贷通共计1395.2万元。

2021年4月23日，周宁县税务局开展“党史教育进校园 税法知识润童心”主题宣传活动 （叶宝招 摄）

【税法宣传】 2021年，周宁县税务局开展税法宣传活动。4月22日，联合狮城镇政府在河滨公园以民间传统评书方式开展“税收惠民办实事 深化改革开新局”税收宣传活动；4月23日，开展“党史教育进校园 税法知识润童心”主题宣传活动。

【企业发展服务】 2021年，周宁县税务局服务企业生产发展，落实24项便民办税举措、简化办税流程、建立一对一成长台账、整理涉税咨询和涉税建议等举措，服务李墩工业园区招商引资43家。此举被市营商办列为2021年第三批优化营商环境工作典型经验做法。打造云端办税渠道，依托11个“小鲤问税”微信群，向900名纳税人提供政策解读辅导和问题咨询服务。将日常纳税缴费管理、服务工作向纳税人缴费人端延伸，培养纳税人、缴费人“非接触式”自助办税习惯，通过走村入户式面对面服务、线上辅导等方式，对纳税人开展“非接触式”辅导工作160次。开展“税企互动 征纳同心”电子税务局现场交流活动，邀请县人大、政协及企业代表担任非接触式办税监督员。建立“预审服务”“集中审批”“包挂走访责任制”“4+”团队等机制，开展办税服务厅青年轮岗审批和专家驻岗值班，丰富纳税人缴费人线下办税体验。其中县局党委领导班子以专家服务团队成员身份，走访辅导纳税人693户次，解决纳税人缴费人疑难问题。年内，县税务局获评全省纳税人满意度第八名。

（詹倩楠）

自然资源管理

综　　述

【概况】 2021年，周宁县自然资源局加强规划指导，落实耕地占补平衡，加强地质灾害防治，推进不动产确权登记“放管服”改革，强化执法监察，科学利用资源。年内完成10个批次14个项目农转用20.71公顷报批工作，完成九龙商住片区住宅用地、山海协作产业园茶企用地、大数据产业园科研用地、不锈钢（新型材料）深加工产业园用地等多宗地块出让15.29公顷，出让总金额1.9525亿元。完成“三比三赛”活动重点项目安征迁任务80.90公顷和市级“百日攻坚”安征迁任务5.33公顷。完成57个村庄规划编制报批，新增耕地20.75公顷，水田19.75公顷；开展违法占地专项行动，完成371个问题图斑核查整改。年内超额完成年度补充耕地任务。

【不动产确权登记】 2021年，周宁县自然资源局推进“放管服”改革。在依法依规开展不动产登记办证工作的基础上，简化登记程序，精简审批环节，把“最多跑一次”落到实处。办结各类不动产相关业务12000件，颁发不动产权证书、证明7700份，档案扫描入库7000份，协税护税、协助社会和企业融资贷款稳步进行，登记费非税收入约45万元。全面收集、整合县域范围内国有土地、房产存量数据，加强不动产登记信息平台系统建设升级和运维管理，每日向市不动产中心开展数据汇交。

【群众信访诉求回应】 2021年，周宁县自然资源局接收信访件23件，其中依法受理信访件23件、依照法定分类途径转为违法线索调查8件，接收“12345”平台效能答复65件。上述信访件和效能答复件全部在法定时限内办结，办结率100%，办件满意率100%。

（林辉辉）

土地资源管理

【耕地保护】 2021年，周宁县自然资源局全面落实耕地保护目标责任，确保全县基本农田面积和耕地保有量不低于上级下达的任务数。

2021年10月30日，周宁县自然资源局组织相关人员实地勘查补充耕地落实情况

（周宁县自然资源局　供图）

贯彻落实中央关于制止耕地“非农化”、防止耕地“非粮化”的规定要求，严格耕地用途管制，强化耕地数量、质量、生态“三位一体”保护。落实耕地占补平衡。按照“占优补优、占水田补水田”的原则，落实耕地占补平衡。通过实施土地整治复垦项目，新增耕地有效面积20.75公顷，新增水田有效面积19.75公顷（含旱改水提质改造面积），产生城乡建设用地增减挂钩指标2.28公顷，超额完成全县2021年度补充耕地任务。

【用地保障】 2021年，周宁县自然资源局完成10个批次14个项目农转用报批工作，总面积20.71公顷，保障站前工贸科技园、银屏大道二期、县一中、追思大厅等重点项目用地需求。完成九龙商住片区住宅用地、山海协作产业园茶企用地、大数据产业园科研用地、不锈钢（新型材料）深加工产业园用地等多宗地块出让工作，出让总面积15.29公顷，出让总金额1.9525亿元。完成浦源配电工区检修用房、山海协作产业集中区基础设施项目、疾病预防控制中心综合楼、各类学校、追思大厅等14个项目划拨供地工作，划拨总面积19.25公顷。完成维鹰（福建）进出口贸易有限公司位于李墩地块和县国投公司所属位于高速路口西侧2号、3号仓储用地地块收购面积18.56公顷。

【土地储备】 2021年，周宁县自然资源局完成“三比三赛”活动重点项目安征迁任务面积80.90公顷和市级“百日攻坚”安征迁任务面积5.33公顷。拨付乡镇及有关单位土地征收有关费用约8399.6万元，用于推进周宁县大数据产业园区、新城区城市综合体项目、七步工业走廊梨坪片区、咸村站前工贸园区、李墩不锈钢深加工工业园区、赛江防洪工程（周宁段）等重点项目安征迁工作。拨付相关单位用于咸村站前工贸科技园、银屏大道二期等项目用地报批缴纳土地报批费用1838.67万元。

【国土空间总体规划】 2021年，周宁县国土空间总体规划完成中期成果，经专家征求意见，在进行过渡期城镇开发边界划定报批工作。数字周宁地理空间框架建设完成验收。按照《村庄规划编制三年行动计划》，完成57个村庄规划编制报批工作。年度第一批次、第二批次土地征收成片开发方案经省政府批复。推进乡镇国土空间总体规划编制工作，李墩镇国土空间总体规划编制启动。计划2022年启动除狮城镇、浦源镇位于中心城区外的6个乡镇国土空间总体规划编制工作。

【矿产资源管理】 2021年，周宁县自然资源局持续开展矿产资源开发秩序整顿和规范管理，推进周宁县矿产资源整合工作。完成周宁县矿产资源规划（2021—2025）（初稿）编制工作。对2家有效矿山（浦源进登和玛坑机制砂）开展全球导航卫星系统（GNSS）巡查，并通过市自然资源局复核。完成自然资源部下发的66处历史遗留废弃矿山图斑调查工作和桐岔矿区银矿勘探探矿权年度公示信息实地核查工作。公开拍卖处置4.58万立方米废弃土石方，成交金额10.5万元。制发《关于持续强化打击非法违法采矿做好安全风险防范的通知》，保持高压态势，加强动态巡查，完善日常监管，遏制违法违规行为发生。

【土地监察执法】 2021年，周宁县自然资源局实地核查、落实违法用地整改查处、及时报备数据。完

2021年8月21日，周宁县自然资源局联合县环保局、县公安局、李墩镇人民政府对李墩镇楼坪村碎石加工问题进行现场执法（周宁县自然资源局 供图）

2021 年 5 月 12 日，周宁县自然资源局工作人员在河滨公园分发防治地质灾害手册　（周宁县自然资源局　供图）

成自然资源部下发的 140 个季度卫片图斑外业核查和填报，完成省自然资源厅下发的 754 个“天地网”月监测卫片图斑和 74 个农村乱占耕地图斑实地核查，并全部作出处置。开展百日攻坚违法占地专项清理整治活动，完成 371 个问题图斑核查整改。落实 2021 年国家自然资源督查上海督察局耕地保护督查整改工作，对涉及周宁县 4 类型 52 个问题卫片图斑提出整改意见，督促乡镇进行整改。强化执法监察全年巡查 2016 次，制止违法用地 40 余起；联合水利、生态环境局等有关部门共同执法 15 次，打击建房屋违建、河道采砂、非法采矿、违法加工建筑材料等行为。

地质灾害防治

【概况】　2021 年，周宁县自然资源局制发《周宁县 2021 年地质灾害防治方案》，部署地质灾害防治工作，落实巡查监测、汛期值班、灾情速报等汛期防灾制度，健全地质灾害群测群防体系。调整落实各个地灾隐患点责任人、监测员 124 人，设立警示牌 124 面，发放“防灾明白卡”124 份、“避险明白卡”1589 份，编制村居转移应急预案 147 份。多次深入乡镇开展汛前检查和汛中督导，开展地质灾害防治知识宣传。按照群众“愿搬尽搬”原则，完成地灾隐患点群众搬迁 12 户。通过实施地质灾害治理工程，核销地质灾害隐患点 13 处。

【地质灾害防治宣传】　2021 年，周宁县自然资源局多次深入乡镇开展汛前检查和汛中督导，开展防治地质灾害宣传，提高干部、群众防灾减灾意识与应急处置能力。全年设立警示牌 124 面，发放“防灾明白卡”124 份、“避险明白卡”1589 份。

（林辉辉）

生态环境

综　述

【概况】　2021年，周宁县环境质量状况总体良好，未发生重大环境污染事故。省考核断面水质、县级集中式饮用水源、主要湖库水质、小流域考核断面水质达标率均为100%。全县空气优良天数比例为100%，6项污染物平均浓度均达标，PM_{10}浓度为23微克/立方米，$PM_{2.5}$浓度为14微克/立方米，均达到上级考核要求。全县暂无污染地块，受污染耕地安全利用工作完成100%。周宁县获第五批“国家生态文明建设示范区”称号。

【环保投诉办理】　2021年，中央第一、二轮环保督察组反馈涉及周宁县共性问题18件，其中第二轮督察反馈问题市里认定整改到位1件，5件为立行立改、长期坚持问题，其余问题均整改到位。第一、二轮中央生态环境保护督察期间收到32件群众信访投诉件，全部完成交账销号。省环保督察收到7件信访投诉件，其中重复1件，整改到位2件。

【环保宣传】　2021年6月5日，周宁生态环境局主办的“6·5”世界环境日宣传活动暨中华环保世纪行启动仪式在礼门乡广场举行，县人大、县政府领导及各环保委成员单位、中华环保世纪行成员单位等领导出席活动仪式。围绕“人与自然和谐共生”主题，通过展出展板、发放宣传品等形式，开展宣传活动。

（肖苏麟）

2021年6月5日，周宁县生态环境局在礼门分广场举行“6·5”世界环境日宣传活动暨中华环保世纪行启动仪式。图为志愿服务队向学生宣传环保知识

（周宁县生态环境局　供图）

环境监察管理

【概况】　2021年，周宁县生态环境局开展全省危险废物收集贮存转运试点工作，按照省生态环境厅同意在周宁县李墩不锈钢园区开展危险废物试点方案的要求，建立危险废物环境治理新机制和环境监管新模式，防控环境风险，提升危险废物规范化管理水平。依托广电网

络资源优势，合作打造全省首个“电视＋环保”宣传平台，在广电网络电视专区宣传页面上设置生态文明思想、环保知识、法律法规、政策咨询等多个专栏，宣传范围覆盖全县5万余个电视终端用户，让生态文明走进千家万户。采用建管一体化（EPC+O）模式推进农村生活污水提升治理探索经验成果在“学习强国”平台和《福建日报》《闽东日报》刊登，监管平台典型案例在4月全国数字峰会上展播。

【污染源日常监管】 2021年，周宁县生态环境局坚持源头防控，强化污染源日常监督管理，深入各乡镇企业现场执法监管，开展备案企业应急隐患排查10家次，企业自查30家次；“双随机”检查企业200家，出动执法人员420人次。办理信访投诉件95件，办结答复率100%。

【环境监督执法】 2021年，周宁县生态环境局针对县重点监管企业开展15次监督性监测，对污染物排放超标立案9件，下达行政处罚决定书7份，处罚金额75.81万元。

（肖苏麟）

污染防治

【水污染防治】 2021年，周宁县投入资金220.5万元，建立全县9个乡镇河道专管员市场化管理机制，推行河道专管员物业化管理全覆盖。开展“清四乱”专项行动，治理水葫芦滋生2处，打捞水葫芦3000余吨，解决市河长办通报无人机拍摄问题300个。继续推行建管一体化（EPC+O）模式，实施6个村庄污水治理项目，提升农村生活污水治理水平；完成城区污水管网新建改造7.37千米、乡镇污水管网新建改造7.5千米，城市生活污水集中收集率和进水生化需氧量（BOD）浓度目标均达要求。

【大气污染防治】 2021年，周宁县生态环境局采取日常巡查管控与联合执法相结合，强化施工工地、道路扬尘管控，严厉查处施工扬尘、施工车辆“滴洒漏”行为。出动执法车辆708辆次、执法人员5488人次，路政巡查25972千米，立案查处69起，罚款7.18万元。配备移动路检设备，加大柴油货车排气监管力度，组织多部门联合开展柴油车路检路查、集中停放地抽测、非道路移动机械排放抽测2次。抓好油品质量监管，开展工业品安全监督抽检工作，车用柴油抽检2批次，抽检结果均为合格。

【土壤污染防治】 2021年，周宁县生态环境局推进工业废砂集中收集统一处置，加大危险废物规范化检查力度，开展检查130人次，涉及企业50家次，下达监察意见书13份。规范医疗废弃物管理，全县医疗机构实现管理平台备案注册全覆盖，医疗废物信息化管理率100%，产废单位医疗废物规范化处置率100%，依规处置医疗废弃物总量71053.4千克。

【噪声整治】 2021年，周宁县生态环境局开展“静夜守护”城市夜间噪声污染综合整治行动，解决群众反映突出的城市夜间噪声污染问题，出动执法人员160人次，排查餐饮和娱乐活动场所37家、检查建筑工地夜间施工17处、排查商业活动2处、排查公共场所71处，发现、处置问题11个。

【“绿水青山”电视专区暨环保执法监察系统启动】 2021年7月28日，福建省首个“绿水青山”电视专区暨环保执法监察系统在周宁启动。

（肖苏麟）

农业农村

综　述

【概况】　2021年，周宁县农业农村局贯彻落实中央有关“三农”工作战略、规划、政策和法律法规，拟订并组织实施周宁县农业农村工作政策措施，依法监督管理种植业、畜牧业、农垦、农产品质量安全，负责农业相关投资项目管理等。年内，周宁县农业农村经济平稳发展，农村居民人均可支配收入19756元，比上年增长11.6%；农林牧渔业总产值161913.91万元，增长7.04%，增速居全市第一，其中，农业产值8.57亿元，增长3.6%；林业产值2.83亿元，增长5.93%；牧业产值2.99亿元，增长17.32%；渔业产值0.96亿元，增长4.36%；农林牧渔服务业产值0.83亿元，增长5.99%。

【农业技术推广】　2021年，周宁县农业农村局完成12期高素质农民培训班808人次，组织农技人员参加省、市、县三级农技推广培训6次，培训81人次；农村实用技术培训人数803人。建设6个拥有自主产权或合同期在10年以上农业科技试验示范基地，组织89名基层农技人员安装使用中国农技推广App，使用率100%。年内组织农技专家下乡指导农业生产。

2021年7月29日，周宁县农业农村局组织专家到李墩镇际会村甘薯基地授课。图为专家现场指导甘薯种植　（周宁县农业农村局　供图）

【农业品牌建设】　2021年，周宁县组织企业参加宁德市科技周活动、闽东之光·云端周宁风筝节、周宁县马铃薯新品种现场品鉴会、福建省中国农民丰收节、厦门“9·8”投洽会、三坊七巷文化旅游节等各种展览会；新增“三品一标”认证产品3个，通过“三品一标”认证农产品17个；成功申报国家地理标志证明商标2个。至年底，全县共7个（周宁高山马铃薯、周宁高山云雾茶、宝岭花生、官司云雾茶、纯池小径笋、周宁高山百合、周宁高山杜鹃）。

【绿色农业发展】　2021年，周宁县推广测土配方施肥技术1.67万公顷（次），全县化肥使用量10700吨；推广农作物绿色防控2.63万公顷次、核心示范片66.67公顷、统防统治1.47万公顷；全县保留规模生猪养殖场14家，畜禽粪污资源化综合利用率96.51%、规模养殖场机械设备配套率100%；投放厚唇鱼、倒刺鲃等苗种19余万尾。

【农业经营主体培育】 2021年，周宁县新增省级龙头企业2家、省级农民专业合作示范社2家、市级农民专业合作社示范社3家、省级家庭农场示范场5家、市级家庭农场示范场4家；全县累计省级农业产业化龙头企业9家，市级农业产业化龙头企业28家，省级农民专业合作社示范社19家，市级农民专业合作社示范社17家，省级家庭农场示范场17家，市级家庭农场示范场11家。

【农产品质量安全】 2021年，周宁县完成农兽渔残快检7305批次，其中县级1119批次，乡镇6186批次，合格率99.93%。全县159家生产主体入驻食用农产品达标合格证与一品一码追溯并行系统，线上巡查8658次，现场巡查95家次。开展农产品质量安全咨询800人次，发放《农产品质量安全法》《福建省食品安全信息追溯管理办法》、禁限用农兽药清单等农产品质量安全宣传单1000余份，5月开展农产品质量安全监管暨合格证与一品一码追溯制度并行培训班，参训100余人。

【农资安全管理】 2021年，周宁县对种子、农药、化肥、兽药开展专项治理行动，对委托销售种子经营网点进行检查，出动执法人员368人次，检查企业380家次，印发宣传资料1000余份，组织农资产品质量抽检40批次。

（郑华炜）

种植业

【概况】 2021年，周宁县完成粮食生产总面积4797.73公顷，产量2.6761万吨。蔬菜种植面积2480公顷，产量4.7万吨；水果种植面积108667公顷，年产量1.55万吨。全县种植业发展态势良好，各项指标稳步提升。

【粮食作物生产】 2021年，周宁县继续推动粮食作物生产，完成粮食生产总面积4797.73公顷，产量2.6761万吨。加大农田水利设施建设力度，在现有水利设施的基础上，完成高标准农田建设任务633.33公顷。

【蔬菜生产】 2021年，周宁县继续推进蔬菜产业发展，全县蔬菜种植面积2480公顷，产量4.7万吨，全县省级标准蔬菜设施面积33.33公顷。

【高山葡萄】 2021年，周宁县高山晚熟葡萄种植面积366.67公顷，产量约7000吨，产值约8400万元。周宁县地处闽东北高海拔山区，属中亚热带海洋季风山地气候，平均海拔800米，年均气温为13℃～17.9℃，7月平均气温只有24.9℃，雨量充沛，气候温凉，素有“天然空调城”之称。当地出产的葡萄成熟期推迟，比低海拔区迟30～40天，其晚熟迟上市正好填补市场的空档，具有较强的市场竞争力，同时高山区昼夜温差大，有利于葡萄着色，可增加果实的含糖量，提高品质。周宁县高山晚熟葡萄色泽乌亮鲜艳，果粉多且完整，果实外形优美，肉脆味浓，果大汁浓。

（郑华炜）

畜牧业

【概况】 2021年，周宁县有规模生猪养殖场14家，规模肉羊养殖场4家，规模奶牛养殖场1家，规模禽类养殖场5家。肉蛋奶总产量13583.66吨，全县畜牧产业各项指标提升稳定。

【畜禽养殖】 2021年，周宁县推进新建年出栏万头生猪养殖项目3个，加强猪肉替代品生产，新建肉羊养殖场1家，新增肉羊存栏260头；新建蛋鸡场1家，新增蛋鸡存栏4.5万羽；扩建蛋鸡场2家，新增蛋鸡存栏5万羽。肉蛋奶总产量13583.66吨（肉类产量5426.55吨、禽蛋产量2008.11吨、奶产量6149吨）。

【畜禽安全生产】 2021年，周宁县完善规范产地检疫工作，规范动物、动物产品的检疫，检疫生猪4.82万头，检疫生猪产品3237.493吨。全县高致病性禽流感、口蹄疫、小反刍兽疫群体免疫密度90%以上，其中应免畜禽免疫密度100%；免疫抗体合格率保持在80%以上。开展抗体监测工作，检测样品9936份，其中畜禽血清样品监测8530份，病原学监测1406份。

（郑华炜）

渔　业

【概况】 2021年，周宁县水产养殖面积1255公顷，总产量2139吨。淡水渔业发展态势良好，产值稳步提升。

【淡水渔业生产】 2021年，周宁县完成一个渔业封闭式工厂化循环水养殖基地建设，养殖水面6400平方米，并创建4个全国水产养殖技术推广示范基地。

【渔业综合执法】 2021年，周宁县组织开展执法巡查33次，出动人员130人次，收缴违法网具2张，立案查处渔业违法案件2件。

（郑华炜）

林　业

【概况】 2021年，周宁县林地面积84156公顷，其中有林地面积75577.8公顷，森林蓄积量425万立方米，森林覆盖率72.96%，湿地面积1642.12公顷。境内有省级宜洋鸳鸯猕猴自然保护区、市级闽东鸳鸯猕猴自然保护区、县级后垅自然保护区和各类自然保护小区总计9505公顷，有省级仙风山和仙岗山森林公园面积1682.35公顷。全省首个"林业生态文明实践基地"在七步镇后洋村授牌成立。

【林长制工作】 2021年，周宁县按照省、市关于林长制工作部署要求，研究制定《周宁县林长制工作实施方案》及相关配套制度，建立县、乡、村三级林长责任制体系，设立县、乡、村三级林长268人，划定森林资源管理网格160个，配备护林员191人，明确各自责任区域，实现森林资源监测全覆盖。探索"林长＋法院院长"协作机制，设立"人民法院驻林长办公室法官联络室"，通过资源整合、平台建设、健全机制的方式，推动建立周宁法院、县林长办及其成员单位共同参与、内外联动、相互协调的工作格局，提升全县森林生态治理的系统性、协同性和有效性，推进"林长制"全面实施。

【造林绿化】 2021年，周宁县推进城乡造林绿化美化，完成"三沿一环"森林景观提升8公顷，村庄绿化4公顷，松林改造提升368.27公顷，其他造林更新12.27公顷，森林抚育2144.22公顷，封山育林851.91公顷。按照《福建省"百城千村"绿化美化宜居工程实施方案》，组织建设芹溪村、洋中村两个省级森林村。

【森林资源保护】 2021年，周宁县加强森林资源监测监管，开展林草生态综合监测评价工作，完成森林资源数据与国土"三调"数据对接融合，对全县9个乡镇147个村（社区）落实网格化管理，实现森林资源监管全覆盖。开展2021年度全国森林督查及打击毁林专项行动工作，根据上级下发115个森林督查卫片图斑和1154个毁林专项行动图斑数据，做好外业现场核实、拍照存档，内业审核及成果上报。经过外业调查及内业核实，森林督查及打击毁林专项行动发现问题图斑46个（共40个项目），涉及林地面积22.86公顷（含专项行动图斑13个，涉及面积8.54公顷），比上年森林督查发现问题图斑89个（合计58个项目），涉及林地面积64.56公顷大幅减少。开展打击毁林专项行动、打击野生动物非法贸易"清风行动"，参与多部门联合执法行动，查处各类林业行政案件88件，处罚违法人员88人。加强野生动物疫源疫病监测、收容救护等工作，依托锦麟生态农场建立野生动物救助站，救护斑鸠、领角鸮等16起；对群众反映的野猪

2021年3月12日，周宁县林业局干部在七步镇后洋村开展义务植树活动

（汤文娟　摄）

危害农作物问题，购买野猪驱报器300台，分发至村、合作社使用。投入资金40余万元，开展古树名木资源调查，对古树名木受害受损情况分批进行抢救复壮，完成八蒲村、陈凤村、灵凤山村、芹山村等村12株重危重损古树名木抢救复壮工作。

【有害生物防治】 2021年，周宁县对全县3.8万公顷松林病虫害监测，森林病虫害监测覆盖率达100%。开展松材线虫病秋普春普工作，咸村镇、七步镇等乡镇按照《周宁县2021年度松材线虫病防治实施方案》，完成以菌治虫448.27公顷，喷药防治209公顷，对166.47公顷松林进行预防性采伐。基本完成松林改造提升477.93公顷任务。加大宣传力度，加强对疫木的监管巡查检疫，落实各木材加工企业不收购调运疫木承诺制，防止疫木流失，立案查处违规调运疫木行为1起。

【林业产业发展】 2021年，周宁县充分发挥高山自然生态资源独特优势，按照“8+1”特色产业发展目标，发展高山冷凉花卉产业，在种植大花蕙兰、香水百合等花卉基础上，又成功引进文心兰种植项目落户千亩高优园区，全县花卉苗木种植面积180余公顷，产值近3亿元。与省农科院、云南农科院开展科研合作，推进三杉组培种苗选育和百合种球繁育，加大科技支持产业发展力度。成功注册“周宁高山百合”“周宁高山杜鹃”两个地理标志证明商标，提升高山冷凉花卉的知名度，有效带动乡村产业发展和农民增收。结合“三库”生态文明实践基地创建，后洋村集体、合作社种植林下金线莲、草珊瑚等6余公顷，在官司村发展林下三七等药材种植近13.33公顷。培育新型林业经营主体，新增注册林业企业、合作社4家，坚持“林业+”理念，结合农村林权要素流转，打造高山特色“花卉小镇”，促进适度规模经营，推动产业融合发展。

（卢熠）

茶 业

【概况】 2021年，周宁县茶叶种植面积约7180公顷，其中有机茶园面积580公顷，生态茶园面积3886.67公顷；工商注册经营涉茶企业300余家，其中省级和市级龙头企业各7家。茶业产业全面高质量发展，茶产业综合产值11亿元。

【茶叶生产】 2021年，周宁县全年生产毛茶1.1万吨，比上年增长4.27%；毛茶产值4.8亿元，增长4.35%，其中名优茶产量3520吨，产值1.6亿元。

【项目建设】 2021年，周宁县继续实施省级现代茶业产业园项目建设，新建及改造标准化清洁化加工厂15家；实施茶树品种改造项目，累计改造茶园92.33公顷，进一步扩大金牡丹、梅占等新品种种植面积，提高茶叶品质和产能。

【品牌建设】 2021年，周宁县继续开展“周宁高山云雾茶”公共品牌宣传，打响“周宁有好茶”“喝好茶到周宁”口号。先后参展福州、武汉、厦门、济南等地举办的大型茶叶博览会，扩大“周宁高山云雾茶”公共品牌在国内主要茶叶消费市场的影响力。

举办“茶乡满园·乡村振兴”茶旅文化节、第八届“周宁高山云雾茶”杯斗茶赛、“鲤乡福境·云端周宁”茶叶推介展等形式多样的主题活动，融合打造茶旅公共品牌，宣扬周宁茶旅文化。

2021年7月20日，周宁县茶叶局组织技术人员指导茶树品种改造。图为技术人员到玛坑乡绿立茶园现场指导 （李林金　摄）

多渠道开展公共品牌宣传。与《中国茶叶》《福建日报社》《闽东日报》等媒体合作，开展专题报道和广告宣传；在七步、浦源等旅游景区设置公共品牌展示中心及平面宣传广告；委托中国移动，每年为过境周宁旅客推送“周宁高山云雾茶”公共品牌宣传短信20万条。启动制茶非遗传承人评选申报工作，推动“周宁高山云雾茶”制茶工艺和茶文化传承，丰富品牌文化内涵。

【茶业技术推广】 2021年，周宁县结合“四下基层”“我为群众办实事”及科技特派员等活动，深入基层开展茶叶技术指导工作，助力产业发展，推动乡村振兴。先后举办“高山韵女子茶艺培训班”“提升周宁茶叶企业负责人综合素质培训班”和评茶员职业技能竞赛赛前集中培训班，培训学员80余人次。

【茶叶质量安全工作】 2021年，周宁县配合省、市、县各级有关部门，开展茶叶质量安全抽检工作。5月27日，举办茶叶质量安全座谈会，专题开展茶叶质量安全学习交流；推动61家涉茶企业在追溯监管信息平台上登记注册，约占全县在册茶企、合作社的50%；推进县内茶企开展食品安全认证，新增8家茶企取得食品安全许可证（SC）；规划建设周宁县茶叶审评中心，对县内茶叶产品进行质量把关，维护消费者权益和“周宁高山云雾茶”公共品牌形象。

【行业扶持】 2021年，周宁县继续实施“推动现代农业‘五化’建设工作方案”，加强对茶企的政策扶持，成功培育1家茶企（润鸿堂）入库；多次组织召开茶产业座谈会，向全县重点茶企代表介绍茶产业发展规划和政策，邀请茶企代表建议献策。

【茶技能竞赛】 2021年，周宁县选派人才、选送茶样参与各地举办的茶叶职业技能竞赛和斗茶赛，广泛开展茶叶技术交流。先后获得第二届“海丝国际杯”茶王赛白牡丹金奖、宁德市红茶大赛金奖等荣誉。

（彭晨）

水利建设

【概况】 2021年，周宁县水利局践行“节水优先、空间均衡、系统治理、两手发力”治水方针和“水利工程补短板、水利行业强监管”总基调，较好完成年度工作任务，“河长制”工作在全市2021年度全面推行河长制工作考核中评为第一名，并代表全市接受省年度考核，获得好评。全县54条河流水质均达到或优于Ⅲ类水质标准，达标率100%，水生态环境质量持续改善，在全市率先完成县、乡两级河长制办公室标准化建设全覆盖；重大水利、民生水利再提速增实效，水利工程短板进一步补齐，水利监管体制机制逐渐完善，巩固脱贫攻坚成果同乡村振兴有效衔接，统筹推进人居环境整治、农村环境品质提升；全县水利安全生产零事故。

【水利重点项目建设】 2021年，周宁县水利局围绕“滨海亚高原生态旅游县”定位，推进安全生态水系（东洋溪浦源段）安全生态水系项目。建设10千米，总投资1500万元，5月29日竣工验收。总投资2800万元，规划治理河长4.8千米，涉及咸村镇

2021年5月29日，浦源安全生态水系（LYR0+125）竣工

（周宁县水利局 供图）

咸洋村、樟源村2个村，项目于12月10日开工在建。禾溪河道综合治理工程，项目总投资2950.05万元，规划治理河长5千米，涉及纯池镇，禾溪村、桃坑村、桃园村等三个村，项目9月18日动工在建。水土保持重点建设工程等11个水利项目建设，总投资12.61亿元，完成投资1.87亿元。其中，总投资8.86亿元城乡供水一体化建设项目（省级重点项目），于12月动工建设，计划2027年完成6个规划分区项目建设，通水到全县多村多户，做到供水全覆盖，受益人口25.39万人。

【水土流失治理】 2021年，周宁县水土保持治理投入1316.68万元，水土保持综合治理面积1646.6公顷，涉及3个乡镇（咸村镇礼门乡、七步镇），7个村（下坂村、川中村、礼门村、秋楼村、贡川村、七步村、后洋村），流域水土流失面积和强度“双降”趋势明显。

【水资源管理】 2021年，周宁县坚持“绿水青山就是金山银山”发展理念，落实“节水优先、空间均衡、系统治理、两手发力”十六字治水方针。严格用水总量、用水效率、水功能区纳污控制“三条红线”管理，在全市率先完成县乡两级河长制标准化建设全覆盖，前三季度河长制工作明察暗访量化评价均排名全市前二；农村生活污水智慧监管案例在全国数字峰会上进行展播。全年全县用水总量约为0.72亿立方米，万元工业增加值用水定额60.8立方米、比上年下降23.1%，万元GDP国内生产总值用水定额91.7立方米、下降12%，农田灌溉水有效利用系数0.553，完成年度计划目标（0.553）。省级以上水功能区3处（李园水库周宁水源保护区、七步溪周宁保留区、穆阳溪周宁赛江下游西岸引水水源保护区）水质均达标。

【河湖长制落实】 2021年，周宁县坚持党政同责，夯实各级河湖长“施工队长”职责，完善河湖长制工作机制。根据人事变动情况，调整充实各级河湖长，设立县级河长7人、乡级河长87人、河湖长制工作人员34人、河道专管员91人，实现河长体系县、乡、村三级全覆盖，全面落实水环境保护责任。强化日常巡查。围绕“督查、整改、通报、销号”四个环节，开展督查50次，发现问题51个，列出整改清单，研究具体解决方案，整改时间节点，全部整改到位。建立长效治理机制，采取“企业运作＋政府监督”常态化管理模式，将全县9个乡镇河道专管员全面推向市场化管理；发挥县河长办检察联络室和县河长办法官工作室作用，在推行“河道警长制”基础上，在全市率先成立县河长办河道警长执勤室；强化智慧河长建设，建设高光谱水质连续在线监测系统，规划设置监测站点13个，完成1个；投入360万元完成县、乡两级河长办标准化建设全覆盖，建立河湖智慧化管理新模式。强化宣传，开展“巾帼护河”“河小禹杯”征文比赛、河湖长制摄影图片展等宣传活动，全省首个“电视＋环保”宣传平台投入使用，在中央媒体发布报道7篇，省市级媒体发布报道116篇，县级媒体发布报道207篇，其中《生态为底，描绘高质量发展“新风景”》在全国县级融媒体中心优秀作品双月赛中获一等奖。

【水环境治理】 2021年，周宁县推进“清四乱”常态化规范化，组织开展“清四乱”执法检查373人次，开展联合执法3次，解决省、市、县督查、群众举报及无人机航拍发现问题275个，拆除涉河违章建筑5661平方米，清除弃土弃渣265.4立方米，打捞河漂垃圾6553.4立方米，取缔非法采砂点2处。重点治理水葫芦滋生2处，打捞水葫芦3000余吨。

（周宁县水利局）

库区移民开发

【概况】 2021年，周宁县库区移民开发局辖域内大中型水库4座，涉及3个县（市）5个镇2个乡，31个建制村（社区）的库区移民工作。年内向省移民开发局争取助力乡村战略项目11个，资金1563.34万元，完成域内移民村道路硬化、民生工程、生产机耕道、环境综合整治、文化场所基础设施建设、库区移民生态农业基地建设。年度直补移民3915人，直补到村2252人，直补资金发放总额234.9万元。

【项目建设】 2021年，周宁县纯池镇前溪村建设引水渠项目，投入资金28万元，建成长1000余米，宽80厘米，高60厘米引水渠3条。投入移民资金21万元，完成浦源镇五源村村口景观花带建设项目。投入资金17万元，完成浦源镇龙亭村消防水池及木廊坊工程建设。

【抽水蓄能电站工程】 2021年7月1日，周宁抽水蓄能电站下闸蓄水。12月18日，华电福建周宁抽水蓄能电站1号机组首次并网发电成功，27日，华电福建周宁抽水蓄能电站2号机组首次并网发电成功。

福建周宁抽水蓄能电站建设征地影响涉及周宁县七步镇的龙溪村、象运村和狮城镇陈凤村，共2个镇3个行政村14个村民小组。工程建设征地总面积为229.17公顷（其中耕地40.28公顷、园地23.53公顷、林地148.80公顷、草地1.80公顷、工矿仓储用地0.26公顷、交通道路用地1.56公顷、建设用地6.04公顷、水域水利设施用地6.64公顷、未利用地0.25公顷）。抽蓄电站项目建设用地于2017年1月24日经国土资源部批复。根据《福建省周宁抽水蓄能电站可行性研究阶段建设征地移民安置规划报告（审定本）》核定，周宁抽蓄电站建设征地范围不涉及搬迁移民。按照项目建设征收耕地面积与村民人均占有耕地比例测算，至规划水平年核定生产安置人口912人，其中龙溪村806人，象运村106人。

（周雅琼）

2021年7月1日，周宁抽水蓄能电站下闸蓄水。图为电站上水库

（周宁县移民开发局　供图）

农业机械化

【概况】 2021年，周宁县农业机械化发展中心农机购置补贴总申请办理236份，其中用手机App办理198份，占83.8%，主要农作物耕种收综合机械化率完成64.5%，水稻耕种收综合机械化率完成69%。

【农机购置补贴】 2021年，周宁县农业机械化发展中心创新服务手段，小型农机具推广通过手机App实现全程网上办理，进一步方便购机户办理补贴。农机购置补贴总申请办理236份，其中用手机App办理198份，占83.8%。围绕当地主要农作物生产和特色农业产业，深入基层，进村入户，主动对接种养大户、农机合作社、农业企业等主体，宣传补贴政策，推动补贴政策落到实处，实现年度中央和省级补贴资金“零结余”。全县落实农机购置补贴资金90.91万元；得到补助的农机具471台（套）；受益农户392户、农业合作组织3个。

【农机示范推广】 2021年，周宁县农业机械化发展中心组建农机安全、复工复产、农机推广三支服务队伍，深入农机经销点、维修点及农机专业合作社实地调研，帮助解决问题和困难，进行政策宣传，要求企业和经营者尽快复工复产并做好新冠肺炎疫情防控工作。向农民现场推广微耕机、插秧机、联合收割机的示范使用，现场观摩98人次。主要农作物耕种收综合机械化率完成64.5%，水稻耕种收综合机械化率完成69%。

【农机安全生产】 2021年，周宁县农业机械化发展中心按照“党政同责、一岗双责、齐抓共管、失职追责”和“三个必须”的要求，压实农机服务组织、农机大户、农机手等农机经营者安全生产主体责任。坚持把责任落实挺在隐患前面，确保不发生较大以上农机安全生产事故。开展农机安全生产综合整治“三年专项行动”，依托道安工作机制，完善与公安、应急、交通等部门长效协作机制，联合公安交管部门开展整治拖拉机违法载人、超速超载、非法改装等违法行为。全年多次配合公安交警部门联合执法，检查违规拖拉机 75 车次。对牌证狠抓源头管理，严把注册关，检审关。多地布置安全宣传广告，并向群众发放农机安全宣传材料 1000 余份。

（戴高鹏）

乡村振兴

【概况】 2021 年，周宁县委、县政府将持续推进巩固脱贫攻坚成果与乡村振兴有机衔接作为工作重点，依托“一规划两清单”，巩固拓展脱贫成果，实施乡村建设行动，推动乡村振兴。推进“五大”试点示范片区建设，统筹 3610 万元，重点支持 10 个省级试点村、2 个省级实绩突出村发展，补齐基础设施及产业发展短板，打造乡村振兴“生态 +”样板；开展“一月一乡镇”现场会，促进相互交流、相互借鉴，12 月 24 日宁德市乡村振兴“一月一县”暨乡村生态振兴农村建设品质提升现场推进会在周宁召开；推进全域“治水”，全县 54 条河流水质均达到或优于Ⅲ类水质标准，达标率 100%；在全省率先采用建管一体化（EPC+O）农村生活污水治理模式，覆盖 8 个乡镇 32 个行政村；启动“百村”垃圾干湿分类处理及资源化利用试点示范建设工程，围绕厨余垃圾、畜禽粪污、农作物废弃物和林下有机废弃物的“四污合一”统筹处理模式，结合无害化处理设备和人工沤肥等方式，推进农村垃圾分类及资源化利用，全县行政村全覆盖。2021 年获评国家生态文明建设示范区、全国村庄清洁行动先进县。

【产业振兴】 2021 年，周宁县以产业项目培育促乡村振兴，围绕“三链”融合，培育富民强村新产业。成立乡村特色产业工作领导小组，探索“产业链、价值链、供应链”融合壮大路径，统筹推进乡村产业振兴，加快构建高山马铃薯、高山云雾茶、冷凉花卉“3+N”特色产业体系，培育涉农经营主体 1000 家，推进农产品研发、生产、加工、销售等。制定花卉产业扶持政策，发展花卉苗木 180 余公顷，培育龙头花企 13 家，建成大花蕙兰、香水百合、高山杜鹃、多肉植物等生产基地，形成从种苗培育到种植、从销售到展示的全产业链，年产值 3 亿元。出台马铃薯产业发展扶持办法，利用抛荒土地改种、轮种马铃薯，种植 2000 公顷；与省农科院合作共建全省唯一的国家级南方薯类科研基地，品种改良后亩产量从 750 千克提高到 1300 千克；周宁县万城易购公司成为国内唯一一家乌蛋粿生产标准制定企业。推进高山云雾茶产业发展，设立 800 万元产业基金，推出 9 条措施，建设有机茶园 666.67 公顷，建成标准化、清洁化加工厂 50 余家，运营苏家山、玛坑乡 2 个茶旅示范基地，加快山海协作产业园茶叶加工集中区建设。整合资源打造乡村振兴服务中心，发展“直播经济”，向山兰园、天蓝蓝、三杉生物等企业在抖音、快手平台人气火爆。建成 26 个单体 100 吨冷库，推进乡村振兴智慧产业园基地建设，一批冷链物流、电商项目破土动工。成立“周宁有鲤”投资有限公司，打造“周宁有鲤”区域公共品牌。紫云土豆、宝岭花生等农产品供不应求。

【人才振兴】 2021 年，周宁县以人才队伍建设促乡村振兴。制定《周宁县政府顾问团组建实施方案》，引进省级高层次 C 类人才 1 人、省工科类青年人才 1 人、宁德市“天湖人才”20 人、宁德市紧缺急需医疗卫生基础教育专业人才 5 人。加强人才平台建设，建成县级人才驿站 6 家、驻外人才工作站 2 个，市级星创天地 1 个，成立名医“师带徒”工作室 3 个。建立福建茶学会首章创新驱动服务站，实施“扬帆计划”，征集大学生返乡实习岗位 322 个，上岗 126 人。助力乡村人才振兴。制发《中共周宁县委办公室、周宁县人民政府办公室关于印发〈周宁县集聚下派力量助力乡村振兴的实施方案（试行）〉的通知》，整合乡村振兴指导员、驻村第一书记、科技特派员、专家服务团、金融助理员等五支队伍 680 余名下派干部力量，通过建立“供需清单”，将专业特长、资源优势与各村需求精准匹配，全年实施跨村跨乡服务项目 155 个，开展服务 436 次，帮助解决问题 174 个，推动项目落地 105 个，经验做法在宁德市乡村振兴“一月一县”现场会上作典型发言。

【文化振兴】 2021 年，周宁县以文旅融合促乡村振兴。探索文化保护新方式，打造“鲤乡福境 · 云端周宁”、云端福镜 · 周宁有鲤文旅品牌。聚焦文化民生工程。印发《周宁县农村公共文化基础设施管护办法》，以周宁革命历史为主要题材，建设后洋“三库”生态文明学习实践基地、周宁地下交通红色文化展示馆、凌福顺故居暨孝廉文化展示馆，改造萧家岭红色文化馆、梧柏洋红色文化展示馆等一批红色基地。延续乡村文化根脉。建立非遗传承人资料库，组织3个项目申报省级非物质文化遗产、6个项目申报市级非物质文化遗产。举办《闽东文书的整理与研究》开题、调研工作，提炼成果，在福州举办“周宁契约文书展”；以“司法＋保险＋服务”等方式，探索构建廊桥文化遗产保护体系；出版《银山秘境·千年古银矿》，麻岭巡检司遗址、浦源村林公宫成功申报省级文物保护单位。推进文旅融合。以“旅游＋”和“＋旅游”为途径，培育观光休闲、田园采摘、农事体验等文旅新业态。启动《大鲤鱼溪规划》编制，建成鲤鱼溪“四季花海”观光园、鲤鱼溪生态水系、水幕光影秀提升工程。培育“红色＋旅游”，推出精品红色游线路，“周宁红色岁月研学游”上榜福建省百条红色旅游线路，“‘三库’生态文明基地红色体验游”入选宁德市10条红色主题旅游精品线路，周宁县凌福顺事迹展陈馆、肖家岭红色文化馆被列为宁德市党史教育参观学习点。将旅游企业、团体“请进来”宣传，在福州三坊七巷举办“鲤乡福境·云端周宁”全域旅游推介展，“走出去”展示推介周宁风光、非遗、农特产品以及古银矿文化、鲤鱼文化等特色文化。陈峭村入选中国美丽休闲乡村，浦源村入选福建省金牌旅游村。

【生态振兴】 2021年，周宁县以人居环境整治促乡村振兴。坚持“三库”（森林是水库、钱库和粮库）引领，厚植绿水青山新优势。持续巩固农村人居环境整治三年行动成果，推进全域“治水”，全县54条河流水质均达到或优于Ⅲ类水质标准，达标率100%。在全省率先采用建管一体化（EPC+O）农村生活污水治理模式，覆盖8个乡镇32个行政村。倡导黄振芳植树造林精神，累计建成“绿盈乡村”初级版98个、中级版23个、高级版7个，全县森林覆盖率达72.96%，空气监测优良天数比例100%，负氧离子浓度每立方厘米最高超过1万个，达到“非常清新”等级。在全县铺开农村垃圾干湿分类处理及资源化利用示范工作，建成29个片（点）、覆盖51个行政村，利用湿垃圾生产有机肥2.3万千克，获评全国村庄清洁行动先进县。依托黄振芳家庭林场，打造“三库”生态文明学习实践基地，获评全省首个“林业生态文明实践基地”，承接全省各级党校培训班40余期、培训学员1600余人次。发展林茶、林药、林菌、林油等林下经济，开发利用6000余公顷林地资源，总产值7亿余元。

【组织振兴】 2021年，周宁县以加强组织引领促乡村振兴。发挥基层党组织在全面推进乡村振兴中的领导作用，推动各类资源、各方力量投入乡村振兴。选优配强乡村振兴“领头羊”。在村级组织换届选举工作中，突出“双好双强”标准，深化能人回引工程。新选举产生的777名村（社区）“两委”成员中，成员平均年龄分别为41.6岁、38.7岁，高中以上学历占94.5%，结构比例均优于省市要求。推行党支部领办合作社试点工作。在全县筛选产业基础较好的35个村，由党支部牵头成立合作社，推行党支部领办合作社以及合作社联合社新模式，探索成立联合社“大党委”。推行“党建＋旅游+N”。发挥党组织在人才、文化、农业、电商等领域引领作用，帮助各村融入全域旅游，找准发展思路，开展“创五强堡垒，促金牌旅游村”活动，以乡村旅游助力乡村振兴。七步镇苏家山村通过“党建＋旅游＋人才”，回引乡贤苏文达，成功打造苏家山村国家AAA级旅游景区；泗桥乡坂坑村通过“党建＋旅游＋电商”，村党支部以资金入股福建天蓝蓝公司，发展直播销售业务，村集体创收近20万元，带动70余户农户就业，实现企业、村民、村集体“三增收”。

（陈江辉）

工 业

综 述

【概况】 2021年，周宁县规模以上工业企业41家，完成规模以上工业总产值23.63亿元，比上年增长44%，工业增加值增长20.6%，位居全市山区县第二；全年全社会用电46122万千瓦时，增长20.29%，工业用电24060万千瓦时，增长37.22%，其中大工业用电18682万千瓦时，增长28.5%。

【园区管理模式创新】 2021年，周宁县工信局牵头创建“1+2+5+1”园区管理模式，组建“政府+盟信+企业”的园区网格化服务团队。“1”即政府与盟信公司各选择一名牵头领导，组建班子，对网格化管理模式统筹安排部署，形成常态化管理机制，确保企业的问题和困难在第一时间内得到解决；“2”即由政府与招商牵头单位盟信公司各一名工作人员组成两人网格组；“5”即将园区43家企业划分为五个网格，由网格组成员进行包企；“1”即每个网格内推选一名已投产、责任心强、政治觉悟高的企业代表担任组长，联系其所在网格内的企业，当好单体企业与盟信公司和政府部门的“接线员”。

（周宁县工信局）

工业园区

【概况】 2021年，周宁县推进4大工业园区建设。不锈钢（新型材料）深加工产业园一期实现35家企业动工，其中14家投产，青山钢管总部、不锈钢针管孵化园等项目开工建设；站前工贸科技园（一期）项目安征迁任务全面完成，土石方工程等基础设施启动建设；山海协作产业园加快推进，立源棉纺1号厂房投产，花卉组培楼主体工程完工；梨坪铸造产业科技园完成12个标准厂房建设，10家传统铸造企业实现“退城入园”并投产。

【不锈钢深加工产业园】 2021年，周宁县不锈钢深加工产业园一期基础工程基本完成，32家企业动工建设，其中盟信公司、盟信建材、福建青山钢管（含管件、焊管2家企业）、正上管业、广新管业、金传新材料、久兴管业、龙联新材料、盟信气体等10家企业投产，新增产值7亿元。二期分为3个地块，其中，不锈钢产业园一期西侧地块约8.7公顷、南侧地块21.3公顷、阮家洞弃土场地块20公顷。不锈钢针管生产加工项目，总投资约18亿元，用地规模约14.3公顷，年生产针管300亿支，实现销售收入120亿元，实现税金3.6亿元（不含所得税）。

【山海协作产业园区】 2021年，周宁县山海协作产业集中区纳入现代农业示范基地基础设施项目申报专项债券资金8600万元，建设山海协作产业集中区园区基础设施和花卉科研组培展示一体化中心。园区基础设施A段护坡、C段挡墙、道路管网工程全部竣工，保障棉纺项目厂房建设投产及茶叶项目进场施工。花卉科研组培展示一体化中心完成组培楼、仓库建设，组培楼一至二层交付县工信局电商中心使用。棉纺项目一期投产，二期按时推进，

周宁县山海协作产业园棉纺项目自动化流水线投入生产（摄于 2021 年 11 月 10 日）
（周宁县工信局 供图）

计划 2022 年上半年建成投产。天行山海项目与市交投置业公司合作，按 30% 的股比投资 4041 万元，完成 7 号楼 1—10 层、8 号楼四五层、9 号楼一层、10 号楼八九层、11 号楼一二层主体结构建设。

【梨坪铸造科技产业园】 2021 年，周宁县梨坪铸造科技产业园一期基础设施建设基本完成，10 家企业全部投产。二期十恒项目规划面积 14 公顷，总投资 2.3 亿元，前期报批与清表工作同步进行，待土地审批完成后，启动建设。梨坪铸造科技产业园是周宁县委、县政府针对传统铸造企业在布局和技术工艺上的现状与问题，做出“退城入园、转型升级”的决策部署，选址七步镇梨坪，建设七步铸造产业科技园，规划面积 66.7 公顷，分期推进。第一期规划面积 17.3 公顷，由龙潭工业区 10 家铸造企业转型升级设立福建省三晟工贸有限公司，总投资 2.6 亿元，开发“黑色金属装备铸造项目”（该项目被列为 2019 年省在建重点项目）。

建设中的梨坪铸造科技产业园企业厂房（摄于 2021 年 11 月 10 日）
（周宁县工信局 供图）

【咸村汽车配套产业园】 2021 年，周宁县咸村汽车配套产业园组卷完成第一批 14.4 公顷土地报批材料，加快第二批次组卷工作。园区成片开发获省政府审批，园区控规修编完成并提交县自然资源局，环评、地质灾害、水保继续编制，园区列为 2021 年省重点项目。其中，亿旺宏工贸有限公司宏森木业包装箱制造项目总投资 0.6 亿元，用地面积 2 公顷，基础设施建设竣工验收；物流园项目建设用地 18.6 公顷，完成可研、控规、土地初审意见书等工作，依托该项目向农发行福安支行申请贷款 2.3 亿元，其中征地款 2800 万元已下发至咸村镇账户。年内，周宁县政府就站前工贸科技园与宁德东侨开发区围绕两地在园区共建、招商引资、产业对接等方面开展合作，成立宁德市宁东园区开发建设有限公司。

周宁县站前工贸科技园选址周宁县咸村镇火车站周边，总投资约 8.2

亿元，规划用地面积258.7公顷。科技园主要分为三个组团，其中组团一位于周宁站站前广场，为周宁县站前工贸物流园，主要布局物流仓储、商贸服务业等项目。组团二位于川中村，用于衔接、服务南北两个片区，主要布局居住、商住配套。组团三位于川中村至梅山村沿线，主要布局新材料、锂电新能源、新能源汽车、铜材料等宁德四大千亿产业下游产业。

（周宁县工信局）

特色工业

【概况】 2021年，周宁县铸造业完成产值13亿元，比上年增长81.1%，占规模以上工业总产值的55%；全县规模以上工业茶叶企业9家，完成产值1亿元。

【铸造业】 2021年，周宁县规模以上铸造工业企业12家，主要生产电机、水泵及配件、矿山配件等。年内完成产值13亿元，比上年增长81.1%，占规模以上工业总产值的55%。

【茶产业】 2021年，周宁县将茶产业作为生态文明绿色产业和精准扶贫的富民产业，用工业化的理念推动发展。全县规模以上工业茶叶企业9家，完成产值1亿元，比上年下降72%。

（周宁县工信局）

电力工业

【发电】 2021年，周宁发电分公司下辖东风水电站和龙溪一级水电站。全年完成发电量8480万千瓦·时，售电量8365万千瓦·时，主营业务收入2674万元，实现利润947万元，上缴税收86万元。

2021年，公司投入100余万元改造周宁发电分公司两站直流系统蓄电池组更换工程、龙溪一级水电站渠道3K＋300内边坡地质灾害处理工程、龙溪一级水电站柴油机更换工程、龙溪一级水电站35千伏真空开关更换工程、龙溪一级水电站渠道环氧玻璃钢修复工程。

【供电】 2021年，国网周宁县供电公司全年售电量4.38亿千瓦时，比上年增长12.134%。综合营业收入2.12亿元，比上年增长23.3%。固定资产投资4950万元。累计综合线损率3.84%，比上年下降1.45%。供电可靠率99.85%，比上年提高0.03%。综合电压合格率99.88%，比上年提高0.06%。用户平均停电时长3.37小时，比上年减少0.75小时。公司绩效指标位列全区第二，年内公司获评市公司先进单位、公司共产党员服务队获评国网公司“优秀共产党员服务队”称号。

供电服务　2021年，国网周宁县供电公司优化地方政务平台与供电信息系统，实现客户办电免上门、免提资。优化“房产＋电表”联合过户流程，客户办理房产过户同步完成电表过户。改造老旧小区电网1个，新增、改造供电台区32个，新装HPLC智能电表1.2万只。推行“阳光业扩”服务，开展盟信集团第一期26家企业、梨坪工业园区第一期11家企业业扩报装上门服务，现场解决用户问题；实施“先导式”办电服务，助力周宁县正上管业和钜炜管业等重点18个项目早投产；开

2021年9月1日，国网周宁县供电公司员工走访周宁县李墩不锈钢产业园盟信集团。图为供电公司员工了解生产用电情况　（叶兆婷　摄）

展企业后续电力延伸服务，组建巡检班服务园区企业；与城管局联合启动“两违”证明一站式服务，走访16户高压用户。推行供电网格与政府乡镇网格“双长融合”，与礼门乡仕本村签订共建协议，设立电力服务联络点，开辟“绿色通道”，快速推进仕本村农作物冷库建设，争取资金，为村庄增设一台变压器。

电力安全生产 2021年，国网周宁县供电公司成立安全管控中心，规范安全督查队伍建设，应用作业风险管控平台（ORM）、基建E安全、视频终端、车辆定位系统等手段，狠抓现场安全管控，强化反违章管理。全年检查3456个作业现场，查纠违章现场75个，其中严重违章2条，发现问题122个，进行相应经济考核4.54万元，执规查纠覆盖率比上年提升38%。开展安全生产大整治，排查隐患105处，整改99处，整改率94.3%，居全市第一；开展安全生产专项整治三年行动，高质量完成“二下二上”，建立隐患清单25项，其中设备安全23项，人身安全1项，消防安全1项，整改率100%。落实精益运维，开展35千伏纯池变、泗桥变开关柜绝缘化大修10面、35千伏西关变老旧开关改造4台、35千伏礼门变开关柜技改5面；安装各电压等级避雷器549基，接地网补强189基，安装水泥杆接地外引线78基；频繁停电整治线路11条，保护定值梳理209条，专变分界开关投零序跳闸57台，接地网大修补强132基，更换瓷瓶1000余只，新增用户分界及自动化开关65套。推进应急体系建设制度化、规范化和标准化，形成“1+22”预案体系，修订突发事件总体预案1项、各类专项预案22项。不断加强网络安全防护，在闽盾2021网络攻击防御演习中“零失分”。提前部署，应对台风、低温寒潮等恶劣天气，保存电网平稳运行。

电网建设 2021年，国网周宁县供电公司主网建设全面提速，续建投产35千伏等级以上基建工程7个，新增容量50兆伏安，新增35千伏主变3台，新增容量36.3兆伏安，新增35千伏等级及以上线路4条，全面消除县域内15千米以上长供电半径线路；公司所辖35千伏变电站实现双主变、双进线，变电站单线、单变问题成为历史；推进咸村110千伏变电站、李墩岭尾110千伏变电站选址工作。主动对接周宁抽水蓄能电站，配合完成35千伏福新变投运，为抽蓄电站机组调试提供有力支撑；建立一对一服务机制，提前介入李墩工业园区和三嘉钢铁、鑫常泓铸造负荷需求，推进富鼎铸造转为周宁公司供电，配套建设110千伏李墩变二期工程（5万千伏安）及登科变10千伏配套馈线等。实行配套电网工程建设契约制，由专人跟踪，提速业扩配套项目流程，1—10月10千伏高压业扩受理54户，平均接电时长33.59个工作日（含客户内部工程施工时长）；低压业扩新增1041户，平均接电时长2.32工作日，均位居全市前列。

经营管理 2021年，国网周宁县供电公全面实施精益管理，压降物资库存940.9万元，实物压降率为73%；累计利库1100.8万元，首

2021年3月18日，国网周宁县供电公司派技术员到周宁抽水蓄能电站检查设备运行情况 （肖贵芳 摄）

家达到市公司要求最佳库存目标值单位。调整大工业客户供电方式，最大限度消纳小水电上网电量，减轻110千伏东关1号主变重载现象。开展电能替代专项行动，高效完成电制茶改造超过20家茶企，电制茶覆盖率超过70%，完成年度目标值96%。累计产生经济效益200万元，实现电能替代340万千瓦时，减少标准燃煤用量1184.22吨，减排二氧化碳约3200吨，其中在建乡村电气化项目3个（周宁县玛福茶叶专业合作社煤改电项目、周宁县兴进茶叶专业合作社煤改电项目、周宁县绿立茶业开发有限公司煤改电项目），完成农业领域电能替代95.41万千瓦时。开展线路“一线一档”隐患治理2755条，低压隐患治理753处，树障清理14177颗。推进新兴业务营收，主动对接工信、环保、铸造企业及运营商，推进智慧园区、环保监测、共享租赁等新兴业务。2021年完成站房租赁1项，光纤租赁2项，7家企业环保监测、2个智慧园区等，实现营收32.52万元。省管产业营收1877万元。电费回收率99.99%，完成99.99%指标，智能交费应用率提升8.44%，完成年度提升5个百分点目标。结合营销普查，完成客户基础信息收集1.08万户。台区综合线损率2.52%，比上年下降0.72个百分点，获评线损管理百强县3次、百强所11次。开展高压用户隐患排查301户，发放隐患整改告知书及用电检查通知书252份，查处窃电违约用电36起，追补电费72.61万元，完成率330%。加强供电所管理，“一张表”指标位列全区第1名累计8次。

【抽水蓄能电站建设】 2021年，周宁县抽水蓄能电站工程由华电福新周宁抽水蓄能有限负责建设及运营管理。电站位于福建省宁德市周宁县境内，地处福建沿海500千伏主网架附近，为闽东沿海北部新兴能源基地和福建省电网与华东区域电网连接处，距福建省会福州市的直线距离110千米，距宁德500千伏变电站33千米。电站为日调节纯抽水蓄能电站，主要承担福建电网的调峰、填谷、调频、调相及备用等任务，安装4台单机容量30万千瓦的可逆式发电电动机机组，总装机容量120万千瓦，额定水头410米。电站设计年抽水用电量16亿千瓦时，年发电电量12亿千瓦时，综合发电效率75%，工程可研概算总投资66.93亿元。

电站枢纽工程主要由上水库、输水系统、地下厂房系统、地面开关站和下水库等建筑物组成。上水库主坝为面板堆石坝，最大坝高77.60米，上水库正常蓄水位716米，总库容1073万立方米，调节库容815万立方米；下水库大坝为碾压混凝土重力坝，最大坝高108米，是截至2021年国内抽水蓄能电站最高的重力坝，下水库正常蓄水位299.00米，总库容1248万立方米，调节库容799万立方米。输水系统总长1724.34米，距高比3.23。地下厂房由主副厂房洞、主变洞、母线洞、500千伏出线洞、进厂交通洞、通风兼安全洞等洞室群组成。

2021年3月电站下闸蓄水阶段移民安置工作，通过福建省水利厅终验；4月30日完成上水库主坝面板浇筑；5月13日国内抽水蓄能电站重力坝第一高坝108米下水库大坝浇筑到顶；7月1日下水库下闸蓄水；10月28日完成1号机组总装；11月25日完成1号输水系统充水、2号机组总装；12月18日1号机组首次并网发电；12月27日2号机组首次并网发电。

（周宁县抽水蓄能电站指挥部）

商贸服务业

国内贸易

【概况】 2021年，周宁县社会消费品零售总额28.28亿元，比上年增长2.0%;第三产业增加值53.84亿元，增长15.2%。其中，批发和零售业增加值14.53亿元，比上年增长41.6%;住宿和餐饮业增加值1.45亿元，增长15.9%；其他服务业增加值21.10亿元，增长5.3%。年内，县发改局和工信局联合实施平价商店稳价销售价格补贴活动，共拨付补贴款8.76万元。贸易进出口总额2586.46万元。

【城市副食品调控基地建设】 2021年，周宁县有2家省级城市副食品调控基地（福建省闽绿立体农业综合开发有限公司生猪基地和周宁县云埔蔬菜专业合作社蔬菜基地），5家市级城市副食品调控基地（闽绿、云埔、菊美、茂顺、怡然）。闽绿公司2021年生猪存栏2万头，上市出栏4万头，母猪存栏2000头；云埔蔬菜专业合作社蔬菜种植面积106.7公顷，上市蔬菜580万千克。

【冻猪肉储备工作】 2021年，周宁县制定冻猪肉储备方案和投放实施方案，完成宁德市下达的15吨储备任务，1月13日启动政府储备冻猪肉投放工作，在连心超市设立冻猪肉投放点，并悬挂“政府储备冻猪肉投放点”牌子，投放冻猪肉0.5吨，实际销售0.29吨，平抑市场猪肉价格，确保春节及新冠疫情期间猪肉供应充足。

【“菜篮子”工程】 2021年2月，周宁县将宁德市商务局下达的2020年市级“菜篮子”示范基地建设项目资金30万元拨付给3家市级“菜篮子”示范基地（闽绿、云浦、鸿腾基地），拨付2020年市级生猪活体储备补助资金11.174万元给承储企业闽绿公司，拨付2019—2020年省级生猪活体储备补助资金37.2495万元给承储企业闽绿公司，推荐闽绿公司申报省级重点城市副食品调控基地项目。

【县屠宰场搬迁项目】 2021年，周宁县屠宰场搬迁项目为重点民生项目，总投资5215万元，规划用地

周宁县屠宰场搬迁项目施工现场(2021年11月8日摄)(周宁县工信局　供图)

面积2公顷。综合楼基本完成；生猪车间、无害化车间、禽类宰杀车间、牛羊宰杀车间及室外附属基本完成。

（周宁县工信局）

国际贸易

【概况】 2021年，周宁县贸易进出口总额2586.46万元，比上年增长77.89%。其中，出口总额2586.46万元，进口暂无。利用外资任务为350万元，分别为浦澳家具项目（30万澳元）和美闽旅游服务中心项目（31万美元）。

【经贸活动】 2021年，周宁县工信局（商务局）为企业寻求外贸机会，组织企业出席各种交易会及博览会，为企业扩大外贸出口寻求理想的国际市场。组织润鸿堂茶业、海雾茶业等8家茶企参加第21届中国国际投资贸易洽谈会，进行茶艺展示、地方特色茶叶产品推介；组织2家县内出口企业参加第130届中国进出口商品交易会（广交会）。

（周宁县工信局）

粮油贸易

【概况】 2021年，周宁县粮食和物资储备局（简称“县粮储局”）贯彻落实粮食流通管理政策，加强粮食宏观调控，推进粮食市场监管，确保全县粮食市场稳定和粮食安全。加强对周宁县18个应急粮油供应网点管理，扶持浦源旺农大米加工厂引进日加工能力50吨大米生产线，保障周宁县粮油保供稳价。

【粮油储备】 2021年，周宁县粮储局做好县级储备粮、应急食用油、和省级代储储备粮管理。11月，完成县级储备粮轮换入库，轮换委托“国家粮食福建交易中心”网上公开竞价交易。

【粮食流通管理】 2021年，周宁县粮储局推进粮食市场保供稳价工作，引导社会粮食经营企业、粮食加工厂对接安徽郎溪、寿县和福建浦城、建阳等省内外产粮区，做好引粮入宁工作，保障周宁县粮油市场供应。社会粮食经营企业调入大米约1万吨，3家粮食加工企业调入稻谷约5000吨；新冠肺炎疫情防控期间对成品粮购销存变动情况、大米（面粉）经营情况、应急供应网点库存情况、粮食加工企业基本情况等实行日报制，并在全县落实3个粮食价格动态监测点，重点监测周宁县粮油市场面粉、大米、食用油的批发价和零售价，采集数据，形成粮油价格监测报表，通过网站予以发布，对苗头性问题予以针对性处理，确保周宁县粮油市场价格稳定。

【粮食质量安全管理】 2021年，周宁县粮储局对周宁县粮油库存进行全面检查，做到“有仓必到、有粮必查、有账必核、查必彻底”，全面澄清库存粮油数量情况、库存粮油质量安全情况、储备粮油轮换管理情况、粮食购销政策执行情况、安全储粮和安全生产情况、“回头看”专项行动整改情况，确保周宁县政策性粮油账实相符、账账相符，粮油质量稳定、品质良好、等级合格，达到国家中等以上质量标准。年内，开展各类检查46次，出动检查人员145人次，对成品粮油质量抽样检测7次，原粮质量抽检14次，社会粮食质量安全风险检测抽样51份。联合农业局、财政局开展储备粮安全检查1次；联合市场监管局开展“节前”粮油市场监督检查1次，防止不合格粮油流入周宁县市场。

【粮食应急保障】 2021年，周宁县粮储局加强保障应急加工能力，对周宁县旺农粮食加工厂设备进行升级改造，引进一条日加工能力50吨的大米生产线，进一步提高应急加工能力和产品质量。完善应急供应网点建设，在原有14家应急网点基础上，新增4家应急供应网点，网点覆盖全县各乡镇、社区和较大行政村。在落实好省市储备任务基础上，县本级自行增储1000吨应急稻谷，调拨疫情防控及防寒防冻各类应急物资10批次，棉大衣250件、棉被334床、双人铁架床126张、发电机3台。

（叶圣斌）

供销合作

【概况】 2021年，周宁县供销合作联合社（以下简称“周宁县供销社”）参与推动农业产业化经营，推进专业合作社规范化建设，完善电商网点布局。全年购进总额10.47亿元，比上年增长20%；销售总额11.75亿元，增长21.3%。

【专业合作社参办领办】 2021年，

改造后的周宁县礼门供销社（2021 年 6 月 25 日摄）（周宁县供销社　供图）

周宁县供销社鼓励农民、种植大户参与农民专业合作社的创办，并对领办、参办农民专业合作社的农民进行跟踪帮扶，在注册登记、技术指导等方面给予协助，帮助建立健全合作社章程，确保其规范有序运行。共牵头领办农民专业合作社 8 家：周宁县祥意生态养殖专业合作社、绿源天禧茶业福建有限公司、周宁县望故乡种植专业合作社、周宁县云山顶农民专业合作社、周宁县国进种养专业合作社、周宁县农兴旺种养专业合作社、周宁县后溪锥栗种植农民专业合作社、周宁县汇农种养专业合作社，农民专业合作社社员 382 人，带动周边农户 1200 余人。领办农民专业合作社联合社 1 家：周宁县紫云大自然农民专业合作社联合社。

【基层供销社建设】 2021 年，周宁县供销社对七步供销社办公楼内部进行硬件设施翻新和更换、外立面粉刷、楼顶平改坡等。县供销社还对七步供销社仓库进行清理，对外进行招商引资，引进雨衣加工项目，收取租金 3 万余元。将礼门供销社办公楼改造成庄稼医院，仓库改造成为农资配送中心。

新建村级基层供销社 5 家：周宁县前溪村供销有限公司、周宁县陈峭村供销有限公司、周宁县云门村供销有限公司、周宁县西溪村供销有限公司、周宁县五源村供销有限公司。

【供销系统联网直报】 2021 年，周宁县供销社联网直报统计报表完成购进额 10.47 亿元，比上年增长 20%；销售额 11.75 亿元，增长 21.3%；消费品销售额 2.17 亿元，增长 29.9%；销售农资 7689 万元，增长 1%；连锁经营销售额 2.54 亿元，增长 29.8%；电子商务销售额 1.32 亿元，增长 46.1%。各项指标均完成市社下达任务。

【化肥冬储】 2021 年，周宁县供销社完成化肥冬储 2930 吨，其中优质肥 1430 吨、小化肥 1500 吨，超额完成市发改委下达 2000 吨化肥冬储任务。

【电子商务】 2021 年，周宁县供销社新增电商网点 3 个，建立乡镇（村级）电商服务网点 22 个。供销系统电商成员单位网络销售总额 13270 万元，比上年增长 46.1%；其中线上农产品销售 2172 万元，增长 42.2%。

【安全生产】 2021 年，周宁县供销社对县土产公司烟花爆竹仓储中心及经营网点开展安全隐患排查 6 次，20 人次，未发现安全隐患。与县应急管理局、公安局、市场监督管理局、狮城镇政府等部门开展烟花爆竹联合检查 1 次。

对供销系统 20 个农资经营网点开展农资安全隐患排查 12 次，未发现安全隐患。与各经营网点签订“农资经营安全责任状”，提醒经营者要遵守《农资商品准入制度》，不经营假冒伪劣农资商品，实行明码标价，在疫情期间不哄抬价格，确保农资市场安全稳定。

6 月，开展“安全生产月”活动，通过户外 LED 滚动宣传安全生产标语。对供销系统内食品经营网点发放《关于开展“安全供给 放心消费”主题活动倡议书》300 份，并对广大消费者发放《“安全供给 放心消费”致广大居民（消费者）的一封信》600 份。

（王珊珊）

专营管理

【概况】 2021年，周宁县烟草持证零售户1116户，新办97户，延续111户，停业21户，歇业22户，责令停业整顿7户，收回12户，注销11户。全年销售卷烟5881.1箱，实现利税4799.53万元，比上年增长4.02%；人均利税177.76万元，增加18.66万元。查处各类违法案件75件，查获万元案件6件（其中5万元案件1件），查获各类违法卷烟860.2条，其中假私烟56.1条。宁德盐业公司周宁分公司全年销售各种食用盐330吨，生产加工用盐76吨。

2021年3月15日，周宁县烟草专卖局开展烟草经营点普法宣传活动。图为烟草专卖局工作人员到狮城镇中兴街烟草专卖点普法 （周宁县烟草局 供图）

【卷烟营销】 2021年，周宁县卷烟销售总体呈现“一类烟增长较快、二类烟稳步提升”的态势。省产烟销售3449.7箱，占比58.66%。从卷烟结构来看，一类烟销售1562.99箱，比上年上升10.14%；二类烟销售1486.68箱，上升6.73%；三类烟销售2616.25箱，四类烟销售87.32箱；无价类（雪茄）销售1.3箱，上升49.43%。卷烟销售条均价133.36元/条，比上年增长4.65%。

【卷烟专卖管理】 2021年，周宁县烟草公司围绕“违法违规大户”“真烟防外流”“电子烟市场专项检查”“辖区市场净化率”等专项行动和工作重点，结合实际开展检查工作。全年查处各类违法案件75件，其中查获万元案件6件（包括一件5万元案件）。其中，本单位查获案件62件，真烟案件53件，查获真烟804.1条；假私烟案件9件，查获假私烟56.1条；查处向未成年人出售卷烟案件1件。取缔无证户12户，查获涉案卷烟157.2条。与寿宁、蕉城兄弟单位开展联合检查，查获未在当地烟草批发企业进货案件1件，涉案卷烟39条；查获无证运输案件1件，涉案卷烟321条。针对物流快递开展专项检查，查获案件7件，查获乱渠道卷烟152条，非法生产卷烟28条。

（周丽丽）

【食盐经营】 2021年，福建省宁德盐业有限责任公司周宁分公司投放市场的盐种有：“闽盐”牌贡晶盐、海晶盐、美味海盐、福建原盐、精选自然盐、低钠海盐、餐桌盐、平衡盐等一系列食用盐产品，家庭腌制盐及多种不加碘生产加工用盐。全年销售各种食用小包装盐约330吨（其中外省盐业企业生产的小包装盐约90吨）、生产加工用盐76吨。

（宁德盐业公司周宁分公司）

交通运输

综　述

【概况】 2021年，周宁县交通项目含通车衢宁铁路20.78千米，过境高速公路宁武高速32.1千米，通车省道纵三线（S207）44.55千米，在建省道纵三线（S207）26.21千米，农村公路总里程1197.65千米，其中县道7条共计118.41千米，乡道98条共计541.21千米，村道336条共计537.71千米。

全县有动车站1个、二级客运站1个、五级客运站1个；客运企业4家，50余户个体货运经营业户；二类机动车维修企业1家、三类机动车维修企业5家；三级小车类驾驶员培训机构1家、三级摩托车类驾驶员培训机构1家。

【交通领域疫情防控】 2021年，周宁县执行常态化新冠肺炎疫情防控方针，落实客运场站交通运输工具消毒、通风、清洁要求，落实乘客、客运场站工作人员、司乘人员佩戴口罩、测量体温等措施。统筹客运、货运、物流寄递、铁路、高速等交通重点从业人员加强免疫接种，落实"应检尽检、应接尽接"，实现核酸检测、疫苗接种100%。

【综合行政执法】 2021年，周宁县交通运输综合执法大队开展交通日常执法工作，开展"春运交通执法保障""道路运输经营专项整治""打非治违""路域环境整治""联合治理超限超载"等系列专项活动，打击各类交通违法行为。主动与城市管理局、公路事业发展中心、公安交警大队等相关部门开展联勤联动，实行综合治理，强化道路运输执法监管，维护道路运输市场秩序。年内出动执法车辆804辆次、执法人员3518人次，路政巡查29244千米，检查客运、货运车辆2289辆次，检查客运企业、客运站、维修企业、驾培企业等运输及相关企业100家次，发出限期整改通知书145份，处理各类违法违章案件130件（路政案件12件，运政案件118件），行政处罚33.398万元。其中，查处未取得"出租汽车客运经营资格证"

2021年7月19日，周宁县交通综合行政执法大队在353国道月牙湾酒店路口开展道路运输检查现场
（周宁县交通运输局　供图）

从事出租汽车客运经营案 10 件；联合公安交警大队立案查处货运车辆违法超限运输 4 起。

9 月 6 日，周宁县交通运输综合执法大队组织开展“执法体验日”活动。活动邀请县人大、政协委员、汽运公司、公交公司、驾校、公路事业发展中心、驾驶员、社会群众等代表人员通过座谈交流、实地观摩和体验执法等方式了解交通运输执法工作。

（县交通运输局）

公路建设

【概况】 2021 年，周宁县公路建设项目有：国省干线纵三线周宁县纯池镇祖龙村（寿宁界）至周宁城关（仙溪亭）公路工程 S207 寿宁界至萌源村段；周宁县县道社陈线（X952）提升工程（宁上高速周宁收费站至李墩连接线）项目。全县按四级标准以上改造农村公路 29.209 千米，完成 4 座危桥改造工程，完成生命防护工程建设 43 千米。

【国省道建设】 2021 年，周宁县推进纵三线北段（S207 寿宁界至萌源段）省重点项目建设。该项目路线长 28.04 千米（含纯池支线 1.82 千米），采用二级路标准建设，路基宽度 8.5 米，全幅式水泥砼路面。S207 寿宁界至纯池镇段、S207 纯池镇至硋窑村段、S207 硋窑村至萌源村段三个标段建设，总投资约 5.2 亿元，于 2020 年 6 月动工建设，至 2021 年底，累计完成项目投资 2.8 亿元，完成纯池支线建设任务，推进纯池段、泗桥段、浦源段建设和控制性工程建设。

【县道建设】 2021 年，周宁县加快县级配套道路建设，推进县道社陈线（X952）提升工程（宁上高速周宁收费站至李墩连接线）项目建设。该项目是周宁县不锈钢深加工产业园发展的交通主动脉，推动当地社会经济发展的民生工程，总里程 4.937 千米，计划总投资 2.76 亿元，于 6 月 28 日开工建设，年内完成投资 4000 万元。

2021 年 6 月 28 日，周宁县道社陈线（X952）提升工程开工仪式现场

（周宁县交通运输局　供图）

【农村公路建设】 2021 年，周宁县农村公路完成投资 7198 万元，建成农村公路 29.21 千米。其中，20 户以上较大人口自然村通硬化路完成 4 条，总长 6.86 千米；20 户以下自然村通硬化路 14 条，总长 15.74 千米；乡道“单改双”晋级改造项目 4 条，总长 6.61 千米。完成生命防护工程建设 43 千米。全年投入 989 万元，改造危桥 5 座。其中，投资 689 万元，新开工危桥改造项目 1 个（浦源镇过排桥）；完成改造危桥 4 座，总长 171.16 千米。

（郑宋建）

铁路建设

【概况】 2021 年，衢宁铁路周宁站货场装卸业务公开招标完成，处于待开办阶段状态。周宁站业务性质为客货运站（2020 年 9 月衢宁铁路周宁站客运投入使用），货场总面积 34300 平方米，配备货运办公楼（货运大厅）一栋，货物站台 1 个，面积 7280 平方米；货物仓库 2 个，面积 1764 平方米；火车满轴共 34 节车厢，每节车厢运力 60 吨，总运力 2000 吨/列。每节车厢货物须相同，省内根据需求，配满 2～3 节车厢即可起运，通过宁德或福州中转，省外要配足满轴才能起运。运价根据货物品类、重量、运输里程来确定。

【铁路用地安征迁】 2021 年，周宁县铁路安征迁工作进入扫尾阶段，自 2015 年 12 月 1 日，县政府出台《衢宁铁路周宁段安征迁补偿实施方案》，辖区征地工作全面展开。截至 2021 年底，主线、大临用地

112.51 公顷及小临用地 11.52 公顷征地工作全部完成。拆迁房屋 76 幢，拆迁宫庙等特构物 20 处，搬迁坟墓 554 座；处理房屋受震补偿 179 件，处理农田水毁等其他理赔事项 62 件。铁路建设涉及的“三电”迁改、“四电”架设全部完成。上报市铁指和东南公司验工计价安征迁资金 3.1 亿元，拨入征迁资金 2.41 亿元，发放征迁款 2.26 亿元。完成路地综合开发用地选址，验工计价和征迁资料整理归档工作按序进行中。

【衢宁铁路大临用地复垦复绿验收】 2021 年，衢宁铁路周宁段共涉及 20 处大临用地，按照省铁办 2020 年 12 月 2 日协调会及周宁县政府〔2021〕68 号专题会议纪要精神，复垦项目由县铁办作为业主单位组织实施。2021 年，各地块相继完成施工任务。11 月 3 日、5 日，县自然资源局召集县农业农村局、林业局、生态环境局、咸村镇、礼门乡、相关村委会等部门以及专家按照工程建设标准对衢宁铁路（周宁段）临时用地复垦情况进行验收，并对存在问题提出整改意见，12 月 2 日，整改后的临时用地复垦项目完成终验。

【道路修复】 2021 年，周宁县完成铁路建设使用乡村道路损坏修复 34.443 千米。衢宁铁路周宁段开工建设以来，衢宁铁路施工利用周宁县 10 条既有乡村道路作为施工便道，总里程 51.5 千米，剩余部分按计划推进修复。

（罗贞怡）

公路运输

【概况】 2021 年，周宁县有二级客运站 1 家、五级客运站 1 家，普通客运企业 2 家（客运车辆 99 辆、1449 座），城市公交企业 1 家，经营省际、市际、县际及县内区间客运班线 70 余条，拥有货运车辆 85 辆累计 1074 吨；二类机动车维修企业 1 家、三类机动车维修企业 4 家；三级小车类与摩托车类驾驶员培训机构各 1 家。

【汽车站营运】 2021 年，周宁县汽车站经营客运线路 57 条，其中，省际线路 2 条，跨区线路 5 条，跨县线路 8 条，日发班车 153.5 班，日发送旅客 750 人，全年客运量 47.32 万人。纯电动城市公交车 29 辆，农村客运 42 辆，县际、市际、省际客运车辆 40 辆，村村通车辆 33 辆，社区巴士 30 辆。

【运力结构】 2021 年，周宁县有载客汽车 99 辆，客位 1449 座；载货汽车 85 辆，吨位 1074 吨；牵引车 11 辆。全年客运周转量 6635.92 万人千米，货运周转量 6417.04 万吨千米，客运量 127.14 万人，货运量 62.39 万吨，比上年增长 38.54%。

【道路运输审批】 2021 年，周宁县交通运输局完成审验等公共服务事项 292 件，行政许可 39 件，并建立健全电子台账和完善档案资料，确保审验换证及许可工作的质量和进度。为方便旅客出行，新增公交线路 X1 号线（咸村樟源村至川中）、9 号线（鲤鱼溪风景区至咸村火车站）、10 号线（城东新村至龙潭小区）；投放 5 辆 7 座车辆开通周宁至宁德定制班线。

（郑宋建）

公路管理

【概况】 2021 年，宁德市周宁公路事业发展中心管养公路里程 99.20

2021 年 12 月 31 日，周宁县汽运公司在名仕广场举行“定制班线”开班仪式

（周宁交通运输局　供图）

千米，其中国道40.801千米，省道58.40千米。全线平均优良路率93.39%，公路技术状况指数（MQI）88.12%。公路小修保养年度计划317.04万元，至11月底累计支出262.28万元，占年度计划的82.89%。

2021年9月1日，周宁公路事业发展中心进行路面清灌缝作业。图为修路工人在G353线K126+500路段修复路面 （周宁公路中心 供图）

【公路养护】 2021年，宁德市周宁公路事业发展中心落实桥涵经常性检查和汛期前后检查，修补漏水涵洞20道，修复边沟墙305米、路肩拦水带300米。完成裂缝修补82.449千米，使用裂缝贴1.6万余米，省道沥青沙罩面完成约4000平方米，使用乳化沥青8.19吨；成立清灌缝专班完成清灌缝9.35千米，使用密封胶7.8吨；修补坑槽1699平方米、调整沉陷288平方米，清理边沟40.4千米，整修路肩15.8千米，清理桥梁69座/次，清理涵洞505道/次，乔灌木施肥、除虫15900余株，更换轮廓标45个。管养路段保持路面清洁、路肩平整，桥梁涵洞运行状况良好，公路附属设施完善，路容路貌提升。

【安全生产】 2021年，宁德市周宁公路事业发展中心部署安全生产月、全国交通安全日、《中华人民共和国安全生产法》宣传贯彻等系列活动，接受群众咨询150人次，发放宣传单150份，张贴、悬挂安全生产宣传标语16条，宣传展板10张。开展安全生产隐患大排查大整治行动，出动检查人员150人次，排查普通公路公路站3个，服务设施2处，桥梁23座，房屋9栋，排查出一般安全隐患3处，整改2处。

【路政管理】 2021年，宁德市周宁公路事业发展中心落实每天上路巡查，确保干线公路每月巡查不少于10次，发现问题及时处理。年内上路巡查148次，402人次，出动车辆148辆次。

创新“公路+司法”模式。针对一些索赔难度大的路政案件，利用法律手段维护路产路权。11月16日，宁德市周宁公路事业发展中心状告中华联合财产保险股份有限公司宿州中心支公司交通事故中受损路产赔补偿案件，在周宁县法院主持调解下审结，公路部门胜诉，获赔路产损失5.6万元。

开展“滴洒漏”治理工作，从源头上宣传货运车辆散落物对公路安全行车的危害，要求企业采取有效措施消除隐患与交警、县交通综合执法大队联勤联动，加大路面管控力度，确保公路安全畅通。

加大公路赔补偿费收缴力度，做到应收尽收。全年办理路产赔补偿案件12件，收入45.72万元。

（林会境）

邮政通信

邮政业

【概况】 2021年，中国邮政集团有限公司福建省周宁县分公司（简称“中国邮政周宁分公司”）聚焦全年经营指标，较好完成各项指标，营业收入完成2115万元，比上年增长13.2%。发军邮政物流优势，助力农产品销售，提升快递时效性。完善邮政安全管理体系。

【邮政快递】 2021年，中国邮政周宁分公司快递业务收入比上年增长22.8%。聚焦邮政物流配送优势，开办滴滴橙心优选网格仓，方便群众买菜；拓展电商客户，对猕猴桃、阳光玫瑰、茶叶等重要经济农产品合作社、种植户进行走访，搭建销售平台，助力农产品进城、出县；通过自主招标方式开通至宁德当日递业务线路，方便县内鲜品寄递和提高区内运递速度。与法院协商解决司法送达存在问题，推进信息互联互通和信息共享，助力法院司法送达智能、高效，业务量逐步提升。

【周宁县邮政业安全发展中心成立】 2021年，周宁县委机构编制委员会批准成立“周宁县邮政业安全发展中心”，主要负责周宁县邮政寄递物流登记管理等事务性工作；负责邮政寄递物流运营情况分析、统计和信息发布等有关工作；负责协助主管部门做好快递、物流等邮政行业技术性、辅助性工作，填补周宁县寄递安全无人监管的空白。配备2名事业编制工作人员，对接市邮管局，完成寄递业安全相关工作。

【邮票发行】 2021年，中国邮政共发行29套纪特邮票，热门题材有《中华人民共和国民法典》《中国人民警察节》《福建土楼》《第三十二届奥林匹克运动会》《中国共产党成立100周年》等。约有集邮爱好者350人预订2021年发行邮票680套。结合《中华人民共和国民法典》施行，周宁邮政对接县委、县政府，联合县政法委、司法局、公安局、检察院、法院、狮城镇政府等单位成功开发《美好生活 民法典相伴》邮折1000份，内含《鲤乡福境 云端周宁》个性化邮票1000版。

（黄建华　郑宋建）

通信业

【电信通信】 2021年，中国电信股份有限公司周宁分公司（简称“周宁电信”）完成收入3273万元，通信用户5.49万户，其中，固定电话用户1.54万户，移动电话用户3.94万户，4G用户1.65万户，5G用户2.29万户，互联网宽带接入用户2.69万户。

2021年，周宁电信加强5G建设，加强与铁塔公司沟通协调，按日对标管控，狠抓施工进度。开通5G室外基站38个，累计75个，开通5G室分1个，累计6个，周宁城关区域覆盖率97.3%。千兆网络全面升级，光端口4.2万个，其中千兆端口2.3万个，支撑千兆用户规模发展。推进光网改造，基本实现城区、集镇、行政村全覆盖。打造数字乡村振兴村5个，其中数字后洋获广泛关注。完成狮城镇所有社区和部分农村天翼大喇叭建设，农村合作社信息化点通信网络建设。打造优质服务品

2021 年 12 月 3 日，周宁电信参与福建省森林防灭火应急救援综合演练通信保障。图为演练现场 （周宁电信　供图）

牌，制定全员服务积分制，全员考核 8 人共计 19 分。在网络侧优化移动信号，减少盲区；对宽带信号检测，定期下发不合规清单，维护经理上门修复；宽带无资源区域强化落实市公司 FTTH 应急补点 7 天建设管理办法。装维投诉单较年初压降 36%，服务满意率 99.99%。

（肖彬燕）

【移动通信】 2021 年，中国移动通信集团福建有限公司周宁分公司（简称“周宁移动”）运营收入 5642 万元，比上年增长 3.27%。通信客户 7.90 万户，份额 62%。持续深挖主 CHBN 市场，向三新市场拓展迈进、强化 5G 网络建设和客户发展，强化网格化生产。年内获全市网络感知领先攻坚会战二等奖、接入网“领航行动”二等奖、网络“强基行动”专项劳动竞赛优胜奖。

2021 年，周宁移动推动 5G 网络发展，完成 52 个 5G 站点建设投产。针对规划的 180 个 5G 站点，推进和储备机房相关配套、传输、天面等建设，为后续 5G 大规模建设做好铺垫。持续夯实 4G 网络覆盖，建成开通 4G-FDD 基站 92 个，开通 4G-TDD 基站 20 个，优化调整站点 56 个。在解决深度覆盖、弱覆盖，处理网络信号投诉方面取得阶段性进展，解决 24 个长期遗留无法解决问题点，提升客户满意度。

提升网络质量。2021 年周宁传输网整体维护指标平稳，无重大事故。落实隐患整治，保障精品网络，完成 32 段传输迁改；完成接入网隐患整治段落 23 段、挂高不足 8 段，管道铺设约 300 米；周宁 9 个乡镇均建成第三路由，提升网络生存能力。

（周宁移动分公司）

【联通通信】 2021 年，中国联合网络通信有限公司周宁县分公司（简称“周宁联通”）运营收入 1400 万元，比上年增长 1.3%，通信用户 1.6 万户。周宁联通推进 5G 网络建设及 4G 网络共建共享。全年开通 5G 站点 31 个，5G 小区 81 个，开通率 100%，实现县城城区 5G 全覆盖；攻坚 4G 共建共享，新增共享 4G 小区 61 个，累计共享 4G 小区 108 个，共享 4G 小区比上年增长 141%，4G 城区良好覆盖率 95.26 %。深化电联共维共优，聚焦用户感知，落实网络覆盖、网络质量、业务感知三大重点任务。

（周宁联通分公司）

城市建设

【概况】 2021年，周宁县住房和城乡建设局实施道路“白改黑”0.55千米，新建改造雨水管网6.1千米、污水管网改造7.47千米、供水管网9.23千米，新增停车位157个，改造东园小区、三办楼、住建局、旧常委楼等9个老旧小区。

【片区品质提升项目】 2021年，周宁县狮城镇片区品质提升项目计划投资17207.1万元，总计子项目15个，总投资30021.31万元。是全省城乡建设品质提升样板项目，获得省级补助200万元。项目内容包括燃气管道建设、桥南街管网建设工程（马头山至住建局路口）、周宁县感染病综合楼项目、周宁公交枢纽站项目、塔山景观桥停车场、虎岗村绿荫停车场、南街示范街项目、周宁县城区高水高排项目、城镇小型消防站建设、东园小区老旧小区改造、中兴街道路整治项目、南街东西街夜景、河心公园改造项目、东洋溪生态治理暨景观提升工程（二期）、周宁县数字化城市管理信息系统平台建设。

【殡仪馆平安大道建设】 2021年，周宁县殡仪馆平安大道建设项目总投资631.82万元，建设沥青混凝土道路0.56千米。设计单位厦门中平公路勘察设计院有限公司，施工单位福建宁洲建设工程有限公司，监理单位福建京海建设发展有限公司。

【城市片区改造】 2021年，周宁县完成中兴片区污水管网工程（三角池）、周宁县兴福社区污水管网改造工程（五四茶厂北段）、中兴街103—201号管网改造工程，周宁县桥南街污水管网建设工程（马头山至住建局路口）、周宁县龙潭保障房片区污水管网工程 、周宁县兴业街138—170号污水管网工程、周宁县精神病院至纵三线污水管网工程、周宁县洋尾新村门前洋“三通一平”建设等项目。新改建污水管网改7.47

2021年10月11日，周宁县县长陈文卿（前右二）深入中兴街片区改造现场调研 （周宁县住建局 供图）

千米，雨水管网改造6.1千米，供水管网9.23千米。完成塔山景观桥停车场、虎岗村绿荫停车场、东洋溪二期停车位等停车场建设，新增停车位157个。建成下洋保障房电动自行车充电桩配套雨棚，新增电动车停车位150个。建成周宁县万福桥至县塔步行道，新建长139.7米，宽2.5米的步行道。完成虎岗村公厕，月牙弯平交口公厕、兴福社区公厕、玛坑首章公厕、纯池体育公园公厕等6个公厕建设。

【景观改造】 2021年，周宁县投资120万元，建成县委党校夜景工程、东洋溪莲花岛南岸景观提升工程、塔山公园景观桥夜景续建3个景观改造工程。

【东园小区老旧小区改造】 2021年，周宁县东园小区老旧小区改造项目，总投资约1000万元。3月取得可研审批，6月10日，完成施工招投标，建设工期6月23日至10月20日。完成改造面积约3.89万平方米，惠及群众426户。获上级补助648.38万元，其中，省级发改补助242万元，省级补助127万元，中央及省级补助279.38万元。施工单位为福建达宇景观建设集团有限公司，设计单位为同舟（福建）工程技术有限公司，监理单位为福建建强工程项目管理有限公司。

【老旧小区改造项目】 2021年，周宁县2021—2022年老旧小区改造项目（13个小区改造），总投资约1000万元。4月，取得可研审批。年内投资约500万元，完成旧常委楼、三办楼、党校集资楼、十中宿舍楼、兽医站宿舍楼集资楼、原交通局集资房、住建局集资楼、自来水公司后宿舍楼等8个小区改造，改造面积约2.22万平方米，惠及群众199户。获得上级补助355.63万元，其中，省级发改补助257万元，中央及省级补助98.62万元。代建单位为周宁城镇建设投资有限公司，设计单位为中城科泽工程设计有限责任公司，施工单位为福建斯俯建设工程有限公司，监理单位为福建格宁建设管理有限公司。

（阮夏锋）

【供水】 2021年，福建省水务发展集团周宁水务有限公司有新区、深洋两座水厂，水源均取自李园水库。主要承担城区及浦源镇、李墩镇等区域的生产、生活、消防及市政建设等供水任务，服务面积约30平方千米，用户2万余户，服务人口6万余人，水质综合合格率99%。年内完成售水量400万吨，比上年增长5.8%，新增供水用户2232户，完成营业收入1180万元，水费回收率96.8%。向省、市、县三级专业水质监测机构送检水样70个，检测合格率为100%；自检取水样23344次，水质综合合格率99.83%。完成城乡供水一体化项目总投资1300万元，项目建设资金到位1740万元。

12月28日，周宁水务公司在周宁新区水厂举办周宁县城乡供水一体化项目开工仪式。县政府副县长刘荣生、省水务发展集团有限公司常务副总经理颜华、省水投勘测设计有限公司总经理吴家新、省水利水电建设有限公司董事长及周宁县水利局、水务公司等领导出席。该项目规划总投资8.86亿元，是省重点项目。规划6个分区：周宁县自来水厂供水分区、咸村镇供水分区、泗桥乡供水分区、纯池镇供水分区、礼门乡供水分区、偏远独立村庄供水分区，规划全县水厂近期供水规模每天9.01万立方米，受益人口25.39万人；远期供水规模每天9.71万立方米，受

2021年12月28日，周宁县城乡供水一体化项目开工。图为举行开工仪式
（周宁水务公司　供图）

益人口 26.64 万人。千吨规模以上水厂 6 个，规模共 8.40 万吨，偏远独立村庄供水分区水厂 76 处，规模共 0.61 万吨。规划实施后，周宁县城乡自来水普及率达到 99.83%，供水水质达标；千吨以上水厂供水服务人口比例 2025 年达到 86.24%，2030 年达到 87.51%。建设主要内容包括：输水管道 108.98 千米，新建（改建、扩建）水厂 7 座，输配水管道总长 1032.12 千米，偏远独立村庄供水工程 76 处，新建数字水务信息中心 1 处，数字水务系统 1 套。项目分两期实施完成，建成后供水范围覆盖全县行政区域，实现城乡自来水同质量、同管网、同服务。

（陈明冰）

城市管理

【概况】 2021 年，周宁县城市管理局抓好城市市容市貌、环境卫生、园林绿化和规范市政基础设施管理等工作。在主城区实施网格化管理，“数字城管”系统平台投入，整治东市路占道经营行为，提升市容环境面貌。集中力量化解卫生片区积案，“两违”综合治理工作获全市第二名。泗桥乡坂坑村垃圾干湿分类工作经验作为典型范例在全国推广，垃圾规范化管理工作获全市第一名。年内处理“12345”平台投诉件 458 件、信访件 14 件；发现违法建设 69 宗、面积 27652.46 平方米，全部处置到位；开展执法巡查 2352 人次、暂扣渣土车辆 98 车次，立案查处 20 件，罚款 13 万元。

【市容整治】 2021 年，周宁县城市管理局推进城市精细化管理改革和城市管理常态化工作机制，在主城区实施网格化管理，每个网格定人定责，层层分解到人。以南街为样板，加大对城区主次街道沿街占道经营、店外店经营的巡查力度，实行“日间巡逻、夜间值勤、周末在岗、节假日无休”的城市管理巡查制度。开展东市路专项整治活动，整治东市路占道经营行为，打通东市路连接南街道路，破解多年拥堵顽疾，提升市容环境面貌。年内整治临时流动摊贩及手提肩挑摊贩约 2 万余人次，店外店 4000 余人次；清理堆料、杂物占道 300 余处。整治违规设置易拉宝、促销等行为 70 余处，拆除户外广告 11 处、横幅 300 余条；对个人违规随意堆放建筑垃圾、乱倒垃圾，立案查处 3 件。

2021 年 7 月 14 日，周宁县城市管理局执法人员拆除违法户外广告

（周宁县城市管理局 供图）

【“两违”治理】 2021 年，周宁县城市管理局配备无人机 14 台，利用无人机巡查“两违”253 次，实现新增违建第一时间发现、第一时间通知、第一时间处置。发现违法建设 69 宗，面积 27652.46 平方米，其中无人机巡查发现违建 13 宗，全部处置到位。集中力量化解卫片积案，至年底系统有 11 件卫片，结案 11 件，结案率 100%。县党政领导调度指挥拆违 2 次，组织五项整治任务专项拆违 11 次。年度“两违”综合治理工作获全市第二名。

【垃圾分类处理】 2021 年，周宁县城市管理局在选取李墩东山村、泗桥坂坑村作为生活垃圾干湿分类的基础上，将泗桥乡、七步镇作为试点乡镇，其他 7 个乡镇各选 1 个行政村，城区选取武夷龙腾世纪、龙潭小区作为生活垃圾干湿分类试点。泗桥乡坂坑村、浦源龙住院村和七步苏家山村等 29 个行政村建成生活垃圾干湿分类房。采用按户分类模式，通过开展垃圾分类工作的一系列举措，探索出适合周宁县城乡垃圾分类模式，泗桥乡坂坑村垃圾干湿分类经验做法作为典型范例在全国推广。

推行城乡环卫保洁一体化运营。在原先城区环卫保洁市场化基础上，将环卫保洁市场化向乡镇、村延伸。引入专业保洁公司，捆绑打包镇区道路保洁、村庄保洁、公厕保洁、垃圾转运等，实现全县环境卫生保洁市场化作业，城乡环境卫生面貌得到有效提升。年度垃圾规范化管理工作获全市第一名。

【市政基础设施管理】 2021年，周宁县城市管理局加强对城市路面管理力度，细化城市部件管理方式，建立健全城市路面巡查机制与城市部件管理工作机制，做到“早发现，早养护”。加强对城区路灯巡查，确保亮灯率98%以上。修复破损人行道710余平方米、破损街道1004平方米、路面标线7832.49平方米，设置小车位404个，摩托车位1072个；修缮城市公园、广场100余平方米、窨井盖364处。对西环桥、南街桥、中兴街桥等5座桥梁进行维修。为沿岸步行道、休闲区近100个雨水污水井盖进行设计绘画，打造特色“艺术井盖”。

【渣土管控】 2021年，周宁县渣土办在周宁县中心城区实行建筑垃圾运输及消（受）纳核准制度，并于7月1日发布《周宁县中心城区渣土车辆加装密闭装置技术规范》。周宁县渣土管控工作采取日常巡逻管控与联合执法相结合模式，对渣土车滴洒漏、运输不规范等问题，采取责令整改、警告乃至行政处罚等方式，促进渣土管控工作不断规范。年内开展执法巡查2352余人次、暂扣渣土车辆98辆次，立案查处20件，罚款13万元。

【依法行政】 2021年，周宁县城市管理局审批行政许可355起，立案办结行政处罚案件106件，处罚88.6万元。全年未发生因行政执法引发群体性事件，未出现行政诉讼败诉现象。做好信访调解工作，将矛盾化解在萌芽状态，处理“12345”平台投诉件458件、信访件14件。

（孙艳）

2021年8月23日，周宁县修路工人在狮城南街修复破损道路

（周宁县城市管理局 供图）

村镇建设

【概况】 2021年，周宁县建设乡镇污水管网7.5千米，整治裸房832栋，改造农村危房25户，清查整治农村在建房屋101栋。公布历史建筑15栋。福建省工程学院编制《周宁县农房立面图集》，通过专家评审，由周宁县政府公布。

【集镇环境整治样板建设】 2021年，周宁县浦源镇集镇环境整治样板建设项目，总投资1245万元，建设期限2021—2022年，为全省城乡建设品质提升样板项目，获得省级补助200万元。完成投资1487万元，完成古民居修缮活化利用、鲤鱼溪生态水系建设、污水管网铺设、房前屋后绿化整治提升、垃圾分类建设、集镇停车场、部分污水管网铺设及污水终端处理终端、厨余垃圾处理厂等项目建设。

【农村裸房整治】 2021年，周宁县农村裸房整治任务600栋，完成裸房整治832栋。七步镇于7月完成象运村、苏家山村老区基点村整村既有裸房整治。

【历史建筑公布】 2021年，周宁县公布15栋历史建筑，分别是：谢氏祖厅(咸村镇下坂村大众路31号)、谢氏祠堂（咸村镇下坂村大众路25号）、谢宅（咸村镇下坂村大众路23号）、谢修宅（咸村镇下坂村坝下路10号）、林宅（咸村镇下坂村大众路二巷2号）、汤宅（咸村镇川中村石门巷6～9号，共计四栋）、汤宅（咸村镇川中村石门巷5号）、汤宅（咸村镇川中村石门巷3号）、汤宅(咸村镇川中村南路一巷10号)、汤宅(咸村镇川中村南路一巷8号)、张氏宗祠（纯池镇桃坑村里村188号）、陈氏支祠（七步镇竹下村）。在海峡租养平台发布一批乡村建筑（浦源镇江源村）。

【危房改造】 2021年，周宁县完成农村危房改造25户（动态新增25户贫困户危房）。

【传统村落入选】 2021年6月，周宁县纯池镇林源村、莲地村入选第四批省级传统村落名录。

【在建农房整治】 2021年，周宁县印发《周宁县农村在建房屋安全清查整治专项行动方案》，对全县农村在建房屋安全进行清查整治。全县9个乡镇共计清查房屋101栋，其中，未经用地、规划审批，或超批准范围建设63栋，清查整治63栋；经审批的农村建房36栋，其中三层以下27栋、三层以上9栋，核查复工36栋；有审批公建项目2栋，均竣工。

【乡镇污水管网建设】 2021年，周宁县乡镇污水管网建设任务6千米，实际建成污水管网7.5千米。

【工匠培训】 2021年，周宁县住建局通过电视电话会议方式，对全县9个乡镇80余人进行第一批建房安全一张图及周宁县农房建设立面图集进行培训。9月中旬，各乡镇村主干换届后，采用集中视频学习方式由各乡镇自行组织培训村主干、农村工匠共计400余人，并登记发放工匠培训证书。

（阮夏锋）

建筑业

【概况】 2021年，周宁县建筑业企业37家，其中施工企业34家、监理企业1家、预拌混凝土企业2家。全年完成建筑业产值2.98亿元，比上年增长20.7%。

【建筑企业】 2021年，周宁县新增三级施工总承包资质建筑企业5家［福建中闽易达建筑工程有限公司、南耀（福建）建筑工程有限公司、福建晋申建筑工程有限公司、福建省观玖建设工程有限公司、福建省儒微建筑工程有限公司］。全县建筑业企业37家，其中二级施工总承包资质企业2家，三级施工总承包企业32家，工程监理企业1家，预拌混凝土企业2家；拟组织申报、新增“四上企业”2家，实际培育3家（福建中闽易达建筑工程有限公司、福建省恒扬建筑工程有限公司、福建华进建设工程有限公司）。

【项目建设】 2021年，周宁县房建和市政工程施工许可37件，工程造价13亿元，建筑面积63.62万平方米；房建和市政工程竣工验收备案12件，合同造价7.32亿元，建筑面积30.2万平方米。

【安全质量管理】 2021年，周宁县开展工程建设领域专项检查8次，发出整改通知书64份，发现并督促整改质量安全隐患329起；通过动态管理对施工单位项目负责人扣694.09分，施工企业记694.09分，项目总监扣565.9分，监理企业记565.9分。制定燃气企业事故应急预救援案3个，组织燃气企业开展应急演练3次，组织燃气安全宣传4次，组织企业培训58人。开展检查场站165次（含联合检查33次），抽查餐饮场所35家，出动检查人员386人次，出具督促整改通知书45份，发现一般隐患95处，整改意见95条，全部现场复查整改到位。

（阮夏锋）

房地产业

【概况】 2021年，周宁县房地产开发企业25家，房地产开发项目16个，房地产开发投资119337万元，批准房地产开发企业项目预售27件，批准预售套数2058套，批准预售面积20.36万平方米，商品房买卖合同备案面积19.06万平方米。物管小区15个、物业服务企业13家。

【房地产企业】 2021年，周宁县房地产开发企业25家。其中，暂定二级资质2家（周宁山海房地产开发有限公司、福建盟信置业有限公司），三级资质2家（周宁武夷房地产开发有限公司、福建尚城房地产开发有限公司），四级资质9家（周宁利兴正东房地产开发有限公司、福建省正元置业有限公司、周宁县城市建设投资经营有限公司、福建德威房地产有限公司、周宁县建业房地产开发有限公司、周宁县兴得利房地产开发有限公司、周宁县龙源房地产开发有限公司、周宁县荣基伟业投资发展有限公司、福建云山旅游发展有限公司），暂定三级资质2家（周宁县彭达房地产有限公司、周宁县明坤房地产开发有限公司）；暂定四级资质10家（周宁正泰置业有限公司、周宁县闽江房地产有限公司、福建宏锦房地产开发有限公司、福建云山旅游发展有限公司、福建东伟置业有限公司、宁德泰华房地产开发有限公司、周宁县明坤房地产开发有限公司、福建省佐宁置业有限公司、周宁县泰成房地产有限公司、周宁宁峰置业发展有限公司）。

【房地产开发项目】 2021年，周宁县房地产项目16个，在建销售项目11个（尚品·云山名城、彭达·阳光东府、东城名郡、浩创江南院、珑悦观邸、狮城·尊品花园、狮城银座、宁辰华庭、天行山海、泓樾天城、周宁华美达酒店），竣工销售项目5个（狮城·首府、德威国际公馆住宅小区、狮城友谊家园、正元墅锦、山水华庭）。

【商品房销售】 2021年，周宁县批准房地产开发企业项目预售27件，批准预售套数2058套，比上年下降4.28%，批准预售面积20.36万平方米，比上年下降5.52%。商品房买卖合同备案面积19.06万平方米，比上年上升38.47%。存量房网签备案347件，备案面积9.49万平米，比上年上涨38.14%，金额2.57亿元，上涨9.36%。12月底商品房库存15.86万平方米，消化周期13.33个月。

【税收和开发投资】 2021年，周宁县房地产业税收10536万元，比上年增长26.71%，占县税收24.8%。房地产开发投资119337万元，比上年增长21.42%。

【物业服务企业】 2021年，周宁县有物管小区15个；物业服务企业13家，分别是：福建云山名城物业有限公司（尚品·云山名城）、宁德市宏昌物业有限公司（洋庄祥庭、德威公馆小区）、宁德市宏昌物业有限公司周宁分公司（汇丰豪景）、周宁县祥和物业管理有限公司（名郡财富广场）、武夷（福建）物业管理有限公司宁德分公司（武夷龙腾世纪）、周宁县城投物业管理有限公司（周宁县龙潭小区）、周宁县安逸物业管理有限公司（下洋保障房）、宁德市顺顺物业管理有限公司（正元墅锦、友谊家园）、周宁县祥平物业管理有限公司（狮城国际）、周宁龙湖物业管理有限公司（龙湖丽景）、福州市蓝水湾物业管理有限公司（狮城·首府）、宁德市美达物业管理有限公司（彭达·阳光东府）、周宁绿城物业有限公司（山水华庭）。

（阮夏锋）

住房公积金管理

【概况】 2021年，周宁县建立住房公积金单位246个、7256人，月缴存住房公积金1194万元。年内缴存住房公积金1.39亿元，发放住房公积金贷款0.61亿元，164户。

【住房公积金归集】 2021年，周宁县历年累计缴存住房公积金10.33亿元，累计购、建房、退休等提取住房公积金6.40亿元，归集余额3.93亿元，当年住房公积金购、建房、退休等提取0.99亿元。

【住房公积金贷款】 截至2021年底，周宁县历年累计向全县干部、职工发放住房公积金购（建）房抵押、按揭贷款7.09亿元、5525户，贷款余额2.91亿元，其中2021年度发放住房公积金贷款0.61亿元，164户。

【住房公积金缴存标准】 2021年，宁德市住房公积金管理中心周宁办事处（以下简称“周宁县公积金办”）加强公积金缴存工作。缴存工资标准。年内住房公积金缴存工资基数为职工本人上一年度（2020年7月1日至2021年6月30日）的月平均工资。计算住房公积金的工资基数以国家统计局发布的《关于工资总额组成的规定》的内容为准。缴存比例标准。年内缴存单位及其职工的住房公积金缴存比例下限为5%，上限为12%。申请新开户的缴存单位可在5%～12%的上限区间内，自主确定住房公积金缴存比例。单位及其职工的住房公积金缴存比例必须相同。“限高”标准。根据宁德市统计局公布的统计数据，将宁德市2021年度职工个人住房公积金月缴存额“限高”标准调整为：宁德市所有缴存单及其职工最高月缴存基数为23055元（2020年度宁德市在岗职工月平均工资的3倍），最高月缴存限额为5534元（单位和个人各2767元）。“保低标准”。根据《福建省人力资源和社会保障厅关于公布我省最低工资标准的通知》公布的宁德市最低工资标准，宁德市2021年单位及其职工住房公积金最低月缴存工资基数为1420元，月缴存额的“保低”标准调整为142元（单位和个人各71元）。

【住房公积金贷款政策调整】 2021年，周宁县公积金办根据宁房金管〔2018〕2号文件规定，在各县（市、区）中心城区内购买、建造、翻建、大修自住住房的，双职工缴存住房公积金的家庭最高贷款额度调整为60万元，单职工缴存住房公积金的家庭最高贷款额度调整为35万元。在同一城区内，职工家庭第一次（不含信用担保贷款，下同）申请使用住房公积金贷款或购买第一套住房的，首付比例不低于30%；在同一城区内，职工家庭第二次申请使用住房公积金贷款或购买第二套住房的，首付比例不低于50%；停止向同一城区内第三次（及以上）使用住房公积金贷款或购买第三套（及以上）住房的职工家庭发放贷款。

【住房公积金办理】 2021年，周宁县公积金办推进单位业务网上办理，全县缴存基数调整、单位信息变更等工作基本实现网上办理。推进各个线上平台业务办理，“跨省通办”“省内通办”。引导缴存职工利用住房公积金网上办事大厅、闽政通、微信公众号等线上渠道办理。宣传宁德市住房公积金中心网站、微信公众号、“12329”服务热线、“12329”手机短信。

（詹陈华）

城市建设投资经营

【概况】 2021年，周宁县城市建设投资经营有限公司（以下简称“周宁县诚投公司”）注册资本金5500万元。其中，县国投公司注册资本金4200万元，占注册资本金76.36%；土地收储中心注册资本金600万元，占注册资本10.91%；中国农发重点建设基金有限公司出资700万元，占注册资本12.73%。年内，公司推动解决龙潭保障性住房小区历史遗留问题，开展人才公寓装修、民兵训练基地建设等工作。

【不动产证发放】 2021年，周宁县诚投公司为解决龙潭保障性住房小区项目历史遗留问题。经相关部门配合，12月龙潭小区已售限价商品房847套，不动产证开始发放，完成发证410套，发放率48.4%。

【人才公寓装修】 2021年，周宁县诚投公司为配合县委组织部引进人才，在8号楼进行人才公寓装修20套，总投资140余万元。工程于10月竣工，经验收合格交付组织部住房保障中心引进人才使用，入住10套。

【训练基地建设】 2021年，周宁县诚投公司根据县政府工作部署，配合县退役军人事务局做好民兵训练保障基地项目建设，主体工程建四层。

（林春平　郑孝权　肖陈锋）

金融监管

【概况】 2021年，周宁县金融机构有两大类7家机构，21个营业网点、自助银行设备53台，从业人员318人。其中：大型国有商业银行5家、农村中小金融机构2家（含1家农信社、1家村镇银行）。截至2021年末，全县各项存款余额77.81亿元，比上年增长3.86%；各项贷款余额76.85亿元，增长34.99%。

年末，周宁县有保险业金融机构6家，包括财产险支公司3家、人身险支公司2家、人身险营销服务部1家。7个营业网点，从业人员587人。保险业各项保费收入19325.31万元，比上年下降1.79%，其中财产险5252.71万元，比上年增长4.22%，人身险14072.6万元，下降3.86%。赔付支出3904.24万元，比上年增长0.185%，其中财产险2611.69万元，比上年增长14.55%，人身险1292.55万元，下降20.12%。

【金融营运】 2021年，周宁县辖区银行保险业运行平稳，金融支持县域经济成效明显。信用风险低常态，不良贷款率下降至0.35%，保持全市最低位。各项贷款比年初增长35%，制造业贷款比年初增长1.58倍，两项增速全市第一。普惠型小微贷款增速36.97%，位居8个县市第二，贷款平均利率比全市平均水平低0.57个百分点。

【实体经济支持】 2021年，周宁县各行（社）紧盯县域优质产业，将不锈钢深加工、高山冷凉花卉、高山云雾茶、晚熟葡萄等地方特色产业纳入金融支持重要领域，为相关企业提供金融支持，推进普惠金融工作，助推乡村振兴。截至年末，全县金融机构涉农贷款余额45.66亿元，占全部贷款余额59.41%，较年初新增12.37亿元，增长37.16%。抓好小微企业金融服务，与人行联合开展“首贷培植”专项行动，通过深入工业园区和乡村振兴农业园开展入户走访，参与政银企对接会，助力金融服务工作，提高企业获贷效率。截至年末，全县新增“首贷户”480户，发放贷款1.95亿元。全县普惠型小微企业贷款余额15.27亿元，占全部贷款余额19.87%，较年初新增4.12亿元，增长36.97%。

【金融风险防控】 2021年，周宁县金融业配合政府做好扫黑除恶、打击非法集资、电信网络诈骗和疫情防控等专项工作。指导法人机构完善压力测试，参与村镇银行应急演练，确保应急能力提升。成立周宁县普惠金融多元调处中心，建立金融司法协同机制，为普惠金融当事人提供多途径、高效率、低成本的纠纷解决方式，维护金融消费者合法权益。加强信用风险防控工作，按月监测分析不良贷款变动情况，督促机构根据“强化预判、真实反映、加大处置”原则继续推进资产质量夯实工作，进一步加大清收和核销力度，处置表内不良贷款2029万元。指导村镇行压降房地产贷款集中度，个人住房贷款占比8.78%，比上年降低3.29个百分点，完成年度规划目标。

（周宁县银监组）

银行业

【中国工商银行周宁支行】 2021

年，中国工商银行周宁支行实现利润2634.82万元，比上年增加706.07万元，拨备后利润2361.88万元，增加710.74万元；实现中间业务收入203.58万元，增加98.51万元。各项存款9.78亿元，比年初下降1.60亿元。其中：储蓄存款6.06亿元，比年初下降1.32亿元；公司存款2.00亿元，比年初增加0.34亿元；机构存款1.72亿元，比年初下降0.62亿元。各项贷款10.15亿元，比年初增加4.45亿元，其中：公司贷款5.37亿元，比年初增加2.34亿元，主要为碧桂园房地产开发贷款及青山钢管项目贷款；个人贷款4.78亿元，比年初增加2.11亿元，主要为个人住房贷款。不良贷款余额141.50万元，比年初增加27.84万元，不良率0.14%，比年初下降0.06%。不良额增加主要是新发生个人经营快贷不良1笔。

营销工作　2021年，周宁工行立足县域经济，加强小微金融服务工作，助力小微企业发展。截至年末，服务小微企业22家，比年初增加5家，累计新发放小微企业贷款10笔，金额3682万元，普惠贷款余额8776万元，完成率94.46%。

对接县重点项目，助力项目园区建设。加强对周宁不锈钢深加工产业园金融服务工作，在前期浙江青山钢管有限公司周宁“年产2万吨焊管、140万个管件”项目1.4亿元授信通过总行审批，以及《不锈钢深加工产业园小微企业固定资产购建贷款方案》通过省行审批基础上，周宁工行为浙江青山钢管有限公司发放行内银团贷款10490万元，其中周宁工行6490万元、浙江青田支行4000万元。发放福建久兴管业科技有限公司固定资产购建贷1000万元、福建宏宙新材料科技有限公司固定资产购建贷730万元。通过走访梨坪铸造园，发放营销储备周宁县宏腾机械设备有限公司普惠贷款240万元、周宁县元丰铸业有限公司普惠贷款240万元、周宁县茂业机械设备有限公司普惠贷款240万元。

加大个人信贷业务营销力度，发放碧桂园项目按揭贷款179笔，金额10490万元。11月同业率先准入周宁聚泓房地产开发有限公司的按揭贷款业务并开立监管账户，放款9笔418万元。全年发放二手房贷款39笔，金额2342万元，发放个人住房贷款（含一手、二手房贷）385笔22837万元，当年新增20184万元，个贷增量同业占比44.78%。

不良资产清收处置　周宁工行做好不良贷款（账销案存）清收处置工作，存量不良贷款收回14.40万元、账销案存收回262.53万元。

（黄光伟）

【中国农业银行周宁支行】　2021年，农业银行股份有限公司周宁县支行（以下简称“农行周宁支行”）各项存款余额104979万元，比年初下降3950万元。其中：个人存款85829万元，比年初下降1659万元；对公存款19149万元，比年初下降2290万元。各项贷款余额163235万元，比年初增加32564万元。实现拨备前利润3314万元，实现拨备后利润3335万元。实现中间业务收入545万元。

风险管控　2021年，农行周宁支行强化基础管理，加强内控机制建设，落实案防工作部署，不断提升风险防范水平。严防信用风险、操作风险为主的各类风险，做到不破道德“防线”，不碰人为“底线”，不踩法纪“红线”。开展员工行为排查工作，关注舆情、信访和保密等工作，确保全行平安稳定发展。截至12月末，不良贷款余额62.79万元，不良率0.04%，实现安全经营无事故。

助力乡村振兴　2021年，农行周宁支行落实新冠肺炎疫情防控工作，加强金融服务工作，助力稳产保供、复工复产工作，发放华电福新周宁抽水蓄能有限公司项目贷款17000万元、机制砂项目贷款3000万元。发放民营小微企业法人贷款1804.5万元。发展“三农”业务，快农贷余额12699万元，比上年增加1004万元，覆盖全县9个乡镇、52个行政村，惠及农户1124户。

（叶志）

【中国银行宁德周宁支行】　2021年，中国银行股份有限公司宁德周宁支行（以下简称“中行周宁支行”）各项人民币存款时点余额1.61亿元，比年初新增0.54亿元，各项贷款余额6.33亿元，比年初新增5.50亿元。

中行周宁支行加大对各类生产经营主体对接力度，走访企业，根据企业性质和实际情况，介绍相应的金融服务。做好普惠金融，加快转型发展、夯实客户基础、提升信誉形象。截至年底“两增两控”口径普惠贷款余额5661万元，其中对私普惠贷款余额924万元，对公普惠贷款余额4737万元。特别是针对青拓客户下游企业形成的不锈钢产

2021年12月4日，中国银行周宁支行在泗桥乡开展金融知识宣传教育活动。图为银行工作人员向群众讲解金融知识　　（中国银行周宁支行　供图）

业园，争取省、市分行政策支持，为客户制定合适的授信合作方案，实现对接当地重点项目，形成服务实体经济品牌和效应。

中行周宁支行通过“守阵地”“走商圈”“入工厂”“进校园”等方式，开展常态化金融知识宣传教育活动，普及宣传金融基础知识，鼓励群众安装“国家反诈中心”App。全年累计发放宣传材料1300余份，接受公众咨询320人次。7月1日，中行周宁支行联合周宁县人行上门为福建台农生物科技有限公司办理台企台胞金融信用证书。11月2日，中行周宁支行携手周宁县发改局、周宁县工信局与周宁县人行共同举办外贸企业金融政策知识培训会。

（连灵）

【中国建设银行周宁支行】 2021年，中国建设银行周宁支行（简称“建设银行周宁支行”）夯实客户基础，抓好队伍建设，强化合规风险管控，推进“三大战略”，提升“三个能力”，经营管理业绩稳中有升。截至12月31日，一般性存款余额125961万元，比年初新增4844万元（其中企业存款余额40303万元，当年新增588万元，个人存款余额85657万元，当年新增4256万元）；各项贷款余额109886万元，比年初新增14600万元；实现中间业务净收入1058万元；主营业务收入4798万元，拨备前利润3615万元。不良贷款余额107万元，全市建行最低，不良率0.10%；已核资产现金回收762万元，完成率127%。

住房租赁　2021年建设银行周宁支行为周宁县公租房租金代收代扣提供金融支持，完成“全国公租房信息系统”基础数据安装导入并交付住建部门使用。协同做好周宁县住宅维修资金查询在宁德App上线，完成住房维修资金系统的应用，全县在“CCB建融家园”注册用户483户。

普惠金融　2021年建设银行周宁支行组建成立支行普惠金融服务团队，加快普惠金融业务发展。全年普惠贷款投放4146万元，客户新增51户。推进“普惠云”系列贷款产品上线，实现“云税贷”“闽叶云贷”投放突破。对周宁抽水蓄能项目绿色信贷投放1800万元。

金融科技　2021年建设银行周宁支行推进社会化平台建设，智慧村务新增39户，新增智慧村务获客数2300人；学费云新增2户，共16户；建行生活上架商户16户，累计注册激活拉新2872户。

乡村振兴业务　2021年建设银行周宁支行持续开展信贷调研，走访农业产业龙头企业10余家，向24家涉农企业和个体工商户发放涉农贷款5346万元。

合规文化建设　2021年建设银行周宁支行将合规经营作为日常工作的重中之重，推进清廉金融文化建设，坚持从教育、流程、检查等方面着手抓，提高员工的风险意识，防范操作风险。加强信贷管理工作，督促落实“贷前调查、贷中审查、贷后检查”管理原则，营造合规经营、廉洁从业的信贷文化氛围；要求营运主管在晨会推行“案防合规每日一讲”，做到常态提醒安全防控形势，持续强化员工合规经营意识，把好会计结算和柜面操作流程规范总关口。

（范良生）

【周宁县农村信用合作联社】 2021年，周宁县农村信用合作联社（以下简称“周宁县农信联社”）下设11个信用社和9个职能管理部门，

120 名员工，拥有 13 个自助银行，147 个普惠金融便民点，实现农信机构“乡乡通”，金融服务“村村通”。存款 26.28 亿元，比上年增加 2.24 亿元，占当地存款增量的 78.31%。贷款 20.25 亿元比上年增加 2.86 亿元、增幅 16.45%。其中，涉农贷款余额 15.76 亿元，比上年增加 2.18 亿元；普惠型涉农贷款增速 18.67%，较各项贷款增速高 2.22 个百分点；普惠型小微企业贷款增速 25.54%，较各项贷款增速高 9.09 个百分点。存、贷款市场份额分别为 33.17%、26.19%。不良贷款余额 1844.51 万元，占比 0.91%。财务收入 1.78 亿元，利润总额 0.67 亿元，入库税收 1983 万元，比上年增加 848 万元，增幅 74.71%。

2021 年 4 月 28 日，周宁县农村信用联社与咸村镇人民政府举行“金融助力乡村振兴”战略合作签约仪式　（周宁县农信联社　供图）

助力乡村振兴　周宁县农信联社先后与咸村镇、纯池镇签订服务乡村振兴战略合作协议，围绕“一镇一品”普惠金融服务模式，助力农村要素市场化配置改革；与农业农村局签订战略合作协议，对接全县 113 个益农信息社，推动 7 家信息社与普惠金融服务点融合，为 37 家信息社负责人提供贷款 800 万元；与县人社局合作，为返乡大学生、退伍军人、再就业人员、青年创业者提供“创保贷”29 笔，446 万元。在高山蔬菜、冷凉花卉、晚熟水果、淡水渔业、高山云雾茶、畜禽、传统名优特农产品及林下经济等方面给予金融扶持。先后与纯池果蔬协会通过党建共建，给予符合贷款条件的协会成员及农户授信 1500 万元，用信金额 1100 万元；发放高山冷凉花卉贷款 15 户 1040.91 万元；发放高山茶叶贷款 350 户 5464.46 万元。与当地供销社签订多社融合发展战略合作协议，为 32 户供销社领办农民专业合作社授信 475 万元，为 206 家新型农业经营主体贷款发放信贷资金 4181.45 万元。

金融惠企　周宁县农信联社综合运用财政纾困、创业担保贴息、人行再贷款再贴现和两项货币政策直达工具等政策，全年对接发放央行专项再贷款 8815 万元；用好“金服云”平台，发放纾困贷款 31 户 4440 万元，实施阶段性延本 693 笔 9767.66 万元；与涉农涉企部门、县云上融资担保机构、宁德国有再担保公司合作，发放各类担保贷款 1574 户 14354.93 万元，并与省农业担保公司签订协议，对接“福农直通贷”业务，发放 206 笔 4181.45 万元。发放小微企业（含小微企业主及个体工商户）首贷户 207 户 4788.52 万元。年内推出“乡贤贷”，为周宁籍异地创业商会成员及乡贤送贷上门，授信 19084 万元，授信人数 317 人，为全县铸造企业发放贷款 30 笔 2900 万元。

要素融资　周宁县农信联社主动融入双循环发展格局，结合辖内山、林、田、村级股份等资产，配套“福农贷”“福林贷”“福工贷”“福商贷”等“五福”系列贷款产品，累计发放“五福”系列贷款 3049 户 5.15 亿元，其中发放福农贷 4073.99 万元、福林贷 1955.93 万元、福工贷 44201.33 万元、福商贷 1266.3 万元。与云上融资担保公司合作，发放福村贷 1 笔 100 万元；与云煌农村资产资源管理公司合作，发放高山花卉大棚要素流转贷款 1 笔 300 万元。

助力民生　周宁县农信联社通过“福农 e 政”平台发放扶贫资金 3261.48 万元。发放计生、助学、创业等各类民生贷款 3.03 亿元，发放解决安征迁农户（购）建房资金的“福

2021年3月10日，周宁县信用联社“金融支持乡村振兴暨整村授信”活动在玛坑乡首章村举行 （周宁县信用联社 供图）

置贷”31笔364万元。为社保卡客群发放纯线上小额信用贷款“福保快贷”1255户，授信金额5729.99万元，用信1163户，余额4588.63万元。推荐5户乡村特色产品商家入驻“福农e购”平台，上架高山土豆、高山茶叶、无花果、土鸡等商品15种，全年销售3.15万元，带动农户增收。

信用评定 2021年，周宁县农信联社累计评定县级信用乡镇5个、信用村87个、市级“普惠金融信用镇”1个、“普惠金融信用村”27个，并与县金融办，县人行共同创新评定周宁县“普惠金融信用专业合作社”5个。

金融纠纷化解 周宁县农信联社与县人民法院联合建立金融纠纷多元化解机制，在全县设8个调处室和1个调处中心，实现辖内乡镇全覆盖，搭建线上调解平台与法院调解中心对接，客户可就近选择调处室参与调解，实现最多跑一趟的调解机制。年内成功进行诉前调解9件，涉及金额111.45万元，调解成功率100%。

（林丽华）

【邮储银行周宁县支行】 2021年，中国邮政储蓄银行周宁县支行（简称“邮储银行周宁县支行”）各项存款12.69亿元，市场占有率16.3%，全县排名第二。其中，个人储蓄存款10.28亿元，市场占有率19.28%；公司存款2.41亿元，市场占有率9.47%，比上年增加1723万元，增量占比24.85%。各项贷款结余9.25亿元，市场占比12.03%。新增一手房贷款合作项目3个，住房贷款发放18088万元，比上年增加14443万元，贷款结余53522万元。新增三农普惠小微贷款2832万元，比上年增加29.10%。

金融信用 邮储银行周宁县支行创建2个普惠金融信用社区（城西社区、桥南社区）、12个信用村、8个普惠金融服务中心。通过信用体系建立，提升普惠金融信用贷产品知名度，属地信用户获得比普通客户更优惠优质的服务。加大普惠型小微企业、小微商户走访力度，开拓小微商户市场，拓展小微企业首贷户加强邮银协同，推进惠农项目发展，截至12月末，投放涉农贷款8969万元。

减利降费 邮储银行周宁县支行实施普惠小微企业贷款延期还本付息政策和普惠小微企业信用贷款支持政策有关要求，推进减费让利，减费让利20余万元。为首贷户建立信贷绿色通道，开通“首贷热线”，加大对首贷户利率支持，新增小微企业首贷户4户，贷款305.4万元。承担房产评估费用（客户无需出房产评估费用）61套77362元。

助学贷工作 邮储银行周宁县支行通过加强与县教育局资助中心、各高中学校的对接走访，多渠道、多方式开展进校宣传国家助学贷，宣传网络校园贷危害性，引导学生从银行渠道获得国家助学贴息贷款，减轻困难学生家庭负担，助力困难学生圆大学梦。2021年邮储银行周宁县支行国家助学贷授信100余户，市场占有率约40%。

消费者权益保护 邮储银行周宁县支行参加公安、监管部门联合开展的“反诈拒赌、安全支付”集中宣传活动，落实“断卡”行动，做好客户身份识别与风险账户排查工作；按照上级行部署的《关于开展银行业保险业巩固治乱象深化强监管指导意见》文件要求，结合“内控合规管理建设年”活动，把金融乱象整治与员工道德职业教育、日常经营管理工作相结合，对照巩固治乱象工作要点，逐条开展自查、逐项传导压力、逐级压实责任，做到隐患问题早发现、早整改，提升乱象治理成效，促进业务健康发展。改善弱势群体金融服务工作，营业网点设立无障碍通道服务设施老年人服务专区。

（郑三春）

【周宁刺桐红村镇银行】 2021年，周宁刺桐红村镇银行期末总资产56218.29万元，总负债46985.99万元；各项存款余额43681.27万元，比年初增加8453.37万元，增幅24%；各项贷款余额40372.22万元，比年初增加5284.5万元，增幅15.06%；户均贷款13.68万元，比年初减少2.71万元，发放涉农贷款34998.73万元，占全部贷款86.69%；发放小微企业贷款22628.77万元，占全部贷款56.05%；不良率0.41%；实现账面净利润901.41万元，缴交地方税收417万元，资本充足率22.23%，拨备覆盖率632.11%，主要监管指标符合相关监管要求。

业务发展　周宁刺桐红村镇银行探索“党建＋金融”服务模式，通过与村两委建立“党建＋金融双基联动”合作关系，培育“一村一品”“乡村特色产业”等产业支持农业生产和乡村经济发展。针对周宁县小微企业、农村客户经营特点和现状，弱化担保条件，适时推出“小微企业贷”“家庭信用贷”“村干贷”“巾帼创业贷款”“小额信用贷”等贷款品种。借助人工智能、大数据等信息科技手段，推出“小水滴”信用贷款，开发客户资源，推进“公职贷”“小微宝”“惠民宝”信贷业务。借助“网上申贷”简化申请流程，依托电话、微信等方式，实行24小时金融服务。全年共计发放该类贷款1295户，金额8632.44万元。

风险防控　周宁刺桐红村镇银行健全并完善各项内控制度，执行上层层落实、责任到人，确保每个员工都明确自己的岗位职责、照章办事、遵纪守法。实施全面风险管理，通过落实内部检查、员工行为排查和员工举报制度等，掌握员工行为动态，严防案件风险。对各项外部检查进行梳理和回头看，针对不足进行反思、落实整改，从细节落实，将合规经营落到实处。重视安全保卫工作，做到对各类设施定期检查、定期维护、定期进行消防、防抢劫和防盗窃的应急演练，提高全员应急处理能力。

（陈淑燕）

保险业

【人保财险周宁支公司】 2021年，中国人民财产保险股份有限公司周宁支公司（以下简称“人保财险周宁支公司”）年内实现保费收入3845.99万元，支付赔款2036.72万元，完成上级公司下达的经营目标任务。

保险业务　2021年，人保财险周宁支公司主营机动车辆保险、企业财产保险、家庭财产保险、货物运输保险、意外伤害及健康保险、各种责任险及政策性农业保险等相关险种。

开展全域食品安全责任险，为全县21.17万人提供1000万元风险保障，服务食品安全。

承保产业扶贫保险，为全县脱贫人口（原建档立卡贫困人口）产业提供风险保障1201.33万元，截至年底，产业扶贫赔款28.02万元。为全县脱贫人口（原建档立卡贫困人口）提供脱贫人口救助保险及团体意外险风险保障，赔款36.83万元。与周宁县委乡村振兴办签订“防止返贫精准救助保险合作协议”为周宁出现返贫风险人员提供风险总保障300万元。

发挥保险支农、惠农、强农、富农主渠道作用。先后独家承担全县农村住房、森林综合、水稻种植、葡萄种植与大棚、能繁母猪、育肥猪等政策性保险任务，基本建立覆盖全县的农村保险“立体保障网”。年内为全县农户提供超26.23亿元风险保障，累计赔款526.55万元。与周宁县应急管理局续订全县农村房屋统保协议，为全县农房提供风险保障，2021年，农房赔款79.76万元。

持续推进产品创新。实现全省首家廊桥“司法＋保险＋服务”全覆盖，为周宁县辖内所有廊桥提供风险保障，总保险金额476万元。先后推出茶叶低温指数保险、农作物台风指数保险和葡萄价格指数保险，提供风险保障2210.51万元，累计支付赔款105.98万元。

理赔服务　2021年，人保财险周宁支公司支付赔款2036.72万元。公司运用信息技术手段加强理赔流程监控，对理赔全流程进行实时监控，合理调度和分配查勘定损人员，提高查勘速度。响应保监会保护消费者权益，改进理赔服务质量。从理赔员工绩效考核着手，建立科学、合理的考核体系，强化理赔队伍专业能力建设，提高整体综合素质和能力；加强案件理赔时效性、规范性和服务创新等“软实力”提升，将理赔工作推上新台阶。针对一系列台风等重大自然灾害，第一时间开通大灾理赔通道，引入无人机勘查，直升机救援，提升理赔时效。

风险管控　2021年，人保财险周宁支公司加强承保、核保风险控制能力和展业秩序规范能力。构筑制度平台、业务流程、管理权限进行规范，各业务险种、客户群体的承保条件进行细化硬化，防范和化解经营风险，依法合规经营，提升内控管理执行力，加强企业文化建设，保障公司持续健康发展。

（刘琦）

【中国人寿保险周宁支公司】　2021年，中国人寿保险股份有限公司周宁县支公司（简称“人寿保险周宁支公司”）完成保费收入1.36亿元，比上年下降2.69%。其中长险首年保费1753.2万元，比上年下降32.65%；长期险首年标准保费915.2万元，下降35.47 %；意外险286.63万元，下降14.34%；短期健康险784.72万元，下降5.2%。支出各类赔付907.76万元，其中死亡给付68.95万元，医疗给付367.39万元，赔款支出471.42万元。

保险业务　2021年，人寿保险周宁支公司坚持规模与价值并举，提升期交、十年期及以上期交、短期险等核心指标，按照“对标预算、对标市场、对标先进”的整体要求，出台一系列加快发展举措。其中，个险渠道坚持三位一体和队伍建设驱动四个常态化，形成新生队伍、自主经营、客户经营三条生产线，通过专项分类指导和项目推进，以渠道创富精神为指引，以各阶段竞赛活动为主线，引导营销主管制度经营、自主经营，并结合各阶段公司经营主题开展工作，全年实现首年期交新单保费1507.25万。银保渠道以“2+2”渠道发展为引领，以“三重一大”为方法，以“1+2”为根本，聚焦价值转型发展，推进星级网点建设，扩量提质，推动银保渠道业务发展，全年完成首年期交保费241.8万元。团险渠道坚持效益优先，优化业务结构，不断提高团险渠道的创费水平，在巩固原有项目平台基础上，重点加强中小微法人员福业务和政保业务平台下个人自付费拓展力度，提升短险规模与效益，全年完成短期险保费457.99万。

风控建设　2021年，人寿保险周宁支公司在员工中开展“廉政警示教育”和“学案例·明规矩·补短板·守底线”风险警示教育，对上级公司通报案件进行传达学习、案例剖析，增强员工廉洁从业意识。在销售队伍中开展销售人员诚信文化建设工作，组织38场销售人员诚信合规教育，5968人次参训。落实监管部门和上级公司各项制度规定，抓好反洗钱、防范非法集资和扫黑除恶专项斗争工作，开展“强内控抓执行”排查整治、“2021年监管检查发现问题自查自纠工作”“重点风险排查整治工作”“人身保险市场乱象治理专项工作”“保险机构涉稳风险和社会治安突出问题排除整治工作”“泄露查询冻结信息风险排查”和“防高管、防基层、防基础”专项行动等。

理赔服务　2021年，人寿保险周宁支公司加强理赔服务管理，提高理赔满意度。为221名客户提供“免申请、零等待、出院就理赔”的新型保险理赔服务；推进“重疾一日赔”，赔付28件，赔款178.8万元；开展理赔直付便捷赔、特殊客户上门赔等服务，理赔客户1856人次，给付赔款907.76万元。

（陈孙政）

教　育

综　述

【概况】 2021年，周宁县有各类学校59所，其中学前教育27所、小学18所、初级中学8所、完全中学3所、职业中专学校1所、教师进修学校1所、电大1所。在校学生24965人，教职员工2290人，教学辅助人员148人。新招聘中小学幼儿园教师68人，补充教学辅助人员57人。名师工作室15个44人，学科带头人75人，骨干教师260人。九年义务教育巩固率118.58%。狮城第三小学、玛坑中心小学被评为省级“义务教育管理标准化学校”，周宁县有省级“义务教育管理标准化学校”18所，占比78.26%。周宁职业中专学校、狮城第二小学、狮城中心幼儿园被认定为福建省第一批平安校园。6月，周宁县教育局被授予第十四届宁德市文明单位。

【两项督导评估】 2021年12月27—30日，宁德市督导评估组对周宁县开展“两项督导”评估，实地核查9个乡镇，50所中小学幼儿园，8个社区德育基地和周宁县教师进修学校等，认定周宁县人民政府履行教育职责督导评估结果为“优秀”等级，周宁县党政领导干部抓教育工作督导考核结果为“优秀”等级。

【项目建设】 2021年，周宁县教育在建（续建）项目共8个，其中竣工3个，分别为第二机关幼儿园，规划建设面积7970平方米，总投资2600万元，于2021年1月竣工；礼门乡幼儿园，规划建设面积2486.78平方米，总投资1214万元，于2021年5月竣工；三源幼儿园，规划建设面积4833.4平方米，总投资1900万元，于2021年6月竣工。在建项目5个，分别为咸村第二中心幼儿园，规划建设面积5391.2平方米，总投资2000万元；周宁一中续建工程规划建设面积9354.66平方米，总投资6106.2万元；泗桥乡赤岩村幼儿园，规划建设面积1087.76平方米，总投资569万元；玛坑乡杉洋村幼儿园，规划建设面积1099.36平方米，总投资514万元；玛坑乡杉洋小学综合楼，规划建设面积1112.64平方米，总投资535万元。

【教育资助】 2021年，周宁县完成生源地信用助学贷款1549人（信用社898人，新增322人；邮储636人，新增155人；国开行15人，新增0人），贷款1184.92万元（周宁信用联社656.62万元，新增243.09万元；邮储银行516.7万元，新增134.51万元；国家开发银行11.59万元，新增0万元）。落实2020年度贷款县级贴息和风险金46.38万元；落实周宁县职业中专学校助学金211人次，发放助学金21.1万元；落实周宁县职业中专学校免学费2342人次，拨付职专246.11万元；落实普通高中助学金资助533人次，金额71.05万元；落实普通高中免学费303人次，金额31.68元；落实寄宿生免费就餐738人次，资助款88.56万元；落实义务教育家庭经济困难学生生活补助2547人次，金额73.23万元；义务教育免费发放教科书35272人次，教科书251.24万元；义务教育免费发放作业本35321人次，作业本47.48万元；落实学前教育助学金

364人次，资助34.2万元。管控资金风险，所有资助学生助学金一律由银行集中打卡支付。

【社会力量奖教助学】 2021年，周宁县叶先熙奖教基金会奖教助学131人，金额66万元；纯池教育基金会奖教助学105人，金额70万元；周眉清教育基金会奖教助学153人，金额20.45万元；富闽基金会项目资助家庭经济困难学生48人，资助金额20.5万元；省外办富闽基金项目123人，资助金额10万元；青山企业"宁德市千人助学活动"资助26人，发放资助金7.8万元；江苏常熟青年助学阳光站走访并资助206人，资助17.47万元；"艺品海丝艺术空间"资助1人，发放助学金0.5万元；扶贫开发协会资助10人，发放助学金2万元；周宁县老区促进会资助111人，发放资助金11.1万元。

【教育信息化】 2021年，周宁县教育信息技术在学校教学管理中全面融合应用，落实教育信息化2.0行动计划，启动实施中小学教师信息技术2.0提升工程，组织教师参加提升工程市级骨干线上培训3期。

开展"义务教育精品课""三优联评""创新课堂大赛""教师空间""智慧课堂"教学观摩研讨等活动。信息化与教育教学融合更加常态化，教师信息化应用水平进一步提升。

年内，在"2021年新媒体新技术教学应用研讨会暨第十四届全国中小学创新课堂教学实践观摩活动"课例遴选中，周宁县获奖9节，位居全市第一；在2021年全市创新教学应用优质课现场比赛活动中，周宁县成绩位居山区县前列，进入前四；2021基础教育"精品课"评选省级"精品课"3节，市级"精品课"8节；"三优联评"活动省级获奖4节，市级获奖9节。开展"停课不停学"信息化应用典型案例评选，获市级一等奖2个，二等奖1个，三等奖1个。推进智慧（数学）校园建设，周宁十中、第二实验幼儿园列入2021年市级数字校园建设试点校。

推进"创客教育"实施，落实"创客教育"试点工作，建设一间实验小学精品创客室，组织参加"中小学生电脑制作比赛暨创客大赛"等活动。

（李佛送）

学前教育

【概况】 2021年秋季，周宁县有幼儿园27所，其中普惠性幼儿园16所。专任教师299人，新聘教师14人。新招幼儿2051人，离园1645人。在园幼儿总数4506人，其中普惠性幼儿园幼儿1615人。公办幼儿园在园幼儿比率60.1%，高于省定指标（50%）10个百分点。学前教育三年毛入园率98.9%，达到98%指标要求，普惠性幼儿园覆盖率99.6%，高于省定指标（85%）14.6个百分点。

【园区布局优化】 2021年秋季，周宁县实验幼儿园整体搬迁到城东第二机关幼儿园（基建项目名称）新园址，有教职工78人，教学班15个，幼儿505人。在周宁县实验幼儿园旧园址新设立狮城第一幼儿园，教职工30人，7个教学班，幼儿224人。在新城区成立新城幼儿园（基建项目名称三源幼儿园，是端源小学改扩建项目），满园容量12个教学班，成立初期，开设3个教学班，大、中、小班各1个，幼儿总人数115人，教职工19人。周宁县城东有实验幼儿园，新城区（城西）有第三实验幼儿园、新城幼儿园，城北有第二实验幼儿园，城南有狮城中心幼儿园，城中有县直机关幼儿园、狮城第一幼儿园，城区学前教育布局更加合理。

【第三实验幼儿园】 2021年，周宁县第三实验幼儿园是周宁县唯一一所公建民营普惠性幼儿园，是香港伟才教育集团直营园。10月，获评省级"明厨亮灶"示范单位；11月，稚梦托育园被评为福建省婴幼儿照护服务试点单位，和第三实验幼儿园实现托幼一体化，小朋友上完稚梦托育园就可以上第三实验幼儿园。

【示范园引领】 2021年4月21日，周宁县直机关幼儿园开展"市级示范性幼儿园"开放观摩研讨活动；12月15日，到纯池中心幼儿园开展送培送教活动。第二实验幼儿园周文斌典型案例《云上时光，伴你成长》获市级一等奖；祝妙玉、徐春丽、陈青霞老师论文在CN刊物上发表。6月，第二实验幼儿园被评为"宁德市文明校园"。12月，狮城中心幼儿园编排的交通安全舞蹈剧《小小交警》被教育局选派参加"庆祝建党100周年暨宁德市教育系统创建

2021年12月20日，狮城中心幼儿园编排表演的交通安全舞蹈剧《小小交警》
（狮城中心幼儿园 供图）

平安校园文艺晚会展演活动”，获优秀奖。

（李佛送）

小学教育

【概况】 2021年秋季，周宁县共有小学18所（其中镇区10所，乡村8所），教学点8个。在校生11763人，新招生1605人，毕业生1943人。小学专任教师782人，新聘教师25人。2021年8月，周宁县英才实验学校更名为狮城第四小学。

【教研水平提升】 2021年，狮城第二小学提高课堂教学效益，分层、控量、增效、提质是作业管理核心，将作业布置与批改反馈作为落实教学常规重要抓手，淡化高耗低效的检查项目，尝试个性化作业设计，分学段分学科研发校本作业，实现从有效课堂到高效课堂转变。纯池中心小学与福安晓阳镇、寿宁凤阳镇中心小学开展“三县四校教研活动”，与宁德教师进修学院送培到三镇（纯池、晓阳、凤阳）的“宁德市名师培养工程帮扶乡村学校建设”大型平台，派遣老师参与线上线下集备，线下同课异构展示。狮城第三小学借助中央电教馆“教研共同体协同提升试点项目”，选定三（10）为样本班级，与项目组北京市小学语文教学宋浩志名师团队对接，依托全景学习平台开启云课堂学习模式，全景平台“同步教学”模式让老师和学生足不出户就能体验到名师团队的优质教育。实验小学形成“教科室、教研组、课题组”三级科研网络，2021年校本教研每个教研组31次，片区集体备课每个教研组至少15次，县级教研6次，送课下乡4次，名师工作室研讨活动8次。6月8个县级课题结题，9月5个县级课题开题，12月2个省级课题开题。

【社团活动】 2021年，周宁县玛坑中心小学依托乡村学校少年宫，以“兰文化”为主线，开展“兰趣”“剪纸”等10个社团活动。玛坑中心小学学生汤诗颖作文获周宁县中小学生“庆祝中国共产党成立100周年校园文化征集活动”一等奖；学生郑欣颖、汤雅芯剪纸作品获宁德市

2021年6月24日，李墩中心小学北路戏社团在县工人文化宫参加“永远跟党走庆祝中国共产党成立100周年”文艺惠民演出 （李墩中心小学 供图）

第七届艺术节二等奖；学生郑欣颖、张闻艳、汤诗颖、汤文丽、彭雨馨、詹焓珍剪纸作品获“国寿小画家”第十一届全国少年儿童绘画活动“年度全国优秀作品奖”等。李墩中心小学北路戏社团代表李墩镇参加“庆祝建党100周年”县里惠民演出，并参加宁德市教育局举办全市小学生艺术节比赛获“二等奖”。狮城第三小学学生许若彤获第七届国际青少年书画大赛金奖，叶鑫怡等6名学生朗诵作品《红色的童话》获宁德市2021年“中华经典诵读”一等奖。狮城第二小学学生凌娅舒获得“小小朗读者”宁德市现场总决赛银奖，葫芦丝社团获得宁德市2021年中小学生艺术节器乐组三等奖。实验小学有书法、小主持等社团67个，在宁德市庆祝中国共产党成立100周年“中国红色诗词大会”中，实验小学获2个一等奖、2个二等奖。

（李佛送）

初中教育

【概况】 2021年秋季，周宁县初级中学8所，3所完全中学有初中部，初中在校生5738人，其中少数民族学生83人，新招生1926人，毕业生1709人。专任教师498人，新聘教师24人。

【片区教研】 2021年，周宁县重新划分初中教研片区，北部片区以周宁一中为教研基地校，帮扶周宁三中、周宁四中、周宁九中；中部片区以狮城中学为教研基地校，帮扶周宁五中、周宁六中、周宁七中；南部片区以周宁十中为教研基地校，帮扶周宁二中、周宁八中。各教研片区开展同课异构、跨校结对等形式多样的教研活动，共开设初、高中教学观摩研讨课39节，集体备课活动4场，学科讲座6场，新教师教学指导课6节，提高课堂教学质量，促进教师专业发展。

【课后服务】 2021年，周宁县根据宁德市人民政府办公室《关于印发宁德市落实中小学生课后服务工作实施意见的通知》《周宁县人民政府办公室关于印发周宁县落实中小学生课后服务工作实施意见的通知》等文件精神，召开义务教育学校“双减”及课后服务工作专题会议，加强组织领导，细化实施方案，做到“一校一策”，初中学校实行课后服务“5+2”全覆盖，初中在校生总数5738人，参与课后服务学生数5656人，占比98.55%，初中教师总数510人，参加课后服务教师数478人，占比93.73%。

【中考情况】 2021年，周宁县中考报名人数1621人，设狮城中学考点（27个考场）；周宁十中考点（30个考场）。周宁县中考总分均分提升至宁德市第五名，其中市A类学校4所（五中、六中、八中、十中），B类学校2所，C类学校4所，无D类学校。2021年中考切线分：周宁一中统招线580.93分；城区定向生线573.29分；农村定向生线559.93分；周宁十中线489.96分；周宁二中线438.96分。

（李佛送）

高中教育

【概况】 2021年秋季，周宁县普通高中3所，在校生2891人，实际招生999人，毕业生815人。专任教师247人，新聘任教师5人。11月，周宁一中通过“福建省一级达标高中”复查，周宁十中通过“福建省三级达标高中”复查。

【青年教师专业化发展】 2021年，周宁一中推进“双培养工程”“青蓝工程”“名师工程”“好老师工程”工作，通过名师、学科带头人传帮带，培养一批优秀中青年教师。开展青年教师基本功比赛、解题大赛、微课比赛、信息融合课比赛、青年教师论坛等活动。通过网络培训、骨干培训、校本培训、新课程培训等，促进青年教师专业化发展。年内通过认定县级名师7人、骨干教师19人。在宁德市实验教学说课比赛中，教师林容斌获宁德市一等奖；在信息化应用典型案例评选中，教师张彩妍获宁德市一等奖；在福建省“一师一优课”评选中，教师何逢娟课例获省级优质课。

【学科竞赛】 2021年6月，周宁一中学生刘尚宇、肖飞扬、詹喆在全国高中数学联赛中均获得宁德市二等奖（指导教师分别是许模顺、吴敏焱、周黄生）。1月，周宁一中学生詹喆在第37届全国中学生物理竞赛中获得宁德市一等奖（指导教师郑增平）。6月，周宁一中学生肖子丘、肖林豪在第35届中国化学奥林匹克竞赛中均获得宁德市一等奖（指导教师分别是毛颖颖、林容斌）。9月，周宁一中学生肖林豪在第30届全国中学生生物竞赛中获得福建省三等奖（指导教师肖庆花），刘尚宇在第30届全国中学生生物竞赛中获得宁德市一等奖（指导教师陈万铨）。

【普通高考】 2021年，周宁县普通高考报名人数1001人。文史类考生278人（其中艺体类74人），理工类考生723人（其中艺体类48人）。2021年是福建省新高考改革第一年，周宁县只设周宁一中一个考点40个考场。周宁一中本科录取率由2020年72.51%提高到76.45%，总分600分及以上20人，录取985院校10人，录取211院校38人，录取“双一流”院校7人。周宁一中学生詹喆总分685分，进入福建省前50名，宁德市第二名，被北京大学信息工程专业录取。

（李佛送）

职业教育

【概况】 2021年秋季，周宁县职业中专学校在校生1251人，新招应届初中毕业生461人，毕业生291人。专任教师89人。

【勤工俭学】 2021年春季，周宁县职业中专学校校内资助采取勤工俭学方式进行，特设一些让学生在课外时间能力所能及的工作岗位，春季学期共有54名家庭经济困难学生参加勤工俭学，每生每月200元，共发放勤工俭学工资2.96万元。秋季学期共有122名家庭经济困难学生参加勤工俭学，每生每月200元，共发放勤工俭学工资7.28万元。

【就业渠道拓宽】 2021年，周宁县职业中专学校本着职业教育为地方经济服务理念，做好市场调查研究，多渠道多途径收集在外企业用工信息，主动与用人单位保持联系，及时向学生发布招聘信息。该校与厦门三安光电科技有限公司、厦门大学学术交流中心、福州京东方光电科技有限公司、福建华职人力资源有限公司、福建省电子信息集团、宁德上汽集团等多家公司建立校企合作办学。与厦门多家幼儿园达成学生实习初步意向，安排学生进行顶岗实习。7月护送财会专业33人到厦门大学学术交流中心实习；9月护送旅游专业学生52人到福州西湖大酒店进行为期3个月短期实习；9月学前班32人分别到狮城第一幼儿园、实验第二幼儿园、实验第三幼儿园、新韵培训中心实习。

【高职分类招生考试】 2021年，周宁县职业中专学校考生216人，600分以上19人，本科上线4人，专科上线率100%。其中，2018级电子班林云卿成绩693分，全省电工类排名第三名；2018级旅游班连杰698分，全省旅游类排名第五名；2018级旅游班余雨琳686分，全省旅游类排名第18名；2018级财经班刘婧婷696分，全省财经管理类排名第41名。

（李佛送）

成人教育

【概况】 2021年，周宁县教师进修学校有14个名师工作室，开展各种活动23场次。省市县名师送教研修活动13次，参加人员600余人次。对接福安、蕉城、东侨、福州等学校到周宁县小学开展协作教研活动8场次，专题学习研究21次。组织全县中小学、幼儿园教师参加各类竞赛，先后获得央馆教研共同体项目奖1个，国家级奖项8人次，省级奖项18人次，市级奖项54人次，县级奖项136人次。开展课题研究有省教科所立项课题3项、宁德市前瞻性教学课题5项、县级立项课题29项、省教科所课题结题3项。陈恋恋等多名教师撰写8篇教研论文在CN刊物上发表。刊发《周宁教育》4期，文章300余篇。2021年周宁电大招生208人，开放教育在籍生614人，奥鹏网络教育在籍生108人。

【乡村视导教育发展】 2021年，周宁县教师进修学校加大教学视导工作，组织教研员对各中小学（含完小）进行教学视导，以专题性视导与随机性视导相结合，视导组通过听课看课、查阅学校和教研组工作计划及教研活动开展情况、检查学科作业布置与批改情况、教师问卷调查、校领导班子及教师座谈等形式，对各中小学如何更好开展教学工作、提高教学质量提出指导性意见。围绕义务教育“双减”政策落实、薄弱学科课堂教学、作业布置与批改、备课组（教研组）工作情况开展把脉教学。针对农村学校，特别是薄弱校园设立教研基地校，2021年周宁县成立新一轮9个研训基地校，引进优质资源，开展基地校送教送培暨乡村学校提升教学质量专题研讨活动。

【模拟法庭教学】 2021年，周宁电大做好综合实践环节指导培训、

2021年12月9日，周宁县老年开放互联网大学旗袍秀代表队到周宁县天乐颐养园举办慰问演出 （周宁电大 供图）

毕业论文指导答辩工作。特别是法学专业模拟法庭活动是周宁电大特色，指导老师是法院资深法官，从旁听真实开庭开始，让学员感受真正的法庭效果，到案例中法庭角色分配、法律文书写作、模拟演练，再到模拟法庭开庭，最后逐个点评。并录制2021年秋法学本科《模拟法庭》教学光盘提供给周宁县检察院未成年人检察办公室，作为周宁县中小学普法教学资料。

【社区教育和老年开放教育】 2021年，周宁电大聘请校外兼职家庭教师8人（家庭教育讲师6人，太极拳及民俗音乐讲师各1人），各社区学校配备校级指导师。年内各社区学校组织开展30场家庭教育讲座，参与人员3164人次。7月在二小举办陈式太极拳培训活动，培训58课时，参与人员3364人次。联合人社局开展职业技能培训12课时，参与人员5624人次。老年开放互联网大学开设音乐、柔力球、太极拳、旗袍秀课程，年内上课124次，参与人员4784人次。老干局老年大学设置太极拳基础班、太极拳提高班、音乐、广场舞、旗袍、书法、舞蹈等课程，上半年开展74场教学，参与人员2328人次。教育系统老年学校开展360场教育活动，参与人员12000人次。周宁县老年开放互联网大学旗袍秀表演获国家开放大学首届全国老年教育成果展（第一批）二等奖，全省首届老年教育教学成果展一等奖。柔力球柔乐球网络视频比赛两球合编的《共筑中国梦》项目获2021年度全国第七届柔力球柔乐球网络视频比赛特等奖。

（李佛送）

特殊教育

【概况】 2021年秋季，周宁县特殊教育在校生201人（小学171人，初中30人），其中视力残疾2人，听力残疾6人，言语残疾3人，肢体残疾21人，多重残疾4人，智力残疾165人。实际招生21人，毕业42人。特教班专任教师10人，学生总数67人，新招生10人，毕业生10人。周宁县留守儿童2172人，其中幼儿园137人，小学1303人，初中732人。孤儿和事实无人抚养学生101人。

【送教上门服务】 2021年，周宁特教班老师分批次到纯池、泗桥、玛坑、咸村、李墩、狮城等乡镇对21名残疾儿童进行送教上门服务。到学生家里了解学生基本情况，与家长沟通交流，确定适合每个孩子送教方案。

【向阳花开爱心行动】 2021年11月29日，宁德市“关爱微心愿”活动在泗桥乡赤岩小学举行，社会各界爱心人士伸出援手、献出爱心，帮助赤岩小学48名留守儿童实现心愿。对孤儿和事实无人抚养学生学习、生活、思想问题，周宁县教育系统各级党组织积极参与结对帮扶工作，从情感精神帮扶、学习成长帮扶、生活物资帮扶，并对帮扶工作进行全程网络管理，把“我为群众办实事”活动落到实处，结对孤儿和事实无人抚养学生61人。

（李佛送）

综 述

【概况】 2021年，周宁县科技局加强企业年度研发投入统计申报工作，申报研发投入22807元，开展科技特派员服务2544人次，引进新品种27项，推广新技术17项，引进项目14个，举办讲座51场，培养基层技术骨干53人，带动农户305户，帮助服务对象增收154万元。

【科技项目申报与验收】 2021年，周宁县科技局根据《福建省科学技术厅、福建省财政厅关于组织申报2021年度省科技计划项目的通知》精神，抓好项目申报。指导绿城生态农业有限公司“龙脑樟良种选育繁殖与高效栽培及产业化关键技术开发”、周宁县礼门乡常源村经济股份合作联合社“常源村文旅乡建服务团助推乡村振兴”、乐依依生态农业发展有限公司“高山阳光玫瑰葡萄优质栽培技术示范”3个项目申报省级科技项目。根据《宁德市科学技术局关于组织申报2022年度省科技计划项目的通知》要求，对接上级业务部门，掌握项目申报动态信息，第一时间在周宁县企业信息群、农业企业信息群、“周宁科技”微信公众号发布通知。11月14日，组织召开周宁县科技计划项目申报协调会，共申报项目8个。其中，菊美专业合作社、呈祥机械制造有限公司等申报的5个项目初审合格；对获批项目，加强项目实施过程检查监督，确保项目建设质量和进度。下达《周宁县科学技术局关于做好省级星火项目结题工作的通知》，督促、指导沁源春企业做好到期项目验收，完成星火项目“高香茶树新品种紫牡丹引种扩繁与高效配套栽培技术集成示范”验收考核。立项的星火项目“高山阳光玫瑰葡萄优质栽培技术示范”，组织企业签订项目任务书，督促企业按项目时间节点实施。

【科技创新政策落实】 2021年，周宁县科技局落实上级创新政策，结合周宁县实际出台有关政策。草拟《周宁县科技创新领军人才遴选办法》《周宁县科技创业领军人才遴选办法》《周宁县“创新企业”评选方案》，制定县级星创天地培育及产学研合作基地培育有关政策。强化政策对接落实，开展进园入企政策宣传，组织企业参加线上辅导班，确保符合条件的企业享受激励创新政策红利。参与《宁德市创新能力提升行动计划实施方案》《宁德市科技计划项目监督工作暂行办法》《关于提升规模以上工业企业研发机构和研发活动覆盖率的实施意见》《“云上人才”评价认定办法》等十余项创新政策制定。

（周宁县科技局）

科技特派员

【县乡工作站建立】 2021年，周宁县发改局（科技局）依托县农业农村局和各乡（镇）农业服务中心，设立县、乡两级科技特派员工作站。农业局局长及各乡镇长任站长，各乡镇配两名副站长（分管农业的领导和一名市级科技特派员），确定一名联络员，统筹协调省、市、县三级科技特派员在基层开展工作。

【科技特派员选派】 2021年，周宁发改局（科技局）会同各乡镇开展需求摸底，经过反复筛选，建立第二批县级科技特派员服务需求“订单”91项。根据基层需求，报送科技特派员人选，农业局、茶业局、文旅局、政法委、组织部等分别报送农业、文旅、基层治理、乡土人才等各方面科技人才。与省农科院、农林大学、市农科所、茶科所、宁德师范学院等高校科研院所对接，跨界别、跨区域选派人员。按照需求与服务对接，年内推荐省级科技特派员22人（最后认定16人）、团队科技特派员7人，市级人选为三年一派暂不变动（21人），县级特派员人员调整确认后为73人。

【科技精准服务】 2021年，周宁县发改局（科技局）围绕“8+1”产业发展需求，立足乡村产业实际，为乡村产业转型升级提供技术支持。

茶产业发展　建立茶业示范基地，建成生态茶园，增加茶农及村财收入。首章村财收入35万元，人均增收800余元，辐射玛坑全乡；引进金观音、银观音、梅占、金萱等茶叶品种，推动品种改良；指导茶叶加工技术、培训技术人员，提升绿茶、红茶、白茶、乌龙茶等加工水平和茶叶品质。

高山马铃薯发展　建立国家南方马铃薯研究基地，繁育“周宁本地种”脱毒微型薯；建立示范片，开展新品种筛选试验、技术指导，培训农技人员和种植户，由科技特派员牵头制定高山马铃薯标准。

渔业养殖　建立“鲟鱼产业化健康养殖示范基地”“中华鲟保种中心”，推广应用富寡肽鲟鱼配合饲料、固定化微生物纳米曝气机等新技术；建立甲鱼仿生态养殖、鲟鱼养殖2个渔业示范基地。

食用菌　科技特派员采用“科技人员+企业+贫困户”的帮扶模式，探索大球盖菇设施化、周年化栽培，大球盖菇示范面积1.33公顷，增加企业经济效益20余万元。带动3个乡镇、6个村、42户群众发展产业增收，其中38户建档立卡贫困户，每户年增收0.4万元。

2021年3月19日，福建省农科院作物所研究员罗文彬在莲地村乐依依葡萄棚内套种马铃薯开展技术指导　（周宁县农业农村局　供图）

畜牧养殖　整合省、市、县级科技特派员中畜牧兽医专业的科技特派员8人组成服务团，深入有需求的乡镇、企业、养殖户开展畜牧兽医服务，解决养殖过程中的疑难问题和提供技术指导，推动生猪产能建设，利用猪场粪污资源用于种植水果，以种养结合模式开展生态养殖。

竹林花卉　特派员为村庄争取省级森林村庄项目、村庄绿化项目补助款共110万元，对村庄森林、绿化项目进行规划建设；对毛竹林速生丰产项目进行规划与指导，引进政和客商，对毛竹林进行采伐收购，年产值达60余万元。规划建设“泓森槐”与“光皮桦”种植基地66.67余公顷，引进企业投资160余万元，每年增加村财近4万元。

助推乡村生态旅游发展　组建福宁文旅乡建科技服务团，倡导“农旅”“茶旅”“文创”“青创”“共享”等现代文旅产业带动乡村旅游。在陈峭、常源等村进行民宿提档升级改造（有民宿近100家），打造大众茶馆、共享厨房等，开发文创旅游伴手礼等助力全域旅游发展；开展文化保护传承与利用服务，对芹溪宝丰银场矿业遗址，申报为第八批全国重点文物保护单位。谋划建设古代矿业遗址旅游景区——矿山公园，楼坪、洋中传统古村落历史建筑保护规划和修复工程，杉洋林公文化的保护与开发等。

（周宁县科技局）

知识产权

【概况】 2021年，周宁县知识产权局加大知识产权宣传力度，优化知识产权服务举措，强化知识产权行政执法，营造良好的知识产权发展环境。年内，注册商标396件，比上年增长55.3%；成功注册“周宁高山杜鹃”“周宁高山百合”地理标志证明商标，配合县委、县政府打造“周宁有鲤”区域公用品牌，对接品牌logo、吉祥物设计事宜，指导“周宁有鲤”注册商标。拥有有效发明专利22件，比上年增长22.22%；查处知识产权行政执法案件142件，增长647.4%。

【知识产权宣传】 2021年，周宁县知识产权局通过悬挂宣传条幅、动员辖区商户LED屏滚动播放标语、电视台播放知识产权宣传片等多种形式，开展知识产权宣传周活动，提高群众知识产权创造、运用和保护意识。深入工业园区、企业开展知识产权服务专项行动，宣传贯彻知识产权政策法规，了解企业知识产权管理体系建设等方面遇到的困难，共同探讨企业知识产权的保护与发展；组织企业积极参与市局开展的知识产权线上线下专题培训，促进企业知识产权管理和保护意识提升。

【商标品牌建设】 2021年，周宁县知识产权局挖掘梳理周宁特色资源产品，建立地理标志证明商标梯队库，推进地理标志证明商标培育、申报、提升工作，成功注册“周宁高山杜鹃”“周宁高山百合”地理标志证明商标；将“周宁高山葡萄”“周宁高山猕猴桃”“周宁鸳鸯果”“周宁高山山茶油”编入年鉴，为地理标志证明商标申报工作打下基础。坚持做好“联络员”“参谋员”“服务员”，对接“周宁有鲤”区域公用品牌logo、吉祥物“周周”“鲤鲤”设计事宜，指导“周宁有鲤”“周周”“鲤鲤”注册商标，确保区域公用品牌得到全方位保护。

【商标专利监管】 2021年，周宁县知识产权局开展粮油商标品牌保护、商标侵权“溯源”、商标“净化”、地理标志专用标志等专项检查，立案查处商标案件13件，地标案件2件，罚没4.4万元；持续开展打击商标恶意抢注行为专项行动，引导市场主体依法申请商标，年内未发现商标恶意抢注行为。坚持强化专利执法保护，以食品、药品、家电、儿童玩具为重点，对药店、超市和各类商店开展执法检查，重点核查商品相关专利信息，查验产品专利是否合法有效、产品专利标注是否规范，共查处专利标识标注不规范案件127件；坚决打击和遏制不以保护创新为目的非正常专利申请行为，对10件涉及多种不以保护创新为目的的非正常专利申请行为进行核查，有效提升专利申请质量。

（杨娟）

气象服务

【概况】 周宁县气象局是国家一般气象观测站，观测场海拔高度895.3米，属六类台站。主要负责辖区内气象行业管理、气象防灾减灾、气象服务、天气预报与气候预测、地面气象观测、气象卫星应用及防御雷电管理等工作。

【气象预警】 2021年，周宁县气象局每日向公众发布日常天气预报，遇关键性、转折性、灾害性天气及时发布预报预警信息。全年发布暴雨、台风、雷电、霜冻等预警信号319次，各类预警短信347条，短信累计接收8万余人次。全年发布重要天气预警报告28份、重要气象信息专报25份、专题气象服务48份、短时强天气报告7份、雨情汇报8份、森林火险气象等级预报9份。

2021年周宁县月均平均气温、降水天数、降水量及日照表

表4

月份	平均气温（℃）	降水量（毫米）	降雨天数（天）	日照时数 （小时）
1	6.9	8.3	13	166.0
2	10.0	120.6	16	108.7

续表

月份	平均气温（℃）	降水量（毫米）	降雨天数（天）	日照时数　（小时）
3	12.7	109.0	23	94.1
4	14.0	113.0	24	117.4
5	19.8	484.6	27	115.4
6	23.0	208.2	20	136.2
7	24.5	159.6	21	196.2
8	25.3	390.3	25	121.6
9	22.6	137.9	13	209.5
10	17.1	179.7	25	91.6
11	11.2	104.4	18	100.7
12	8.4	34.9	13	121.2

说明：极端最高温 32.7℃（7 月 11 日），极端最低温 −5.9℃（1 月 9 日）

【气象设施建设】 2021 年 1 月 1 日，周宁县国家气象观测站草温观测投入业务运行；5—6 月，完成纯池镇、李墩镇、礼门乡老旧区域气象自动站要素升级和落地改造；7 月 13 日，周宁县防汛气象支持系统投入使用。

【气象科普宣传】 2021 年，周宁县气象局注重气象科普宣传工作。在“3·23”世界气象日，组织开展主题为“海洋、我们的气候和天气”的世界气象日科普进社区活动，帮助群众了解气象科学奥妙；“5·12”全国防灾减灾日，组织干部职工在步行街喷泉广场开展主题为“防范化解灾害风险 筑牢安全发展基础”的全国防灾减灾日宣传活动，倡导市民关注身边各类气象灾害天气，增强防范和应对灾害天气的意识和技能；6 月 18 日，组织干部职工参与 2021 年周宁县“安全宣传咨询日”活动，讲解气象法律条例，宣传气象防灾减灾相关知识；12 月 4 日，通过微信平台开展第八个“国家宪法日”普法宣传活动，宣传《中华人民共和国气象法》和《气象设施和气象探测环境保护条例》等相关气象法律法规。

（徐孙斌）

2021 年 5 月 12 日，周宁县七步镇后洋生态气象监测站建成

（周宁县气象局　供图）

文化

综　述

【概况】　2021年，周宁县文体和旅游局（简称“周宁县文旅局”）开展群众文化活动30余场次，举办书画、非遗等展览、展示活动6场；培育乡村文化队伍32支、文化骨干242名；新购图书、期刊12.5万元，年图书流通量85350册次；放映公益电影1714场次，受惠观众达18万人次；出动执法人员1100余人次，检查文化经营单位400余家次，办结案件7件；推荐狮城镇中兴社区获评2021年文化和旅游领域全国“最美志愿服务社区”。

【公共文化体系建设】　2021年，周宁县文旅局印发《周宁县农村公共文化基础设施管护办法》，规范和加强乡村文化基础设施管理。培育乡村文化队伍32支、文化骨干242人。打造鲤鱼溪文化创作基地，汇聚创作人才，凝聚文艺力量。为纯池镇豪阳村、浦源镇东升村、玛坑乡首章村和紫竹村配备“文化一点通”设备。推进凌福顺故居暨孝廉文化展示馆、兴福社区畲族文化服务中心等一批特色文化挖掘展示项目建成投用。打造狮城镇城西社区“百姓大舞台”，常态化开展方言评书、木偶戏、戏曲演唱等群众曲艺文化活动，累计举办70余场。

2021年5月2日，狮城镇城西社区举办“百姓大舞台”群众文化活动。图为狮城镇河滨路方言评书现场　（周宁县文旅局　供图）

【公共文化活动】　2021年，周宁县文旅局以喜迎中国共产党成立100周年为主题，举办“闽东之光·云端周宁”全国摄影大展启动仪式暨摄影风筝节、“闽东之光·云端周宁”抖音创作大赛、“永远跟党走”文艺惠民演出、“党史知识进基层进景区”灯谜系列活动、书画摄影展等文化活动30余场次；举办第十届“翰墨飘香远，春联进万家”题赠春联活动；以“云上展厅”的方式开展书画、非遗等展览展示活动6场；举办“云端周宁·茶乡福境”“陈峭冬晒”等“一镇一品”文旅惠民活动。

（徐妙萍）

历史文化遗产保护

【概况】　2021年，周宁县有9个省级以上文保单位，县级以上文保

2021年6月18日，周宁县红色文化遗存普查小组在狮城镇坂头村坂头林实地采集红色文化遗存遗址普查信息 （周宁县文旅局 供图）

单位55处，61个县级以上文物保护单位和125个不可移动文物点进行保护线划定和落图。申请国保单位上洋张彭八故居抢救性维修项目1200万元，通过国家文物局立项；麻岭巡检司遗址、浦源林公宫被列入第十批福建省文物保护单位名录；纯池镇莲地村、林源村列入第四批省级传统村落；仙岭抗战遗址、莲地凌福顺旧居纳入第五批县级文物保护单位名单。

【文化遗产保护】 2021年，周宁县文旅局加强对全县9个乡镇各级文物保护单位日常巡查，全年开展巡查累计110余次，摸底登记文保单位60余处，形成记录表110余份；为9个省级以上文保单位配备业余文保员，落实55处县级以上文保单位安全责任人。

【文化遗产登记】 2021年，周宁县文旅局做好文保单位“四有”工作，填报梳理录入“文物保护单位基础信息表”178份，设立省级以上文保单位和木拱廊桥保护碑11座。在已公布第一批红色革命遗存点36个基础上，在全县范围内开展红色文化遗存点重新调查摸底工作，实地走访60余处遗址（其中9个原址已消失），登记“宁德市红色文化遗存普查登记表”60份。经现场考察、筛选，初步确定周宁县红色文化遗存“四个一批”项目清单，并向上推荐23个红色文化遗存点。

（周宁县文旅局）

文化场馆

【文化馆】 2021年，周宁县文化馆先后承办、协办各类文化艺术活动、灯谜系列活动、书画摄影展等30余场次；举办第十届“翰墨飘香远，春联进万家”题赠春联活动；以“云上展厅”方式开展书画、非遗等展览展示活动6场；组织文艺骨干创作作品，参加省、市展览、演出。年内，县文化馆被福建省艺术馆授予“福建省艺术普及志愿服务示范点”。

非遗项目申报 2021年，周宁县文化馆按照《福建省文化和旅游厅关于申报第七批省级非物质文化遗产代表性项目的通知》要求，组织开展非遗申报工作，在原来非遗基础上筛选适合申报省级非遗项目，邀请专业人士进行非遗文本创作和非遗影像制作，经过综合考核，将符合第七批福建省级非遗申报条件的“木拱桥营造技艺”“驮灯习俗”“祭祖习俗”3个项目向省非遗处推荐。推荐北路戏（周宁）、杖头木偶戏（周宁）、高山云雾茶制作技艺（周宁）、萌源手工制硋技艺（周宁）、重酿酒酿造技艺（周宁）、线狮表演（周宁）6个项目申报第七批市级非物质文化遗产项目。

非遗展示活动 2021年，周宁县文化馆围绕非遗保护工作，通过民俗文化节、林公文化节以及文博会、文旅节等平台展示周宁县护鱼民俗、杖头木偶表演技艺、北路戏表演技艺以及手工制硋技艺、锡器制作技艺、棕衣制作技艺、林公祈福习俗和麦芽糖制作技艺等非遗技艺。

【图书馆】 2021年，周宁县图书馆新购图书、期刊12.5万元，年图书流通量85350册次，为各图书流通点更换图书1万余册次；举办“学习强国积分领奖”、主题征文活动、线上党史主题答题活动、“爱心妈妈讲故事”“公益国学班”等各类知识讲座、读者活动近20场，参与人员4000余人次。

读书活动　2021年，周宁县图书馆坚持周日举办1场公益国学班，全年共计27场；与县委宣传部、县文体和旅游局等部门联合举办“我们都是追梦人”主题征文活动，开展走进图书馆第二期、“情系留守，爱暖童心”“六一”关爱留守儿童晚会，以及“风华正青春”演讲比赛、“百年华诞·学习强国”积分兑换等活动。

互联互通　2021年，周宁县图书馆加强与周宁县六中、九中互联互通，开设线上借阅平台，将馆内藏书与学校师生共享，为两所中学师生提供便利，全年借出图书800册，惠及100余名师生。

【博物馆】　2021年，周宁县博物馆新增馆藏文物279件（套），修复清代契约等民间文献460件，接待参观人数13720人次，其中学生2350人次。

学术交流　2021年，周宁县博物馆加强与省市及兄弟县市馆际合作交流，共商学术成果，4月，邀请清华、北大及福建师大、省委党校等11所高校的18名专家学者在周宁文旅产业发展交流会上，共商林公信仰文化；6月，联合柘荣、寿宁、屏南等山区五县博物馆在古田县举办“红色遗珍——闽东山区五县红色文化联展”；11月，在福州三坊七巷福建海峡民间艺术馆举办周宁契约文书展。12月，馆长郑勇应邀参加首届福建省社科界学术年会暨第五届新时代闽东社科专家面对面高端交流会，并作关于《申报国家社科课题的流程与经验》交流；12月，由暨南大学举办的国家社科基金重大项目闽东文书的整理与研究召开专题会，馆长郑勇应邀参加。

学术成果　2021年，周宁县出版第二辑《闽东家族文书》十卷十册，该书由暨南大学教授周正庆主编，周宁县博物馆副研究员郑勇任副主编，其中《闽东家族文书》周宁卷由郑勇、林美编著。

（李珍珍）

2021年11月4日，周宁县在福州三坊七巷举办周宁契约文书展。图为群众参观展出　（周宁县文旅局　供图）

新闻出版

【概况】　2021年，周宁县强化农村有线广播应急系统管护，确保全县所有行政村农村广播“村村响”在防汛抗旱、新冠肺炎疫情防控及宣传党的方针政策等方面发挥积极作用。全年播放农村公益电影1714场次，受惠观众达18万人次。县融媒体中心构建全媒体传播矩阵，推进媒体深度融合发展。跟进上级主流媒体用稿需求，超额完成2021年度各项上稿任务，新媒体平台产生浏览量“10万+”作品34条、“50万+”作品3条、“200万+”作品1条。

2021年，周宁县融媒体中心新闻作品《生态为底 描绘高质量发展“新风景”》获全国县级融媒体中心优秀作品双月赛一等奖（福建省唯一获得一等奖作品）；《周宁：隔离观察点的“临时爸妈”》（视频新闻）获2020年度福建新闻奖三等奖、宁德新闻奖二等奖；《周宁：隔离观察点的“临时爸妈”》（图片新闻）获福建省摄影新闻奖三等奖；《周宁的路：从“云端”到“家门口”》获《福建日报》2020年度通讯员好新闻三等奖；《“空城”周宁，加油！》《八百年鱼祭文化传承有新人》获2020年度宁德新闻奖三等奖；《周宁：我还是老样子》获宁德市委网信办、宁德市总工会举办的2021年“中国年·宁德味”就地过年网络主体宣传二等奖；周宁县融媒体中心获福建省“百年党史铸辉煌——全媒体党史知识竞赛”优秀组织奖、宁德电视台2020年度全市融媒体新闻协作贡献奖。

【农村有线广播应急系统建设】 2021年，周宁县文旅局强化农村有线广播应急系统管护，不定期组织技术人员下乡开展常规检修，处理各类故障100余处；中央广播电视节目无线数字化覆盖工程不断升级改造，实现与中央、省市广播电视节目信号接收、发射一致，全年安全播出零事故。

【公益电影放映】 2021年，周宁县电影放映服务中心放映公益电影1714场次（年度任务1692场），受惠观众18万人次，做到全覆盖、保质量，观众满意度100%；联合开展“庆祝中国共产党成立100周年暨我为群众办实事”活动，累计播放《建党伟业》《打过长江去》《古田军号》等红色影片23部；播放法治宣传短片《中华人民共和国宪法》《中华人民共和国民法典》，覆盖全县9个乡镇；3D影院累计放映电影2200余场，票房总收入544286元，累计放映《长津湖》《平安中国之守护者》《1921》《革命者》等优秀影片500余场。

【媒体融合发展】 2021年，周宁县融媒体中心通过重塑策采编审发流程，打造“生态周宁”融媒矩阵，在各平台同步设立“三比三赛”“乡村振兴进行时”“再学习、再调研、再落实”“学党史 悟思想 办实事 开新局”等专题专栏50余个，“生态周宁”微信公众号推送消息2500余条，周宁新闻网发布新闻报道3400余条，制作推出原创短视频742条，完成“闽东之光”影像中心网站建设，拍摄微电影《凌福顺》《周宁土豆》宣传片、《美丽家园》电视片，开展惠农主题直播11场次。县融媒体中心通过创新宣传形式，做强主流宣传，营造良好干事创业氛围，特别是党史学习教育宣传上，策划“百年党史·红色故事我来讲”等系列活动，推送图文报道790篇，制作短视频136个，上线VR红色文化云展馆4个，与县委党史学习教育领导小组办公室共同汇编《学史力行践初心》一书。

【电视宣传】 2021年，周宁县融媒体中心制播《周宁新闻》120余期、700余条，制播各类标语及公益广告10万余条次。在《福建卫视新闻》等刊播100余条、《闽东新闻联播》刊播245条，上稿完成率居全市前列。

【报刊新闻】 2021年，周宁县融媒体中心主动跟进上级主流媒体用稿需求，把握报道频率，精准策划传播，借助上级媒体力量讲好“周宁故事”，传播“周宁声音”。全年完成人民日报等中央媒体上稿23条、《福建日报》104条、《闽东日报》674条，“学习强国”学习平台上稿87条，《奏响新时代“山海协奏曲”》等一批重点报道在中央媒体刊登，《福建日报》头版等上稿率位居全市前列。

（周宁县文旅局、融媒体中心）

图书发行

【概况】 2021年，福建新华发行（集团）有限责任公司周宁分公司（以下简称“新华发行周宁分公司”）经营项目批发零售图书、办公用品、电子出版物产品等，以社会效益为先，举办公益阅读、主题营销活动等106场，全年销售总额938.93万元。参加宁德地区庆祝中国共产党成立100周年造型活动比赛作品获第三名。

【政治读物发行】 2021年，新华发行周宁分公司《论中国共产党历史》《毛泽东邓小平江泽民胡锦涛关于中国共产党历史论述摘编》《习近平新时代中国特色社会主义思想学习问答》《中国共产党简史》《山海闽东》《新征程面对面》《习近平在福建（上下）》《习近平关于统筹疫情防控和经济社会发展重要论述选编》《习近平扶贫故事》等政治学习用书销售176.32万元。

【教材教辅发行】 2021年，新华发行周宁分公司确保完成“课前到书，人手一册”的任务，严把“订单关”订满订足目录内教材教辅，多形式开展目录外用书征订。中小学教材销售342.36万元，教辅销售303.02万元；大中专教材教辅销售62.59万元。

【其他图书销售】 2021年，新华发行周宁分公司开展多元化图书销售业务，宁德培文学校团购业务销售图书7.14万元；走进华电工业园区销售图书0.3万元。

【阅读宣传活动】 2021年，新华发行周宁分公司举办新华卖场活动106场，主要为文化惠民打折优惠、公益阅读、主题营销等活动，其中“书香校园行”“书香周宁 家庭共修”“知党史、明初心、理想家”活动被周宁电视台、宁德电视台报道。3月3日，新华发行周宁分公司与周宁县委宣传部、周宁县委组织部、中兴社区等在周宁新华书店门店举办“书香周宁 家庭共修宣传活动暨新华·阅读空间”读书会启动仪式。结合线上线下优势，挖掘互联网资源，加入集团微信小商场，让广大市民通过指尖读屏的方式，形成互动点、阅读力。10月1日，周宁新华书店与周宁县图书馆联合举办线上有奖答题活动，以奖促读的方式增加群众参与积极性。11月12日，中共周宁县委宣传部、周宁县教育局、周宁县图书馆、读书协会等19家单位一同在喷泉广场举办以“百年华诞·学习强国”为主题积分兑换活动 。

【赠书活动】 2021年，新华发行周宁分公司按照县政府要求，配合开展科技文化卫生“三下乡”活动，向浦源镇捐赠图书0.7万元；促进机关建设，营造“书香周宁”良好氛围，与宁德市文联、周宁县委宣传部、周宁县文联联合开展“图书进校园”活动，向周宁一中捐赠图书0.3万元；为周宁县委宣传部、组织部、纪检委共建图书室捐赠图书1.91万元；向咸村镇洋中村文化乡村振兴捐赠图书0.8万元。

（黄舒婷）

2021年10月24日，新华发行周宁分公司在周宁一中举行“图书进校园”活动捐赠仪式 （黄舒婷 摄）

档案工作

【概况】 2021年，周宁县档案馆开展档案保护、抢救、接收、征集、宣传、服务利用等职能工作，共接收档案4646卷，数字化副本126559件，数据量331.217GB；结合党史学习教育活动、中小学研学活动开展档案宣传10余场次；接待社会各界档案利用者300余人次、提供档案1000余卷次，复印文书档案1580张。

【档案归档指导】 2021年，周宁县档案馆建立档案服务长效机制，把档案工作融入县重点项目建设、招商引资、民生事业等经济社会发展中。继续抽调人员对周宁县不锈钢深加工产业园、咸村站前物流园、山海协作产业园等项目档案进行跟踪指导，年内规范、完整归档。组织专人配合档案局到县应对新冠肺炎疫情工作指挥部、乡村振兴办、县农业局等单位，做好新冠肺炎疫情防控、精准扶贫及农村土地承包经营权等相关档案资料的收集、整理、归档指导工作。

【档案接收】 2021年，周宁县档案馆制定印发《周宁县纸质文书档案数字化成果移交与接收暂行办法》，规范周宁县纸质文书档案数字化成果移交和接收工作。加大档案移交接收进馆力度，接收县委办文书档案488卷，检索目录4册，接收数字化图像49169页，目录5522条，数据量92.217GB；接收扶贫开发领导小组办公室及全县9个乡（镇）

2021年11月15日，周宁县档案局、馆业务人员到乡村振兴办指导精准扶贫档案归集工作（周宁县档案馆　供图）

脱贫攻坚档案4070卷119694件，数字化副本119694件，215G；新冠疫情防控档案88卷1343件，数字化副本1343件，24G，丰富馆藏资源，优化馆藏结构。

【档案征集】　2021年，周宁县档案馆借助“生态周宁”微信公众号发布《关于开展中国共产党成立100周年党史档案资料征集活动的通知》，面向社会公众征集建党100周年党史档案资料。结合“再学习、再调研、再落实”活动，开展现场征集。年内征集周宁革命历史纪念馆图片资料146张，《红色碧岩》《家乡》等书籍5本。

【档案宣传】　2021年，周宁县档案馆结合“6·9”国际档案日、党史学习教育活动，各中小学校课后服务研学活动，以“档案话百年”为主题，开展爱国主义教育主题展、周宁红色故事展播、新修订《中华人民共和国档案法》宣传等活动，周宁县多家单位组织党员干部来馆参观学习，周宁十中、三小等中小学校组织学生到馆开展研学活动。

【档案保护】　2021年，周宁县档案馆完善馆库安全设施设备，不定期对馆库安全设施设备进行检测、维护，年内购置套装灭火器、红外报警器、网络摄像头等设施，确保馆库和实体档案安全。完善各类安全制度，开展安全应急演练。做好数字档案资源异地备份工作，7月档案馆将档案数据送交市档案馆备份。

【档案抢救】　2021年，周宁县档案馆投入资金11万元（全省国家重点档案抢救和保护经费8万元，年初档案抢救预算资金3万元），完成31.5万页馆藏民国档案扫描加工。

【档案利用】　2021年，周宁县档案馆立足“我为群众办实事”实践活动，做好档案查阅利用服务工作，增设查档专线，开展电话预约查档、电话、信函、微信等查档服务。年内接待社会各界档案利用者300人次、提供档案1000卷次，复印文书档案1580张，解决编史修志、工作考查、政策落实、产权归属、工龄确认、婚姻等档案服务需求。

（魏文玉）

卫生健康

综　述

【概况】 2021 年，周宁县有医疗卫生机构 154 所，其中县级综合性公立医院 1 所，中医院 1 所，妇幼保健院 1 所，精神康复医院 1 所，疾病预防控制中心 1 所，卫生监督机构 1 所，社区卫生服务中心 1 所，乡镇中心卫生院 2 所，一般卫生院 7 所，私立综合性医院 1 所，村级卫生所（室）136 所。县、乡两级医疗卫生机构在编人员 535 人，核定床位 695 张，实际开放床位 846 张。按职称分类，副高及以上职称 55 人，中级职称 106 人，初级职称 266 人。

【新冠肺炎疫情防控】 2021 年，周宁县推送数据 8774 条。投入 186 台闽政通智能测温仪，100% 覆盖 147 个行政村（社区）、车站、商超、重点单位等场所。有核酸检测资质人员 25 人，最大检测量 4.5 万份（10 人份混检），与闽东医院和第三方核酸检测机构合作，推进核酸检测工作。完成核酸采样培训 660 人，信息系统操作培训 364 人。按照“强化指导、试点先行、以点带面、全面推动”思路，将全县 140 个村和 7 个社区划分成 104 个网格，完成摸排 31977 人。10 月 7 日，在咸村社区、咸洋村、川中村组织开展核酸检测应急演练；共完成 3200 余人采集。选派 4 名卫技人员援助莆田、厦门抗击疫情。推进新冠肺炎疫苗接种工作，完成新冠肺炎疫苗接种 29.17 万剂次。

【医联体建设】 2021 年，周宁县推进医联体建设。县医院与闽东医院建立股份制医联体（10 年）于 6 月到期（含半年延长期），完成财产清算，草拟《宁德市闽东医院与周宁县医院医联体合作框架协议书（讨论稿）》，待县政府常务会研究通过后签订合作协议。年内闽东医院医疗集团选派 5 名中级职称及以上医务人员支援县医院，开展诊疗 2100 人次、手术 252 台次、会诊 170 人次、培训 92 场次，开展新适

2021 年 9 月 18 日，周宁县开展“双盲”应急综合演练。图为群众进行核酸采样

（周宁县卫健局　供图）

宜技术13例、新项目4例，邀请闽东医院专家会诊手术136人次。

【县域医疗服务】 2021年，周宁县总医院接收下级医院转诊病人487人次，向上级医院转诊714人次。规范远程医疗管理运行，依托县域“三大平台”“六大中心”远程医疗服务平台作用，推进以总医院为纽带，向下辐射乡镇卫生院，向上与城市三级医院远程医疗系统对接的远程医疗模式，年内开展远程会（门）诊服务95人次、远程心电诊断952例、远程影像诊断1389例、远程查房2例、远程培训13场次。

【重点医疗项目建设】 2021年，周宁县总投资1.6亿元，新建县医院感染病综合楼、疾控预防控制中心综合楼、总医院咸村分院住院病房大楼项目，项目建成新增床位114张。3个项目均完成主体工程建设，进行内部装修。

【基本公共卫生服务】 2021年，周宁县人均基本公共卫生服务经费补助标准从每人74元增至79元。居民健康档案建档率73%，高血压规范管理率78.05%，糖尿病规范管理率80.18%，老年人健康管理率72.1%，“两癌”筛查覆盖率100%，优检完成率75.5%。开展基本公共卫生服务技术规范培训班1次。开展优质服务基层行活动，李墩中心卫生院通过基本标准验收。落实乡村医生养老保险，全县153名乡村医生享受养老保险政策，151个村卫生所，125名乡村医生参加医疗责任保险。开展农村公共基础设施管护体制改革工作，共有103个设施单位纳入设施管护。

【人才培养】 2021年，周宁县发放人才专项经费84.85万元，引进各类卫生专业技术人才21人；持续开展医学定向生培养、全科医生规范化培训、助理全科医生培训等，选送定向培养本科生5人、专科生5人。推进名医“师带徒”工作室工作，成立闽东医院泌尿科专家刘昌明主任医师、闽东医院骨科专家林成寿主任医师、宁德市精神康复医院精神科专家苏旻主任医师为带头人的“师带徒”名医工作室。年内诊疗1165余人次，会诊带教手术53台次。开展乡村医生规范化线上线下培训110人。

【中医药推广】 2021年，周宁县卫健局以建设基层中医馆项目为抓手，推进中医药适宜技术下基层、进社区，提高基层中医药服务的覆盖面和服务能力。建成基层中医馆7家，在建1家，100%覆盖所有社区卫生服务中心、78%乡镇卫生院。通过微信公众号、宣传册、展板、LED、横幅、讲座、义诊等形式进行宣传推广。宣讲中医药健康文化2场，组织中医师义诊7场，受益群众1218人次。

【人口计生】 2021年，周宁县出生0.14万人，出生率9.36‰，出生人口政策符合率93.17%，出生人口性别比107.6。55～59周岁奖扶对象563人，发放奖扶资金33.78万元；城镇部分计划生育家庭奖扶对象95人，发放奖扶资金11.52万元；二女夫妇奖励对象1281人，发放奖励金46.12万元；农村奖扶对象743人，发放奖扶资金105.72万元；贡献奖对象39人，发放贡献奖资金14040元；特别扶助对象26人（其中49～59周岁15人、60周岁以上11人），发放特别扶助资金40.46万元。为农村独生子女户、二女结扎户共6370人支付城乡居民基

2021年11月4日，福建省专家组到周宁县对婴幼儿照护服务试点单位进行验收。图为专家组成员合影 （周宁县卫健局 供图）

本医疗保险个人缴费部分累计178.36万元；新型农村社会养老保险方面，在省、市财政补助基础上，每年对符合条件的计生参保对象再补贴50元，60周岁以上养老金标准每人每月提高15元；农村独生子女户和二女结扎户子女共79人享受中考加分优惠政策；高中农村独生子女户和二女结扎户子女共258人次享受高中学杂费减免50%优惠政策；有39名独生子女户和二女户家庭子女考取高等院校，共计发放奖学金11.7万元。开展省级婴幼儿照护服务试点。周宁县稚梦托育服务有限公司作为2021年省级婴幼儿照护服务试点单位，新增托位135个，顺利通过验收。

【农村老人高龄补贴】 2021年，周宁县农村老人高龄补贴，80～89周岁3778人，每人每月50元；90～99周岁793人，每人每月100元。共计发放高龄津贴326.83万元，均按月随新农保资金发放。百岁老人21人，于10月长寿营养补助费一次性发放到百岁老年人手中。

【优待证办理】 2021年，周宁县卫健局换发“老年优待证”156本。

【意外伤害险投保】 2021年，周宁县为80周岁及以上5965人投保老年人意外伤害保险，每人每年投保20元，死亡一次性理赔5000元，伤残最高理赔5400元。采取各乡镇出资10元，县财政补助10元的方式为全县65～79周岁20408人投保老年人意外伤害保险，每人每年投保20元。年内理赔101例，理赔金额11.72万元。

【健康宣传活动】 2021年7月、10月，周宁县卫健局在河滨广场、工人文化宫、尚城广场、洋尾周边村落及虎岗周边村落、城关6个社区及其他8个乡镇所在地开展大型老年人慢性病分级诊疗义诊活动，发放各种材料6500余份，义诊老年人3468人次，发放宣传袋4000余个、宣传毛巾4000余条、纪念围裙4000余条，发放免费药品5.66万余元。7月11—18日，开展“2021年老年健康宣传周”系列活动。宣传普及老年健康科学知识和老年健康相关政策，增强老年人对新型冠状病毒肺炎疫情常态化防控意识，提高老年人的健康素养和健康水平，营造有利于老年人健康生活的社会环境。

【医养结合工作】 2021年，周宁县推进社区居家医养结合工作。周宁中医院承接全县9个乡镇居家养老服务项目，建立覆盖全县九个乡镇的服务中心和站点，组建跨专业服务团队，联合医疗资源，满足老人日常看病的需求；为“6+1”居家养老服务对象提供每半年一次实体服务，涵盖助养、助洁、助餐、助残、助行、代购生活用品等多元化、专业化服务，助力“老有所依”，推广“互联网＋医养”服务形式，打造医养结合新型居家养老服务模式。年内老年人健康管理16797人，健康管理率72.1%。

【失能老年人服务】 2021年，周宁县评估失能老年人113人，开展服务100人，完成省、市下达的100人任务数。

【老年友善医疗机构建设】 2021年，周宁县周宁县医院、周宁县中医院、周宁县精神康复医院、李墩中心卫生院4家医疗机构已建设成为老年友善医疗机构。推进医疗机构全面落实老年人医疗服务优待政策，保障老年人合法权益，完善医疗机构各项制度措施，优化老年人就医流程，提供老年友善服务，解决老年人就医在智能技术方面遇到的困难，弘扬中华民族敬老、助老美德，推动建设老年友好社会。

（陈延霖）

卫生监督

【概况】 2021年，周宁县卫生健康监督所围绕卫生健康监督工作目标，推进各项卫生监督工作。年内出动各类卫生监督员1500余人次，监督检查各种医疗机构620余户次，检查各类公共场所236户次，检查指导学校25家，检查定点医疗机构和乡镇卫生院12家、诊所4家、新冠肺炎疫情隔离点2家、村卫生室110家。立案4件，警告4件，其中查处非法行医案1件，罚款5万元，没收非法所得300元；医疗废物案1件，罚款6800元；集中餐饮具消毒案1件，罚款1.6万元；使用非卫技人员案1件，罚款2800元；处方书写不规范警告2起；职业健康监督处警告2起。

【新冠肺炎疫情常态化防控检查】 2021年，周宁县卫生健康监督所开

2021 年 4 月 19 日，周宁县卫生执法人员到学校开展校园食品安全卫生检查。图为卫生执法人员在实验幼儿园检查食品卫生安全（周宁县卫生健康监督所 供图）

展多轮循环检查，出动卫生监督员 520 余人次，监督检查各种医疗机构 210 余户次，查定点医疗机构和乡镇卫生院 12 家、诊所 4 家、新冠肺炎疫情隔离点 2 家、村卫生室 110 家、发放相关宣传资料 200 余份。对辖区内宾馆旅社、商场超市、车站、人员密集公共场所及生活饮用水开展疫情防控卫生监督执法工作，出动卫生监督员 246 人次，检查各类公共场所 82 户次，下达卫生监督意见书 3 份。检查指导学校 8 户次，出动卫生监督员 24 人次。检查生活饮用水单位 2 户次，出动卫生监督员 6 人次，发放宣传资料 100 余册。

【非法行医督查】 2021 年，周宁县卫生健康监督所按照打击非法行医有关部署要求，对辖区内的各类医疗机构、零售药店进行监督检查。检查中未发现“号贩子”行为，未发现零售药店坐堂医行为，对检查发现的不规范诊疗行为，及时下达整改意见。年内出动卫生监督人员 520 人次，监督检查各类机构 50 家，下达卫生监督建议书 20 份，立案查处非法行医 1 起，罚款 5 万元，没收违法所得 300 元。

【医疗废物管理监督】 2021 年，周宁县卫生健康监督所把医疗机构，尤其是新冠肺炎期间定点医疗机构集中观察点的医废收集、暂存、消毒、标识使用和日产日清情况，运送贮存交接管理及记录情况，分类收集、运送、暂存工作人员安全防护和培训情况等内容作为疫情防控安全的关键点。要求各个医疗机构负责人重视医废处置工作，确保人员防护措施到位、分类收集到位、处置到位、清洗消毒到位。

全年出动卫生监督员 180 余人次，检查各类医疗废物收集、暂存、处置点 12 个，对发现问题的医疗机构下达卫生监督意见书要求限期整改并做好返查工作。

【职业卫生监督】 2021 年，周宁县卫生健康监督所在县卫健局的牵头带领下，沟通对接周宁 9 个乡镇政府和乡镇卫生院（狮城社区服务中心）的职业卫生监督执法工作，在县内构建“县—乡镇”的网格化管理体系，确保每个乡镇至少有 2 名兼职协管人员。加大对周宁县工业企业尤其是七步工业园区、李墩不锈钢深加工工业园区、龙潭工业园区等重点工业企业职业病危害重点企业职业病卫生监督执法巡查力度，出动执法人员 170 余人次，检查企业 47 家次，下达卫生监督意见书 19 份，警告 2 家铸造企业。加大对放射诊疗机构卫生监督执法力度，对县内放射诊疗机构开展日常监督，出动卫生监督员 48 余人次，下达卫生监督意见书 7 份，约谈两家放射卫生档案建立不规范单位。

【餐具消毒整治】 2021 年，周宁县卫生健康监督所按照餐饮具消毒管理监督有关要求，对辖区内集中式餐饮具消毒服务企业进行监督检查。检查发现 2 家企业存在紫外线消毒记录不完整、自检记录不完整和更衣室配置不符合规范问题，对于检查中发现的问题，下达整改意见并及时进行返查。年内出动卫生监督员 24 人次，监督检查餐饮具消毒企业 8 户次，立案查处 1 件，罚款 1.6 万元。每季度对两家餐饮具消毒产品进行抽检，共抽检 20 套，抽检合格率 100%。

【消毒产品监督】 2021年，周宁县卫生健康监督所加强消毒产品卫生监督检查。卫生监督员深入各个药店和诊所，逐项核对消毒产品信息，督促经营单位加强对《消毒产品标签说明书管理规范》等相关法律法规的学习，严把货源进货渠道和质量关。出动卫生监督员52人次，监督检查经营单位14家，对发现问题的医疗机构下达卫生监督意见书并要求限期整改。

【供水卫生监督】 2021年，周宁县卫生健康监督所组织卫生监督员到县自来水厂和各乡镇自来水厂进行卫生监督检查，检查市政供水1家，乡镇集中式供水67家，二次供水13家，出动车辆26辆次，142人次。针对以往出现出厂水余氯不稳定的情况，通过整改，改建设施、引进新工艺，出厂水经监测指标均符合卫生标准。

在监督检查中，乡镇农村集中式供水单位存在以下问题：大多数供水单位消毒设施不齐全，生活饮用水未定期进行检测，管水人员未办理健康证，未对饮用水进行消毒，水质污染事件防范应急处理预案没有建立，水质监测设备和能力有待进一步完善和提高，健康相关产品卫生许可批件不齐全。

摸底农村集中式供水单位数129家，其中日供水量千吨以上农村集中式供水单位1家、日供水量百吨以上千吨以下农村集中式供水单位59家、日供水量百吨以下20吨以上（或供水受益人口200人以上）农村集中式供水单位69家。其中大部分农村集中供水单位管理不力，没有建立统一的管理机构，其管理模式、维护力度等跟不上后期管理的要求，造成部分供水单位水质不达标、普遍存在着未消毒现象。部分供水单位设备陈旧缺乏维护。对发现的不足之处，要求供水单位限期改进。

【“双随机”卫生监督】 2021年，周宁县“双随机”任务数40家，完成35家，关闭5家。完结率100%。其中放射卫生1家，职业卫生2家，医疗卫生1家，传染病防治3家，妇幼健康4家，住宿场所9家，美容美发场所6家，中小学校6家，游泳场所6家，沐浴场所1家，生活饮用水单位1家，关闭游泳场所2家、美容美发场所1家、母婴保健1家、职业卫生1家。针对抽检中发现的问题，卫生监督员现场下达意见书责令限期整改。

【公共场所卫生监督】 2021年，周宁县卫生健康监督所开展承诺制公共场所卫生许可工作，审查37家，发证37家。统一全县公共场所量化公示牌，对辖区内所有公共场所建立台账，建立公共场所电子档案，建档率100%。对公共场所进行日常卫生监督。全年监督公共场所经营单位236户次，提出卫生监督意见25份（次），出动卫生监督员512人次，卫生协管员140人次，车辆32车次，发放宣传资料240余份。

【学校卫生监督】 2021年，周宁县卫生健康监督所对全县25所中小学进行学校卫生重点监督检查，其

2021年7月30日，周宁县卫生执法人员深入游泳场所进行卫生督查。图为卫生执法人员到南庄阿特隆游泳池检查　　（周宁县卫生健康监督所　供图）

中6所中小学为双随机检查对象，检查中均发现不同问题，卫生监督员当场下发卫生监督意见书责令限期整改，6所学校均整改到位。检查出动车辆9车次，人员75人次。

（周宁县卫生监督所）

疾病防控

【概况】 2021年，周宁县疾病预防控制中心持续实施扩大国家免疫规划，疫苗溯源系统和免疫规划信息化建设实现全覆盖，全县适龄儿童免疫规划接种率99.76%。传染病监测效果明显，全县传染病报告及时率99.89%，累计报告发病率653.21/10万。重大传染病、地方病、慢性病防治水平不断提升，处置4起突发公共卫生事件。艾滋病患者治疗覆盖率93.0%、病毒抑制率98.4%。中心一名员工被中共莆田市委、莆田市政府授予新时代“最美逆行者”称号。

【免疫规划】 2021年，周宁县疾控中心加强保持无脊灰状态和消除麻疹、控制乙肝为重点的免疫规划工作，召开免疫规划和传染病防治管理专题工作会议；实施常规免疫报告制度，做好急性弛缓性麻痹（AFP）病例、麻疹、新生儿破伤风监测工作，各项监测指标达到相关要求；加强流动人口儿童的免疫规划管理，实行接种登记制度。截至12月31日，周宁县各接种点AEFI监测系统上报疑似预防接种异常反应21例（其中严重8例），一般反应19例。邀请市级诊断专家组对严重病例鉴定7例（经鉴定诊断2例不排除，5例为偶合症），余下1例因材料不全待鉴定。

【艾滋病防控】 2021年，周宁县疾控中心多次开展艾滋病相关宣传活动，发放艾滋病相关宣传袋、折页、围裙等宣传材料。年内周宁县疾控中心累计开展艾滋病病毒感染者和病人的随访及流行病学调查272人次，转介治疗HIV感染者或病人12人，送CD4血标本到市疾控中心检测84人份，并及时将检测结果报送定点医疗机构。每月组织艾滋病高危干预工作队深入娱乐场所实施艾滋病高危行为干预，发放有关艾滋病宣传材料、安全套等宣传品，共完成娱乐场所从业人员干预2415人次，对娱乐场所高危人员进行艾滋病抗体筛查检测200人次、梅毒检测200次，共分发艾滋病及性病防治知识各类宣传单3996张、安全套23980个，艾滋病宣传品1900余份。艾滋病自愿咨询检测358人份。对建档立卡的贫困患者，周宁县疾控中心按要求每年给予发放艾滋病关怀救助金，全年发放9人次，累计4500元。

【传染病和突发公共卫生事件管理】 2021年，周宁县疾控中心贯彻执行《中华人民共和国传染病防治法》，完善疫情、突发公共卫生事件网络直报工作。全年累计发生突发公共卫生事件4起，均为学校流感聚集性疫情，涉及4所学校，累计建议关班停课17个班级，均已结案，处置流程均符合国家突发公共卫生事件的处置要求。全年周宁县无甲类传染病报告，共报告乙、丙类传染病（按现住址）987例，发病数居前五位的是：病毒性肝炎（233例）、手足口病（153例）、梅毒（152例）、流行性感冒（81例）、其他感染性腹泻（56例）。

【新冠肺炎疫情防控】 2021年，周宁县疾控中心坚守新冠肺炎疫情防控主责主业，加强新冠肺炎疫情防控技术保障，根据县卫健局防疫工作部署，加大完善防控措施，全方位科学部署；突出流调溯源、疫点消毒、核酸检测、健康宣教等要点，严格执行全天候值班值守。

2021年，周宁县无新增新型冠状病毒肺炎确诊病例、无症状感染者，累计处置外地转介的密接1人（涉及次密人员摸排22人），次密接、重点人群、时空伴随等协查函47起共66人次，共对新冠肺炎感染者的密接、次密接人员、核酸检测初筛可疑阳性人员开展流行病学调查11人次，累计处置国内风险地区入周宁人员3035人次，对风险地区入周宁人员均及时按照具体防控要求进行核酸采样以及隔离观察等防控措施。

流行病学调查　做好流行病学调查处置工作。通过对监测发现的密切接触者和重点人员开展现场流行病学调查，追踪查明来源，针对活动轨迹，不漏细节，必要时通过联防联控机制，商请公安和交通等部门协查，做到严防死守，对每一例撰写详尽的流行病学调查报告，向周宁县卫生健康局和宁德市疾控中心报送。

专业消杀队伍建设　周宁县疾控中心组建10人的专业消杀队伍，负责疫点消杀及外环境消杀的指导工作。

物资储备　周宁县疾控中心做好10日最大量的储备，及时关注疫情发展态势，动态调整补充物资储备量。指定专人做好各类物资出入库登记，并及时予以更新和补充。所有应急物资均每月定期盘点做到账目清楚、数据相符，为疫情防控工作提供保障。

核酸采样和检测情况　2021年完成冷冻海鲜、冷链物流等重点场所、物品及从业人员核酸样本采送检测，总采样管23093管（其中1614管10混1）。检测量人数34313人次，外环境2332份，食品1758份。

新冠疫情防控技术指导　7月31日至8月31日，周宁县疾控中心专技人员到李墩镇、礼门乡、咸村镇和玛坑乡的4个乡镇卫生院、56个行政村、3个敬老院、1个火车站，累计16次对相关单位新冠肺炎疫情防控措施落实情况进行督导。重点查看卫生院、卫生所的防控物资储备、消毒和记录情况、是否设置预检分诊和临时隔离观察点；各村人员疫苗接种、防控物资储备、消毒记录、居家隔离点人员台账，居家隔离人员是否每日健康监测和登记，入户询问餐具和使用物品、地面和物表及厕所、垃圾等是否消毒，消毒剂使用浓度和使用方法是否正确，消毒范围是否得当，垃圾是否集中收集和处理等，为疫情防控提供技术指导。

【鼠密度监测】　2021年，周宁县疾控中心根据《2021年福建省消毒与病媒生物监测实施方案》的要求，开展鼠密度监测工作。5—10月，分别在七步镇、浦源镇、狮城镇开展鼠疫监测工作，室内布笼1800笼次，有效布笼1800笼次，捕获鼠类65只，室内平均鼠密度为3.61%，褐家鼠为优势鼠种；野外布笼900笼次，有效布笼900笼次，捕获鼠类74只，野外平均鼠密度为8.22%，针毛鼠和黑线姬鼠为优势鼠种。采用各种方法共计捕获鼠类199只，采集鼠血清180份进行间接血凝试验，结果均为阴性；采集鼠肝脾135份进行反向血凝试验，结果均为阴性。未检获蚤类。开展鼠疫防治知识知晓率调查，发放围裙等宣传品200份，完成有效问卷200份，群众总知晓率84.42%。

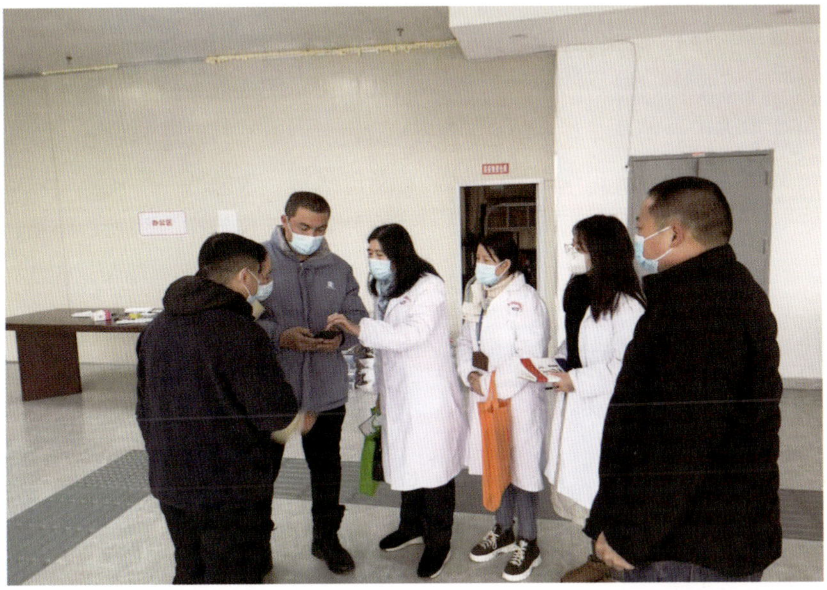

202021年1月13日，周宁县疾控中心人员到福乐家园隔离点指导疫情防控工作　（周宁县疾控中心　供图）

【流行性出血热监测】　2021年，周宁县疾控中心按照《2021年福建省肾综合征出血热防控项目实施方案》的要求，分别在5月、9月开展流行性出血热监测，室内共布笼650笼次，有效布笼650笼次，捕获鼠类41只，鼠密度为6.31%，褐家鼠为优势鼠种；野外共布笼350笼次，有效布笼350笼次，捕获鼠类31只，鼠密度为8.86%，青毛鼠为优势鼠种。共采集鼠肺、鼠肝脾标本各72份，送福建省疾控中心检测，结果均为阴性。截至12月31日全年报告发病数9例（本地报告病例4例，外地报告病例5例），发病率为6.02/10万。以狮城镇为多发，占55.56%；以男性为多发，占88.89%；以农民为多发，占66.67%；以青壮年为多发，占55.56%；以春、夏季为多发，一年四季均有发病。2021年周宁县流行性出血热发病为中等水平。

【碘缺乏病监测】　2021年，周宁县疾控中心按照《2021年福建省地方病防治项目管理方案》要求，选择狮城、礼门、李墩、浦源、纯池5个乡（镇）开展碘缺乏病监测工作。在上述5个乡镇中心小学各抽取40名8～10岁非寄宿儿童（男、女各半），共计200人，分别采集儿童家中食用盐、儿童尿样进行检测，同时采用B超检查儿童甲状腺肿大情况；在上述5个乡镇各抽取20名孕妇，共计100人，分别采集孕妇家中食用盐、尿样进行检测。结果为：非碘盐0份，碘盐覆盖率100%，不合格碘盐7份，合格碘盐293份，合格碘盐食用率97.67%；儿童尿碘中位数为182.75微克／升，其中：小于100微克／升的样本22份，占11%；大于100微克／升的样本178份，占89%。孕妇尿碘中位数为130.25微克／升，其中：小于150微克／升的样本67份，占67%；大于150微克／升的样本33份，占33%。儿童甲状腺肿大3人，肿大率为1.5%。2021年5月15日是第28个“防治碘缺乏病日”，周宁县疾控中心开展以“科学补碘 健康一生”为主题的宣传活动，现场发放宣传单折页200多份、抽纸200包、粘钩200个；办宣传专栏1期、LED播放标语2条、发送手机短信2万条、推送微信公众号1期。

【寄生虫病防控宣传】 2021年4月26日是第14个“全国疟疾日”，周宁县疾控中心发挥传统媒体和“两微一端”等新媒体作用，开展以“防止输入再传播，巩固消除疟疾成果”为主题的宣传活动，制作宣传栏1期，推送微信公众号1期，发送手机短信2万余条。全年完成制作血片123片，结果均为阴性。

【严重精神障碍患者管理】 2021年，周宁县在册患者665人，在册率5.41‰（考核指标4.5‰）。年内在管患者647人，规范管理619人，规范管理率91.03%（考核指标80%），面访555人，面访率81.62%（考核指标≥80%），服药588人，服药率86.47%（考核指标80%），规律服药458人，规范服药率67.35%（考核指标60%），精神分裂症患者585人，精神分裂症患者服药512人，精神分裂症患者服药率87.52%（考核指标80%），精神分裂症患者规律服药401人，精神分裂症患者规律服药率68.55%（考核指标60%）。居家患者599人，其中持续稳定患者427人，持续不稳定患者16人，病情稳定率为71.29%，危险性评估≥3级患者21人，危3率3.51%。体检患者203人，体检率29.85%。失访患者7人，失访率1.05%（考核指标<1.8%）。随访共计2486人次。各项考核指标均达到要求。严格落实“一历五单”信息通报制度，落实出院患者无缝衔接工作，防止发生出院精神障碍患者出现漏管、失管现象。在深入排查的基础上，按照“一人一清单、一类一对策、一季一核对”的要求，全面建立3级以上确诊患者“随访清单”230人、独自居住患者“监护清单”25人，失访患者7人，对于这些曾经危险性等级评估在3级以上、独自居住无人监护、失访、不愿意接受随访的患者信息，各乡（镇）卫生院、社区卫生服务中心及时向当地公安派出所通报。做好重点人群救治工作，落实管理责任，严防发生肇事肇祸事件。

2021年，周宁县疾控中心召开严重精神障碍患者管理工作会议，会上部署全县肇事肇祸等严重精神障碍患者摸排管控工作，要求各乡（镇）卫生院、社区卫生服务中心严格按照《全县肇事肇祸等严重精神障碍患者摸排管控工作实施方案》开展工作，完成任务。对各乡（镇）开展现场督导3次，要求各乡（镇）卫生院在督导中存在的问题进行整改，督促各乡镇做好严重精神障碍患者救治管理工作。

【死因报告】 2021年，周宁县报告常住人口死亡人数1095例，死亡率为903.27/10万。三大类死因中，第1类（传染性、母婴及营养缺乏疾病）的死亡率4.07/10万，第2类疾病（慢性非传染性疾病）的死亡率为577.25/10万，第3类疾病（伤害）的死亡率为6.5/10万。全人群前十位死因依次为心脏疾病、恶性肿瘤、脑血管病、呼吸系统疾病、内分泌系统疾病、消化系统疾病、损伤及中毒、神经系统疾病、泌尿系统疾病、传染病、精神障碍。恶性肿瘤前五位依次为肺癌、肝癌、前列腺癌、结肠癌和直肠癌、胃癌。2021全年报告的病例中诊断不明比例为14.25%，心血管病缺乏诊断意义比例为21.74%。据此推算2021年全县人均期望寿命为81.43岁。

【麻风病防控宣传】 2021年1月31日是第68届“世界防治麻风病日”暨第34届“中国麻风节”。周宁县疾控中心通过推送微信公众号、张贴麻风病宣传海报、折页等方式开展以"全面消除麻风危害，共同走向文明进步"为主题活动，并对治愈存活的麻风病人进行慰问。

【卫生监测】 2021年，周宁县疾控中心检测宾馆、美容院、理发店共23家，检出3家不合格，其中1家宾馆二次供水项目不合格，1家宾馆公共用品细菌总数超标，1家理发店的梳子大肠菌数超标，3家不合格项目已复测，复测结果合格。

职业卫生 4月25日和5月20日，两次到李墩工业园区以宣传展板、宣传单、问卷调查、微信及公众号推送等多种方式进行职业病防治知识宣传。年内对抽查辖区内重点行业、重点岗位存在重点危害因素的10家企业进行监测。10月，周宁县疾控中心工作人员同委托的第三方检测机构技术人员一行到各企业进行现场采样和检测，检测结果显示：粉尘岗位检测点40个，存在矽尘的工作场所点数14个，超标点2个占14.2%；噪声岗位检测点83个，超标点11个占13.2%；2家企业有油漆作业，对油漆进行定性分析，结果存在甲苯、二甲苯和乙苯；1家企业未检测出矽尘不符合监测要求，12月2日再抽查一家企业进行检测，检测结果显示：粉尘岗位检测4个点，矽尘超标点4个，噪声岗位检测点9个，超标点1个。所有检测数据在规定的时间内上报国家监测系统。通过监测发现企业职业卫生管理存在一些不足之处，疾控中心技术人员提出针对性改进意见和建议供企业参考。

饮用水卫生监测 根据闽卫疾控发明电〔2021〕357号《福建省卫生健康委员会关于做好2021年全省城乡饮用水水质监测工作的通知》要求，2021年初周宁县疾控中心技术人员即对辖区内生活饮用水卫生基本情况进行调查，包括供水工程数量、供水覆盖人口、水源类型、供水和消毒方式，消毒设备使用情况、有无卫生许可证等内容，详尽掌握周宁县供水工程状况。同时制定周宁县生活饮用水监测工作计划和实施方案，进行分层随机抽样布点和取点，完成全年水质监测工作，采集监测点各类水样154份，检测结果达标水样109份，总达标率70.8%。其中市政集中式供水水质达标率100%（50/50）；市政二次供水水质达标率100%（18/18）；城市自建水水质达标率0（0/4）；枯、丰水期农村饮用水水质达标率50%（41/82），包括农村集中式供水水质达标率54.1%（40/74），农村学校自备水达标率为50%（1/2）和分散式供水达标率0（0/6）在内。建议相关部门提高认识，找准定位，狠抓落实饮水安全工作；明确饮水安全主体责任，实行分级管理；抓住精准消毒关键环节，提高农村饮水水质达标率；推行供水城乡一体化工程，保证供水质量；各部门加强协作配合，共同做好饮水安全工作；开展饮用水卫生安全科普知识宣传。

食品卫生监测 2021年，周宁县上报福建省食源性疾病监测系统的病例600例（任务至少510例），上报完成率100%，食源性疾病监测率100%，食源性疾病病例回访完成率100%。结果显示感染性病例575例占95.8%，且以细菌性为主；菇类中毒性病例22例占3.6%；其他食源性病例为3例占0.5%。发病人群女性高于男性，且以农民占绝大多数。病例发病时间分布上高峰在8月，次高峰是2月，病例分布以狮城镇为主。周宁县疾控中心针对食用野生菌中毒事件，采取微信公众号推送《夏季高温食用野外菌类的注意事项》和《食用野生菌的安全知识》的方法，及时开展菇类专项知识宣传，提高群众食品安全意识。

预防性体检 年内周宁县疾控中心对从事公共场所、食品、生活饮用水、化妆品、消毒产品等行业从业者进行预防性健康体检3988人，体检项目全部合格者予以发证。目前检出117例肝功能偏高者和4例甲肝阳性者，建议其到县级以上医院复查，结果正常的予以发证。

【结核病防治】 2021年，周宁县疾控中心制定《2021年周宁县结核病防治工作计划》，制定年度考评方案，年初对上一年工作进行检查评比并通报考评结果；进一步健全结核病归口管理各项制度，促进结核病控制项目工作稳步发展；4月16日举办《周宁县2021年疾控工作会议暨结核病防治工作会议》，部署2021年结核病防治工作，并对乡镇防痨医生进行现场培训，20多人参加培训。通过培抓好项目病人的督导随访工作，专人负责，基本按要求对乡镇实施督导，撰写督导记录和报告。继续完善“三位一体”结核病综合防控服务体系，加强与县医院及各乡镇卫生院沟通协作，发现新病例。2021年度肺结核可疑患者就诊86例，就诊率0.70‰，查痰86人，查痰率100%，摄片检查86人，发现活动性肺结核30例，其中病原学检查阳性病人5例，活动性肺结核任务完成率100%，病原学检查阳性率16.67%；疑似肺结核患者网络实际报告86例，总体到位85例，总体到位率98.84%。2021年度登记活动性肺结核32例，规范管理30例，规范管理率93.75%，成功治疗30例，成功治疗率93.75%。

2021年接到2例学校结核病预警，接警后第一时间向周宁县卫健局、周宁县教育局、周宁县卫生监督所及相关学校做疫情通报，并根据《学校结核病防治工作规范（2017版）》和《中国学校结核病防控指南（2020版）》要求，开展密切接触者筛查工作，共计筛查密切接触者157人次，未发现新发活动性肺结核病人。筛查工作完成后及时撰写疫情处置报告，并通过印发宣传单、举办专栏和健康教育讲座等形式加强学校结核病健康教育工作。

（郑楞文）

医疗机构

【县总医院】 2021年，周宁县总医院（县医院、中医院、妇幼院）核定床位332张、实际开放489张，医疗用房面积7.2万平方米（其中县医院4万平方米）。工作人员536人，其中，县医院384人、中医院105人、妇幼院47人，卫技人员448人。开展内科、外科、骨科、妇产科、儿科、眼科、耳鼻喉科、口腔科、皮肤科、感染科、中医科、康复医学科、急诊科、麻醉科、血液透析室、心理科、精神科等常见病、多发病的诊治。中医医院以中医特色诊疗专科为主，其中“针灸理疗科”“脾胃病专科”“中医肛肠科”“治未病科”为重点专科。妇幼保健院以儿科、妇女儿童保健科和生殖保健科为重点工作。

周宁县总医院实行成本核算和收支预算，降低运营成本，提升运行效率。县医院年总收入15909.6万元，完成年度计划的100%；业务收入12614.6万元，比上年增长1.02%。总支出13153.4万元，比上年下降1.28%；业务费用12535.8万元，增长0.80%，结余78.8万元；职工人均收入12.1万元。中医院总收入2528.7万元，其中医疗收入2157.2万元、比上年增长7.38%；总支出2260万元，结余268万元。妇幼保健院业务收入180万元，比上年下降8.03%。县医院门诊量306740人次，比上年增长24.61%；出院患者量10551人次，下降1.83%；手术量2097台次，下降8.07%；完成健康体检5800人次，增长21.6%。中医医院门诊量61382人次，比上年增长9.35%，出院患者量3013人次，增长3.36%。妇幼保健院门诊量14800人次，比上年增长6.6%。

医疗质量管控　周宁县总医院执行18项医疗安全核心制度，强化质控管理，年终通过院感质控、护理质控、急诊质控、超声质控、体检质控、麻醉质控、产科质控、血透质控和检验（输血）质控及卒中中心和呼吸质控等检查，对存在问题及时整改与提高，确保医疗质量和医疗安全。制定护理质量管理目标，将护理质控目标细化为护理综合质量检查和重点环节两大模块、25项内容。全年组织护理质控会议4场、护理业务查房4次和疑难病例讨论2次；组织护理安全会议4场、不良事件会议4场，专项演练52场。总医院完成年采购量6214万元，网上采购率100%。县医院、中医院基本药物使用占比分别为38.56%、51.12%。

学科建设与技术创新　成立闽东医院刘昌明名医师带徒工作室、林成寿名医师带徒工作室和福州人民医院陈耀名医师带徒工作室，继续实行外科领办。康复科购进SET悬吊系统、脉冲治疗仪等加强中医重点专科能力建设。全年成功开展新技术新项目19个，其中骨科5个、外科3个、五官科9个、重症医学科2个，腹腔镜技术得到有效推广，中医适宜技术推广568人次。

公共卫生服务　加强新冠肺炎疫情防控常态化管理，加强重点区域及对进出院区、病区通道进行“闭式”管理，对预检分诊、发热门诊实行24小时值班制和转送救护车24小时待命制，并进行全员核酸检测培训。完成核酸检测11万余人次，新冠肺炎疫苗接种102943剂次，覆盖47154人次。

监测上报传染病病例819例，食源性疾病143例，死亡病例52例。全县65岁以上常住老年人数23287人，管理率41%；应管理高血压患者10900人，规范管理率77.2%；应管理2型糖尿病患者4000人，规范管理率79.95%；发现严重精神障碍患者676例，规范管理率90%。

建立61支签约服务团队，配置县级专科医生19人。开展签约团队培训14场次，专科医生下乡履约服务23人次，履约服务对象1324人次；完成家签52882人，总签约率35.36%；重点人群签约50528人，签约率68.24%；建档立卡贫困户人口总数8175人，签约率99.74%。

完成“两癌”筛查3028例，为农村652名育龄妇女增补叶酸1940瓶，早孕建档1029人，建档率83%。产妇1095人，产后访视率96%；妊娠风险评估高危孕产妇676人，均进行专案管理，无孕产妇死亡。全县有0～6岁儿童11358人，健康管理率96%；活产数1057人，访视率91.3%。全年免费产前筛查330人，地中海贫血筛查171对，艾梅乙孕妇检查968人。

强化院前急救能力　开通急诊绿色通道，建立重点病种，改善急诊服务流程。全年收治急诊住院177人次，“120”出诊738次，转院336人次，抢救患者1004人次。其中，危重症367人次，院前死亡11人，危重症患者抢救成功率90%。

全年院内志愿者服务1000余人次，累计服务15000余小时。医院职工参加无偿献血53人，献血量17300毫升。完成公安局监所超声体检622人次、放射体检632人次、心电图体检590人次、检验科体检1225人次。下乡义诊14场次，推广中医适宜技术568人次。残疾评定444人。

全面实行公立医院院长目标年薪制，继续在县医院推行“工分制”绩效管理，科学控制医药费用不合理增长，推进DIP病种点值付费工作，制定《按病种收付费管理办法》，推进国家医保编码贯标工作。加强双向转诊信息平台建设，建立分级诊疗模式，推行检查和检验结果互认。全年送检地贫标本58例、检验标本5100例、病理标本2600例，远程心电诊断912例、远程影像诊断1357例、超声诊断28例。乡镇卫生院上转县医院患者487例，县医院下转26例；县医院上转714例，上级医院转诊县医院166例。

全面实行预约诊疗优先服务，通过自助机、微信公众号、掌上医院公众号、微信预约、网上预约等多种方式提高预约率。全年门诊预约率36.63%，完成市下达指标任务。建立胸痛中心、卒中中心，为患者提供医疗救治绿色通道和综合救治服务。建设智慧医院，围绕医疗服务需求，借助信息化手段为患者提供门诊电子病历、预约诊疗、床旁结算、诊间结算、就诊提醒、结果查询、医保电子刷卡以及信息推送等便捷服务，缩短病人排队等候时间，简化优化就医流程。完善医患沟通机制，全年受理群众来电、来访、上级转来信件等66件，妥善调处医疗纠纷16起，无恶性医闹事件发生。

（周宁县总医院）

【周宁县精神康复医院】 2021年，周宁县精神病康复医院编制床位数125张，实际开放床位数69张。全院员工共计42人，卫生专业技术人员19人，全年收治住院病人167人，其中包括社会“三无”精神病患者3人，门诊2000余人次。

设备功能　医院主要负责区域内精神疾病的诊断、治疗、筛查、评估和康复治疗，负责重性精神疾病治疗工作的质量控制，指导基层卫生机构、乡镇和相关部门对精神病患者的管理，开展精神疾病管理知识和技能培训。医院开设精神科、内科、医学检验科、医学影像科四大科，开展各类精神疾病防治、物质依赖治疗、心理咨询与治疗、精神伤残评定、精神康复指导等专科治疗。

名医工作室　4月28日，由市精神康复医院主任苏旻带头的周宁县精神康复医院名医“师带徒”工作室举行授牌签约仪式。“师带徒”工作室结合每次查房和病例分析对医务人员进行面对面的现场教学，专家坐诊27场次，受众856人次；举办《精神障碍症状学》《精神活性物质所致障碍》《精神科病历书写》《精神障碍的检查和诊断》《精神分裂症及其他原发性精神障碍》讲座8场，聘请市康复医院的护理专家黄丽英对医院护理工作进行现场指导，举办《护理文书书写》讲座，组织13场疑难病例讨论。

（郑李东）

体育

综述

【概况】 2021年，周宁县投资1450余万元，完成周宁县智慧体育公园建设，举办各类大型体育活动10场次，参加人数1万余人次。周宁县少体校做好田径、举重、足球、射击、羽毛球、乒乓球、武术套路等项目的训练、参赛工作，备战福建省第十七届运动会、宁德市第六届运动会，各项体育赛事成绩突出。周宁县老年体育协会（简称周宁县老体协）全年组织体育培训41期1350人，组织和参与竞赛活动63场2070人。

【群众体育】 2021年，周宁县各乡镇共举办各类大型体育活动10次，参加人数1万余人次；体育协会共举办8次，参加人数2000余人次。其中，主要赛事有：2021年福建省全民健身运动会（周宁赛区）暨庆祝中国共产党成立100周年“城市管理杯”环纵三线山地自行车团体邀请赛、白银古道徒步体验活动；咸村镇主办的以庆祝中华人民共和国成立72周年为主题的第六届“桃源杯”篮球赛；文旅局和县教育局联合举办周宁县第十八届中小学生田径运动会等活动。各乡镇、县级机关、企事业单位、学校、驻军举行篮球、羽毛球、拔河、象棋、围棋、趣味体育等体育活动。

【竞技体育】 2021年，周宁县少体校汤星强参加中国队在东京奥运会田径男子4×100米接力赛获铜牌，代表福建省队在陕西全运会上获得田径男子200米、4×100米接力第一名；魏婷娜获得2021年全国举重锦标赛女子45KG第三名；郑陈燕获得2021年福建省青少年射击锦标赛女子50米步枪第一名；黄妙杰获得福建省青少年射击冠军赛男子10米气步枪第一名；穆家铭获得福建省青少年武术套路锦标赛女子太极剑第一名。周宁县培养输送的运动员1人获得2021年福建省青少年足球锦标赛第一名、6人获得第二名；张惠萍获得2021年福建省青少年举重锦标赛女子第二名；周宏洋、郑光辉获得2021年福建省皮划艇激流回旋男子划艇第五名，张灼容参加福建省2021年青少年田径锦标赛获得女子200米第二名、王婕铭获得女子60米第四名、100米第五名。周宁县运

2021年11月25日—27日，宁德市少儿举重锦标赛暨中小学生联赛在周宁县体育馆举行。图为周宁籍运动员魏婷娜在挺举比赛中（周宁县文旅局 供图）

动员参加2021年宁德市少年儿童田径锦标赛获得团体总分前六名7个，其中团体总分第一名2个，第三名1个；参加2021年宁德市少年儿童射击锦标赛获得团体总分前六名4个，其中团体总分第二名1个、第三名1个；参加2021年宁德市少年儿童足球锦标赛，获得男子团体第四名；参加2021年宁德市少年儿童羽毛球锦标赛获得单项第一名2个；参加2021年宁德市少年儿童乒乓球锦标赛，获得女子团体赛第四名。

【青少年体育】 2021年，周宁县少体校做好田径、举重、足球、射击、羽毛球、乒乓球、武术套路等项目的训练、参赛工作，备战福建省第十七届运动会、宁德市第六届运动会，各项体育赛事成绩突出。

（凌建明）

体育设施

【概况】 2021年，周宁县有体育场1个，室内外健身场所213处，室内活动场所272处。投资1450余万元，完成周宁县智慧体育公园建设。年内，周宁县文旅局被国家体育总局评为2017—2020年全国群众体育先进单位。

【体育基础设施建设】 2021年，周宁县文游局坚持“建管并用”的原则，完成桥南社区1套健身器材更新以及对东园、长安、城西3个社区3套健身器材的修缮；完成8个行政村老年康乐家园创建工作（其中省级3个、市级4个、县级1个）。对乡镇体育设施分阶段、分步骤，按实际适量加以配备。

【场地建设】 2021年，周宁县有室内外健身场所213处，室内活动场所272处。针对全县大多数行政村（社区）室外体育健身活动场地比较宽敞，室内健身活动场所紧缺的实际情况，投资2350万元，新建室内外活动场所26处，拓宽改造19处，开辟利用现有资源35处。

【智慧体育公园建设】 2021年，周宁县文游局投资1450余万元，完成周宁县智慧体育公园建设。该公园建成1条2千米环湖健身步道及照明、1个5人制笼式足球场、2条健身休闲栈道、4个休闲亭。智慧体育公园重点体现智慧体育和体育文化元素，配建1个笼式篮球场、1个笼式门球场、1个笼式气排球场、2个笼式羽毛球场、2个笼式乒乓球场及20件以上二代（智能）健身路径、1个智能体测亭、1个智能健身驿站等体育健身设施，实行无偿全天候开放，日均锻炼人数2000余人次。

（凌建明）

体育活动

【概况】 2021年，周宁县各乡镇举办各类大型体育活动10次，参加人数1万余人次；体育协会举办各类体育活动8次，参加人数2000余

周宁县智慧体育公园建成投入使用（摄于2021年12月30日） （周宁县文旅局 供图）

2021 年 6 月 26 日—7 月 3 日，福建省全民健身运动会（周宁赛区）暨庆祝中国共产党成立 100 周年男子篮球赛现场（周宁县文旅局 供图）

人次。承办宁德市少儿举重锦标赛暨中小学生联赛和第十八届中小学生田径运动会。

【运动会承办】 2021 年 11 月 25—27 日，承办宁德市少儿举重锦标赛暨中小学生联赛，共有蕉城区、古田县、屏南县、寿宁县、福安县、柘荣县、福鼎县、周宁县等 8 支代表队参赛，周宁代表队获男子团体总分第三名和女子团体总分第五名。

（凌建明）

老年体育

【概况】 2021 年，周宁县老年体育协会（简称周宁县老体协）全年组织体育培训 41 期 1350 人，组织和参与竞赛活动 63 场 2070 人；全县 83 个康乐家园创建点持有级别证书的老年体育健身辅导员 325 人。投资 2350 万元，建设活动场所。撰写调研文章 10 篇，向上级提出建议 13 条。年内被宁德市老健会授予“优秀组织奖”。

【体育技能培训】 2021 年，周宁县老体协培训主要方式是选派辅导员参加省、市老体协举办的老年体育活动项目培训班学习，县老体协组织县直行业系统老体协（活动站）及各乡镇老体协分会健身活动项目培训，全年组织培训 41 期，参培 1350 人。

【展示竞赛活动】 2021 年，周宁县老体协选派选手参加各类健身展示竞赛活动 63 场，参与竞赛活动 2070 人。在宁德市第十届老健会举办的展示竞赛活动中，周宁县参与 15 个大项目 19 个小项目的竞赛，获集体奖 19 项，其中金奖 6 项，银奖 8 项，铜奖 5 项。运动员获奖牌 138 枚，其中金牌 44 枚，银牌 63 枚，铜牌 31 枚，周宁县竞赛总成绩在全市 16 支参赛队伍中名列第五位。

【康乐家园创建】 2021 年，周宁县提升创建老年人健身康乐家园 5 个，分别是：纯池镇儒源村县级提升为市级授牌单位，狮城镇老年人健身康乐家园、纯池镇向阳村、泗桥乡赤岩村以及新创建的浦源镇江源村市级提升为省级授牌单位。全县 83 个持有级别证书的老年健身辅导员 325 人，每个创建点每年开展老年体育健身项目培训 3 期以上。

【宣传报道】 2021 年，周宁县老体协编发简报 15 期，其中大部分被市老体协转发，《周宁县举办柔力球套路网络视频赛》等 6 篇信息被《福建老年体育》杂志采用。

（周宁县老体协）

2021 年 10 月 26—28 日，周宁县老体协组队参加宁德市老健会举办的第十届展示竞赛。图为老体协手杖操运动员在比赛中（周宁县老体协 供图）

综　述

【概况】 2021年，周宁县有A级景区7家，旅行社3家。全年接待游客412万人次、比上年增长102%，旅游综合收入26.5亿元、增长69.8%。通过旅游市场刺激，全年带动住宿、餐饮业增加值分别比上年上升29.7%、36.6%，增长率均居全市第二，山区县第一。

【旅游规划】 2021年，周宁县以创建全域生态旅游示范县为目标，完成《周宁县全域旅游发展规划》《闽东大峡谷礼门片区旅游总体规划》《芹山湖旅游度假区总体规划》《周宁县滴水岩·蝙蝠洞旅游景区总体规划及重点地块详细设计》《周宁文峰锦旅游景区总体规划》《周宁苏家山旅游景区总体规划》《周宁县云门畲族景区旅游总体规划》《周宁县李墩镇石门山·楼坪景区总体规划暨修建性详细规划》《周宁紫竹源运动康养旅游度假区总体规划》《周宁际头旅游发展总体规划》等10余个规划编制，针对鲤鱼溪、咸村镇洋中村等传统古村落，引进文创、青创团队，打造文创、青创基地等。

【旅游品牌创建】 2021年，周宁县成功创建国家级文化旅游品牌24个、省市级旅游品牌44个，56个乡村生态旅游经营点先后开放运营；浦源村获评2021年省级金牌旅游村，陈峭村入选2021年“中国美丽休闲乡村”。

（周宁县文旅局）

旅游项目建设

【概况】 2021年，周宁县文游局出台“周宁县鲤鱼溪景区管理提升重点问题责任清单”，建设鲤鱼溪“四季花海”观光园、水幕光影秀提升、鲤鱼新村、城区“四园一体”项目；续建鲤鱼溪生态水系、精品民宿、芹溪矿山公园、美闽房车、咸村古民居群活化利用等项目。总投资2783.22万元，完成九龙漈景区（听涛阁段）落石整治工程、鲤鱼溪四季花海等项目建设。与闽运公交公司合作，投入4辆11座旅游集散中心至鲤鱼溪景区荷花池路口接驳车。

【红色旅游景点建设】 2021年，周宁县文游局以周宁革命历史为主要题材，建设后洋“三库”生态文明学习实践基地、改造萧家岭红色文化馆、梧柏洋红色文化展示馆等一批红色基地，新培育爱国主义教育基地6个。结合庆祝中国共产党成立100周年系列活动，融入党史学习教育，推出“后洋黄振芳家庭林场＋梧柏洋红色体验”“伫园坪红军洞＋官山景区”“紫云红色游＋美丽乡村”等“红色游”项目。

【四季花海观光园建设】 2021年，周宁县完成鲤鱼溪四季花海项目建设。该园位于鲤鱼溪南路左侧，占地面积2.53公顷，主要建设内容包括：以水生植物和草本植物为主要色彩，打造太极鱼形象，形成一水一路的大地景观花海，依托生态水系步道与荷花塘栈道相连接，与赛江二期P2段邻近区域建设休闲广场，

2021 年，周宁县鲤鱼溪四季花海观光园一角　　（叶先设　摄）

打造一个集鲤鱼溪“四季花海”观光园、光影秀和水幕光影、休闲于一体的人鱼同乐乐园。

【民宿发展】　2021 年，周宁县有可经营民宿 35 家，在建民宿 7 家。县文旅局加大对民宿产业发展扶持，投入资金提升和完善上规模民宿硬件设施和外围环境、功能布局、消防隐患、旅游服务和管理制度，打造具有地方特色的生态旅游民宿文化品牌。苏家山九凤阁民宿、咸村洋中古民居民宿（在建）、风谷山居民宿、李墩楼坪九棵松民宿、浦源鲤鱼人家大宅院、浦源云端客栈等一批网红民宿，利用当地独特生态资源和美丽乡村建设，形成民宿产业。

（周宁县文旅局）

旅游宣传营销

【概况】　2021 年，周宁县文游局加大宣传营销力度，先后举办“鲤乡福境·云端周宁”全域旅游推介会及百家旅行社踩线、“云端周宁·茶乡福境”文化旅游节、环纵三线山地自行车团体邀请赛、红领巾小导游比赛等活动，将旅游企业、团体“请进来”；在福州三坊七巷举办全域旅游推介展和契约文书展等。

【媒体推介宣传】　2021 年，周宁县文游局打造区域品牌新媒体平台，微信公众号 4 万余名粉丝，日点击浏览量 6000 余次，总点击浏览量 897 万余次，平均单条点击浏览量 10 万余次；抖音号《美丽家园》电视片完成拍摄，列入央视节目播出计划，土豆宣传片在福州三坊七巷旅游推介会上播放，观看宣传片 10 万余人次；38 家海内外华文媒体走进周宁、报道周宁。4 月 26 日举办的“鲤乡福境·云端周宁”全域旅游推介会，吸引省旅、中旅、国旅等 100 家省内外知名旅行社及多家媒体参会。

【外出推介活动】　2021 年 11 月 6 日，周宁县在福州历史文化街区三坊七巷南后街展览馆举行为期 3 天的“鲤乡福境·云端周宁”全域旅游推介展。推介展设有周宁全域旅游风光、非遗文化、古银矿文化、农特产品、鲤鱼文化等 5 个展示区及农耕文化体验区、茶叶品鉴区。11 月 4 日，在福州三坊七巷历史文

2021 年 4 月 27 日，周宁县举办全域旅游推介活动。图为旅游团队在九龙漈踩线活动　　（汤文娟　摄）

化街区福建省海峡民间艺术馆举办周宁契约文书展，为期5天，推介内容有2020年度国家社科基金重大项目周宁契约文书展和周宁风光、民俗、传统村落摄影作品展。

（周宁县文旅局）

全域旅游

【概况】 2021年，周宁县文游局落实《周宁县关于创建全域生态旅游示范县工作方案》，打造“鲤乡福境·云端周宁”全域旅游品牌。举办旅游文化节等文化活动60余场次。

【旅游文化活动】 2021年，周宁县以庆祝中国共产党成立100周年为主题，举办“文化下乡”、“三月三”系列民俗文化活动、“闽东之光·云端周宁”全国摄影大展启动仪式暨摄影风筝节等30余场次；以线上展览方式开展书画、非遗等展览展示活动6场；组织开展各类知识讲座、朗诵比赛、知识竞答、故事会等30余场次。挖掘周宁鲤鱼、宗祠、廊桥、唐宫走礼、黄埔北路戏、方言评书、木偶杖头等传统文化，乡村文化队伍常规性开展广场舞及非遗类、传统技艺类、曲艺类活动，累计受众10万余人次。其中4月27日由周宁县文游局、县民族与宗教事务局、县茶产业发展中心、玛坑乡政府主办的“云端周宁·茶乡福境”文化旅游节在杉洋村举办。以“弘扬脱贫攻坚精神，全面推进乡村振兴”为主题，通过全域旅游推介、文化行业交流、文艺展示汇演、电商推介直播等多种形式，展示周宁文化旅游资源，推进乡村振兴。

2021年6月11日，周宁县举办摄影风筝节，图为摄影师们拍摄麦芽糖制作

（陈晨旭　摄）

【乡村旅游】 2021年，周宁县文游局以“旅游+”和“+旅游”为途径，推进旅游业与一、二、三次产业的融合。不断优化资源配置，因地制宜，凭借自然资源、旅游景观、区位优势，打造中国美丽休闲乡村、千年古村——陈峭；独具畲族文化魅力，“桃源秘境·畲村云门”特色村寨品牌的云门村，以及网红景点苏家山、云端上的古村紫云等一批具有周宁特色的生态旅游胜地。举办首届冬晒节、环纵三线山地自行车团体邀请赛等活动。其中，位于周宁县东部的七步镇苏家山村是国家AAA级旅游景区。该景区旅游体验项目有玻璃高空跳台，玻璃栈道、滑索、山地滑道、蹦极、丛林穿越、飞碟登月、卡丁车、碰碰车等。景区生态资源优越，风景优美，可看日出、观云海、品竹海清风、赏古村清韵，2021年接待游客40余万人次，旅游收入400余万元。

（周宁县文旅局）

居民生活

【概况】 2021年，周宁县财政民生支出16.2亿元，占一般公共预算支出的84.4%，27个为民办实事项目有效落实。城镇新增就业801人，城镇登记失业率3.99%。基本养老和医疗保险参保率分别达99.5%、97.6%。投入4411万元，用于城乡低保特困人员生活补助；投入6175万元，用于城乡居民养老金发放；投入739.65万元，用于残疾人生活补助；投入155万元，用于长者食堂建设，投入运营61所。

【城乡居民收入】 2021年，周宁县全年居民人均可支配收入26828元，比上年增长10.0%。按常住地分，农村居民人均可支配收入19756元，比上年增长11.6%；城镇居民人均可支配收入34953元，增长9.5%。

【城乡居民消费支出】 2021年，周宁县全年居民人均生活消费支出18405元，比上年增长14.6%。按常住地分，农村居民人均生活消费支出15265元，比上年增长18.9%；城镇居民人均生活消费支出22187元，增长12.7%。

（周宁县统计局、财政局）

人力资源

【概况】 2021年，周宁县人力资源和社会保障局（简称“县人社局”）招聘事业单位工作人员116人，派遣专家服务需求项目144人次，推荐申报宁德市“天湖人才”20人，发放周宁县大中专毕业生自主创业扶持资金27.46万元，推进高校毕业生就业创业。

【人事人才】 2021年，周宁县人社局进一步规范事业单位人事管理，通过公开招聘事业单位人员工作，缓解大中专毕业生就业压力，改善干部队伍结构，全年招聘事业单位工作人员116人，招募“三支一扶”13人。以单位岗位设置常态化管理为抓手，规范事业单位职称管理，批复31个事业岗位设置调整方案，办理岗位聘任590人（其中科技特派员2人），初级专业技术人员职称认定96人，审核申报更高一级职称评审相关系列专业技术职务人员材料81人。推进乡村人才振兴，贯彻落实《周宁县集聚下派力量助力乡村振兴实施方案（试行）》，组织相关单位选派专家到乡村进行对口帮扶，派遣专家服务需求项目144人次。推进5家县级“人才驿站”和23个能人创业典型项目示范点建设。做好各类人才推荐评选工作，配合县委组织部出台《周宁县“云端人才”评选认定办法》，摸底和组织各企事业单位中符合条件的人选申报宁德市“天湖人才”，共计申报20人，其中事业单位5人，企业单位15人。

【毕业生回乡创业扶持】 2021年，周宁县鼓励各类人才返乡参与创新创业，县人社局、县委组织部、县财政局联合出台《关于印发〈周宁县大中专毕业生自主创业扶持暂行办法〉的通知》，对符合条件返乡大学生自主创业项目给予县级财政扶持，全年发放周宁县大中专毕业生自主创业扶持资金274640元。组织优秀创业项目申报省、市级大中专毕业生创业资助项目和宁德市三年内创业市级资助项目，1个项目获得大中专毕业生自主创业省级资助5

万元，6个项目获得大中专毕业生自主创业市级资助共计20万元，6个项目获得宁德市三年内创业市级资助共计27万元。

（孙陈建）

就业与劳动

【概况】 2021年，周宁县人社局组织线上和线下专场招聘会共16场，提供岗位2380余个，有求职意愿1600余人；发放公益性岗位补贴、社保补贴、服务基层岗位补贴等共计233.05万元；城镇新增就业人数938人，登记失业率4.11%，低于5%的控制线。全面建立并完善预防欠薪各项机制，创建“无欠薪项目”158家，涉及农民工人数7162人；加强纠纷处理，维护劳动关系和谐稳定，立案查处2件，行政处罚2件。处理劳动争议案件34件，涉及34人；认定工伤案件81件，劳动关系总体稳定。

【就业工作】 2021年，周宁县人社局抓好促进就业目标责任制工作。全县城镇新增就业人数938人，登记失业率4.11%，低于5%的控制线。推进各类援企稳岗政策落地生效，坚持政策服务靠前，及时兑现省、市、县出台的各类惠企政策，发放困难企业稳岗补贴4家共计16.8万元，发放春节期间外省务工人员留宁过节奖补企业11家，惠及企业员工921人，共计27.63万元；发放普惠性稳岗返还26.91万元，惠及人数1764人。强化企业用工服务，组建用工服务工作专班，依托乡镇、村（社区）人社基层服务平台，主动深入企业开展就业创业服务活动，重点做好李墩不锈钢园区等重点企业的用工服务。发挥周宁县人力资源市场作用，组织线上线下专场招聘会16场，提供岗位2380余个，有求职意愿的达1600余人，为李墩不锈钢深加工产业园招聘400余人，其他企业招聘400余人。开发基层公共管理和社会服务岗位24个，用于安置毕业未就业高校毕业生，安置毕业生45人；新开发公益性岗位9个，安置建档立卡贫困家庭劳动力115人；发放公益性岗位补贴、社保补贴、服务基层岗位补贴等共计233.05万元，缓解高校毕业生、农民工等重点群体就业难问题。举办农艺工、育婴员、保育员、导游等各类职业技能培训30期，培训1689人次，发放培训补贴284.53万元。

2021年5月11日，周宁县人社局在河滨公园举办“职”在民企“就”有未来暨2021年民营企业招聘月专场招聘会（周宁县人社局 供图）

【劳动关系】 2021年，周宁县人社局强化源头治理，落实根治欠薪制度，畅通投诉举报渠道，让被欠薪农民工可以通过人社局和行业主管部门设立的投诉举报电话：人社部“全国根治欠薪线索反映平台”、省人社厅“福建人社”微信小程序欠薪线索反映平台、宁德劳动监察就业维权服务平台、“12333”热线、“12345”政务服务便民热线和在建工程项目施工现场公示的“微信扫一扫 工资跑不了”微信二维码等渠道，解决劳动者欠薪后不能及时投诉举报问题。开展《保障农民工工资支付条例》宣传，以迎接保障农民工工资支付工作考核为抓手，全面建立并完善预防欠薪各项机制，创建“无欠薪项目”158家，涉及农民工7162人，有53家项目部开展“无欠薪项目部”亮牌工作（其中住建46家，水利6家，交通1家），预存企业工资保证金22家约1351万元。加强纠纷处理，维护劳动关系和谐稳定，立案查处2件，行政处罚2件。推进重大劳动保障违法行为社会公布工作，加强对拖欠工资违法失信用人单位的惩戒，营造“不敢欠”社会氛围，列入拖欠农民工工资“黑名单”1起，重大劳动保障违法行为社会公布3起。处理劳动争议案件34件，涉及人数34人，

2021 年 5 月 19 日，周宁县人社局联合司法局开展《保障农民工工资支付条例》宣传活动。图为工作人员在周宁碧桂园施工指导部宣传条例现场

（周宁县人社局　供图）

涉及金额 118.8 万元；认定工伤案件 81 件，劳动关系总体稳定。全面推行劳动合同制度，完善协调劳动关系三方机制，引导企业、行业等结合自身实际，通过协商方式处理各类劳动关系问题，推进集体协商制度建设。提高劳动合同签订率和履行质量，全县企业劳动合同签订率 95%。集体协商“要约行动月”活动，企业单独发放要约 66 份，应约 66 份，惠及职工 5765 人。

（孙陈建）

社会保障

【概况】 2021 年，周宁县着力保民生，持续推进全民参保计划，全县养老保险参保（含离退休等享受待遇人员）14.57 万人，工伤参保人数 18468 人，失业保险参保人数 5703 人；结合社保基金管理“警示教育月”活动，全面加强社会保险基金管理风险防控工作，规范社保基金管理。

【养老保险】 2021 年，周宁县养老保险参保（含离退休等享受待遇人员）145747 人。其中，机关事业单位养老保险参保 7232 人，企业职工养老保险参保 13789 人，城乡居民养老保险 124726 人；工伤参保 18468 人，失业保险参保 5703 人。全面落实机关事业单位养老保险制度改革、养老保险费征缴制度改革、社保经办业务流程改革等政策，妥善解决机关、企业历史遗留问题，有序稳妥推进各项改革政策落实。社保待遇稳步提高，严格执行养老保险待遇核定、调整政策，持续推进机关事业单位退休“中人”待遇重算工作。及时落实城镇职工养老保险待遇调整工作，机关事业单位退休人员月人均基本养老金 4541 元，企业退休人员月人均基本养老金 2402 元，城乡居民养老保险基础养老金 130 元/月。

【社保基金管理】 2021 年，周宁县规范社保基金管理，按照社会保险政策相关规定和上级工作部署，结合社保基金管理“警示教育月”活动，做好“六个一”规定动作，全面加强社会保险基金管理风险防控工作，完善各项管理制度，规范经办风险防控流程，明确管理，严格缴费基数，提高基金监管能力建设水平，管好用好人民群众的“养老钱”“保命钱”。

【行风建设】 2021 年，周宁县持续加强人社局行风建设，进一步完善“一窗通办”工作制度，做到流程更优化、材料更简、环节更少、时限更短。推进“放管服”改革，全面梳理权责事项 136 项，行政审批和公共服务事项 54 项，其中“一趟不用跑”项目 93 项，“最多跑一趟”项目 23 项。全县 119 个人社基层服务平台，健全包括就业、社保、劳动关系、调解仲裁、劳动监察等服务职能为一体的县、乡（镇）、社区（行政村）三级基层公共服务体系。

（孙陈建）

民政事务

【概况】 2021 年，周宁县民政局以深化体制改革为重点，服务民生为核心，精心谋划，统筹推动，公益性骨灰楼暨悼念大厅建成投入使用，梅山城市公益性公墓有序推进，社会福利中心和 9 个乡镇敬老院全部实现公建民营承接，61 家长者食堂相继投入使用，民生保障、社会治理、社会服务等各项民政事务取得新成效。

【低保工作】 2021 年，周宁县有城镇低保对象 87 户 252 人，全年支出城镇低保资金112.61万元，城镇低保平均标准为7152元/人·年，与上年持平。周宁县有农村低保对象2485户5959人，全年支出农村低保资金2596.38万元，农村低保平均标准为7152元/人·年，与上年持平。

【困难救助】 2021年，周宁县城乡特困供养对象1227人，比上年减少133人，下降9.8%，全年支出城乡特困供养资金1664.07万元。其中，特困集中供养118人，分散供养1109人。全年实施临时困难救助656人次，支出救助资金182.77万元。其中，按户籍性质分类，城市家庭15人次，农村家庭641人次；按属地分类，当地常驻户口656人次，非当地常驻户口0人次；按救助类型分类，支出型临时救助461人次，应急型临时救助194人次；开展街面巡查救助行动12次，出动人员113人次，救助流浪乞讨人员37人次，共计发放食物、衣物、棉被等救助物资88件（袋）。3名疑似精神病的长期滞留流浪乞讨人员经过努力集中收住在县精神康复医院，并为他们办理户口、特困供养和医疗保障。年内，救助困境未成年人91人，发放困境未成年人救助金16.66万元。

【养老服务】 2021年，周宁县有养老服务机构113个。其中，社会福利中心1个，五保幸福园14个，农村幸福院78个，乡镇敬老院9个，社区居家养老服务站7个，居家养老信息服务中心1个，居家养老服务中心3个。各类养老床位1419张，每千名老年人拥有养老床位36.28张。社会福利中心和9个乡镇敬老院全部实现公建民营承接，社会福利中心于6月28日开业运营，收住老人67人，其中社会老人22人。年内为居家养老开展服务48000余人次，支付服务费144万元，支持居家养老服务场所补助9万元。各类社区服务机构7个，覆盖率100%。

【长者食堂】 2021年，周宁县运营长者食堂61家，12月底全县长者食堂每餐就餐老人约1100人。

【区划地名】 2021年，周宁县民政局完成市间县级寿宁—周宁行政界线联合检查工作，完成周宁县乡级界线联合检查工作，对两个园区和16条路巷进行命名。

【儿童福利】 2021年，周宁县有社会散居孤儿42人，福利机构托养儿童1人，事实无人抚养儿童147人，全年支出孤儿及事实无人抚养儿童基本生活保障补助资金117.6万元。

【社会组织】 2021年，周宁县有社会团体72家。其中，行业协会商会7家，体育类14家，公益慈善类1家，卫生类1家，社会服务类12家，文化类2家，公安类3家，宗教类2家，农业及农村发展类12家，其他18家。民办非企业单位24家。其中，科技服务类4家，教育类16家，文化类3家，社会服务类1家。

【婚姻服务】 2021年，周宁县有事业单位性质的婚姻登记机构1个。全年办理结婚登记928对，离婚登记370对，补领结婚证267对，补领离婚证65对。

【殡葬服务】 2021年，周宁有殡葬服务机构3个。其中，殡仪馆1个，殡葬管理机构1个，经营性公墓1个，乡镇公益性骨灰楼墙13个。

（刘天霖）

老区工作

【老区村扶建】 2021年，周宁县落实到位中央老区扶贫资金55万元，省级资金（革命遗址保护利用）45万元，市级老区建设配套资金8万元，用于全县2个老区贫困村道路建设。年内县财政安排9个老区基点村专项资金145万元，其中普惠制项目7个，重点项目2个，改善老区基点行政村基础设施建设。

【革命遗址维护】 2021年，周宁县完成咸村镇茶广村“中共闽东特委机关驻地遗址展示馆”、咸村镇“碧岩村红色文化遗址”主体工程、纯池镇莲地村“凌福顺故居”三个项目维修保护建设，其中茶广村的中共闽东特委机关驻地遗址展示馆被列为县级爱国主义教育基地。

【“五老”及遗属慰问补贴】 2021年，周宁县发放革命“五老”及遗属慰问金3.99万余元，8月起革命“五老”定补标准，每人每月从1520元提高至1720元。

（刘天霖）

狮城镇

【概况】 狮城镇位于周宁县中部，镇域面积58平方千米，城区面积20多平方千米。全镇辖6个社区，8个行政村，77个自然村，户籍总人口55201人，暂住、流动人口1万余人。2021年，全镇完成工农业总产值17.9亿元，比上年增长8.3%；固定资产投资6.97亿元，增长16.13%；城镇居民人均可支配收入32941元、增长7.6%，农村居民人均可支配收入19803元、增长8.2%。

【项目建设】 2021年，狮城镇实施各类项目56个，其中产业类项目15个，总投资6.5亿元；基础设施类项目27个，总投资3.8亿元；社会事业类项目14个，总投资1.1亿元。新城区片区、老城区片区、虎岗片区、纵三线沿线片区及东大门片区“五大片区”协同发展势头良好，新城区山海协作产业园已完成安征迁工作，立源棉纺一期项目建成投产；老城区东洋溪二期景观提升项目已进场施工，特色农产品交易中心征地进度进入攻坚阶段；虎岗片区卉科研组培展示一体化中心、客运中心站主体工程全面竣工；纵三线沿线片区高水高排项、东大门景观提升等项目均已完成征地任务。实现土地收储及丈量30.67公顷，保障五大片区逐步落实发展规划。优化营商环境，立足县域中心产业布局优势，推进大润福超市、福建呈祥铸业有限公司等26家企业完成“四上企业”入库，为辖区275家企业（个体户）争取项目贷款1.57亿元，专项奖励经费125万元，专项技改资金1352万元，县域产业发展奖励资金137万元，推动企业产业升级及技术改造，提升企业盈利能力及产业规模。

【乡村振兴】 2021年，狮城镇在辖区范围内全面开展农村人居环境综合治理工作，行政村公厕全覆盖，推进旱厕、畜禽舍拆除；投入资金25万元，在洋尾村建设农村生活垃

2021年8月13日，狮城镇组织全镇干部职工开展“环境卫生整治”活动。图为志愿者在兴福社区清理水沟 （狮城镇 供图）

圾干湿分类厂房1座，开展垃圾干湿分类处理试点工作。结合爱国卫生运动、世界环境日等活动，开展全域村庄清洁行动，投入资金100余万元，出动1万余人次清理垃圾500余吨；选点中华路小区为垃圾分类试点小区，为推进居民垃圾分类处理积累经验，78.6%的行政村（社区）创建为省级卫生村（社区）。完成裸房整治206栋，落实“一户一宅”“建新拆旧”政策，结合房屋安全隐患大排查大整治百日攻坚专项行动，摸排房屋14624栋，对10栋重大危房处置到位。深化“一镇一业”战略布局和“一村一品”产业布局，推动陈凤村油茶产业、洋尾村翠冠梨种植、峰洞垄农家蜂蜜、前坪村红色乡村游等特色品牌建设；扶持农业企业发展，探索家庭农场发展模式，成功申报市级家庭农场1家，推荐申报省级家庭农场1家。引导各村社区通过入股县市国投、新能源公司等，盘活村级资产，壮大村级集体经济，狮城镇8个村级集体经济收入均达到10万元以上，其中3个超20万元，占比37.5%，2个达50万元，占比25%。整合市县乡村振兴指导员、科技特派员等工作力量，开展农作物选种、种植、管理、病虫害防治和农产品加工等实用技术培训，全年开展农村转移就业劳动者职业技能培训7次340人次；年内前坪村、桥南社区完成县级土地开发2.75公顷，超任务118%，补充水田任务完成206.5%。完成耕地地力保护补贴资金发放，补贴金额64.5万元，惠农3296户。

2021年8月5日，狮城镇中兴社区“智慧社区管理平台”投入使用。图为社区工作人员及网格员观看平台运行情况 （狮城镇 供图）

【社会事业】 2021年，狮城镇完成县医院门诊综合楼、县实验幼儿园新校区、城西幼儿园等一批民生项目建设，县医院感染病综合楼、疾病预防控制中心综合楼、云山名城幼儿园主体工程在建。全面落实城乡居民最低生活保障制度，发放民政救助金9.63万元，救助困难群众61户248人；为62户贫困户发放雨露计划补助、住院津贴补助和各类产业补助资金42万元；走访慰问困难群众、困难党员、贫困妇女、困难退役军人等对象711人次，发放慰问金47万元。投入150余万元，在全县率先搭建集党建、公共服务、视频监控等于一体的“智慧社区管理平台”；推进“美丽庭院”的创建工作，上报美丽庭院12户，开展“绿色家庭”创建活动，1户被评为省级绿色家庭，9户被评为市级绿色家庭。年内狮城镇精准扶贫对象93户314人，均实现脱贫，未出现返贫现象。全年发放贫困户产业补助23万元，产业发展覆盖率达到90%。采取“五+”模式，帮助有劳动力的贫困人口就业90人。帮扶学生82人，发放各类助学金31多万元。落实医疗保障政策，医疗受助110人，补助143余万元。

【平安综治】 2021年，狮城镇以村（社区）为单位共设立14格一级大网格，22格二级小网格，117格三级网格，投入约100万元作为疫情防控网格化管理工作经费，每月投入9万余元作为网格员工作经费。网格化系统收集包括户籍人口与流动人口82956位居民基础网格化信息，开展社会矛盾纠纷排查工作。年内调解矛盾纠纷184起，其中书面34件，口头150件。受理群众来信来访73件74人次，全部办结。全年发放宣传单、宣传海报、调查问卷2.5万余份、不间断滚动LED标语20余处、刷写固定宣传标语20余条，综治宣传品扫黑除恶宣传抽纸1.2万盒、雨伞1200把、水晶尺1600条等。

【生态环保】 2021年，狮城镇加强生态环境保护投入，将该项支出作为公共财政的重点支出内容予以保障，全年相关支出30余万元。依托网格化治理模式，建立14人的环保网格员队伍，开展日常巡查和专项整治工作。建立健全环保监管常态化机制，加大对中央生态环境保护督察信访交办件涉事企业巡查监管，及时反馈辖区发现环境问题并处理，有效防止重大污染事件发生。推动人居环境整治工作，采取集中“整治+常态保洁”模式，对辖区存量垃圾集中整治处理。定期组织人员，对狮浦大道沿线、新城区各村庄、社区重点区域进行专项整治。完善农村垃圾常态化保洁制度，为各村、社区配备保洁员，负责村庄社区日常保洁，实现垃圾集中转运处理，二级环卫问题得到初步解决。配合县级开展固体废弃物大排查整治活动，全面清理前坪、陈凤沿线建筑垃圾。响应“绿盈乡村”建设，申报初级村4个、中级村2个、高级村1个。全面推行河长制，狮城镇建立专门办公室，加强日常监管，对黑臭水体进行专项巡查，年内辖区内未发现黑臭水体。

【基层党建】 2021年，狮城镇召开党委会65次，其中专题研究意识形态工作2次，疫情防控42次等；开展党委理论中心组学习15次，其中专题研讨16次，各支部组织党员集中学习225次，及时传达贯彻落实习近平总书记重要讲话重要指示批示精神和党的十九届历次全会精神；投入资金40余万元，改造提升前坪村桃岭革命历史展陈馆，修缮苎园坪红军后方医院等红色遗址；发放“光荣在党50年”纪念章111枚，在七一前夕走访慰问党龄50年的老党员和困难党员等183人，发放慰问金14.63万元。开展民主生活会、组织生活会、述责述廉、谈心谈话等；集中廉政谈话2场120余人次，“一对一”廉政谈话200余人次，运用监督执纪“四种形态”处理17人，主动约谈23人，并做好跟踪回访工作。

做好换届选举工作，选举产生新一届党委委员8人、纪委委员5人，镇党员代表105人；推进村（社区）“两委”换届选举工作，14个村社区均顺利完成换届选举，新一届的村党组织书记平均年龄40.87岁，中大专以上学历占62.5%，社区党组织社区书记平均年龄39.17岁，中大专以上学历人员达100%。全面推行“社区大党委”工作机制和“近邻党建”工作模式，落实“两长一员”机制，充分运用在职党员“双报到”制度“利器”，引导1800余名在职党员到社区报到，接受群众“点单”、社区“派单”；组建“爱幼、亲老、济困、和事、惠民”5个帮帮团及小区三级网格联动等举措，增强党组织服务群众功能，相关经验做法在《中国城市报》《福建日报》《闽东日报》等媒体刊登。

（孙勇健）

咸村镇

【概况】 咸村镇地处周宁县南部，与蕉城区毗邻，镇域面积164平方千米，总人口3.15万人，辖23个行政村和1个社区，其中云门村是全县唯一的纯畲族少数民族行政村。全镇耕地面积1440公顷，其中水田873.33公顷，旱地566.67公顷；林地面积12266.67公顷，森林覆盖率为72.2%，竹木蓄积量15.9万立方米，年可用毛竹13.5万根，茶园面积1400公顷，有“半镇林竹半镇茶”之称，是宁德市农业重点发展的“绿色走廊”，也是周宁县南部低海拔农业综合开发区。全镇企业总产值从2017年的8.8亿元增加到2021年的9.2亿元，总量增长4.5%，其中工业总产值从2017年的7.3亿元增加到2021年的7.6亿元，总量增长4.8%；农业总产值从2.8亿元增加到3亿元，总量增长4.7%；农民人均纯收入从1.4万元增加到1.6万元，总量增长12.5%；2021年企业数达820个，税收243万元。

【农业发展】 2021年，咸村镇依托现有茶产业优势，推进标准化茶园改造升级和茶叶品种改良，支持云门峰、沁源春等茶叶，企业设备改造，3家规上茶叶企业总产值达1.2亿元。实施农业“百千万亿”计划，加快农村土地有序流转，成立农业专业合作社53家（其中国家级种养专业示范社1家、省级示范社2家），重点发展玫瑰青提、木薯、百香果等特色农产品种植，打造现代农业示范区，促进农业增效、农民增收。

【梅山柿子】 2021年，咸村镇梅山村柿子种植面积40余公顷，年产鲜柿子15万余千克，产值约80万元。梅山村海拔约260米，气候温和，雨水充沛，四季分明，年平均日照数1757.9小时。梅山村三面环山，全村森林覆盖率超80%，水源、大气、土壤均未受污染，土壤为黄红壤，有机质含量4.1%，为梅山柿子的生长提供得天独厚的自然生态条件。

2021 年 11 月 8 日，咸村镇梅山村柿农在晾晒柿子　（咸村镇　供图）

梅山柿子糖分含量高、富含维生素和膳食纤维、柿子核败育等特点。

【工贸科技园建设】　2021 年，周宁县工贸科技园项目选址咸村镇火车站周边，交通便利，总投资约 28 亿元。总规划用地面积 297.26 公顷，城市建设用地面积 243.89 公顷，其中工业用地面积 78.07 公顷。按照县委“西拓南承、呼应湾区”的决策部署，成立站前工贸科技园项目征地领导小组，同东侨开发区开展“飞地”共建，对接宁德四大千亿产业集群产业链项目，加快补齐工业短板。年内基本完成一号地块征地、地面构筑物清理，开展二号、三号地剩余征地纠纷协调。

【社会保障】　2021 年，咸村镇城乡居民养老保险登记参保 13116 人，城乡居民医疗保险参保 15372 人，发放养老金 5058 人 925 万元，基本实现养老、医疗保险全覆盖。全镇新增低保 204 人，特困供养 17 人，发放低保、特困补助 536.79 万元，残疾人两项补助 76.99 元；年内临时救助 117 人次补助 30.05 万元；建成梅山村、王宿村、碧岩村、上坂村、下坂村、茶广村、梅台村、枣岭村、云门村 9 个村长者食堂。

【平安建设】　2021 年，咸村镇践行新时代“枫桥经验”，推进社会治理现代化，加强行业性、专业性调解组织建设。不断完善和推广云门村“风亭议事”、社区金牌大调解以及“平安中心户长”制度，成立洋中、下坂、上坂、川中 4 个村级“法律诊所”，为群众“开方治病”。推进镇、村综治中心规范化建设，健全各村（社区）信访评理室及无毒示范村建设，推进禁毒宣传教育基地建设。创新基层社会治理新模式，探索构建“4+N”矛盾化解机制，2021 年上半年宁德市安全感调查结果，咸村镇群众安全感率排名全市第八、居全县第一。

【河道治理】　2021 年，咸村镇落实“河长制”，加大巡河力度，做好河道保洁，严厉打击河道采砂等违法行为，及时清理河道“四乱”问题。加快樟源溪中小流域综合治

咸村镇樟源溪河道改造。图为工人在河道砌坡（2021 年 6 月 20 日摄）
（咸村镇　供图）

理项目建设进度，贯通樟源溪、桃源溪、川中溪连线贯通的河道面，打造水清、河畅、岸绿、景美、生态的水环境。实施农村污水治理行动，投资2500余万元实施防汛清淤工程项目，完成桃源溪河道清淤、川中溪河面垃圾清理。投资近1800万元，完成桃源溪安全生态水系、水土流失、川中小流域治理项目。投资550余万元铺设污水管网26.4千米，建设尾水微动力处理设施3个，污水处理能力达1000吨/天。

【乡村旅游】 2021年，咸村镇发挥咸村历史文化底蕴深厚的优势，致力打造“中国历史文化名镇”和“中国传统村落”两张名片，融入县全域旅游大盘，先后举办“三月三”畲族文化节、“咸村历史文化风采展”“梅山柿子节”等旅游文化节活动。邀请传统村落文化创意产业顾问驻点利用“工料法”，开展古民居的规划、修缮、保护工作，实现“孙家大院”修缮传承与文创激活有机融合。打造洋中、川中、云门、梅山旅游线路，拓展乡村旅游项目。洋中、川中入选中国第四批传统村落，云门、梅山、光夏、王宿入选全国乡村旅游扶贫重点村，碧岩、下坂、高际头入选福建第二批省级传统村落，川中、王宿入选第五批省级历史文化名村。

【乡村振兴】 2021年，咸村镇在完成2010至2030年大集镇总体规划基础上，充实完善集镇总体规划。推进镇区路网建设，投入1600余万元建设咸川大道（徐坑桥至林业站路段），完成路面硬化。川赤线（咸村—玛坑）开始征地，完成川中至梅山公路建设，光夏线（咸村—光夏村）进入验收阶段，碧岩线（咸村—碧岩村）桥头底至碧岩村段完成路面硬化并通过验收，咸云线（咸村—云门村）云门至枫亭段在建。投资51万元建成南门楼咸格村、云门村垃圾干湿分类处理工程，设置干湿分类垃圾桶117套，配备保洁员共74人，确保垃圾日产日清。

咸村镇做好“一革命四行动”，完成旱厕改造975个、农村无害化户厕所普及率达到100%；建造农村公厕20个，实现行政村公厕全覆盖。完成高际头、芹村、碧岩等7个村“多规合一”实用性村庄规划编制，推进高际头村“十镇百村”项目和碧岩、车盘等村人居环境整治，建设“绿盈乡村”12个。实施农房整治行动，按照“整村推进、整体改造、系统提升”的原则，推进房屋改造，年内完成裸房整治150户。将“两违”整治列入中心工作，实行网格化管理，拆除违建7宗，拆除建筑面积2538平方米。

【安全生产】 2021年，咸村镇落实安全责任，推动安全发展，组织督导队伍82个，全面排查燃气、建筑施工、消防、森林防火、道路交通

2021年4月7日，咸村镇在云门畲族村举办“三月三”文化节　　（咸村镇　供图）

安全、景区和非景区景点、工贸等重点领域170次，整改安全隐患34处；自查自纠23个村1个社区防汛备汛工作和避灾点情况，处理烟点3次，组织扑救山火2次，均无人员伤亡和被困情况发生。

【招商引资】 2021年，咸村镇主动对接市委“一二三”发展战略，按照县委、县政府“西拓南承、呼应湾区”战略布局，全力推进站前工贸科技园建设，主动对接宁德四大千亿产业集群产业链项目，落地亿旺宏工贸、依佳丽服饰等招商项目2个，签约建材“平台经济”、三行技研工贸、空气净化滤芯、磊迪森建材项目4个，对接物流园、商务宾馆、AI无人船和汽车精密部件研发制造等项目12个。年末镇企业总产值为9.2亿元，其中工业总产值7.6亿元。

【党建工作】 2021年，咸村镇做好换届工作，选优配强村（社区）党组织书记、党组织班子，优化村两委班子结构，新一届村（社区）“两委”班子126人，党组织书记和村委会主任“一肩挑”比例、“两委”换届一次性选举成功率均达到100%。组织开展中心组学习23场，通过书本教材、网络媒体、赴碧岩村中共闽东特委旧址实地考察等多形式，开展党史学习教育，提高思想素质；运用监督执纪“四种形态”，年内发现问题线索6条，信访件6件，均办结。立案5件5人，其中党内警告4人，党内严重警告1人、党委警示谈话1人、政府通报批评1人，主动约谈10人；在“学习强国”、《闽东日报》、新宁德、生态周宁等媒体平台投稿70余篇，其中被采用30余篇。年内主动公开政府信息44条，其中政务公开文件7条，乡镇动态37条，微信公众号推送信息50条，上报社会舆情25条。

（吕宇凡）

浦源镇

【概况】 浦源镇地处周宁县东北部，距县城4千米，辖17个行政村、46个自然村，总户数8516户，32980人。全镇面积106平方千米，其中耕地面积1474.28公顷，林地8159.7公顷，森林覆盖率66.73%。浦源镇立足打造“周宁县城西部拓展区”发展定位，聚焦产业发展，深化农旅融合，全年实现固定资产投资2647万元，国民生产总值8.46亿元，财政收入5758.35万元，农民人均可支配收入18360元。

【农业产业】 2021年，浦源镇特色农业增产增效。壮大高山冷凉花卉产业，在原有33.33公顷高山百合、大花蕙兰、小菊等花卉种植的基础上，新引进文心兰项目，该项目总投资3000万元，一期计划种植文心兰6.67公顷，完成建设大棚2公顷；巩固高山果蔬产业发展，新增红心猕猴桃、“阳光金果”、火龙果以及彩色马铃薯等特色果蔬种植项目9个，特别是落地溪坪村的南方马铃薯高山杂交育种（福建）基地，筛选出适宜周宁推广种植的优质品种30余个，4个马铃薯品种通过国家非主要农作物品种登记。注重品牌打造，新增国家地标“周宁高山百合”，打造紫云土豆品牌，通过集体牵头，农户参与的“统收统销”模式和电商直播，提升紫云土豆美誉度。

【招商引资】 2021年，浦源镇引进落地企业3家，共计投资9000万元，分别与周宁县古窑陶瓷文化有限公司和周宁县丰红农民专业合作社签订投资协议书。流转土地6.67

2021年1月15日，周宁县浦源镇上洋村文心兰花卉基地大棚内，工人们在种植文心兰 （郑文敏 摄）

公顷供福建馨惠兰园艺有限公司建设智能花卉大棚种植文心兰。

【旅游开发】 2021年，浦源镇加快全域旅游打造。鲤鱼溪文化产业园项目落地浦源，“闽东之光·云端周宁”风筝节暨全国摄影大展在浦源举行，全国上百名摄影爱好者云集浦源，“鲤乡福境，云端周宁”打出知名度。鲤鱼溪“夜经济”持续注入活力，全市首个水幕电影在浦源落地。推广仙风山自然景观，将云海、日出、雾凇、星空等特色自然景观搬到线上，在微信、微博、抖音等网络平台进行推广，高峰时期仙风山景区月游客量10万人次以上。推广“中国鲤鱼文化之乡”“鲤乡福境”“人鱼小镇”等旅游品牌，提高美誉度、知名度，推进紫云创AAA旅游景区步伐，推动全域旅游发展。

【重点项目】 2021年，浦源镇端源棚户区三通一平工程（一期）总投资1500万元，全面完成建设目标和安置分配工作，并对建房进行统一设计，确保同新城区建筑风貌衔接。完成赛江三期项目征地10.73公顷，推动东洋溪大桥头至浦源段沿岸景观全面提升；以浦源镇集镇环境整治样板镇项目落地为契机，先后投入1487万元，完成安征迁16.25公顷；纵三线萌源至半岭段、龙亭至半岭段公路工程完成征地19公顷，有效保障项目顺利推进；吴紫线总投资1075.18万元，征地2.93公顷，完成路基建设过半；进登村路网改造提升工程项目两座中桥开始动工，完成桥墩部分建设。

【人居环境】 2021年，浦源镇开展乡村品质提升工程，在全镇范围内逐步推广垃圾干湿分类工作，以浦源、龙住院两个村作为试点，推行垃圾分类处理机制，在镇区及龙住院村共计发放分类垃圾桶1000余个，并分别新建湿垃圾处理厂。开展村庄绿化行动，改造原有河岸荒地，先后拆除一批违章搭盖，新铺污水管网10余千米。提升集镇面貌，以浦源镇集镇环境整治样板镇项目落地为契机，邀请台湾吴正隆设计师团队负责设计及施工陪护工作，加快项目建设，多方位保障项目进展，在公共空间打造，美化绿化、街巷整治、生态改善等方面均取得进展，集镇面貌得到有效提升。

浦源镇吴紫线公路拓宽工程建设。图为挖掘机在拓宽公路（2021年10月14日摄）

（浦源镇 供图）

【脱贫巩固】 2021年，浦源镇做好巩固拓展脱贫攻坚成果同乡村振兴有效衔接各项工作，让脱贫基础更加稳固、成效更加持续。通过小额信贷、产业帮扶等措施激发脱贫户内在发展动力，引导脱贫户发展特色种养殖业和经营项目。共计帮助申请扶贫小额信贷16户73万元，产业扶贫101户61万元。进一步强化医疗、教育帮扶措施，实现全镇177户已脱贫对象医疗保障全覆盖，30户31人通过雨露计划正在接受中等职业教育（含中等职业学校、技工院校）和高等职业教育，守住不发生返贫的底线。

【乡村振兴】 2021年，浦源镇发挥省级乡村振兴试点村及产业薄弱村产业提升的示范带动效应，浦源村有效整合境内资源，打造邻鲤党群服务中心、鲤鱼溪安全生态水系、溪水改造、巷道改造、停车场等项目顺利实施，盘活流转土地9公顷，活化利用古街民房空间和民俗活动场所10余处；3个市级产业薄弱村，共计争取产业帮扶资金200万元。溪坪村引进猕猴桃种植5.33公顷，通过飞地模式发展花卉种植1.33公顷；龙住院村盘活村内资产，通过出租茶厂、引入种猪养殖场等方式，不断提高村财收入；五源村种植芙蓉李2公顷，建设高标准农田33.33公顷，村庄环境和道路等基础设施更加完善。乡村活力不断增强。结合浦源实际，探索符合新时代新阶段要求的“导师帮带制”新举措、新方式。以结对帮带为纽带，邀请一批品行兼优、工作经验丰富的老村干作为新任村党支部书记的帮带导师，通过“以老带新”，明确13对帮带关系，带动年轻干部干中学、学中干。利用好省、市、县下派驻村第一书记、乡村振兴指导员及科技特派员等，通过“以强帮弱”，解决一批产业发展落后、村集体经济“造血”功能不强、基层治理不力等问题。

【社会事业】 2021年，浦源镇学龄儿童入学率100%，小学升初中入学率100%，巩固率100%；社会保障不断完善，推动全民参保工作，新农保参保6668人，综合缴费率97.12%，60周岁以上发放养老金4414人，新农合参保22073人，综合缴费率95.11%。落实低保动态调整，全镇低保五保合计399户847人；坚持以文化服务为核心，“软硬”环境并驾齐驱，结合培育和打造特色文化品牌，推进十百千万工程，培育3支文化队伍，28名文化骨干，申报“5个竞赛”项目6个；结合鲤鱼溪开发建设，对村内古民居进行改造修缮和盘活，吸引上百名文艺工作者到鲤鱼溪驻点创作，涌现出“鲤府”、鲤鱼溪文物陈列馆等一批文创基地；新建浦源镇新时代文明实践所，推进基层公共文化设施建设，为文化事业提供载体。

【社会治理】 2021年，浦源镇畅通信访渠道，维护信访秩序，强化工作责任，有效解决群众关心关注的合理诉求33件；投资70余万元用于建设“雪亮工程”、无毒村示范基地，健全完善“1+N”多元纠纷化解机制，将镇综治中心、派出所、司法所、巡回法庭、郑氏宗祠调解委员会、各村人民调解委员会等调解力量进行整合，形成“1”家主导，“N”家协作，联调共处新模式，化解矛盾纠纷150余起。社会大局总体平稳，2021年，浦源镇被评为市级“平安乡镇”。

【党建工作】 2021年，浦源镇做好市、县“两优一先”推荐考察工作，推荐获选市优秀党务工作者1人、县优秀党员4人、县优秀党务工作者3人、县优秀党组织3个；举行“光荣在党50年”纪念章颁发仪式，向42位50年以上党龄老党员颁发纪念章；发展党员20人，全面完成连续两年或三年未发展党员村党组织整顿销号。完成“村两委”换届，选出“两委”成员96人，其中党支部书记平均年龄44.59岁，大专及以上学历8人，占比47.05%；村两委成员平均年龄42.34岁，中专或高中及以上学历70人，占比72.91%，村集体经济收入均超过10万元。镇党委定期听取纪委工作汇报，支持纪委查办案件，及时研究部署全面从严治党重要工作。运用监督执纪“四种形态”，把反腐倡廉的关口前移，查处违纪案件作为工作重点，受理问题线索9条，其中立案审查3件、处理3人，信访举报问题线索5条，均已办结。

（傅孙清）

纯池镇

【概况】 纯池镇位于周宁县西北部，距县城28千米，下辖18个行政村，99个自然村，2.7万人。年内纯池镇生产总值61753.6万元，比上年增长12.5%。财政收入5292.38万元，比上年增长7%。农民人均可支配收入19672元，比上年增长17.3%。有企业161家，其中“四上”企业10家。完成固定资产投资3305万元，比上年增长219.6%。完成招商引资3.5亿元，周宁县纯池镇库区移民后扶示范区项目总投资3444万元，完成投资1126万元；周宁县禾溪河道综合治理工程总投资2950万元，完成投资1560万元。2021年，纯池镇获评第十四届宁德市文明村镇，莲地村及林源村获评福建省第四批省级传统村落。

【项目建设】 2021年，纯池镇实施重点项目33个，总投资4.1亿元，分别为交通项目5个，水利项目2个，民生项目9个，产业项目5个，社会事业项目8个，村建、电力、林业增收、国土增收项目各1个。其中纵三线北段纯池段全长15.4千米，支线提前竣工并实现通车，纯池至泗桥溪口段基本完成桥梁等控制性工程和路基建设，纯池至祖龙（寿宁界）段在建；完成总投资800余万元的纯池雷潭电站技改扩容项目；禾溪中小流域治理项目完成工程量80%；莲地红色孝廉文化教育基地完成建设并投入使用；禾溪茶旅项目完成厂房建设和设备安装；库区风情小镇项目动工，派出所警务用房完成建设并投入使用。交通短板进一步补齐，三丘田线公路工程完成路基建设并启动路面硬化，前溪桥危桥改造竣工。公共服务健全，纯池镇新时代文明实践所及18个行政村新时代文明实践站全面建成，前溪、桃坑卫生所完成建设，福山、儒源、禾溪、桃园4个村卫生所完成改建，纯池中心幼儿园项目竣工验收，纯池村幸福院建设基本完成。莲地、桃园、桃坑3所长者食堂，以及桃坑村、三门桥村老年人康乐家园建成并投入使用。

【农业产业】 2021年，纯池镇发放耕地地力保护补贴资金207万余元，涉及农户3023户；全镇1690户农户参加水稻投保，投保面积482.53公顷；18个村农产品质量安全协管员助推“一品一码”工作，对已登记在运营78家企业、合作社进行定期培训，并对企业、合作社、种植散户的农产品进行取样抽检624份。推进高标农田建设项目实施，覆盖面积98.67公顷。利用“送科技下乡”“科技活动周”等科技活动，发放宣传资料4000余份。举办生猪规模化、标准化养殖技等培训班4期，受训100余人次。召开现场会10余次，培训400余人次。

【乡村振兴】 2021年，纯池镇实施乡土人才孵化工程，组织农民技能培训10余次，培训群众600余人次；争取乡村振兴各类资金500余万元，推进10个村23个项目落地，完善产业布局及基础设施；4个贫困村基础设施和公共服务更加完善，并通过资本运营、发展“8+1”特色产业等方式，村集体经济收入均达到10万元以上。按照“一乡一业、一村一品”，布局18个行政村股权量化多元化产业发展项目，推动民生产业发展，助推乡村振兴新开局。人居环境整治方面，持续推进“一革命四行动”成果，新建公厕1座、改厕6户；危房改造5户，其中低保困难户4户，五保户1户，拨付资金7万元；推进农村垃圾干湿分类处理试点工作，建有三门桥村和莲地村两个垃圾分类点，计划增设纯池、豪阳、福山、桃坑、禾溪、前溪6个点，实现垃圾干湿分类处理全覆盖；纯池、向阳、三门桥等6个村污水治理项目总投资654.89万元，竣工投入使用；全年创建最美庭院14个。

2021年5月25日，纯池镇邀请农业专家入棚传授葡萄种植技术（纯池镇 供图）

【社会事业】 2021年，纯池镇向上级争取资金900余万元，新建幼儿园主楼，投入460万元，完成新建幼儿园周边挡土墙及栏杆建设、道路硬化；纯池教育基金会发放尊师重教奖学金600余万元。纯池卫生院迁建项目完成选址；投资35万元，新建前溪、桃坑卫生所，改建福山、儒源、禾溪、桃园4个村卫生所；莲地、桃园、桃坑长者食堂及纯池敬老院等公共服务项目建成运营；投资700余万元，完成派出所警务用房建设投入使用、莲地红色孝廉教育基地初具雏形。发放低保、五保补助499.2万元，残疾人各类补助377.9万元，临时救助19万元，阳光健康协会发放困难救助金60余万元。承办福建省家庭健康促进行动宁德现场推进活动暨“关爱新生命——儿童营养改善项目”活动，网络直播点击率达200余万次。

【社会治理】 2021年，纯池镇投入80万元率先建成首个乡镇社会治理综合服务中心，“七五”普法完成，向阳村、三门桥村被评为周宁县民主法治示范村。开展各类矛盾纠纷排查工作，创建宁德市第四轮首批“平安乡镇”，综治三率逐年提升；全面落实房屋结构隐患排查整治，共摸排房屋3978栋，对41栋重大危房全部处置到位；安全生产常抓不懈，严格履行安全生产“一岗双责”工作机制，掌握工程建设、燃气安全、交通安全、烟花爆竹经营户等重点领域有关情况，有针对性、经常性地开展安全生产检查行动，强化消防安全整治和培训，及时贯彻落实好安全生产有关政策文件精神，为纯池群众营造一个安全生产、生活环境。

【党建工作】 2021年，纯池镇注重村级集体经济发展，促进村财持续增收。试点祖龙、纯池两个党支部领办合作社，发展林业经济及吊瓜产业，带动群众致富增收。深化前溪村与润福缘、林山等茶叶公司“村企共建、共助振兴”发展模式经验做法，同步推动村集体经济发展和企业经济效益，实现发展共赢。年内村财收入10万～20万元村12个，20万～50万元村2个，50万元以上村4个。创新“党员遍访、干部家访、部门接访、蹲点暗访、适时回访”的村级组织换届“五访”工作法，深入党员群众中，了解村级组织换届意向人选，先后三轮摸底换届意向人选120人，确定“红牌”村1个，“黄牌”村4个，及时化解矛盾，做好村级组织换届前期准备工作。全镇18个村选举产生新一届“两委”班子成员92人，平均年龄42岁；中专或高中及以上学历68人，占比73%；女性26人。选举产生的支部书记平均年龄45.16岁；大专及以上学历9人，占比50%，并实现村党组织、村委会换届一次性选举成功率及“一肩挑”3个100%。各党支部接收入党申请书45份，培养入党积极分子18人，接收预备党员20人；推动后进党组织晋位升级，结合评星定级情况，22基层党组织中，“五星”党组织11个，占比50%；依托莲地红色孝廉文化教育基地，办班8期，培训党员400余人次。严肃查处群众身边的不正之风和腐败问题，年内立案查处党员干部违纪违法案件4件，给予党内警告3人，政务处分记大过1人，通报批评2人。

（江孙浩）

李墩镇

【概况】 李墩镇位于周宁县西南部，距县城12千米，全镇土地面积89平方千米，其中耕地面积618.60公顷，下辖李墩、东山、黄埔、陈厝、际会、阮洋中、阮家洞、际头、芹溪、楼坪10个行政村，31个自然村，4880户19202人。2021年，李墩镇实现工农业总产值10亿元、比上年增96.7%，其中农林牧渔业产值0.99亿元、增长4.6%，规上工业产值完成7.8亿元、增长109%；社会消费品零售总额完成5300万元，增长16%；农民人均可支配收入15640元，增长7%。2021年，李墩镇党委获评福建省脱贫攻坚先进集体。

【农业生产】 2021年，李墩镇同省农科院、福建农林大学的科研团队合作，引进“福薯604”“湘薯75—55”“普薯32”等优质红薯品种，推广种植面积13.33公顷；引进“玛莎莉”高产优良红薯品种，种植推广面积13.33公顷，建立际头村粮食生产示范区。落实马铃薯规模种植合作社2家，恒实农业合作社葡萄大棚套种马铃薯面积3.07公顷，益丰种养专业合作社种植马铃薯4.18公顷，其中撂荒地复垦种植马铃薯0.35公顷；完成龙浩和茂顺两家蛋禽养殖场扩建，存栏蛋禽8.8万羽，日产禽蛋3500千克；流转土地面积120公顷，完成粮食播种面积336公顷，发放耕地保护补贴50万元。2021年6月完成际会村上年度高标准农田建设项目，建设面积33.33公顷，投入

李墩镇际头村引进甘薯新品种“玛莎莉”。图为甘薯收获现场（2021年11月10日摄）

（李墩镇 供图）

资金 83.5 万元。

【乡村旅游】 2021 年 11 月 14 日，周宁宝丰古银场矿山公园开园仪式暨白银古道徒步体验活动在周宁县李墩镇芹溪村举行，县人大常委会副主任郑德和副县长何晓建参加开园仪式，举办徒步体验活动，参与人数 400 余人次，通过“文化 + 体育 + 旅游”多维度联动的方式展示周宁古文化。黄埔爱国主义教育基地、芹溪革命烈士纪念亭、石门山 AAA 景区开放观光游览；际头—芹溪—楼坪一线，游客招待所、农家乐、自驾游等休闲旅游设施不断提升；在际头村千亩茶园种植樱花树，与茶园完美融合，打造网红打卡地；依托石门山国家 AAA 级景区名胜优势，际头竹筏、千亩茶园、芹溪古银矿、白银古道、楼坪村石门山景区，串点成线，际楼线精品旅游线路日益成熟完善。

【乡村振兴】 2021 年，李墩镇完成 10 个行政村“一规划两清单”编制工作；策划实施农业开发、环境整治、民生补短板等各类项目 69 个，实行工作任务项目化、项目清单化，明确每项任务的责任领导、责任人及完成时限，确保责任落实到人、压力传导到位。全年投资 1000 万元，完成项目建设 13 个、开工 29 个。开展“一革命四行动”，贯彻落实“河长制”，实施六浦溪、吾东溪、芹溪三条流域综合整治；成立垃圾分类试点村 4 个，建设有垃圾分类厂房，并安装相应配套设施；开展农房大排查大整治 4066 栋，其中经营性自建房 269 栋；完成裸房立面整治 115 栋、危房改造 5 栋、拆违清违 3000 余平方米，新增绿化、荒地覆绿 7000 余平方米。2021 年 12 月，李墩镇芹溪村获评宁德市乡村文化振兴优秀示范村。

【经济建设】 2021 年，李墩镇引导各村主动对接园区、盘活资源，不断增强集体经济造血功能。培育党支部领办合作社 5 家，村财造血产业项目 11 个，村集体收入 20 万元以上村占比 70%，50 万元以上村占比 20%。为贯彻“呼应园区谋发展，一村一策促振兴”发展理念，东山村建设合作经营美食街；际头村、芹溪村、楼坪村联合领办茶叶产业项目；阮洋中、阮家洞与云浦蔬菜公司合作社通过土地入股、资金投入等方式经营。东山村投入资金 200 余万元，流转土地 0.5 公顷，通过招商引资方式，吸引在外乡贤返乡开发美食街项目，项目一期规划门店 18 家；自主经营门店已经出租经营餐馆，并约定餐饮业所用食材优先向东山村群众采购，增加村集体经济收入 7 万元 / 年，年内美食街项目完成建设，各门店均已出租经营；村党支部以土地入股方式，每年获得固定收益 4 万元。

【生态建设】 2021 年，李墩镇坚持以生态宜居为导向，持之以恒强城镇、美环境，城乡品质全面提升。全面推行“河长制”，常态化开展河长巡河工作，推进六浦溪、吾东溪、芹溪流域生态保护及综合治理工程，完成集镇、陈厝村等 6 个行政村农村污水管网建设；翻新 8 座公厕，完成辖区内所有房屋户厕改造，完成芹溪安全生态水系项目建设；新建绿盈乡村 3 个，新增绿化面积 380 公顷，完成松林改造 374 公顷，完成 3 千米森林步道项目。

2021 年，李墩镇推进农村人居环境整治，垃圾干湿分类工作落实到位。采取“户分类、村收集、镇转运”处置方式，将 10 个行政村划分为 4 个片区，完成际楼片、阮际

李墩镇云埔高山大棚种植的花椰菜（2021 年 3 月 15 日摄）（李墩镇 供图）

片垃圾干湿分类；成立综合执法大队，配齐配强执法队伍开展“两违两乱”常态化巡查，全年拆除“两违”建筑15处13838.3平方米，“两乱”坟墓13处200平方米；制定农村建房审批制度，完成审批48户；投资200余万元完成外立面改造，村容村貌焕然一新。统筹完善公共服务设施配套，一批事关群众切身利益的项目得到实施。投资1105万元完成李墩六浦洋片区安全饮用水项目。投资300万元启动集镇主街道改造，投入500万元完成园区周边村庄基础设施建设，投资64万元完成黄埔、际会等5个村一事一议项目，以提升镇域基础设施。

【民生福祉】 2021年，李墩镇城乡居民养老保险登记参保12410人，发放养老金3135人501.2万元，城乡居民医疗保险参保14518人，医保报销1.5万人次138.9万元，基本实现养老、医疗保险全覆盖；落实特殊群体救助政策，发放低保金284.9万元、五保供养金135.1万元、优抚对象定补38万元、残疾人补助31.4万元、临时救助19.2万元。李墩中心幼儿园竣工并投入使用，推进李墩镇公益性公墓、李墩敬老院、骨灰墙等民生补短板项目建设。黄埔、东山等6个村长者食堂顺利运营。

【平安建设】 2021年，李墩镇根据县综合治理及平安建设责任目标，明确责任，与各村签订“2021年度综治及平安建设工作目标责任书”；成立综治办、派出所、司法所、信访办等为一体的综治工作中心，村级成立治保、调解、巡逻为一体的维稳综治工作站，村民组成立综治信息员、治安中心户长、调解小组等组织，全年排查各类矛盾纠纷70件，村调解66件，镇调解4件，防止纠纷激化和群体性械斗事件1起，成功率100%。推进扫黑除恶专项斗争行动，换届期间对村“两委”候选人进行综合审查，查找村霸恶势力线索，关注社情民意、信访投诉等涉黑线索，摸排800余人次，年内未发现有涉黑涉恶线索和人员。

【党建工作】 2021年，李墩镇开展党员教育培训4场，培训党员600余人次；开展党的十九届六中全会精神、习近平总书记“七一”重要讲话精神、习近平总书记来闽考察重要讲话精神和省、市、县党代会精神宣讲69场；举办党史学习教育现场活动48次，参与党员457人次；开展庆祝中国共产党成立百年“十个一”系列活动，选树一批先进典型，许杨林被授予全省优秀共产党员荣誉称号，际头村党支部被授予全市先进基层党组织称号，6名党员、2个基层党组织获得县“两优一先”表彰；颁发“光荣在党50年”纪念章25枚，集中走访慰问获得党内功勋荣誉表彰的党员等7个类型156人，发放慰问金11.4万元。开展“下基层，讲党史”等宣讲活动，各级领导干部为基层党员讲党课37场次，其中省委常委吴谐林，县委书记袁华军，县委常委、县政府党组副书记邹渊分别深入芹溪村、际会村、楼坪村宣讲党的十九届六中全会精神。挖掘党员教育身边典型，开发微党课3节，拍摄电教片1部；打造芹溪村革命历史纪念亭等党史学习教育参观学习点2个。

（许游）

礼门乡

【概况】 礼门乡位于周宁县西南部，距县城21千米，下辖17个行政村、42个自然村，总面积134平方千米，1.67万人。礼门乡海拔落差达850米，最高的玉山村海拔1100米，最低的后垅村海拔260米。全年气候温和、雨量充沛，年降水量1800毫米左右，年平均气温15℃。乡境内多为山地，森林覆盖率76%，主要溪流为后垅溪、芹溪，流域面积665平方千米，开发投产水电站8家，总发电量6.1万千瓦。礼门乡旅游资源丰富，陈峭、滴水岩、蝙蝠洞、后垅大峡谷都是家喻户晓的景点。2021年完成社会固定资产投资1561万元，财政专项收入2857.58万元，各项经济指标保持平稳增长。年内礼门乡被授予宁德市文明村镇、先进基层武装部，陈峭入选中国美丽休闲乡村。

【特色农业】 2021年，礼门乡按照“连片发展、一村一品”的思路，引导村民发展蔬菜、马铃薯、油茶、锥栗等特色农业，优化农业产业结构，全乡成立农业专业合作社43家，形成梅度、贡川133.33公顷油茶和仕本、大林333.33余公顷锥栗规模产业。落实产业扶持政策，仕本村锥栗冷库和菊美合作社蔬菜冷库建成投入使用，促进农产品保鲜升值，逐步形成多元化农业发展体系和优势产业带。推进规模以上规模以下企业培育、固定资产、“五个一批”、

周宁县菊美专业合作社连片种植花菜。图为合作社社员劳作现场（2021年11月25日摄）
（礼门乡　供图）

招商引资等重点工作开展，鼓励町田农业和延町农业适度扩大养殖规模，引进标准自动化生产线、雏鸡孵化生产线和智能保温育雏设备，提高产品核心竞争力，打造规模化养殖龙头企业。成立村党支部领办合作社11个，流转土地20余公顷，带动农户和村集体抱团发展，实现村民村财双促进。年内村财收入15万元以上的村11个，20万元以上的村8个，50万元以上的村4个。

【全域旅游】　2021年，礼门乡突出“国家级生态乡镇”功能定位，主动融入周宁创建“国家级全域旅游示范区”工作大局，以陈峭AAA级旅游景区为龙头，带动常源传统古村落、秋楼村人居环境整治等特色旅游开发，串成“礼陈线”旅游精品线路，推动“党建＋旅游＋N”深度融合，建成民宿17家，拥有床位260余个，进一步完善吃、住、行产业链条。2021年陈峭村入选中国美丽休闲乡村并成功举办陈峭“冬晒”活动，常源村成功申报国家AA级旅游景区，打造宁德市金牌旅游村。《“景村党建＋N”唱响乡村振兴融合曲》相继在《闽东日报》、“学习强国”上宣传推广。同步组建“党建＋旅游”联盟，带动洋头、仕本、常源等国家级传统古村落旅游开发，形成“组团式”发展，拓展全域旅游。

【民生福祉】　2021年，礼门乡完成城乡居民基本养老保险和基本医疗保险任务，推动贡川、仕本、大碑、梨坪等村长者食堂建成投入使用，解决高龄老人、空巢老人用餐难题；坚持规划为先，推进贡川、礼门、常源、陈峭等11村庄规划编制。规划推动礼门乡移民后期扶持扶助项目，完成梅度村、山头村、首洞村等5个村美丽家园建设项目；实施“一事一议”财政奖补项目，推进油湾村、贡川村、芹源村等7个村道路建设。投入320万元，完成调后线与际油线路面修复工程，完成仕本、陈峭、首洞等73.33公顷高标准农田改造项目。

2021年11月10日，礼门乡调后线与际油线路面修复工程竣工。图为修复后的路面
（礼门乡　供图）

【社会治理】 2021年，礼门乡落实安全生产责任制，开展民房消防安全、房屋结构安全隐患排查和风险防范工作，全乡安全生产形势稳定向好。常态化开展扫黑除恶工作，加强信访规范化处置，创新礼门“3+X”调解工作机制，累计办理信访件23件，化解矛盾纠纷131起，成功率100%。

【基层党建】 2021年，礼门乡以开展党史学习教育和“再学习、再调研、再落实”等活动为抓手，全面贯彻习近平总书记来闽考察重要讲话精神、“七一”重要讲话精神、十九届历次全会文件等精神，召开部署会和学习会27场、研讨会13次，集中培训班2期；结合乡情实际，开展“我为群众办实事”“党旗在基层一线高高飘扬——以实际行动庆祝建党百年”等活动17场，开展闽东革命史等宣讲18场，专题学习研讨40余场次，谋划民生补短板项目35个，安排各支部理论学习202场次；召开礼门乡第十三次党员代表大会、第十五次人民代表大会，完成乡党委、人大、村两委等换届工作，全面实现村级组织“一肩挑”，新一届村党支部书记大专及以上学历14人，占比82.35%，平均年龄比上一届下降4.6岁；发展党员15人，整顿消除3个两年以上未发展党员村。运用“四种形态”，坚持抓早抓小、防微杜渐，使“第一种形态”处理成为常态，全年受理各类信访件3件、给予党纪处分4人，开展主动约谈22人次。

（黄文君）

七步镇

【概况】 七步镇位于周宁县东部，距县城仅5千米，西邻李墩镇、南接咸村镇、东与福安市相衔接，素有周宁“东大门”之称。辖区土地面积115平方千米，其中耕地1081.3公顷，茶园面积1066.6公顷，林地8933.3公顷，毛竹933.3公顷。全镇有20个行政村65个自然村，5538户，1.958万人。七步镇工农业总产值3.97亿元，其中农业总产值1.36亿元，比上年增长7%；工业总产值2.61亿元，增长10%；完成社会固定资产投资9280万元，下降50.97%；居民人均可支配收入17643元。先后获得“全市扫黑除恶专项斗争先进集体”“第十四届宁德市文明村镇”等称号。

【工业发展】 2021年，七步镇紧扣“工业走廊”发展理念，紧抓龙潭工业园区铸造企业转型升级调整有利机遇，促进全镇产业结构优化升级，配合县工信局等相关部门打造梨坪工业园区，园区一期三晟集团10家企业全部投产，二期十恒黑色金属装备铸造项目完成11.4公顷征地工作，工业经济园区化、集群化发展成效日益彰显，年内产值9.44亿元。七步镇把保障抽水蓄能电站项目建设作为全镇中心工作，全面完成土地和坟墓安征迁工作，项目按预期下闸蓄水，机组安装有序推进。1号机组于12月18日晚首次并网发电，2号机组于12月27日首次并网发电，该电站投产后可代替受电区域的火力发电，每年可减少电网煤炭消耗量约20.79万吨，减少二氧化碳排放41.58万吨、氮氧化合物1040吨、二氧化硫约2765吨。

【全域旅游】 2021年，七步镇突出生态旅游理念，以项目建设为依托，发挥九龙漈AAAA级景区和苏家山AAA级景区辐射效应，融入全县全域旅游格局，因地制宜打造农旅结合精品，推动苏家山茶旅基地、

2021年12月27日，周宁抽水蓄能电站2号机组首次并网成功。图为技术人员在观察电网运行情况 （叶小晖 摄）

多彩后洋、梧柏洋红色旅游、竹下香格里等景点的规划和开发。后洋村立足资源优势，突出习近平生态文明思想教育，创建“森林党校”，以“党校搬到森林中、教授请到林场来、学员深入山林里、论文写在大地上”为办学理念，累计承接新疆呼图壁乡村振兴干部培训、省市下派第一书记专题培训等各级各类培训班51期1900余人，吸引全国各地560批次15000余名党员干部前来参观学习。苏家山村景区在原有基础项目上新增设空中自行车、迷宫、步步惊心等项目，全年接待游客量40万人次，旅游营业收入800万元。定期举办旅游文化节，苏家山乡村景点成为网红“打卡点”，并获评第十四届省级文明村、高级版绿盈乡村。“云上七步”智慧旅游平台上线运营，联通后洋、梧柏洋、苏家山集生态、红色、互动的精品旅游路线初显雏形，“环九龙漈”特色乡村旅游效应凸显。

【乡村振兴】 2021年，七步镇推进建成周宁县“三库”生态文明实践基地，并被授予全省首个“林业生态文明实践基地”，该基地全年接待旅客约200余次3000余人。深挖黄振芳植树造林“志气”源泉，做好“林”字文章，发展“林养、林种、林游”产业模式，发展林下经济（金线莲、国兰、黄精、草珊瑚）10公顷，彩色水稻4.67余公顷、高山晚熟葡萄和阳光玫瑰1.2公顷，养殖蜜蜂210余箱。完成20个行政村土地确权颁证工作，农村集体产权制度改革基本完成。实施郭洋、徐家山、黄家山等12个村高标准农田项目共计353.33公顷。以村经联社牵头，全面推动村内农村生产要素流转工作，流转耕地27.33公顷、抛荒地24公顷、林地231.33公顷、茶园36.8公顷、古民居32栋。发展特色优质高效农业，因地制宜建成八蒲竹下葡萄、柿洋珍珠李、桐岔枇杷、象运花生、洋头梨等一批特色农业产业基地，和谐牧业、溪头养鳗厂等特色养殖持续发展，福建三杉高山冷凉花卉研发种植项目培育多肉花卉10万余株，郭洋村君慧养殖建设项目有序推进。配合县城市管理局开展人居环境整治，实施城乡环卫一体化工作，保持20个村庄和项目工业区域垃圾日产日清。完成苏家山等8个村垃圾干湿分类场所的配套设施建设。推动和谐生物科技发展有机肥厂建设项目投产，提升畜禽粪污处理水平。制定农村人居环境整治示范线，累计投资826.5万元，实施乡村振兴重点整治示范村及示范街建设项目，开展353国道及主街整治工作。制止河道内乱采砂石、乱占乱建等“四乱”现象，取缔宅头、溪头非法采砂点3处。加强农村生活污水治理，加快推进竹下村、后洋村、宅头村等3个村的生活污水处理设施建设。推广具有地域风貌的农村建筑立面图集，完成裸房整治70栋。

【民生福祉】 2021年，七步镇致力民生工程建设，七步镇象运村下洋至下村道路建设工程目前项目完成征地工作及路基建设。周宁县徐家山线（Y307）公路工程完成道路硬化，着手启动道路安保建设。三洋公路柿洋段完成招标，完成征地放样工作。七步傅厝底线后门洋至纵三线段项目完成征地工作，路基完成75%，桥墩建设完成梁板制作，着手安装桥梁。龙溪洋头岔至抽蓄上库五四茶场段道路拓宽全面完成并投入使用；七步镇敬老院完成主体工程建设，登科地、坑源底等8

2021年7月20日，全省首个“林业生态文明基地”落户周宁县七步镇黄振芳家庭林场。图为福建省林业局领导视察林场 （郑文敏 摄）

家长者食堂投入使用。

【平安建设】 2021年，七步镇预防和遏制安全生产事故发生，统筹推进安全生产专项整治三年行动和各领域安全隐患大排查大整治，累计开展各领域安全检查72次，排查整治一般安全隐患28处；累计排查经营性农村自建房166栋，钢结构房屋121栋，未发现存在重大安全隐患房屋；做好信访工作，持续推进信访重难点化解，全年接收信访件58件，化解信访件48件，化解率82.8%，比上年上升2.3%；开展普法宣传教育和新时代平安法治理念教育，刑满释放安置帮教、社区矫正、肇事肇祸精神病患者管控、反邪教警示教育活动、禁种铲毒等工作有序推进，不断提高人民群众的安全感、获得感和幸福感。

【基层党建】 2021年，七步镇完成村“两委”换届选举工作，平均年龄42.29岁，中专或高中及以上学历74人，占比74%，女性42人。选举产生支部书记平均年龄44.5岁，女性3人；大专及以上学历12人，占比60%，并实现村党组织、村委会换届一次性选举成功率及“一肩挑”3个100%。探索壮大村集体经济，统筹推进3个乡村振兴示范村、1个乡村振兴实绩突出村、2个产业薄弱村发展，通过实施产业带动、入股分红、村企共建、项目扶持、资本运作等模式，使得辖区20个行政村全部完成村财收入10万元目标，其中收入超50万元村4个。强化党员教育管理，利用后洋“三库”基地、苏家山、梧柏洋3个现场教学点，采取集中轮训、点名调训等方式，提高村干部履职能力，共开展培训班5期，培训学员370余人，开展微信送学覆盖党员203人。

（江婷）

玛坑乡

【概况】 玛坑乡位于周宁县东南部，全乡地域面积73平方千米，辖15个行政村，55个自然村，全乡人口1.46万人。全乡有水田802.34公顷，旱地94.22公顷，林地面积5772公顷，其中毛竹909.33公顷。玛坑乡是全县主要的产茶区之一，全乡现有茶园1200公顷，人均拥有茶园面积0.09公顷，涵盖福云六号、梅占、福鼎大毫、金牡丹、金观音、安吉白茶、白芽奇兰、小菜茶等10多个品种。年生产干茶10.5万担，茶产业产值1.5亿元以上。2021年玛坑乡实现农林牧渔业总产值1.3亿元，比上年增长2.5%；农民人均可支配收入1.63万元，增长2%；财政预算收入1043.6万元，增长27.48%。玛坑乡为宁德市十佳产茶先进乡，全省农村宣传思想文化示范乡镇，市级“四好农村路”示范乡镇。

【农业发展】 2021年，玛坑乡立足市十佳产茶先进乡镇，抓茶产业结构调整，发展名优茶品牌，成立玛坑乡茶产业支部领办合作社联合社。扩大现有金牡丹、金观音等有机茶基地规模，引进福鼎大白等优良品种并推广种植；启动方广禅茶园项目，规划建设标准化茶厂，完成主体建设，按照种植、加工、销售、品牌营销一体化的运营模式，吸引外资进行合作，初步达成合作意向；打造智慧茶园，推进茶叶统防统治，建成现代生态樱花茶园200公顷，涵盖福云六号、金牡丹、金观音、白芽奇兰等7个品种。引进特色产业，形成“一村一品”产业格局。紫竹村发展草珊瑚种植、生猪无公害养殖等产业；宝岭村借助国家地理标志证明商标扩大“玛坑宝岭花生”种植规模至23.33公顷，复垦毛竹13.33公顷，年产值120万元；沈洋村养殖蜜蜂50余箱，种植生姜3.33多公顷；赤洋村发展晚熟水果产业，种植百香果1.33公顷；溪边村杭椒和猕猴桃种植3.33公顷；培育下坑茶苗基地6.67公顷，年产值300万元，农民增收30万元；东坑村溪鱼养殖投入1万尾进行试验；灵凤山流转茶园种植优质新品种白茶3.33公顷。

【交通建设】 2021年，玛坑乡被评为市级“四好农村路”示范乡镇。新建长峰村淑风桥至玛坑村道路，升级改造紫竹至方广寺道路，硬化长峰村高湾、溪坪自然村道路，下坑至纵三线连接公路完成征地，开始动工。川赤路建设项目启动，全长7475米，建成通车后将直接对接周宁火车站（咸村站）。

【重点项目】 2021年，玛坑乡完成村级基础设施和民生项目共计86个，总投入资金1309.66万元。完成入库项目两个，年度固定资产投资9727万元。总投资1.85亿元的机制砂项目，完成矿区道路工程建设、河道整治工程建设、洗砂场地基础建设等，一期设备安装完毕，开始试运行生产。总投资3300万元的周宁颂峰茶业项目，一期厂房完成建设并于8月份投入生产，二期厂房开始建设。总投资1.5亿元的林公忠平王圣火殿，占地面积3000平方米，完成投资3000万元，建成600平方米的主殿主体工程。茶文化主题中心楼投资70万元重新装修升级，建设设施包括LED大屏、智慧茶园设备、茶叶直播间、制茶体验馆等。灵凤山半岭自然村畲寨歌舞台一期项目建设完成，二期木结构工程在施工中。川中溪玛坑段安全生态水系建设项目涉及玛坑、杉洋、长峰、赤洋、下坑、东坑等村，总投资约1200万元，总长17.38千米，全面竣工。2021年高标准农田建设项目共计33.33公顷竣工验收。

【全域旅游】 2021年4月27日，周宁首届茶文化旅游节在玛坑举行，采茶比赛于玛坑万亩茶园拉开序幕。玛坑乡总投资1.5亿元的林公忠平王圣火殿，占地面积3000平方米，已建成600平方米的主殿主体工程，吸引周宁、福安、寿宁等地群众前来祈福。方广寺“平麓祖师”纪念堂、民俗馆、书画馆、革命历史纪念馆已开放观光游览；首章村游客招待所、农家乐、自驾游等休闲旅游设施不断提升；依托全市“十佳美丽茶园”品牌，投资70万元升级改造的省级现代茶产业园茶文化主题中心楼，投入使用。吸引乡贤回乡创业，在灵凤山千亩茶园种植樱花树，与茶园融合，打造网红打卡地。依托首批省三星级乡村自驾游线路，林公信仰、方广祈福、首章、紫竹度假村、灵凤山千亩茶园风光，串点成线，孝悌村—灵凤山村茶产业园—首章村方广寺—紫竹村—杉洋村精品旅游线路日益完善。

【社会民生】 2021年，玛坑乡农保缴费3643人，完成率98.65%，按时完成上级下达的任务。落实全乡建档立卡脱贫户、低保户、计生户、五保户政府全额缴费政策；困难救助102人，救助金额62380元。新增溪边、芹太垢、东坑、孝悌、紫竹、赤洋6个村“长者食堂”投入使用，设置公益性岗位24个，就业培训3期。杉洋小学综合楼及幼儿园项目完成小学综合楼封顶、幼儿园一层建设，小学适龄儿童入学率100%，初中适龄儿童入学率100%，应届初中升高中比例96.15%，一中上线率42.30%，周宁八中进入A类校、优质初中校行列。完成15个行政村公厕建设全覆盖，完成旱厕改造564户；铺设污水管网15.8千米，15个行政村纳入县农村生活污水治理总规划；推进农村垃圾干湿分类处理试点工作，提升孝悌村和紫竹村为中心的2个垃圾分类试点，计划增设以玛坑村、杉洋村、首章村、芹太垢4个村为中心的垃圾分类片区，实现垃圾干湿分类处理全覆盖，推进农村生活垃圾处理向市场化运作方式转化。

2021年4月27日，周宁县首届茶文化旅游节在玛坑乡举办（玛坑乡　供图）

【乡村振兴】 2021年，玛坑乡将芹太垢、升阳、灵凤山、首章4个以茶产业为主导的支部领办合作社凝聚在一起，成立玛坑乡茶产业支部领办合作社联合社，形成资源共享、抱团发展的新发展模式，做大做强茶产业联合文章；加快发展茶旅产业，依托首批省三星级乡村自驾游线路，紫竹、首章、灵凤山等村配套民宿40间、农家乐3家、停车场、栈道等设施，串联起千年古刹方广禅寺、国家级文物保护单位林公忠平王祖殿、中国传统村落紫竹村、芹太垢革命遗址等旅游资源，将这些景点与玛坑乡丰富的茶资源融合；按照“村村有特色”的产业格局，“一村一品”的特色发展思路，引进特色产业，各村不断拓宽农民经济收入渠道，提高人均收入水平，使特色现代农业产业覆盖面进一步扩大。

《玛坑乡总体规划》审批通过，紫竹村村庄规划完成，推进玛坑、首章、杉洋、孝悌、宝岭等村的村庄规划，2022年将实现15个行政村规划全覆盖。完善招商引资联席会议制度、项目孵化推进机制，细化分解责任目标，规划出玛坑乡工业区总用地面积43.73公顷，推行“一规划两清单”，精准绘就玛坑未来发展“蓝图”。植树节干部在紫竹至方广道路两侧种植树木300余棵；完成安全生态水系建设，新建生态护岸长1.12千米，护脚加固长0.28千米，堰坝改造6座，新建砖砌花槽长0.19千米，生态巡查步道1.14千米，新建特色廊架3个，景观亭2座以及标识管理等相关配套绿化；全面建立区域与流域相结合的以乡、村二级“河长”为主要内容的“河长制”组织体系，对全乡范围内7段河流全部设立具体责任人并落实其工作责任，选优配强河道专管员7名，设立民间管护员15名，定期巡河，确保河道清洁工作有效进行。

【党的建设】 2021年，玛坑乡确定入党积极分子31名，接收预备党员8名。成立宁德市首个联合社“大党委”——玛坑茶产业发展联合社“大党委”，将芹太垅、升阳、灵凤山、首章4个以茶产业为主导的支部领办合作社凝聚在一起，成立玛坑乡茶产业支部领办合作社联合社。发展村集体经济相关经验做法得到《人民日报》《闽东日报》等媒体宣传报道。组织开展村“两委”换届工作动员部署会2次、换届骨干业务培训会4次、工作推进会2次，成立村级组织换届选举前期准备工作专班，并对全乡换届工作日程进行详细安排，构建“实施方案+操作细则+纪律保障”制度体系，率先在全市完成村“两委”换届选举工作，全面完成“一肩挑”，选出73名村两委成员。选举产生的新一届村党支部书记中，大专及以上学历11人，占比73.33%；村两委成员中专或高中及以上学历55人，占比75.34%。村党支部书记平均年龄45.4岁，村两委成员平均年龄41.99岁。玛坑乡始终把增强全乡党员干部廉洁意识、提高自律能力作为一项经常性的工作来抓，制订切实可行的学习计划抓好干部廉洁自律教育，年内开展谈话函询3人，查办案件5件，给予党内严重警告3人，党内警告2人。

（周静）

泗桥乡

【概况】 泗桥乡地处周宁县西北部，距县城18千米，与闽北的政和县相毗邻，素有“闽东西大门”之称。乡域面积100平方千米，下辖12个行政村，44个自然村，4735户，1.62万人。2021年，乡财政收入3289.78万元，非税收入10万元，人均可支配收入从2019年1.42万元上升到1.9万元。完成招商引资7.5亿元，完成固定资产投资5.5亿元，培育“四上”企业7家、市级农业产业化龙头企业3家。2021年，坂坑村被评为福建省第一批高级版“绿盈乡村”，泗桥乡获“宁德市第十四届市级文明乡镇”。

【产业发展】 2021年，泗桥乡坚持以农旅融合为发展目标，做大做优高山果蔬、高山茶业、高山冷凉花卉、高山淡水养殖“四大高山产业”。截至年底，种植果蔬166.67公顷，开发种植茶叶100公顷，整合13.33公顷土地用于发展村集体经济，提升农业产业发展。培育市级农业产业化龙头企业3家，企业、农业专业合作社53家。依托“三项补贴”，优化耕地地力保护补贴发放流程，强化种粮安全保障，提高农民种粮积极性，发放耕地地力保护补贴资

泗桥乡溪口黄桃花盛开（2021年3月15日摄）　　（泗桥乡　供图）

金110万余元，涉及农户3023户，投保覆盖面积447.90公顷，投保户占比91.6%。投入400余万元，扶持4个贫困村发展集体经济，实现村财收入达到10万元目标。发挥乡村振兴工作组帮扶作用，整合盘活乡村振兴指导员、专家服务团等各方力量，坚持党建引领，开展跨县跨乡结对共建和“百企结百村·党建助振兴”活动，开展村企结对共建10家，签订发展村财项目4个，全乡12个村村财收入均达10万元以上。依托泗桥国家级生态乡镇优势，串点连线打造观光旅游线路，建设1条集镇示范街，打造2条乡村振兴示范线，通过以点连线、以线带面推动乡村生态宜居。持续深入“绿色生态+红色文化”发展模式，加快推进芹山湖旅游综合开发项目，打造溪口—芹山湖AAA级旅游景区，建设独具特色的高山库区康养休闲生态旅游线路。挖掘泗桥红色文化遗存和革命遗址、东山广叶飞将军疗养地、下楼村爱国主义教育基地等红色文化，发挥“泗桥发布”“泗桥周讯”宣传作用，讲好泗桥红色故事。深掘杨厝边古法编制竹席、硋窑瓷窑制作等民间技艺和硋窑闽东契约文书，重点打造赤岩等国家级传统古村落，提升全域旅游文化内涵。

【民生福祉】 2021年，泗桥乡坚持把发展产业和带动就业作为持续带动群众增收的重要抓手，突出乡村旅游和四大高山产业，推广“村集体+合作社+农户”模式，通过入股分红、土地流转等方式实现增收。全年发放48.4万元扶持86户贫困户发展生产户均增收2000元，设

建设中的周宁“纵三线”（2021年12月9日摄） （泗桥乡 供图）

置公益性岗位18个，年底实现稳定脱贫22户。持续抓好4个脱贫村基础设施建设，对接上级部门争取9个项目272万元资金用于改善提升贫困村人居环境。

2021年，泗桥乡强化基础设施建设，补齐民生短板，投入1600余万元，建设“炉下线”“泗红线”，按序时进度完成“纵三线”（泗桥段）安征迁工作，泗桥和谐安征迁经验做法在周宁县“双百项目”督查专报获得通报表扬并列入市百日攻坚行动典型项目。建立健全城乡低保、五保供养体系，累计建成农村幸福院8所，乡敬老院实现“公建民营”，开办运营“长者食堂”2家；投入1200余万元，改造提升泗桥中心小学，新建周宁九中学生宿舍楼和赤岩村幼儿园教学综合楼及附属设施。投资200余万元，建设周宁县中共地下交通红色历史展陈馆，成立周宁县第一个地下交通红色历史展陈馆——“宁德市保密教育示范基地”、建设下楼村党建广场；投资100余万元，建成泗桥乡文化广场。投入1200余万元完成泗桥溪景观改造提升、周墩溪小流域治理、赤岩梅溪河道整治。投入800余万元，完成炉下线3.8千米公路工程；投入800余万元，建设“泗红线”公路工程；按序时进度完成“纵三线”（泗桥段）安征迁工作。

【生态文明】 2021年，泗桥乡立足泗桥乡生态优势完成乡总体规划修编和泗桥村、赤岩村等10个行政村村庄发展规划编制，编制泗桥乡、村两级《实施乡村振兴“一规划两清单”工作方案》和项目清单，涉及乡、村两级基础设施及产业类项目132个。发挥乡村振兴省级试点村、重点整治示范村试点带动作用，投入500万元，整治泗桥溪、提升集镇人居环境；投入1200余万元，完成泗桥溪景观改造提升、周墩溪小流域治理、赤岩梅溪河道整治。拆除灰楼、乱搭盖等1000余处，平整土地实施微花园微菜园改造4000余平方米，

实施农房整治400余栋，立面改造面积4万平方米。实施改厕治水工程，新建、改造农村污水管网16千米，新建污水处理厂1座，拆除旱厕400座，完成改厕640户，新建公厕12座，实现行政村公厕全覆盖。在全乡范围内推广垃圾干湿分类工作，采取"户分类、村收集，湿垃圾就地生态处理、可回收垃圾自行销售、干垃圾回收清运"治理模式；将全乡12个行政村划分为6大片区52个网格，建设泗桥村智能化垃圾分类房1座，泗桥村、坂坑村、溪口村、常洋村等5个村垃圾干湿处理厂房，年内加工制作有机肥12.7吨。探索实施"党建+"环卫网格化管理模式，以坂坑村为试点的垃圾干湿分类，被编入福建省农村人居环境整治三年行动典型案例。

【平安建设】 2021年，泗桥乡深化"平安泗桥"建设，开展"扫黑除恶"专项斗争工作，推进"雪亮工程"，新建53路监控，实现12个行政村全覆盖。投入20余万元，完善乡、村两级民兵营（连）部规范化建设，推广"网格化+"社会治理模式，迁建泗桥派出所，深化"四联四创"工作机制，提升全乡综治"三率"水平，巩固提升"五无"乡村示范村建设工作。健全乡领导接访制度，落实社会治安综合治理，完善群防群治组织建设，构建立体化治安防控体系，加强信访调解、积案化解工作，维护社会稳定。

【党的建设】 2021年，泗桥乡完成乡党委、政府和各村"两委"换届选举工作，村级全面完成"一肩挑"。通过"外引内培"等方式，选拔出一批党性原则强、熟悉农村、发展本领强的村干部，回引能人进入两委班子22人，吸引返乡大学生担任村支部书记、主任"一肩挑"3人，新一届村党支部书记大专以上学历超过75%。开展"两学一做"学习教育、"三严三实"专题教育，年内开展宣讲活动50余场，3000余人次，送书上门读党史活动200余人次，支部书记为党员讲党课50余场。建立"学习强国"App积分通报常态化制度，"学习强国"App每周日均得分排名9个乡镇第一。投入20余万元，及时维护电子显示屏和固定宣传栏，利用"泗桥发布"微信公众号平台，坚持正确导向，发布58期。吸引人才回归，加大对农村实用人才培训力度，发挥下派力量的作用，强化科技服务指导，培育高素质乡土人才，同时注重从乡村振兴一线发展党员和后备干部，实施入党积极分子乡村联育联管，加大从农村致富能人、专业技术人员、产业带头人、返乡创业大学生中发展党员，培育发展壮大乡村振兴的"生力军"，年内发展农村党员8人，建立后备干部培养台账45人。依托乡党校和新时代文明实践所宣教阵地，邀请专家、老党员、老村干为村干部开展党务和业务培训8期，参训300余人次，组织村干部外出交流学习3次；加大公开透明力度，强化督查，引导群众监督，扩大监督面，年内接收问题线索5条，完成4条，给予党内警告处分2人，党内严重警告处分2人；收到信访件10件，其中自收件1件，反映同一对象信访件5件；开展主动监督谈话17人次，委托党委开展提醒谈话2人次。

（陈雅）

2021年4月14日，南平市农业农村局考察组一行37人到周宁县坂坑村考察交流人居环境整治提升工作（泗桥乡 供图）

2021年周宁县获副高级以上职称人员名录

表5

主管单位	工　作　单　位	姓名	职称	备注
财政局	县财政服务中心	汤绍明	高级经济师	副高
人社局	县机关事业社会保险中心	陈兆友	高级经济师	副高
林业局	县林业局李墩林业工作站	张章盈	高级工程师	副高
卫健局	周宁县医院	肖中全	副主任医师	副高
卫健局	周宁县医院	叶华福	副主任医师	副高
卫健局	周宁县医院	李应念	副主任医师	副高
卫健局	周宁县李墩中心卫生院	阮星灵	副主任医师	副高
卫健局	周宁县医院	林絮珍	副主任护师	副高
卫健局	周宁县医院	肖华兰	副主任护师	副高
卫健局	周宁县医院	叶为民	副主任护师	副高
卫健局	周宁县医院	刘吉平	副主任护师	副高
卫健局	周宁县妇幼保健院	黄观英	副主任护师	副高
卫健局	周宁县妇幼保健院	郑爱金	副主任护师	副高
卫健局	周宁县狮城社区卫生服务中心	周伦梅	副主任护师	副高
卫健局	周宁县实幼小学	孙一鸣	副主任护师	副高
卫健局	周宁县妇幼保健院	袁金兰	主任医师	正高
卫健局	周宁县妇幼保健院	谢卫京	主任医师	正高
教育局	周宁一中	郑正宝	高级教师	副高

续表

主管单位	工 作 单 位	姓名	高级职称	备注
教育局	周宁六中	李马雄	高级教师	副高
教育局	周宁职专	许迪富	高级教师	副高
教育局	周宁实小	孙妙玲	高级教师	副高
教育局	周宁实小	彭思敏	高级教师	副高
教育局	周宁实小	阮英妹	高级教师	副高
教育局	周宁二小	郑文英	高级教师	副高
教育局	周宁二小	阮木花	高级教师	副高
教育局	纯池三门桥小学	陈华钦	高级教师	副高
教育局	进修校	陈清泉	高级教师	副高
教育局	李墩中心小学	林兆佺	高级教师	副高
教育局	第二实验幼儿园	徐春丽	高级教师	副高
教育局	狮城中心幼儿园	肖志彬	高级教师	副高
教育局	狮城中学	叶娇云	高级教师	副高
教育局	狮城中学	阙小明	高级教师	副高
教育局	周宁县教师进修学校	蔡新声	高级教师	副高

2021 年周宁县获省部级以上表彰的先进模范人物名录

表 6

姓名	性别	单位	职务	获奖名称	授奖单位	授予时间
许杨林	男	李墩派出所	一级警员	全省优秀共产党员	福建省委	2021.6
苏文达	男	苏家山村	支部书记、村民主任	全省优秀党务工作者	福建省委	2021.6
郑黄宝	男	周宁县检察院	党组副书记，副检察长	全省扫黑除恶先进个人	福建省人民检察院	2021.8
许可忠	男	周宁县公安局	三级警长	优秀人民警察	省人力资源和社会保障厅、省公安厅	2021.12
彭陈后	男	周宁县公安局	政工室主任	优秀人民警察	省人力资源和社会保障厅、省公安厅	2021.12
陈怡胜	男	周宁县公安局	副局长	个人二等功	福建省公安厅	2021.12

2021年重要文件选载

2021年周宁县委工作报告
勇担新使命　迈向新征程　奋力谱写全面建设社会主义现代化国家的周宁篇章

——在中国共产党周宁县第十四次代表大会上的报告

（2021年7月29日）

中共周宁县委书记　袁华军

各位代表、同志们：

现在，我代表中国共产党周宁县第十三届委员会向大会作报告。

中国共产党周宁县第十四次代表大会，是在隆重庆祝中国共产党成立100周年的重要时刻，在“两个一百年”奋斗目标历史交汇的关键节点，召开的一次十分重要的大会。大会的主要任务是：坚持以习近平新时代中国特色社会主义思想为指导，深入贯彻落实习近平总书记“七一”重要讲话和来闽考察重要讲话精神，总结过去五年的工作，明确今后五年的目标任务，团结动员全县各级党组织和广大党员干部群众，勇担新使命，迈向新征程，奋力谱写全面建设社会主义现代化国家的周宁篇章！

过去五年的成就和经验

县第十三次党代会以来，在习近平新时代中国特色社会主义思想的科学指引下，县委团结带领全县各级党组织和广大党员干部群众，全面落实党的十九大和十九届二中、三中、四中、五中全会精神，深入学习贯彻习近平总书记重要讲话重要指示批示精神，主动融入市委“一二三”发展战略和“五个城”建设大局，开拓创新，苦干实干，胜利完成县第十三次党代会确定的主要目标任务，生态美丽幸福周宁建设全面推进，谱写了克难奋进、接续奋斗的壮丽诗篇。

五年来，最振奋人心的是，县域综合实力逆势攀升。面对宏观环境变化、国家政策调整，尤其是普碳钢去产能、减税降费、新冠肺炎疫情等因素叠加影响，我们保持定力、披荆斩棘、共克时艰，顶住了经济下行压力，稳住了发展基本面。过去五年，全县地区生产总值从50.18亿元增加到76.16亿元，增长了51.8%；城乡居民收入分别增长了40.2%、53.2%；金融机构贷款余额增长了193.5%，不良贷款率从5.35%降至目前全市最低的0.39%，县域经济发展的稳定性、协调性和可持续性明显增强，高质量发展之路越走越稳健、越走越宽广。特别是把项目投资作为稳增长、强后劲的“压舱石”，“十三五”期间累计实施重点项目150项，固定资产投资年均增幅达到16.1%，“五个一批”正向激励综合考评两次进入全省前十，周宁抽水蓄能电站、衢宁铁路、“纵三线”、220千伏金钟输变电工程等夯基础、利长远的引领性、标杆性项目顺利实施，一批大家期待已久的事情取得重大突破，为县域发展提供了强有力支撑。

五年来，最难能可贵的是，产业发展迈出坚实步伐。针对长期制约周宁发展的工业“短腿”，积极对接宁德四大千亿产业集群，强化工业招商，深化山海协作，李墩、咸村、虎岗、七步等工业片区开发如火如荼，不锈钢产业方兴未艾，传统铸造业提档升级，水电业发展迈出大步，过去可望不可即的“百亿工业梦”近在咫尺。现代特色农业长足发展，高山果蔬、冷凉花卉、高山马铃薯等产业初具规模，生态有机茶园突破万亩，市级以上龙头企业达到38家，涉农经营主体突破千家，新增“周宁高山云雾茶”等国家地理标志证明商标5件，获评国家级电子商务进农村综合示范县、省级农产品质量安全县。扎实推进省级全域旅游试点县建设，宁德世界地质公园周宁园区顺利开园，周宁县获称“中国鲤鱼文化之乡”，鲤鱼溪·九龙漈景区获评国家级风景名胜区，云门、苏家山、楼坪·石门山景区相继创建国家AAA级旅游景区，周宁全域旅游增添了更多世界级、国家级“金名片”。

五年来，最值得点赞的是，城乡整体面貌焕然一新。城区面积从2015年的6平方公里拓展到现在的16平方公里，获评省级森林县城、省级园林县城。老城区从地下到地上全方位改造提升，实施背街小巷改造工程90个，地面“白改黑”及地下雨污分流管网覆盖率分别达71%和90%，新建停车泊位953个，东洋溪生态治理暨景观提升工程和兴业街、中兴街等夜景工程点亮城市“颜值”；新城区路网构架全面拉开，新改扩建三源大道、银屏大道、仙风大道等19条主次干道，旅游集散中心、工人文化宫、行政服务中心等一批标志性建筑拔地而起，一座宜居宜业宜游的未来之城呼之欲出。新建改建农村公路387公里，80%以上建制村道路实现“单改双”，获评“四好农村路”省级示范县；河长制工作考核连续四年居全市前二，农村“厕所革命”及资源化利用模式受国家部委联合发文推广；农村人居环境整治三年行动考核成绩居全市首位，累计打造71个“高颜值”美丽乡村，紫竹、桃坑等8个村列入中国传统村落名录，一幅幅山清水秀、充盈乡愁的乡村画卷徐徐展开。

五年来，最令人欣慰的是，人民群众共享发展成果。勠力同心打赢脱贫攻坚战，全县35个贫困村全部退出、1494户5135名贫困人口全部脱贫，周宁正式退出贫困县序列，全面建成小康社会。坚持人民至上、生命至上，236个基层党组织、3420名党员干部冲锋在疫情防控第一线，打好疫情防控的人民战争、总体战、阻击战，交出了一份硬核果敢的“抗疫答卷”。每年一般公共预算80%以上用于民生，实施县职业成人教育学校、狮城中心幼儿园等教育项目28个，新增教育学位4860个，普惠性幼儿园覆盖率达99.6%；建成县精神康复医院、县医院门急诊综合大楼、县妇幼保健院迁建等项目，100所村卫生所完成一体化建设；社会福利中心实现“公建民营”，乡镇敬老院、农村幸福院达87所，64所“长者食堂”陆续运营，人民群众幸福指数节节攀升。持续创优县域发展环境，生态文明建设硕果累累，成功创建省级生态示范县和3个国家级生态乡镇、5个省级生态乡镇、26个省级生态村，福建省首个“林业生态文明实践基地”落户周宁；加快诚信体系建设，先后创建信用乡镇5个和信用村、社区76个；深化“平安周宁”建设，扫黑除恶专项斗争圆满收官，周宁县获评全国信访工作“三无”县称号。

五年来，至关重要的是，全面从严治党向纵深推进。深入开展“两学一做”学习教育、“不忘初心、牢记使命”主题教育和党史学习教育，以更高站位更实举措落实意识形态工作责任制，弘扬主旋律、传播正能量，从根本上打牢增强“四个意识”、坚定“四个自信”、做到“两个维护”的思想根基。全面落实新时代党的组织路线，深入推进软弱涣散基层党组织整顿、“两新”组织建设等工作，基层党组织的组织力凝聚力战斗力不断增强。出台激励干部新时代新担当新作为实施办法，深入开展一线考核、蹲点调研，持续推进高素质专业化干部队伍建设。坚决落实中央八项规定精神，大力整治形式主义、官僚主义，强化对权力运行的制约和监督，建成政府投资小规模建设工程阳光平台，高质量完成十三届县委巡察全覆盖，持之以恒推进正风肃纪反腐。同时，充分发挥县委总揽全局、协调各方的领导核心作用，加强党管武装和外事、侨务、台港澳、群团、民宗、党史、档案、气象、老干部、关心下一代等工作，全县上下风正气顺、心齐劲足，为发展提供坚实可靠的保障。

五年的成绩来之不易，这是以习近平同志为核心的党中央和省委、市委坚强领导的结果，是历届县委班子团结奋斗的结果，是全县党员干部和人民群众共同努力的结果，也是上级派驻机关、县直机关、驻地部队、人民团体、各界人士、海内外朋友共同支持参与的结果。在此，我代表中国共产党周宁县第十三届委员会，向全县广大党员和干部群众，向所有关心和支持周宁发展的同志们、朋友们，表示衷心的感谢并致以崇高的敬意！

回首过去五年，经验弥足珍贵。我们的主要启示是：必须高举中国特色社会主义伟大旗帜，把习近平新时代中国特色社会主义思想作为行动指南，牢记嘱托、感恩奋进，始终沿着习近平总书记指引的方向坚定前行；必须扭住发展第一要务不动摇，把新发展理念作为“指挥棒”“红绿灯”，不断壮大经济总量、提升发展质量，为开启全面建设社会主义现代化新征程奠定基础、赢得自信；必须坚定不移推进生态文明建设，把“绿水青山就是金山银山”作为高质量发展的价值底色，保持加强生态文明建设的战略定力，绘就天蓝水清山绿的最美周宁画卷；必须坚持以人民为中心的发展思想，把人民满意作为检验工作成效的重要标尺，不断增进民生福祉，改善人民生活品质，让改革发展成果更多更公平惠及全体人民；必须全面加强党的领导和党的建设，把全面从严治党作为成就各项事业的坚强保证，按照新时代党的建设总要求，不断提升党建工作质量和水平，汇聚起无往不胜的强大力量。

在总结成绩的同时，我们也要清醒地认识到前进道路上还存在不少困难和问题：经济总量不大，主导产业不强，新旧动能转换任务艰巨；生态优势没有充分发挥，现代特色农业、全域旅游等产业效益尚未完全释放；营商环境仍需优化，创新能力和开放水平有待提升；城乡发展差距依然较大，民生社会事业不能充分满足人民群众日益增长的需求；全面从严治党存在薄弱环节，少数党员干部的精神状态、思想观念、担当能力，与新形势不相适应。对此，我们务必高度重视，采取有力措施，在今后的工作中切实加以解决。

今后五年的目标和任务

“十四五”时期，是周宁发展至关重要的新五年。我们将站在中国共产党成立100周年、全面建成小康社会的历史新起点上，乘势而上开启现代化建设新征程，向第二个百年奋斗目标进军，奋力谱写全面建设社会主义现代化国家的周宁篇章。未来五年，我们的发展态势必将好于过去五年。当今世界，和平与发展仍然是时代主题，我国已进入高质量发展阶段，经济长期向好的基本面没有变，特别是党中央赋予福建全方位推进高质量发展超越的新定位，政策叠加效应进一步显现，宁德四大主导产业链条不断延伸布局，新的增长动力孕育形成，为县域发展带来“机遇窗口”。周宁通过近几年的调整蓄力，交通路网不断完善、软硬条件不断改善，县域人口集聚力持续增强，生态环境、农旅资源、土地空间等后发优势日益凸显，加上“四大产业园区”、抽水蓄能电站等一批重点项目、发展载体正加快打造成型，各级领导干部在抓经济、做项目过程中，也积累了经验、锻炼了本领、建立了信心，未来一个时期周宁将迎来大有可为的发展良机。只要我们抓住难得机遇，撸起袖子加油干，必定能与全省、全市一道迈入高质量跨越式发展的“快车道”。我们的压力挑战也会大于过去五年。当前，国内外环境变化复杂而深刻，新冠肺炎疫情影响广泛深远，不稳定、不确定因素明显增多，应对各类风险和挑战的难度加大。在全方位推进高质量发展超越的大背景下，省、市对县域发展高度重视、要求明确，经常晒“成绩单”“排行榜”，比速度、比效益、比质量；周边县（市、区）千帆竞发、你追我赶，争项目、争资金、争人才，竞相发展的态势十分逼人，“不进则退，慢进也是退”已是不争的事实。与沿海发达地区相比，周宁仍然是一只“弱鸟”，发展相对滞后的基本县情没有根本改变，赶超进程中还有许多难题要破解、许多关坎要迈过。但总的来说，机遇大于挑战、希望多于困难，特别是今年3月，习近平总书记立足全局、着眼长远，对福建工作提出“四个更大”新要求和四项重点任务，为我们指明了前进方向、提供了根本遵循。全县上下既要振奋精神、坚定信心，又要正视不足、积极应对，切实把握工作重点，扭住关键环节，以更加清醒的头脑、更加昂扬的斗志，奋力推动周宁各项事业阔步前行。

今后五年，全县经济社会发展的总体要求是：坚持以习近平新时代中国特色社会主义思想为指导，全面贯彻党的十九大和十九届二中、三中、四中、五中全会精神，深入贯彻习近平总书记“七一”重要讲话和来闽考察重要讲话精神，认真按照省委、市委决策部署，立足新发展阶段、贯彻新发展理念、积极服务和深度融入新发展格局，坚持生态、产业、城乡“三位一体”，实施“西拓南承、呼应湾区”战略，持续巩固提升生态优势，加快构建现代产业体系，致力统筹城乡协调发展，全方位推进高质量发展超越，奋力谱写全面建设社会主义现代化国家的周宁篇章。奋斗目标是：到2025年，经济高质量发展呈现新面貌，综合实力明显增强，地区生产总值年均增长10%以上，达到150亿元；国家生态文明建设示范县创建深入推进，绿色生产方式和生活方式加快形成；主导产业做大做强，优势产业提档升级，新兴产业加快培育，产业迈向中高端水平；城乡面貌大幅提升，居民收入与经济增长保持基本同步，社会治理提升到更高水平，人民安居乐业，社会安定有序。

围绕上述总体要求和奋斗目标，我们重点要抓好五个方面工作：

一、弘扬“三库”理念，开创逐绿前行新境界

习近平同志在宁德工作期间，曾三次深入后洋黄振芳家庭林场调研，指出“黄振芳家庭林场搞得不错，为我们发展林业提供了一条思路”，并由此提出“森林是水库、钱库、粮库”理念，深刻阐释了生态、经济、社会高度统一的绿色发展观。我们要在“三库”绿色生态理念的引领下，围绕创建国家生态文明建设示范县目标，将生态文明建设全面融入经济社会发展，走出一条生态优先、绿色低碳、高质量发展之路。

1. 精心呵护周宁绿水青山。山好水好空气好，这是周宁最大的优势，也是我们的核心竞争力。要立足国家重点生态功能区定位，从人与自然和谐共生的角度谋划推动经济社会发展，在作出发展决策时优先考虑环境影响、在调整经济结构时优先发展绿色产业、在考核发展政绩时优先考核环保指标，守护好自然生态的安全边界，决不走先污染后治理的老路，决不因GDP数据波动而动摇保护生态的决心。深入开展山水林田湖一体化生态保护和修复，实施蓝天、碧水、净土“三大工程”，打好升级版的污染防治攻坚战，重点抓好扬尘综合治理、餐饮油烟污染整治、石板材加工企业粉尘污染整治，建好管好用好城乡污水处理设施和建筑垃圾消纳填埋场，实施矿山地质环境恢复治理工程，巩固提升中央和省、市环保督察反馈问题整改成效，着力解决一批民众反映强烈的突出生态环境问题，使周宁空气常新、清水长流、青山常在。

2. 加快培育壮大绿色经济。立足生态资源禀赋和产业发展实际，做好“靠山吃山、靠水吃水”文章，充分挖掘释放现代农业、全域旅游、水电业等产业潜能，力促大数据、总部经济等新兴产业发展，加快构筑“生态+农业、+工业、+服务业”产业集群，不断提高生态环境附加值和含金量。深入践行“三库”绿色生态理念，依托丰富的森林生态资源，大力发展森林旅游、休闲康养、花卉苗木、林下种养等绿色产业，让更多绿水青山成为老百姓的“金山银山”。积极响应国家“双碳”目标，大力发展以水电为主，风能、太阳能发电为辅的清洁能源产业，推动清洁能源在各领域广泛应用，争创“绿色能源示范县”“清洁能源之乡”。依托宁德大数据产业园建设，聚焦大数据、云计算等特色产业，强化孵化器力量，培育完整产业链，力争打造全市数字信息产业承接基地和生态型数字信息产业创新基地。

3. 推行绿色低碳美好生活。把良好的生态环境作为最普惠的民生福祉，协同推进生态建养与城乡建设，大力实施市容环境综合整治，推动农村垃圾干湿分类处理及资源化利用“百村”示范工程，打造一批依山傍水的生态农村，实现城乡环境从“优良”向“优美”蜕变。全面推行林长制，改善绿化分布结构，提高城乡周边、道路沿线、房前屋后的绿化水平，让绿色从“山里头”走向“家门口”。深入实施低碳节能全民减排行动，积极创建节约型机关和绿色家庭、绿色校园、绿色医院，推广高效电器、环保汽车、高效照明等节能产品，引导企业和居民低碳消费。制定实施全县碳达峰行动方案，并纳入国民经济和社会发展规划，逐步推行零碳排放区、低碳景区、低碳园区、低碳社区试点，争创“中国天然氧吧”，切实提高社会“绿色福利”，促使全民共享“绿色成果”。

二、促进“三产”协同，构建县域产业新体系

现代产业体系是现代化经济体系的重要组成部分，是实现高质量发展、高品质生活的重要物质生产基础。我们必须坚定不移抓产业培育，锲而不舍抓招商引资，逐步构建起多元发展、多极支撑的现代产业体系。

1. 提升农业产业质效。严格落实粮食安全党政同责，稳定粮播面积、粮食产量，制止耕地“非农化”、防止耕地“非粮化”。立足周宁农业禀赋，以特色现代农业培育为核心，以中华鲟保种中心、马铃薯高山科研基地、紫竹生隆养殖基地等优质项目为示范，持续在农业“五化”上下功夫，重点发展高山云雾茶、冷凉花卉、马铃薯、特色渔业等有竞争力的产业，整合人才、政策、资金、市场等资源，强化品种筛选推广、龙头企业培育、物流仓储配套等工作，力争到2025年打造五大特色产业千亩集中示范区、培育20个省级“一村一品”示范村，每个乡镇至少拥有一个产值5000万元以上的农业产业。以入选国家级电子商务进农村综合示范县为契机，继续推进电商平台、“县域直播间”建设，强化龙头企业与小农户、家庭农场、农民合作社等产销对接，建强市场化营销队伍，提高农民组织化程度，让“小农户”对接“大市场”。持续提升周宁高山云雾茶、周宁高山马铃薯、周宁高山百合、周宁高山杜鹃等7个已有地标产品，强化品牌使用、管理、推广，加快培育叫得响的地方公共品牌。加大农业龙头企业招商引资力度，鼓励支持本地企业跨界精深加工、科研开发、电子商务等领域，推动主产区农产品就地就近加工转化增值，切实延伸产业链、提升价值链、优化供应链、构建利益链。

2. 做大做强工业经济。紧盯宁德四大主导产业，依托各大产业园区，抓龙头、铸链条、建集群，加快不锈钢、锂电新能源、汽车配套产业链的填平补齐和关联性发展，努力实现“十四五”末工业产值500亿元目标。不锈钢深加工产业园，要继续抓建设、抓招商、抓服务，保障一期企业全面投产，推动二期项目加快建设，重点向医疗器械、家电厨卫等领域高端产品、高附加值制品拓展延伸，对接引进一批终端企业落户园区，打造全省最大的不锈钢深加工产业基地。站前工贸科技园，要发挥所在集镇地理交通优势，充分“借力”宁德时代、宁德新能源、上汽宁德基地等重大龙头企业辐射作用，完善周宁—东侨“飞地共建”模式，积极推进产业跨区域转移和产业园区共建，致力引进一批规模大、实力强的供应商和配套企业落地，建成集绿色循环经济、先进装备制造、仓储物流、商贸服务等产业于一体的科技产业园。山海协作产业集中区，以棉纺生产、茶叶加工等工业项目强化带动，以花卉组培展示交易等高新技术项目提升层次，争创省级产业示范园区。梨坪铸造产业科技园，重点引进锻打企业和装备制造深加工企业，“研磨”技术、“嫁接”产能，拓展汽车配套、建筑、通信、交通、包装等行业产品应用，推动传统铸造业向绿色化、智能化升级。同时，全力保障抽水蓄能电站建设运营，规划建设抽水蓄能电站二期项目，有序实施一批中小水电站技改扩容项目，进一步壮大工业经济总量。

3. 突出全域旅游引领。紧盯争创国家全域生态旅游示范县目标，积极创建鲤鱼溪省级旅游度假区、省级水利风景区，推动鲤鱼溪·九龙漈和陈峭、苏家山等A级景区晋级，做好宁德世界地质公园扩园和中期评估，持续推进城东片区“四园一体”、宝丰古银场省级矿山公园、咸村古民居群活化利用、官山风景区开发等项目建设，“十四五”期间每个乡镇至少新创建1个国家AAA级以上旅游景区，实现由“景点旅游”向“全域生态旅游”华丽转身。依托“中国夏都”“天然空调城”生态优势打造康养避暑胜地，完善“吃住行游购娱”全链条服务配套，精心组织客源地宣传推介活动，让“鲤乡福境·云端周宁”形象广为人知，切实将“凉资源”变为“热产业”，力争“十四五”期间旅游业增加值占GDP比重、旅游从业人数占就业总数比重持续提升，旅游业总收入达到100亿元以上。特别要注重放大旅游综合效应，把旅游放在新型工业化、城镇化、农业现代化的大格局中谋划，衍生体育、农业、林业、茶业、文化、宗教等“+旅游”新业态，带动现代物流、金融保险、电子商务等服务业加快发展，真正实现旅游兴带动百业旺。

三、注重“三级”统筹，激发城乡发展新动能

城镇的发展离不开乡村繁荣的支撑，乡村的振兴也离不开城镇的有力辐射和带动。我们要坚持县、乡、村三级联动，统筹新型城镇化和全面推进乡村振兴，不断缩小城乡发展差距，提升周宁城乡的承载力、集聚力、竞争力。

1.突出功能品位，着力打造活力县城。深入推进以人为核心的城镇化，科学规划新城区功能布局，突出产城融合、职住平衡、生态宜居、交通便利，合理配置现代商贸、高端商务、休闲健身、文化创意以及优质教育、医疗、养老等功能，吸引各类要素高效集聚，引导城区人口随功能转移。持续优化更新老城区，推进建成区片区微改造，实施一批城区公园绿地、景观提升工程，改造建设一批农贸市场、社区公园、城市公交站、公共停车场等设施，解决一批“老、小、旧、挤”的城市顽疾，用微更新让老式社区更加宜居，建设一座有周宁“味道”的新县城。按照“三纵两横一环”总体框架，推进西环路、南环路等通道规划建设，打通西街三角坪接仙风大道、城东二路接“纵三线”、虎岗东路等城区道路，推动新老城区空间融合。注重产城联动，规划建设“返乡人员就业创业园”，布点机械五金、汽修、木材、仓储、物流等各类专门市场，让就业门槛低、人气商气集聚力强的产业项目多点开花，打造富有活力、更加繁荣的新城区。

2.突出精准定位，着力建设实力集镇。按照差异化、特色化发展思路，因地制宜、扬长避短，打造一批功能完善、个性鲜明、宜居宜业的中心镇、特色乡。狮城镇要加快“镇改街道”步伐，高水平规划建设，精细化智能管理，不断提升城区风貌特色和品质；咸村镇要着眼于站场经济、园区经济，依托站前工贸科技园建设，加快城镇生产生活功能提档升级，打造产城融合的县域次中心；浦源镇要充分利用区位、资源优势，依托鲤鱼溪景区、人鱼文化特色小镇，建设富有活力的县城西部拓展区；纯池镇要以打造果园、花园型库区风情小镇为目标，建设现代农业产业集中区、传统古村落康养休闲区、特色产业示范观光园；李墩镇要大力发展不锈钢新材料等工业经济、高山果蔬等特色农业和芹溪、楼坪·石门山等乡村旅游，建设融合发展新型城镇；礼门乡要立足国家级生态乡镇定位，突出生态、康养、旅游和特色农业，建设全域旅游重点片区、魅力小镇；七步镇要突出道口经济、生态旅游发展，推进“工业走廊”建设，提升九龙漈、苏家山等核心景区，打造生态旅游型工贸强镇；玛坑乡要大力发展茶叶、宝岭花生、中药材、科技养殖等特色产业，挖掘林公宫、方广寺等特色文化，塑造“茶乡之旅”品牌；泗桥乡要突出高山冷凉花卉、果蔬、茶业等产业，推进芹山湖、溪口峡谷漂流开发，打造宜居宜游宜业的闽东“西大门”。

3.突出强村富民，着力推动乡村振兴。坚持因村施策、分类推进，落实落细“一规划两清单”，不断探索可借鉴、可复制、可推广的乡村振兴模式，变乡村“短板”为“增长极”。坚持“面子”“里子”一起抓，积极推进“多规合一”实用性村庄规划编制，立足村情、稳扎稳打，有条件、有需求的村庄尽快实现规划全覆盖，推动从“有规划”向“好规划”升级转变。实施农村人居环境整治提升五年行动，扎实开展拆违治乱、垃圾处理、厕所革命、污水治理、村容村貌整治等工作，建设“地净、水清、村美、人和”美丽乡村。致力解决农村耕地抛荒撂荒问题，加快建立县乡土地流转交易服务平台，鼓励土地流转、规模经营，盘活利用农村闲置宅基地和闲置住宅，支持引导各类社会资本参与，培育发展现代农业、休闲旅游、乡村民宿、文化体验等新产业新业态，实现农村繁荣、农民富足。充分发挥村民自治的民主管理、民主监督等作用，吸纳广大群众、社会组织和社会力量积极投身农村公共管理和服务，自觉弘扬优秀传统文化，大力培育文明和谐乡风，努力建设充满活力、和谐有序的善治乡村。

4.突出城乡统筹，着力实现一体发展。统筹城乡交通一体化，对外积极筹划通用机场建设，争取南丽铁路设点周宁、宁庆高速取道周宁，规划咸村火车站至霍童、甘棠等疏港公路，实现“公铁空”全面突破升级；对内加快建成宁上高速周宁互通口至李墩连接线、“纵三线”（北段）等工程，提升县城到咸村火车站公路等级，全域布局一批重点产业路、特色资源路、旅游开发路、重要经济节点联通路，构建横贯东西、纵贯南北、内畅外通的综合运输大通道。统筹城乡服务一体化，建立健全有利于城乡要素合理配置的体制机制，坚持统一规划、统一建设、统一管护，一体推进城乡供水、交通、环卫、公共服务等基础配套建设，让周宁城乡居民生产生活条件更加便利。统筹城乡风貌一体化，在宏观层面衔接好各乡镇发展定位、自然禀赋、文化脉络、风土人情，在微观层面改造好重要街区立面、建筑单体、景观节点、标识标牌等细节，尤其要依托周宁森林覆盖率高、花卉种植条件好的优势，用花卉苗木扮靓“云端之城”，以工匠精神打造“生态高颜值、城在花园中”的全域景观。

四、坚持“三向”发力，打造营商环境新高地

经济发展离不开良好的营商环境，优化营商环境就是提升竞争力、解放生产力。我们要坚持以改革创新为根本动力，从优化政务环境、市场环境、人文环境方面入手，努力激发市场主体活力和社会创造力，推动经济社会高质量发展。

1. 营造高效便捷的政务环境。以创新机制为重点，加快推进一体化政务服务平台建设，针对行政服务中心窗口各司其职的现状，探索整合全科类无差别综合窗口，实现“前台综合受理、后台分类审批、统一窗口出件”高效集成审批模式，打通政务服务“最后一公里”。以信息化建设为支撑，大力推进“一网通办”“全程网办”，进一步消除层级间、条块间、部门间的数据鸿沟，通过线上线下融会贯通、协同服务，实现“一趟不用跑”事项比例提高到75%以上、全程网办事项比例达到50%以上，让数据多跑路，让群众少跑腿。以加快“简政放权”为突破口，学习借鉴各地工程建设项目审批先进做法，坚决砍掉不合理的前置审批、中介服务和收费项目，进一步减流程、优服务、降成本、强监管、提效率，以“小切口”带来“大成效”。

2. 维护公开透明的市场环境。坚持“两个毫不动摇”，用好用活服务民营企业“四访四通”机制，拿出更多实招硬招，为民营经济发展创造更好环境。重点要坚持各类市场主体一律平等，全面实施市场准入负面清单制度，健全公平竞争审查机制，进一步放宽准入领域，坚决破除各种隐性壁垒，让民营企业有宽广的舞台；要进一步减轻税费负担，全面落实支持非公有制经济发展的政策措施，对企业税收“能减则减”，对社会保障费“能降则降”，对行政事业收费“能清则清”，让民营企业轻装上阵；要发挥餐饮、文化、旅游、茶业等行业协会作用，通过签署行业自律协议、章程等，倡导遵纪守法、诚实守信、公平竞争，协助政府部门共同防范和打击不正当竞争等行为，维护良好市场秩序。同时，要着力构建“亲清”新型政商关系，完善政企沟通互动长效机制，推动党员干部同企业交往既坦荡真诚、靠前服务，又清白纯洁、守住底线，及时为企业发展排忧解难、加油助力。

3. 涵育健康向上的人文环境。坚持把培育和践行社会主义核心价值观作为铸魂工程，以贯彻落实“两个纲要”为抓手，深入实施文明素养、家庭美德、思想品德、诚信守法、乡风文明、公共道德培育行动，常态长效推进文明县城创建，全面提升市民素质和社会文明程度，让文明浸润为周宁最温暖的底色。拓展新时代文明实践中心建设，持续健全完善志愿服务体系，深入挖掘培育特色服务项目，广泛开展志愿服务关爱行动，在贴近和服务群众中教育群众、引导群众。实施文化惠民工程，加快建设集图书馆、文化馆、博物馆和全民健身中心于一体的新城区文化综合体，有针对性地补足乡村文化设施短板，不断提升公共文化服务水平。人民群众的支持，是我们打造优质人文环境的最大底气，要充分尊重群众的主体地位和首创精神，引导每一位周宁人树立大局意识和主人翁意识，自觉成为文明的倡导者、践行者，齐心协力塑造良好周宁形象，使周宁更具人气、更富活力、更有实力。

五、聚焦“三感”提升，增进人民群众新福祉

“让人民群众有更多的获得感、幸福感、安全感”，体现了习近平总书记深厚的为民情怀，指明了我们党在新时期对人民的责任和担当。我们要坚持以人民为中心的发展思想，注重民生、保障民生、改善民生，让广大群众共享更多发展成果。

1. 增加城乡居民收入，增进人民群众获得感。充分发挥就业在居民增收中的基础性作用，支持促进市场化、社会化就业，尤其要注重发挥产业带动作用，培育壮大不锈钢深加工、汽车配套、文化旅游、特色农业等领域吸纳就业能力强的实体项目，以产业集聚带动产城融合，创造更多就近就业机会。扎实推进农村“三变”改革，大力推行党支部领办合作社等模式，把农村沉睡的资源盘活起来、各类分散的资金集聚起来，实现企业化管理、市场化运作，让农民成为产权主体、市场主体，实现集体经济发展和村民多方增收。实施农民职业技能培训工程，选择一批知名农业企业、农业合作社、农产品加工园区等作为培训基地，让有需求者都能享受到职业技能培训，鼓励和支持农民工等返乡下乡人员创业创新。对下岗失业人员、残疾人员等弱势群体，依托公益性岗位进行兜底，加大就业帮扶，并发挥好失业保险“保生活、促就业、防失业”作用，落实稳岗补贴、技能提升补贴等待遇，不让一个困难群众掉队。

2. 完善公共服务体系，增进人民群众幸福感。坚持教育优先发展，持续深化教育综合改革，加快实施周宁一中（二期）及初中部项目，适时启动新一轮幼儿园、中小学校建设，满足学位需求，确保义务教育巩固率保持在 99% 以上，切实办好人民满意的教育。深入实施“健康周宁 2030”行动，推动“三医联动”改革，加快县总医院新院区、县医院感染病综合楼、县疾控中心综合楼及乡镇基层卫生院（所、站）等项目建设，新增医疗床位 200 张以上，促进城乡医疗卫生资源合理整合，为老百姓带来实实在在的“健康红利”。深入实施全民参保计划，健全完善覆盖全民、统筹城乡、公平统一、可持续的社会保障体系和社会救助体系，将兜底保障网织得更密、编得更牢。积极应对人口老龄化，加快推进乡镇敬老院公建民营和区域性养老服务中心建设进度，实现居家养老专业化服务 9 个乡镇全覆盖，新增养老床位 700 张，全面建成运营长者食堂，创建提升老年人健身康乐家园，让老年人享有更高质量的晚年生活。

3. 加强创新社会治理，增进人民群众安全感。坚持统筹发展和安全，把安全发展贯穿经济社会发展各领域和全过程，健全共建共治共享社会治理体系，确保社会安定有序、人民安居乐业。主动适应常态化疫情防控新形势，科学应变、精准施策，持续强化外防输入、内防反弹措施，尤其要做到疫苗接种应接尽接，构筑全民免疫屏障，持续巩固来之不易的防控成果。弘扬新时代“枫桥经验”，建好用好社会治理综合服务中心，实现矛盾纠纷调处、维稳信息预警、群众信访诉求、社会治理督查等“一站式调处、一揽子解决、一条龙服务”，让群众纠纷化解“最多跑一次”“最多跑一地”。充分整合综治中心、网格化平台、“雪亮工程”等资源，开展智慧法院、智慧检务、智慧公安、智慧司法及智慧社区等平台建设，推动社会治理手段向智能化转变。大力推行“两长一员”机制，发挥群团组织和社会组织在社会治理中的作用，畅通和规范市场主体、新的社会阶层、社会工作者和志愿者等参与社会治理的途径，凝聚多元共治合力。把扫黑除恶与平安建设、县域社会治理现代化等有机结合起来，建立健全常态化工作机制，扎实推进源头治理、常治长效。毫不松懈抓好消防安全、交通安全、施工安全、食品卫生安全等工作，全面提升监测预警、应急响应和救援处置能力，切实维护人民群众生命财产安全和社会大局安定稳定。

纵深推进全面从严治党

干好周宁的事业，关键在党在人，始终在党在人。站在中国共产党成立 100 周年的新起点上，必须继承和弘扬伟大建党精神，把“严”的主基调贯穿管党治党全过程，勇于自我革命，敢于刀刃向内，不断提高党领导经济社会高质量发展的能力和水平，为全面建设社会主义现代化国家的周宁篇章提供坚强的政治保证和组织保证。

一要坚持思想引领，在守正创新中砥砺政治品格。全面贯彻落实《中共中央关于加强党的政治建设的意见》，把党的政治建设摆在首位，将政治标准和政治要求贯穿于党的各项建设中，切实增强“四个意识”、坚定“四个自信”、做到“两个维护”。坚持以习近平新时代中国特色社会主义思想武装头脑，结合开展党史学习教育和“再学习、再调研、再落实”活动，学深悟透、真信笃行，不断提高政治判断力、政治领悟力、政治执行力，持续用力推动习近平总书记重要讲话重要指示批示精神落地见效。严格落实意识形态工作责任制，加强新闻舆论、互联网等阵地管理，牢牢掌握领导权、管理权、话语权。严守党的政治纪律和政治规矩，用好批评和自我批评的有力武器，发展积极健康的党内政治文化。

二要坚持团结民主，在党的领导中汇聚强大力量。坚持和贯彻民主集中制原则，健全完善县委全会、常委会会议和各级党委（党组）会议等工作机制，打造政治坚定、实干善成、一心为民、团结奋进、清正廉洁的坚强领导班子。支持和保证人大、政府、政协、法院、检察院、人民团体等依法依章程独立负责、协调一致地开展工作，切实把党的领导落实到县域治理各领域各方面各环节。深入推进全面依法治县，制定实施“八五”普法规划，加强法治政府建设，健全依法决策机制，坚决纠治有法不依、执法不严、违法不究等行为。巩固和壮大爱国统一战线，扎实做好民族、宗教、台港澳、侨务和新的社会阶层人士工作，认真做好老干部工作，抓好工青妇等群团工作，加强党管武装和双拥共建工作，推动军民融合深度发展。

三要坚持固本强基，在大抓基层中筑牢战斗堡垒。牢固树立“大抓基层、大抓党建”导向，以提升组织力为重点，突出政治功能，统筹推动企业、农村、机关、学校、社区、社会组织等各领域党建强起来，实现基层党建工作整体提升。深入开展“五强堡垒、星级乡村”争创活动、“导师帮带制”试点，推进“集聚下派力量，助力乡村振兴”等工作，用好乡村振兴指导员、驻村第一书记、科技特派员等队伍力量，多措并举抓党建促乡村振兴。开展“一街区一特色”“一社区一品牌”“一小区一亮点”创建活动，深入实施“近邻党建”引领基层治理提升工程，培育形成更多具有周宁特色的党建示范点。

四要坚持实干担当，在干事创业中锻造过硬队伍。坚持践行新时期好干部标准，把产业发展、项目攻坚、乡村振兴一线作为锻炼、检验和识别干部的“赛马场”，大力选拔政治过硬、本领高强、实绩突出的好干部。坚持严管与厚爱相结合，制定提升干部精气神优化营商环境若干措施，完善容错纠错机制，切实关心关爱基层干部，激励干部新时代新担当新作为。把提高“七种能力”作为新时代干部教育培训的重点，实施“干部专业化能力提升工程”，引导党员干部不断丰富知识储备、优化知识结构、提高专业能力，成为贯彻新发展理念、构建新发展格局的行家里手。全方位培养引进用好人才，做好“云端人才”评价认定，大力吸引集聚科技创新、产业领军、医疗卫生、乡村振兴等各类人才。

五要坚持全面从严，在正风肃纪中保持风清气正。贯彻落实《中共中央关于加强对“一把手”和领导班子监督的意见》，一体推进纪律、监察、派驻、巡察“四项监督”贯通融合、协同联动，盯住重点领域、重点事、重点人，切实把权力关进制度的“笼子”里。锲而不舍推进作风建设，持之以恒贯彻落实中央八项规定及其实施细则精神和省、市、县实施办法，深化整治形式主义、官僚主义顽瘴痼疾，推动全面从严治党向基层延伸、向纵深发展。正确运用监督执纪问责“四种形态”，持续保持反腐败斗争高压态势，既坚决查处领导干部违纪违法重大案件，又切实解决发生在群众身边的腐败问题，一体推进不敢腐、不能腐、不想腐，让人民群众进一步感受到政治清明、干部清正、社会清朗。

各位代表、同志们，新征程任重道远，新使命催人奋进。让我们更加紧密地团结在以习近平同志为核心的党中央周围，高举习近平新时代中国特色社会主义思想伟大旗帜，在党中央和省委、市委的坚强领导下，以坚如磐石的信心、只争朝夕的劲头、坚韧不拔的毅力，牢记嘱托、担当作为，奋力谱写全面建设社会主义现代化国家的周宁篇章！

2021 年县人民政府工作报告

——2021 年 12 月 16 日在周宁县第十八届
人民代表大会第一次会议上

周宁县人民政府代理县长　陈文卿

各位代表：

现在，我代表周宁县人民政府，向大会报告政府工作，请予审议，并请县政协委员提出意见。

2021 年和过去五年工作回顾

2021 年是实施“十四五”规划、全面建设社会主义现代化国家的开局之年。一年来，我们坚持以习近平新时代中国特色社会主义思想为指导，深入学习贯彻习近平总书记来闽考察重要讲话精神，全面贯彻党的十九大和十九届二中、三中、四中、五中、六中全会精神，在县委的坚强领导下，在县人大、县政协的监督支持下，严格落实党中央重大决策部署和省、市工作要求，扎实做好“六稳”“六保”，统筹推进“五促一保一防一控”，全方位推进高质量发展超越，实现“十四五”良好开局。预计，全年实现地区生产总值90亿元、增长15.0%；规上工业增加值增长12.0%；完成固定资产投资39.2亿元；社会消费品零售总额29.1亿元、增长5.0%；一般公共预算总收入5.9亿元，地方一般公共预算收入4.1亿元，分别增长9.0%、4.5%；金融机构本外币贷款余额增长32.8%；城镇居民人均可支配收入35108元、增长10.0%，农村居民人均可支配收入19830元、增长12.0%。一年来的主要工作和成效是：

一、聚力抓转型、促升级，产业支撑更加坚实

现代农业稳步发展。农林牧渔业总产值16.5亿元、增长5.5%，增幅居全市第一。粮食安全保障有力，新建高标准农田9000亩，粮播面积稳定在7.1万亩以上。高山云雾茶、冷凉花卉、马铃薯、晚熟葡萄、猕猴桃等特色产业不断壮大，新增省级龙头企业2家，“周宁高山百合”“周宁高山杜鹃”成功获批国家地理标志证明商标。

工业基础更加扎实。新增规上工业企业13家。不锈钢（新型材料）深加工产业园一期实现35家企业动工，其中14家投产，青山钢管总部、不锈钢针管孵化园等项目开工建设；站前工贸科技园（一期）项目安征迁任务全面完成，土石方工程等基础设施启动建设；山海协作产业园加快推进，立源棉纺1号厂房投产，花卉组培楼主体工程完工；梨坪铸造产业科技园完成12个标准厂房建设，10家传统铸造企业实现“退城入园”并投产。玛坑机制砂项目一期洗砂设备建成投用。

三产活力持续迸发。出台激活文旅消费市场“六条措施”，宝丰古银场矿山公园正式开园，鲤鱼溪水幕光影秀、城区“四园一体”等文旅项目有序推进，全年接待游客412万人次、增长102%。成功举办“闽东之光·云端周宁”全国摄影大展暨风筝节，陈峭村入选“中国美丽休闲乡村”名单，浦源村获评省级“金牌旅游村”。大宗商品交易中心挂牌运营，宁德市大数据产业园及基础设施配套项目动工建设。

二、着力抓生态、促统筹，城乡面貌更显魅力

生态底色越发靓丽。一举创成国家生态文明建设示范区。全省首个“林业生态文明实践基地”落户黄振芳家庭林场，建成全省第一个“电视＋环保”宣传平台。综合治理水土流失2.5万亩，造林绿化5800多亩，创建“绿盈乡村”26个。完成6个行政村生活污水治理，智慧监管典型案例在全国数字峰会上展播。周宁国有林场完成全市首笔碳汇交易，走出了一条“生态美”与“百姓富”有机统一的发展新路。

城区建设扩容提质。积极推进省级文明县城创建，开工建设132个城区品质提升项目，总投资44.5亿元，年度完成投资16.2亿元。推动农贸市场迁建和提质改造，新建雨污管网13.4公里、停车位157个，东园小区被列为省级老旧小区改造试点。赛江防洪（三期）、城区高水高排项目加快建设，城市综合交通枢纽主体工程基本完工。

乡村振兴稳步推进。脱贫成果有效巩固，54户170人重点巩固和监测对象无一例返贫。创新推行“一规划两清单”，梳理产业规划、技术服务等各类需求216项。“五大”试点示范片区累计实施产业项目60个、基础设施项目105个，总投资1.2亿元。坚持“一月一乡镇”现场会推进机制，打造市级示范线路3条。新建“四好农村路”10公里，改造危桥6座，整治农村裸房832栋。启动农村人居环境整治提升五年行动，垃圾干湿分类处理及资源化利用试点村达58个，农村生活垃圾、污水处理率分别达100%、82%。村（社区）两委换届选举实现“三个百分百”目标。

三、大力抓改革、优环境，发展动能更可持续

改革活力加速释放。国企改革三年行动稳步实施，薪酬制度改革和“一企一策”经营业绩考核试点有序推进。圆满完成省级农村公共基础设施管护体制改革试点工作。成立周宁县云煌农村资产资源管理公司，已流转耕地1.4万亩、林地5300多亩，有效唤醒农村“沉睡的资源”、激活农村内生动力。

营商环境不断优化。“放管服”改革纵深推进，“一趟不用跑”事项占比提升到89.2%，行政审批服务事项审批时限压缩率达90.4%。开展优化营商环境百日攻坚行动，企业开办、政务服务、获得用电、缴纳税费等指标进入全市先进行列。组建四大园区招商专班，推行每季度“集中签约＋集中开竣工”，成功签约项目15个，总投资38.8亿元。

项目建设掀起热潮。成立项目“前期办”，建立三级审批服务会商机制，新增“五个一批”项目122个，总投资93.8亿元。扎实开展重点项目“三比三赛”“百日攻坚”等活动，集中破解一批项目前期报批、安征迁、筹融资等难题。19个省、市在建重点项目完成投资26.3亿元，占年度计划101%。抽水蓄能电站2台机组并网发电，全面投产后，每年可减少电网燃煤消耗量约46万吨、减排二氧化碳约92万吨。

四、倾力抓民生、促和谐，美好生活更有温度

社会保障坚实有力。全年财政民生支出16.2亿元，占一般公共预算支出的84.4%，27个为民办实事项目有效落实。多措并举稳就业，城镇新增就业801人，城镇登记失业率3.99%。基本养老和医疗保险精准扩面，参保率分别达99.5%、97.6%。深化大救助体系建设，发放各类救助、补助资金近5000万元。开设“长者食堂”39所，建成县社会福利中心、福乐家园和4所农村区域性养老服务中心。

社会事业齐头并进。实施教育补短板项目8个，新增学位990个，教育投入实现“两个只增不减”，义务教育教师平均工资收入不低于公务员平均工资收入水平，中小学课后服务全面推行，教育质量稳步提升。严格落实“外防输入、内防反弹”各项措施，全力推进疫苗接种工作，疫情防控网进一步织密筑牢；县医院感染病综合楼、县疾控中心综合楼、县总医院咸村分院住院病房大楼加快建设，标准化村卫生所实现全覆盖，公共卫生应急管理体系不断健全。文体事业繁荣发展，庆祝建党100周年系列文体活动隆重举办，智慧体育公园建成投用，微电影《英雄凌福顺》完成拍摄；周宁健将汤星强在东京奥运会上获得男子4×100米接力赛第4名，追平中国在该项目的最好成绩，在全运会上获得田径男子200米、4×100米接力2枚金牌；陈星宇、祝彩铃等周宁籍运动员在全国残运会上获得1金1银2铜的佳绩；县文旅局获评“全国群众体育工作先进单位”。全国新时代文明实践中心试点扎实推进，中兴社区获评“全国最美志愿服务社区”，叶树正家庭获评“全国最美家庭”。

社会秩序和谐稳定。扫黑除恶斗争和政法队伍教育整顿纵深推进，建成跨部门涉案财物集中管理中心，“枫桥式”派出所实现全覆盖，群众安全感率持续提升。在全省率先设立社会治理综合服务中心，创新“1+1+X”规范管理模式，“一站式”受理纠纷，成功化解信访积案75件。全力抓好工业园区、景区和非景区景点、农村在建房屋、道路交通、城镇燃气等重点领域安全隐患大排查大整治，安全生产形势总体平稳。成功举办全省森林防灭火应急救援综合演练，南方山区森林火灾信息化预警与处置经验在全省推广。国防动员和“双拥”工作稳步推进，狮城镇退役军人服务站获评省级“五有”先进单位。工青妇、计生协、人防科技、老区移民、人事编制、史志档案、广电气象、外事侨务、民族宗教、老龄残联、关心下一代等工作都取得新进展。

五、强力抓效能、促落实，自身建设更上台阶

政治引领更加有力。持续在学懂弄通做实习近平新时代中国特色社会主义思想上下功夫，高质量开展党史学习教育和“再学习、再调研、再落实”活动，干部的政治素养和能力水平不断提升。坚决扛起政府系统全面从严治党主体责任，扎实推进涉粮问题专项巡察反馈问题整改。认真落实意识形态工作责任制，健全重大舆情风险分析研判、预警处置和防范化解机制，县融媒体中心作品荣获全国县级融媒优秀作品双月赛一等奖。

权力运行更加规范。“八五”普法启动实施，县、乡两级政府权责清单实现全覆盖，县公安局获评全省“普法工作先进单位”。自觉接受人大及其常委会的法律监督、工作监督和县政协的民主监督，共办理代表建议105件、委员提案115件，办复率100%。修订完善政府工作规则，法治政府建设水平不断提升。持续深化行政复议体制改革，扎实推进政务公开，发布政务信息3000余条。

作风建设更加深入。严格落实中央八项规定及其实施细则精神和省市县《实施办法》，会议文件、督查考核等明显压减，行政效能进一步提升。深入推进政府系统党风廉政建设和反腐败斗争，强化行政监察、审计监督和绩效评估，推行“一线工作法”和重点工作“盯办”机制，营造了比学赶超的浓厚氛围。

各位代表，2021年各项任务的完成，为县第十七届政府的工作画上了圆满句号。五年来，面对错综复杂的宏观形势，面对转型升级带来的阵痛，面对突如其来的新冠肺炎疫情，我们始终牢记嘱托、感恩奋进，在应对挑战中保持定力、蓄势挖潜，在爬坡过坎中负重前行、闯关突围，付出了艰辛努力，取得了丰硕成果。五年攻坚，小康梦想变成现实。全县上下以必胜信心、“绣花”功夫决战决胜脱贫攻坚，“两不愁、三保障”目标全面实现，35个贫困村全部出列，1497户5197名建档立卡贫困户顺利脱贫。县扶贫办被评为全国乡村振兴（扶贫）系统先进集体，1人获评全国脱贫攻坚先进个人，3个集体、6人得到省委省政府的表彰。五年奋进，综合实力逐步攀升。县域经济发展经受住了“去产能”、水电平枯期、减税降费、新冠肺炎疫情等多重考验，地区生产总值从53.2亿元增加到90亿元，增长了69.2%。衢宁铁路（周宁站）开通运营，周宁昂首迈入“铁路时代”。纵三线（南段）、仙风大道、环城北路等主次干道建成通车，县域“半小时”交通圈加快构筑成网。金融机构贷款余额从27.6亿元增长至75.6亿元，不良贷款率从3.85%降至目前的0.37%，县域金融生态持续改善。县级财政绩效管理综合评价连年进位，从2017年的全国第1084名、全省第51名跃居全国第17名、全省第1名。成功举办全国U15U16举重冠军赛、第16届省运会举重比赛等重大赛事，获评“第16届省运会先进赛区”称号。五年追逐，生态底色愈加凸显。蓝天、碧水、净土保卫战成效显著，节能减排任务全面完成，空气质量综合指数稳居全省前列，全县54条河流水质综合合格率达100%，河长制考核连续4年位列全市前二。治理水土流失4.5万亩、植树造林2.6万亩、森林抚育9.4万亩，森林覆盖率达72.96%，获评“国家生态文明建设示范区”“省级森林县城”“省级园林县城”。五年突破，产业发展蹄疾步稳。现代农业质效齐增，产业链、供应链、价值链融合壮大，获国家地理标志证明商标7枚，成功入选国家级电子商务进农村综合示范县。工业基础不断夯实，“四大工业片区”建设如火如荼，不锈钢（新型材料）深加工产业园实现“当年引进、当年谈判签约、当年要素保障到位、当年动工建设”四同步目标，成为践行“宁德速度”的生动实例。文旅产业蓬勃发展，省级全域旅游试点县建设扎实推进，宁德世界地质公园周宁园区顺利开园，成功举办第九届宁德世界地质公园文化旅游节暨全市首届文旅、花卉产业发展大会，国家级及以上文旅品牌达29个，涌现出陈峭、仙风山等一批“网红”打卡地。五年开拓，城乡面貌焕然一新。城区面积从6平方公里拓展到16平方公里，常住人口城镇化率达52.8%，“小县大城”格局初步形成，东洋溪“母亲河”景观生态价值逐步显现，全省县城规划帮扶提升现场会在周宁召开。农村人居环境整治三年行动圆满收官，考核总分居宁德市首位，“厕所革命”及资源化利用模式受国家部委联合发文推广。所有乡镇通二级路，所有村通水泥路，80%以上行政村实现通村道路“单改双”，获评“四好农村路”省级示范县，农村电网、通信网络改造升级，群众出行难、用电难、通信难问题基本解决。五年奉献，民生福祉普遍提升。财政民生支出达81.6亿元，占一般公共预算支出的84.2%，77项民生补短板项目和145件为民办实事项目全面完成。坚持教育优先发展，投资近5亿元实施教育补短板项目23个，新增学位6930个，大班额全面消除，九年义务教育巩固率达115.8%，县教师进修学校获评“省示范性县级教师进修学校”。整合县域医疗卫生资源，县总医院挂牌成立，县医院门急诊综合大楼、县精神康复医院建成投用，基层医疗卫生机构基础设施和医疗设备达标率100%，100所村卫生所完成一体化建设并纳入医保定点。平安建设考评连续4年保持全市优秀，获评全国“平安农机”示范县、全国信访工作“三无”县、省级农产品质量安全县、省级食品安全社会共治示范县。

各位代表！五年风雨兼程，我们深深体会到：无论形势多么复杂，挑战多么严峻，任务多么艰巨，坚持党的全面领导是做好政府工作的坚实靠山，比拼发展是做好政府工作的永恒主题，改革创新是做好政府工作的动力源泉，依靠人民是做好政府工作的制胜法宝，优良作风是做好政府工作的坚强保障。

各位代表！五年砥砺前行，所有成绩的取得，归功于习近平新时代中国特色社会主义思想的科学指引，得益于省委、市委和县委的坚强领导，得益于历届领导班子打下的良好基础，得益于县人大、县政协的大力支持，得益于全县广大干部群众的团结拼搏。在此，我谨代表县人民政府，向全县人民，向县人大代表、政协委员、离退休老同志和各人民团体，向驻军部队、武警官兵、公安干警、消防指战员，向所有关心支持周宁建设发展的各级领导和社会各界人士，表示衷心的感谢并致以崇高的敬意！

在充分肯定成绩的同时，我们也清醒地认识到发展中还面临不少短板弱项，主要表现在：综合实力总体偏弱，产业结构不优，传统产业转型升级步伐缓慢，做大总量、做优增量仍需奋进；重大项目支撑不足，龙头企业数量不多，产业链条延伸不长，发展后劲仍需增强；就业、就学、就医等公共服务还有短板，满足群众美好生活需求仍需努力；少数干部实干苦干精神不足、开拓进取劲头不大，不担当、不作为现象依然存在，营商环境仍需优化。针对这些问题，必须采取有力措施，切实加以解决。

今后五年政府工作的目标任务

未来五年，是周宁在全面建成小康社会基础上，乘势而上开启全面建设社会主义现代化国家新征程的关键时期。从外部环境看，“碳达峰、碳中和”目标、全面推进乡村振兴、闽东北协同发展等机遇交汇叠加，其战略引领力、政策推动力和发展支撑力前所未有。我们必须抢抓政策窗口期和发展黄金期，主动融入宁德大湾区开发和“一核两廊五轴”发展格局，深化区域合作，积极承接四大主导产业“溢出”效应，全力推进“山区绿色经济走廊”和“三都澳—周宁”发展轴建设。从自身发展看，经过多年的打基础、补短板、增动能，我们的基础设施条件显著改善，产业、要素、人口加快集聚，资源禀赋、区位条件、土地空间等优势潜力正逐步释放；特别是30多年来，全县上下牢记习近平总书记“森林是水库、钱库、粮库”的殷切嘱托，坚定不移走生态优先、绿色发展之路，守护绿水青山，共建美好家园，营造了人与自然和谐共处、生产生活生态相互融合、城市乡村各具特色的空间风貌，开启了“绿水青山”通向“金山银山”的大门。

跨越赶超正得其势，绿色崛起恰逢其时。今后五年全县经济社会发展的总体要求是：高举习近平新时代中国特色社会主义思想伟大旗帜，全面贯彻党的十九大和十九届二中、三中、四中、五中、六中全会精神，深入学习贯彻习近平总书记对福建、对宁德工作重要讲话重要指示精神，始终牢记“两个确立”，切实增强“四个意识”、坚定“四个自信”、做到“两个维护”，紧紧围绕统筹推进“五位一体”总体布局、协调推进“四个全面”战略布局，坚持稳中求进工作总基调，坚持系统观念，立足新发展阶段、贯彻新发展理念、服务和融入新发展格局，以全方位推进高质量发展超越为主题，以深化供给侧结构性改革为主线，以改革创新为根本动力，统筹发展和安全，绘就“生态、产业、城乡”三位一体新画卷，开创“西拓南承、呼应湾区”新局面，在推动高质量发展上迈出新步伐，在增进民生福祉上取得新进展，奋力谱写全面建设社会主义现代化国家的周宁篇章。

围绕这一总体要求，未来五年，我们要全面贯彻落实县第十四次党代会决策部署，紧扣“加快发展、争先进位”工作主线，坚持“一城两区三工程”发展路径，争当全市“山区绿色经济走廊”主力军和“五轴联动”排头兵。

突出“一城引领”：围绕构筑“三都澳—周宁”发展轴，深入实施“西拓南承、呼应湾区”战略，持续升级“小县大城”，打造充满活力、富有实力、更具魅力的“鲤乡福境·云端周宁”。以中心城区为龙头，西向加快新城区空间拓展，完善生活、生产以及全域旅游等功能配套，南向突出打造产业承载平台，加强与李墩、七步互联互通，夯实咸村县域次中心产业发展和城市建设基础，进而融入“环三都澳大湾区”，有效承接宁德四大主导产业链项目，带动县域经济跨越提升、进位赶超。

强化“两区带动”：融入“山区绿色经济走廊”大局，以提升国家生态文明建设示范区、创建国家全域旅游示范区为主抓手，依托周宁得天独厚的生态气候和旅游资源优势，坚持走“生态产业化、产业生态化”之路，大力发展特色现代农业、绿色工业、康养休闲、数字经济等产业，拓宽“绿水青山就是金山银山”转化通道，为全方位推进周宁高质量发展超越积蓄更多的“绿色力量”，释放更多的“绿色能量”。

实施“三大工程”：以“生态、产业、城乡”三位一体为统领，实施生态优势转化、产业倍增升级、城乡品质提升三大工程，到2026年，确保实现“一个翻番、四个突破”。“一个翻番”，即地区生产总值比2020年翻一番；“四个突破”，即工业总产值突破500亿元、一般公共预算总收入突破10亿元、城镇居民人均可支配收入突破5万元、农村居民人均可支配收入突破3万元。实施生态优势转化工程，坚持生态立县，践行“两山”理论和“三库”绿色生态理念，统筹山水林田湖综合系统治理，巩固“天蓝、地绿、水清”的生态环境，协同推进减污降碳，加快构建绿色生态经济体系，积极探索生态产品价值的实现路径，努力打造全国生态文明建设“周宁样板”。实施产业倍增升级工程，坚持产业强县，统筹推进新兴产业培育、传统产业改造提升和未来产业超前布局，着力在高端补链、终端延链、整体强链上寻求突破，加速结构调整和动能转换，打造全国最大的不锈钢深加工产业基地，全面提升县域经济竞争力。实施城乡品质提升工程，坚持城乡靓县，统筹新型城镇化与乡村振兴，深入推进城市更新和乡村建设行动，力促基础设施提档升级、产业配套提质增效、公共服务提标扩面，因地制宜打造一批农业重镇、工业强镇、文旅名镇，促进城乡功能互补、联动发展。

2022 年工作安排

2022 年是新一届政府依法履职的第一年，必须强化使命担当，当好新时代的赶考人，跑好新征程的“第一棒”。全县经济社会发展的主要预期目标是：主要经济指标增速高于全省全市平均水平、力争进入全市山区县前列，其中：地区生产总值增长 10%，突破百亿大关；规上工业增加值增长 25%；固定资产投资增长 5%；社会消费品零售总额增长 6%；实际利用外资增长 6%；一般公共预算总收入增长 6%、地方一般公共预算收入增长 5%；城镇居民、农村居民人均可支配收入分别增长 8%、9%。

实现以上目标，重点要抓好五个方面工作：

（一）更高标准践行“三库”绿色生态理念。坚持发展与环境协调、开发与保护并重，努力把绿水青山建得更美，把金山银山做得更实，积极争创全国“绿水青山就是金山银山”实践创新基地。

发挥“三库”基地效应。深挖“三库”内涵、讲好周宁故事，开工建设集散中心等基础配套设施，努力打造全国首座“森林党校”。设立林权（碳汇）交易中心，巩固提升全省林业碳汇交易试点成果。抢抓纵三线（北段）全线通车时机，推动“三库”基地与寿宁下党衔接联动，形成闽东最具特色的精品旅游线路。

加强生态环境治理。巩固中央和省、市环保督察反馈问题整改成效，常态化整治生态环境突出问题，打好升级版的污染防治攻坚战。提升鲤鱼溪·九龙漈国家风景名胜区、宝丰古银场矿山公园建管水平。全面落实“河湖长制”，深入开展河湖“清四乱”专项行动，完善城乡污水处理设施，抓好城区第二污水处理厂建设运行，实施中小河流治理 15 公里以上，确保流域水环境质量稳定达标，争创国家级节水型社会建设达标县。大力推进殡葬改革，加快城市公益性公墓建设。推行“林长制”，做好松材线虫病防控和松林改造，持续推进造林绿化、水土流失治理，争创“中国天然氧吧”。

推进绿色低碳发展。全面完成国土空间规划编制，优化城镇、农业、生态空间以及生态保护红线、永久基本农田、城镇开发边界“三区三线”布局。科学制定“碳达峰、碳中和”行动计划，落实能耗“双控”目标。培育壮大绿色经济，保障抽水蓄能电站（一期）全面建成投产，启动抽水蓄能电站（二期）和芹山湖混合式抽水蓄能电站项目前期工作，争创“绿色能源示范县”“清洁能源之乡”。支持鲤鱼溪创建低碳景区，统筹开展节约型机关、绿色家庭、绿色学校、绿色社区创建活动，推动绿色消费。

（二）更高起点构建现代产业体系。持续深化供给侧结构性改革，推动农旅互补、工农互促、工旅互融，促进三次产业协同发展。

一产重在“上规模”。坚持多管齐下综合施策，坚决遏制耕地“非农化”、防止“非粮化”，建立“大棚房”问题长效监管机制，确保水稻生产功能区全面复耕复种。新建高标准农田 7000 亩，稳定粮食播种面积和产量，确保“米袋子”“菜篮子”货足价稳。着力构建“3+N”农业产业体系，做优高山马铃薯、茶叶、冷凉花卉三大特色产业，提升培育晚熟葡萄、猕猴桃等优势产业，统筹涉农资金，精准制定扶持政策，抓好示范基地建设、品种筛选推广和龙头企业培育，完善精深加工、仓储物流、交易平台等基础配套。培育壮大新型农业经营主体，新增市级及以上农业产业化龙头企业 5 家、农民合作社示范社 5 家、家庭农场示范场 5 家。精心打造“周宁有鲤”公共品牌，在重点商圈、核心景区宣传推介周宁农特产品和旅游风光。

二产重在“壮体量”。以“四大工业园区”为主战场，李墩片区重点力促不锈钢（新型材料）深加工产业园一期全面投产、二期启动建设，加快 X952、X990 李墩工业园区配套道路和青山钢管总部厂房、欧赛汽配、浦澳家具等项目建设，推动医用针管项目孵化裂变，力争新增产值25亿元以上。山海协作产业园重点加快茶产业交易中心建设，推进立源棉纺2号厂房投产，力争新增产值2亿元以上。梨坪铸造产业科技园重点抓好一期10家企业投产达产，稳步推进二期十恒项目建设，全面完成“退城入园”，加快绿色化、智能化转型，力争新增产值1亿元以上。站前工贸科技园重点加快一期基础设施配套建设，建成标准化厂房18万平方米，做深咸村至蕉城霍童疏港公路建设项目前期工作，对接引进一批上汽、新能源产业链上下游企业。加快推进玛坑机制砂二期生产线建设。研究出台促进传统产业转型升级政策措施，完成工业技改投资8000万元以上，助力水电开发、传统铸造、精制茶等“老产业”焕发“新生机”。

三产重在“提档次”。以创建国家全域旅游示范区为抓手，高水平完善发展规划，全方位加快组织推进，打造华东地区知名的生态康养避暑胜地。坚持重点突破、龙头带动，实施鲤鱼溪景区品质提升工程、美闽旅游服务运营中心、仙风山森林体育公园等文旅项目，推进常源、紫云争创国家AAA级景区。精心推出“周宁一桌菜”，打造特色小吃一条街，助力“夜经济”“假期经济”发展。大力推进华美达酒店、维也纳酒店、德威·阳光酒店等精品酒店建设，促进乡村民宿规范化、特色化发展。完善景区停车场、汽车营地、旅游厕所等配套设施，加快打通九龙漈景区至抽水蓄能电站上库、“大林线”等旅游公路，推动形成“闭环式”旅游圈。做好宁德世界地质公园扩园和中期评估工作。常态化开展旅游节庆活动，举办首届“鲤鱼文化节”。建成宁德市大数据产业园及基础设施配套项目主体工程，积极培育数字经济、电商经济、平台经济等新业态新模式，激发消费新动能。

（三）更高水平统筹城乡融合发展。坚持以超前思维抓规划、工匠精神抓建设、绣花功夫抓管理，加快补齐短板，改善人居环境，打造生态宜居美丽家园。

全力推进乡村振兴。落实“四个不摘”要求，保持现有主要帮扶政策总体稳定，健全防止返贫动态监测和帮扶机制，确保“两不愁、三保障”和饮水安全问题动态清零，守牢不发生规模性返贫底线。加大乡村振兴投入力度，设立中华鲟、马铃薯、花卉、金线莲、铁皮石斛等“金种子”保种和孵化培育中心，整合电商产业园、大学生创业园等资源，打造具有周宁特色的县域乡村振兴综合服务平台。加快推进“五大”试点示范片区建设，打造“一村一品”专业村4个，新建市级示范线路3条，努力实现“点上出彩、线上成景、面上开花”。完成67个“多规合一”实用性村庄规划编制，强化农村建房管理，加强风貌保护与传承，不搞大拆大建、不破坏乡村肌理。全面开展农村人居环境整治提升五年行动，推进“裸房”“违法图斑”和“两高”沿线整治，持续巩固“一革命四行动”成果，创建“绿盈乡村”6个。加强和改进乡村治理，破除陈规陋习，创建一批文明村镇、“无毒示范村”。实施集体经济“提质强村”三年行动，确保村集体年收入50万元以上村占比25%以上。支持返乡人员和“田秀才”“土专家”创新创业，推动乡村人才振兴。

增强城市功能品味。以国土空间规划为引领，完善专项规划和城市设计，深入实施城市更新行动，走紧凑型、内涵式发展路子。一手抓疏解提升，打通银屏大道南段、虎踞路等交通“毛细血管”，分步实施财政局宿舍楼、农企楼等8个老旧小区改造，加快推进农贸市场迁建和提质改造，新建停车位150个、城市公厕1座、背街小巷“样板街”2条，推行“刚性管理+柔性引导”，加强“脏乱差”集中整治，让城市更加干净清爽、整洁有序。一手抓产城互动，加快推进浦源镇集镇环境整治，启动文化馆、图书馆、博物馆“新三馆”建设和县总医院迁建前期工作，引进城市商业综合体，盘活旅游集散中心、工人文化宫，促进人气集聚、商气营造。

提升城乡建管水平。以创建省级文明县城为目标，深化城市网格化管理和扁平化服务，常态化开展爱国卫生运动，强化市民文明素质教育，提升城市管理精细化水平。稳步推进城乡供水一体化项目，让城乡群众享受更加优质安全的生活用水。推动农村生活垃圾分类提质扩面，建设县级垃圾转运站。改造提升农村公路20公里以上，积极争创“四好农村路”全国示范县。加强韧性城市建设，确保城区高水高排、赛江防洪（三期）项目明年汛期前完工。推进交通、市政等传统基础设施数字化改造，完善智慧城管、智慧社区平台，提升城市治理现代化水平。

（四）更高层次推进改革创新驱动。积极服务并融入新发展格局，遵循市场规律、善用资本力量、加强系统集成，不断催生新发展动能。

深化重点领域改革。扎实推进农村土地“三权分置”和“三变”改革，充分发挥周宁县云煌农村资产资源管理公司作用，打通资源变资产、资产变资本的转换路径，盘活各类农村生产要素。全面完成国企改革三年行动目标任务，完善国资监管体制，鼓励县属国企开展资信评级。深化零基预算，完善政府采购管理、国库集中支付制度，建立财政审计联动机制，促进预算绩效管理落地见效。深入推进“诚信周宁”建设，健全信用评价、监管和惩戒体系。

打造一流营商环境。扎实开展“营商环境提升年”活动，持续深化“放管服”改革，全面实行权力清单、责任清单、负面清单制度。深化工程建设项目审批制度改革，继续缩短项目审批时限。聚焦民生所盼，坚持“小切口”，深化“一件事一次办”、医保电子凭证就医等民生“微改革”，推动更多改革红利惠及人民群众。完善“双随机、一公开”监管、“互联网+监管”等有效做法，压缩自由裁量空间。建立常态化政企沟通联系机制，面对面回应企业诉求，现场督导解决企业发展难题，构建亲清政商关系。

持续扩大有效投资。紧跟政策导向，健全完善向上争取政策、项目和资金支持常态化机制，做深做细项目储备和前期工作，力争更多项目列入上级规划盘子。落实“五个一批”项目工作机制，持续开展每季度“集中签约+集中开竣工”活动，实施省、市重点项目15个以上，年度完成投资15亿元以上。树立全员招商意识，完善招商引资引导奖励和督导考核机制，打好“一把手”招商、小分队招商、以商招商等“组合拳”，力争全年招商引资额超过40亿元。深化“亩均论英雄”“标准地”改革，加大土地卫片执法整治力度，推动土地资源高效利用。

（五）更高质量保障和改善民生。坚持尽力而为、量力而行，扎实办好民生实事，推动共同富裕，让全县人民共享改革发展成果。

优化公共服务供给。围绕“学有优教”，启动实施周宁一中初中部项目，加快建设2所城市小区配套幼儿园和3所镇村幼儿园，实施教师素质提升工程，落实“双减”政策，提高课后服务质量，强化校外培训监管，满足孩子们在家门口“上得了学、上得好学”的需求。围绕“病有良医”，深化医药卫生体制改革，建成县医院感染病综合楼、县疾控中心综合楼，引入上海、福州等地优质医疗资源，推进新一轮医共体建设，加强全科医生和乡村医生队伍建设，提高县域内整体医疗水平。围绕“老有颐养”，积极推进居家和社区养老服务改革试点，支持社会力量兴办医养结合养老服务机构，提高“长者食堂”管理运营质量，创建提升老年人健身康乐家园，探索发展智慧养老、康养联合体等新业态新模式。

健全社会保障体系。坚持把稳就业摆在重要位置，推进基层公共就业创业服务平台标准化建设，加强农民工、农村低收入人口、退役军人等重点群体就业帮扶，新增城镇就业900人以上，城镇登记失业率控制在5%以内。扎实做好困难救助、社保提标、创业孵化等工作。深入开展全民健身活动，以承接国内体育院校及省体工队训练项目为抓手，推动“亚高原体育训练基地”建设取得突破性进展。加强社会心理服务体系建设。强化退役军人服务保障，健全老年人、残疾人关爱服务体系和设施，扎实做好民族宗教、对台侨务等工作。支持工会、共青团等人民团体和社会组织规范化参与社会服务，大力发展慈善、红十字事业，切实保障妇女儿童合法权益。继续做好广电气象、邮政通信、史志档案、机关事务、老干部、关心下一代等工作。

守牢安全发展底线。常态化抓好疫情防控，坚持“人防+技防”，落实外防输入、联防联控、平战结合等各项措施，持续强化重点场所和重点人员管理，提升流调溯源、核酸检测、应急处置等能力，扎实推进全人群疫苗接种。深化平安创建活动，完善社会治安防控体系建设，常态化开展扫黑除恶斗争，严厉打击毒品、电信网络诈骗等违法犯罪行为。发挥全国新时代文明实践中心试点作用，落实落细意识形态工作责任制。加强和创新社会治理，推动社会治理综合服务中心实体化高效运行，强化信访矛盾源头化解，依法及时解决群众合理诉求。落实“党政同责、一岗双责、齐抓共管、失职追责”的安全生产责任，强化安全隐患排查整治和重点领域监管，坚决遏制重特大事故发生。建成综合检验检测中心，构建质量安全“过滤网”，守护好“舌尖上的安全”。完善国防动员体系，做好民兵调整改革、兵员征集和人民防空建设工作，推动军民融合深度发展。

努力建设人民满意的服务型政府

各位代表！新一届政府受命于“两个一百年”历史交汇的重要节点，承担着实施“十四五”发展规划、落实县第十四次党代会部署、奋力谱写“周宁篇章”的光荣使命。新时代新任务对政府自身建设提出新的更高要求，我们将强化“施工队”意识，提升履职能力，改进工作作风，努力建设人民满意的服务型政府。

坚持“忠”字为魂，旗帜鲜明讲政治。深入学习贯彻习近平新时代中国特色社会主义思想，不断提高政治判断力、政治领悟力、政治执行力，牢记“两个确立”，以实际行动增强“四个意识”、坚定“四个自信”、做到“两个维护”。自觉把党的全面领导贯穿到政府工作各领域、全过程，推动党中央和省、市、县委决策部署贯彻到底、落地见效。

坚持“法”字为纲，持之以恒重法治。深入贯彻习近平法治思想，尊崇并带头遵守宪法法律，健全重大决策调查研究和科学论证机制，重视发挥政府法律顾问作用，严格依照法定权限、规则、程序行使权力、履行职责。自觉接受县人大及其常委会的法律监督、工作监督和县政协的民主监督，主动接受社会和舆论监督，加强数字政府建设和政务公开，让权力在阳光下运行。严格落实行政执法“三项制度”，确保规范公正文明执法。

坚持“干”字为先，务实担当勇作为。秉承习近平总书记在宁德工作期间开创的一系列重要理念、重大部署、宝贵经验和优良作风，大力弘扬“弱鸟先飞、滴水穿石”闽东精神，深化“再学习、再调研、再落实”，领导干部带头扑下身子、沉下心来，到项目建设工地、企业厂区车间、农村田间地头、民生项目一线去掌握情况、协调矛盾、解决问题、推动工作，不断提高执行力和落实力。强化“今天再晚也是早、明天再早也是晚”的效率意识，发挥“盯办”督查利剑作用，上台账、列清单、定时限，决不能“把说了当做了、把做了当成了”。健全正向激励、容错纠错机制，营造为改革者负责、为实干者担当的良好氛围。

坚持“廉”字为基，严守规矩葆本色。始终牢记习近平总书记强调的“廉政建设是共产党人的历史使命”要求，压紧压实全面从严治党主体责任和“一岗双责”，深入推进政府系统党风廉政建设和反腐败工作。认真落实中央八项规定及其实施细则精神和省、市、县实施办法，大力纠治“四风”，力戒形式主义、官僚主义。严格落实过“紧日子”的要求，严控“三公”经费和一般性支出，把财政资金更多地用在促发展、惠民生的“刀刃”上。支持纪检监察机关严肃查处违纪违法行为，强化审计监督、统计监督，建立健全公共资源、国资国企、政府采购、财务管理等重点领域廉政风险防控机制，营造风清气正的政治生态。

各位代表！蓝图绘就，正当扬帆破浪；重任在肩，更需策马扬鞭。让我们更加紧密地团结在以习近平同志为核心的党中央周围，勿忘昨天的苦难辉煌，无愧今天的使命担当，不负明天的伟大梦想，以史为鉴、开创未来，埋头苦干、勇毅前行，共同用智慧和汗水书写无愧于时代、无愧于人民、无愧于历史的崭新答卷，让全县人民共享幸福、共沐荣光，以优异的成绩迎接党的二十大胜利召开！

2021 年周宁县国民经济和社会发展统计公报

周宁县统计局

2022 年 3 月 23 日

一、综合

初步核算，全年实现地区生产总值 90.12 亿元，比上年增长 14.3%。其中，第一产业增加值 8.91 亿元，增长 6.0%；第二产业增加值 27.37 亿元，增长 15.6%；第三产业增加值 53.84 亿元，增长 15.2%。三次产业增加值占地区生产总值的比重分别为 9.9%、30.4%、59.7%。全年人均地区生产总值 60481 元，比上年增长 13.9%。

图 1　　2017—2021 年地区生产总值及其增长速度

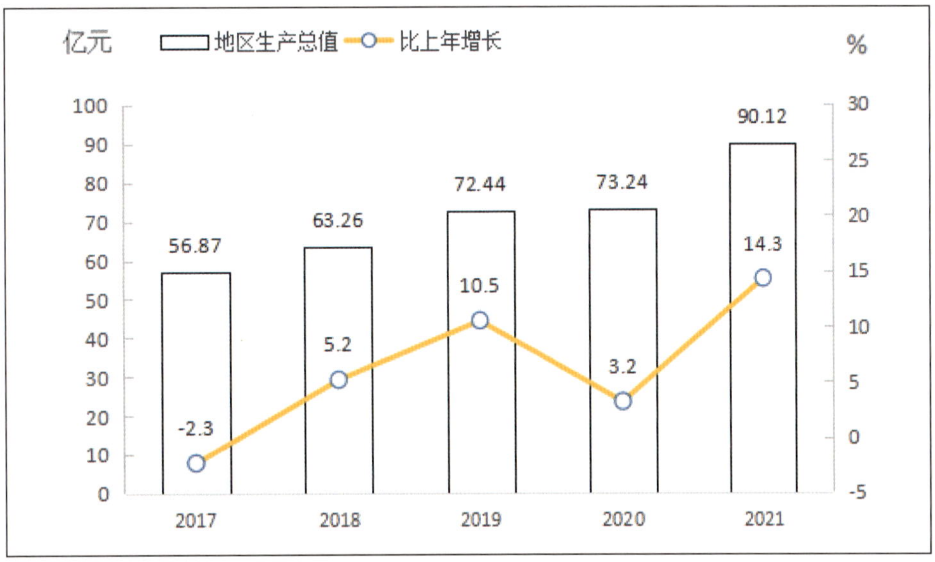

图 2　　2017—2021 年三次产业增加值占地区生产总值比重

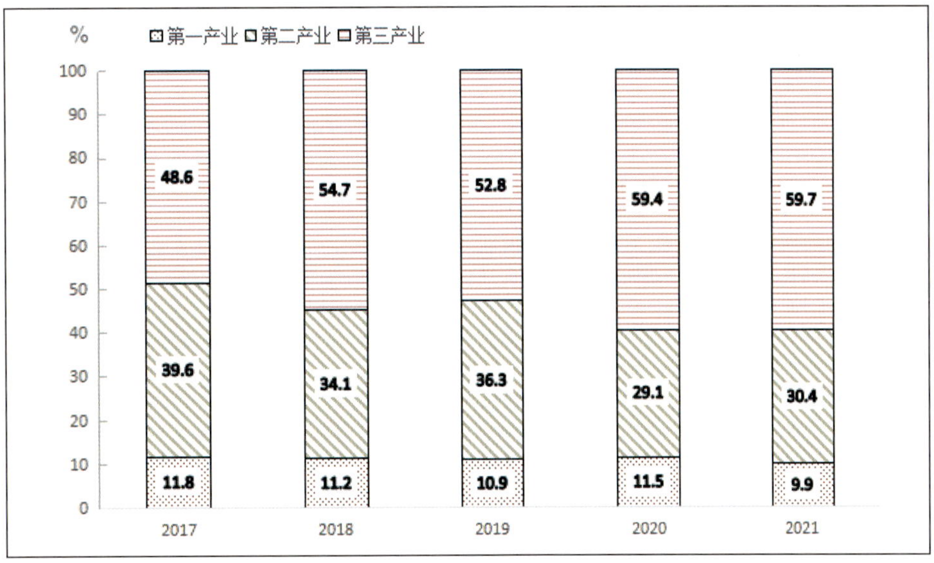

年末常住人口14.8万人，比上年末减少0.2万人。其中，城镇常住人口8.0万人，常住人口城镇化率为53.9%，比上年末提高1.1个百分点。全年出生人口0.14万人，出生率为9.36‰；死亡人口0.13万人，死亡率为8.96‰；自然增长率为0.4‰。

年末户籍人口数为21.09万人，比上年末减少0.09万人。

2021年年末常住人口数及其构成表

表1

指标	人口数（万人）	占比（%）
常住人口	14.8	100
其中：城镇	8.0	53.9
农村	6.8	46.1

全年城镇新增就业938人，有209名城镇失业人员实现了再就业，年末城镇登记失业率为4.1%，比上年末上升0.05个百分点。

图3　2017—2021年城镇新增就业人数

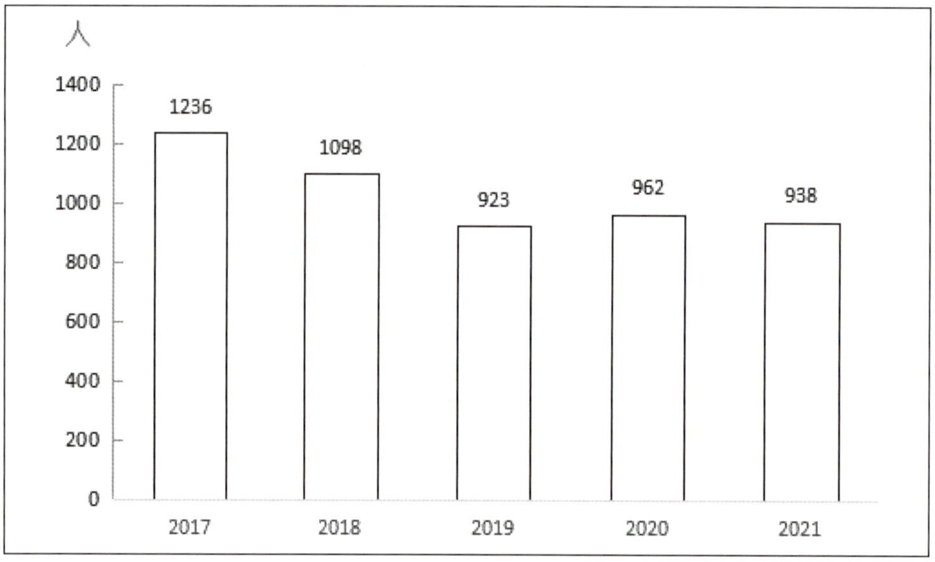

二、农业

全年农林牧渔业总产值16.19亿元，比上年增长7.0%。粮食播种面积7.20万亩，增加0.12万亩，其中稻谷播种面积5.42万亩，增加0.06万亩；茶叶种植面积7.43万亩，增加0.13万亩；蔬菜种植面积3.72万亩，增加0.11万亩；水果种植面积1.63万亩，增加0.13万亩。

全年粮食产量2.68万吨，比上年减少80吨，下降0.3%。其中，稻谷2.28万吨，减少0.02万吨，下降1.2%。

图 4　　2017—2021 年粮食产量及其增长速度

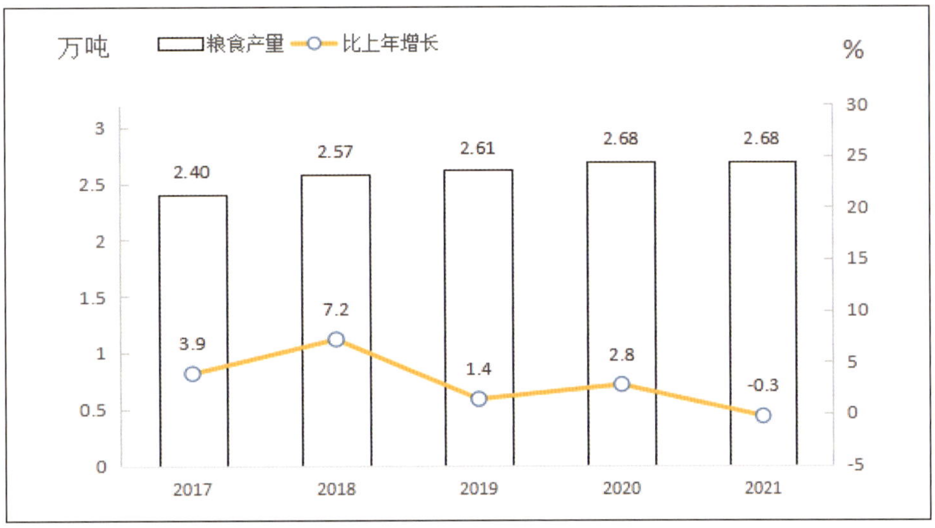

2021 年主要农产品产量与增速表

表 2

产品名称	产量（吨）	比上年增长（%）
粮食	26741	–0.3
稻谷	22763	–1.2
马铃薯	1814	3.4
油料	358	5.0
药材	627	2.8
茶叶	8034	4.2
蔬菜	47063	4.8
水果	11889	13.9
食用菌	2286	–5.5

全年肉蛋奶总产量 13635 吨，比上年增长 44.5%。肉类总产量 5828 吨，增长 14.3%。其中，猪肉产量 4834 吨，增长 17.8%；禽肉产量 753 吨，下降 0.8%；牛肉产量 39 吨，增长 34.1%；羊肉产量 67 吨，下降 2.2%。年末生猪存栏 6.99 万头，增长 12.4%；生猪出栏 6.83 万头，增长 20.5%。禽蛋产量 1589 吨，增长 20.2%。水产品产量 2139 吨，比上年增长 3.8%。

三、工业和建筑业

全年全部工业实现增加值 16.97 亿元，比上年增长 27.9%。规模以上工业增加值比上年增长 20.6%。分行业看，金属制品业增长 76.0%，电力、热力生产和供应业增长 53.0%，酒、饮料和精制茶制造业下降 72.7%。规模以上工业产品销售率 97.6%。全县工业用电量 2.38 亿千瓦时，增长 20.7%。

图 5　　2017—2021 年全部工业增加值及其增长速度

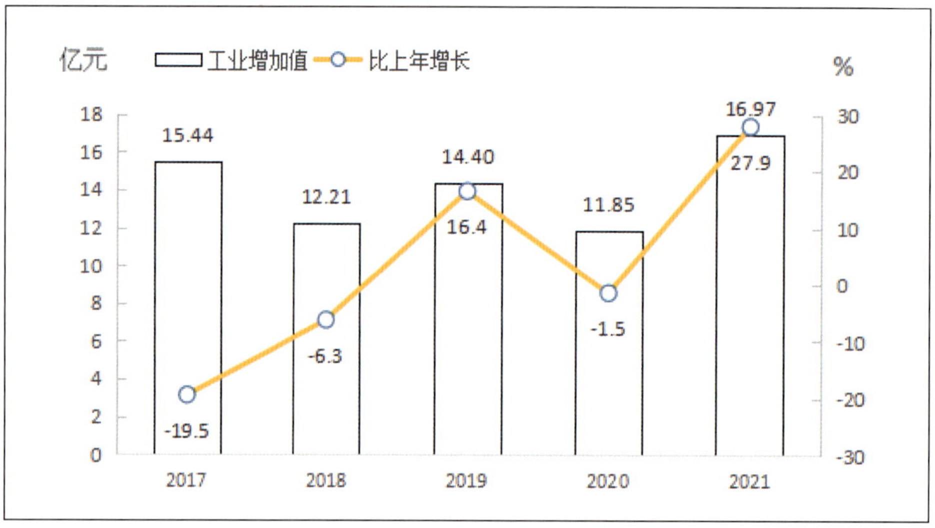

2021 年规模以上工业企业主要产品产量表

表 3

产品名称	单位	产量	比上年增长（%）
发电量	亿千瓦时	7.24	48.0
铸件	万吨	16.42	6.7
精制茶	吨	2208	–51.0

全年规模以上工业实现利润 1.60 亿元，比上年增长 120.7%；资产负债率 46.5%，比上年降低 2.3 个百分点；每百元主营业务收入中的成本为 87.4 元，比上年增加 0.6 元；主营业务收入利润率为 7.0%，比上年提高 2.2 个百分点。

全年全社会建筑业实现增加值 10.41 亿元，比上年增长 0.1%。全县具有资质等级的总承包和专业承包建筑业企业完成建筑业总产值 2.98 亿元，增长 20.7%。

图 6　　2017—2021 年建筑业增加值及其增长速度

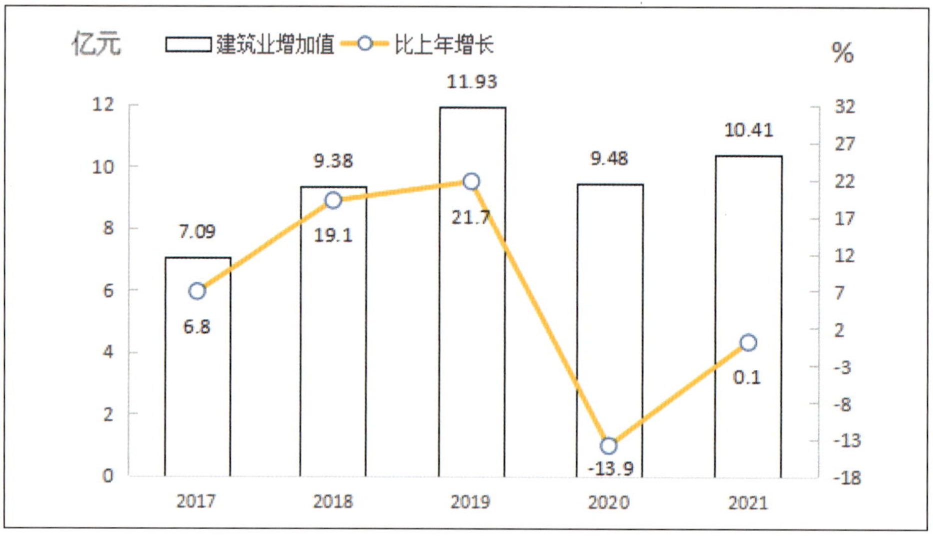

四、固定资产投资

全年固定资产投资（不含铁路）比上年下降3.9%。其中，第一产业投资下降14.8%；第二产业投资下降11.3%；第三产业投资增长5.4%。

全年建筑安装工程投资比上年下降1.1%。基础设施投资增长2.1%，占固定资产投资的比重为36.8%。民间投资下降6.6%，占固定资产投资的比重为51.5%。

从到位资金情况看，全年到位资金比上年增长15.1%。其中，国家预算资金增长24.6%，国内贷款增长31.6%，自筹资金增长2.6%，其他资金增长8.6%。

图7　　2017—2021年固定资产投资增长速度

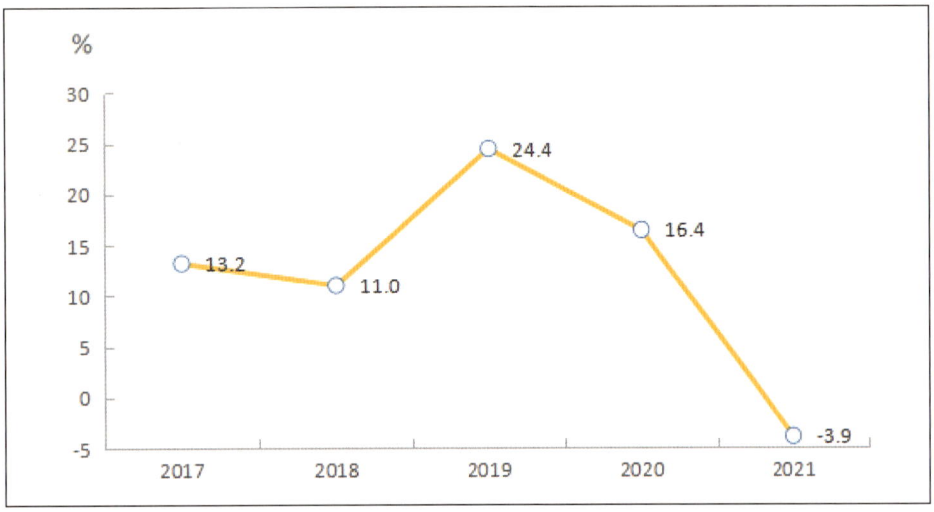

2021年分行业固定资产投资完成情况表

表4

行　　业	比上年增长（%）
农、林、牧、渔业	−14.8
制造业	−22.4
电力、热力、燃气及水的生产和供应业	−1.6
交通运输、仓储和邮政业	21.8
房地产业	21.4
水利、环境和公共设施管理业	−2.8
教育	−67.1
卫生和社会工作	127.1
文化、体育和娱乐业	−33.1
公共管理、社会保障和社会组织	984.8

全年房地产开发投资11.93亿元，比上年增长21.4%。商品房销售面积19.06万平方米，增长38.5%。

全年建成项目44个，新开工29个项目。

五、国内贸易和对外经济

全年社会消费品零售总额28.28亿元，比上年增长2.0%。按规模分，限额以上消费品零售额5.82亿元，下降8.8%；限额以下消费品零售额22.45亿元，增长5.3%。

实际利用外资351万元，增长6.0%。

图8　2017—2021年社会消费品零售总额及其增长速度

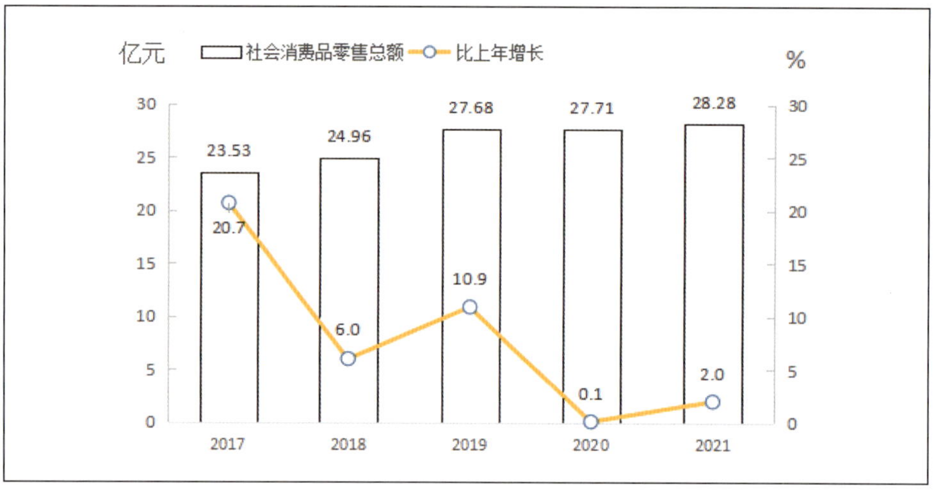

六、服务业

全年服务业增加值53.84亿元，增长15.2%。其中，批发和零售业增加值14.53亿元，同比增长41.6%；住宿和餐饮业增加值1.45亿元，同比增长15.9%；交通运输、仓储和邮政业实现增加值1.26亿元，比上年增长23.4%；金融业增加值8.01亿元，同比增长10.5%；房地产业增加值6.99亿元，同比增长6.4%；其他服务业增加值21.10亿元，同比增长5.3%。

图9　2017—2021年服务业增加值及其增长速度

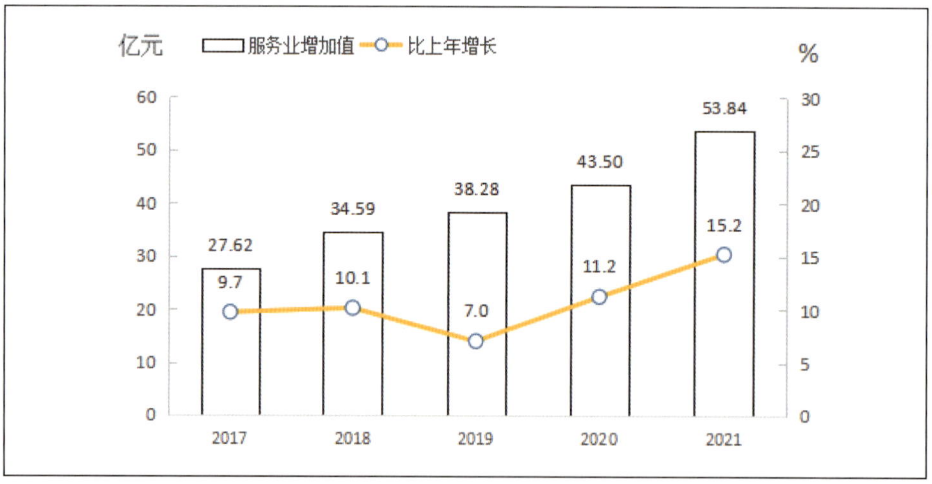

全年公路通车里程919公里，比上年增长3.4%，其中，高速公路32公里。全县共有桥梁197座，比上年减少2座。全年货运量62.39万吨，增长28.2%，货物周转量6417.04万吨公里，增长45.7%。客运量167.03万人，下降23.9%，旅客周转量6635.92万人公里，下降6.2%。年末汽车保有量2.36万辆，其中，轿车保有量0.58万辆。

全年邮电业务收入1.21亿元，比上年增长6.1%。其中，电信业务收入1.00亿元，增长5.4%。年末电话用户总数14.89万户，增长1.9%。固定电话用户1.55万户，下降5.9%。移动电话用户13.33万户，增长2.9%，其中4G用户9.16万户，5G用户4.18万户。互联网宽带接入用户5.37万户，增长14.5%。

图10　　2017—2021年末电话用户数

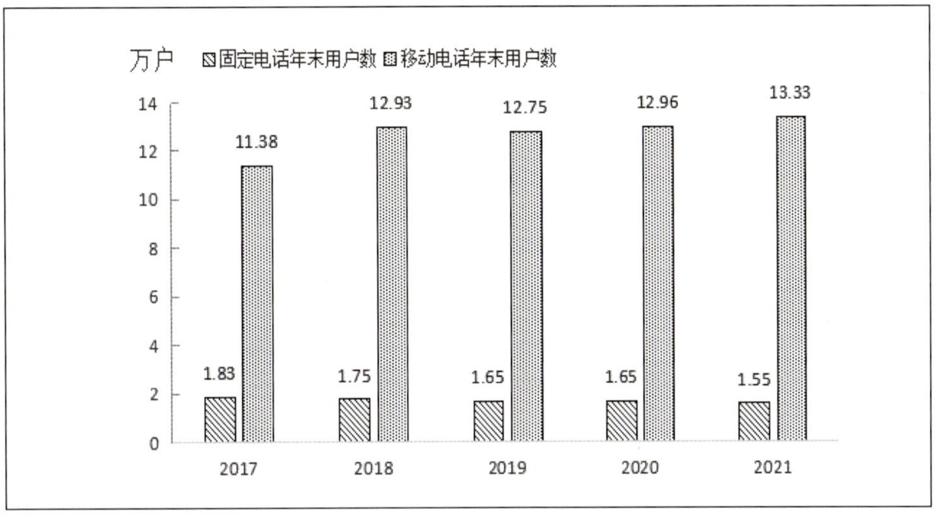

全年接待游客410.84万人次，比上年增长101.6%。旅游总收入28.37亿元，增长81.0%。

七、财政金融

全年一般公共预算总收入5.82亿元，比上年增长7.8%，其中，地方一般公共预算收入3.95亿元，增长1.1%；一般公共预算支出19.19亿元，下降11.7%。全县税收收入2.39亿元，增长12.6%。

图11　　2017—2021年一般公共预算总收入及其增长速度

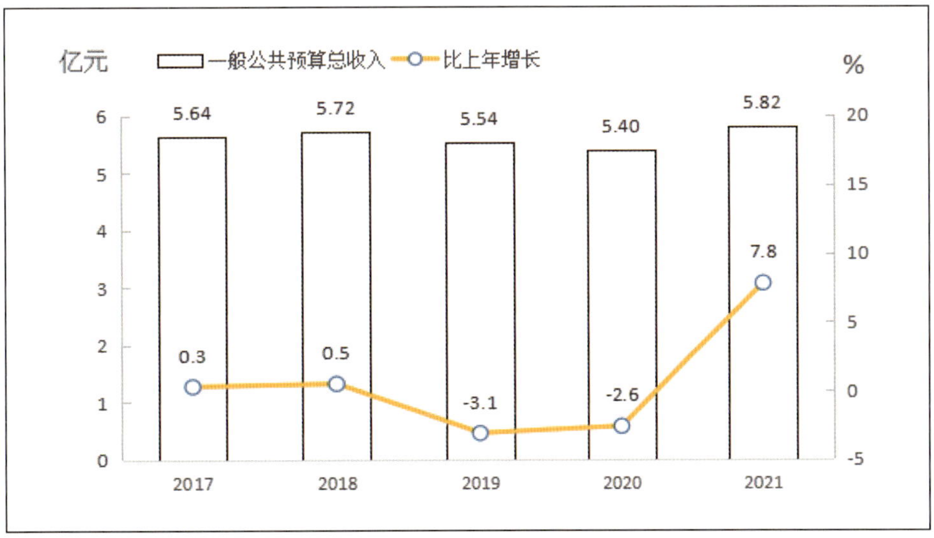

年末全县金融机构本外币各项存款余额 78.76 亿元，比上年末增长 0.2%；金融机构本外币各项贷款余额 76.85 亿元，增长 35.0%。

2021 年全部金融机构本外币存贷款情况表

表 5

指　　标	年末数（亿元）	比上年末增长（%）
各项存款余额	78.76	0.2
其中：住户存款	53.34	5.2
# 活期存款	26.65	-1.8
非金融企业存款	10.00	32.1
各项贷款余额	76.85	35.0
其中：住户贷款	50.81	26.0
# 短期贷款	15.23	4.9
企（事）业单位贷款	26.04	57.0

全年保险公司保费收入 1.93 亿元，比上年下降 2.0%。其中，人身险保费收入 1.46 亿元，财产险保费收入 0.47 亿元。支付各类赔款及给付 0.39 亿元，比上年增长 2.6%。其中，人身险 0.13 万元，财产险 0.26 万元。

八、人民生活和社会保障

全年居民人均可支配收入 26828 元，比上年增长 10.0%。按常住地分，农村居民人均可支配收入 19756 元，增长 11.6%；城镇居民人均可支配收入 34953 元，增长 9.5%。

全年居民人均生活消费支出 18405 元，比上年增长 14.6%。按常住地分，农村居民人均生活消费支出 15265 元，增长 18.9%；城镇居民人均生活消费支出 22187 元，增长 12.7%。

图 12　　2017—2021 年居民人均可支配收入及其增长速度

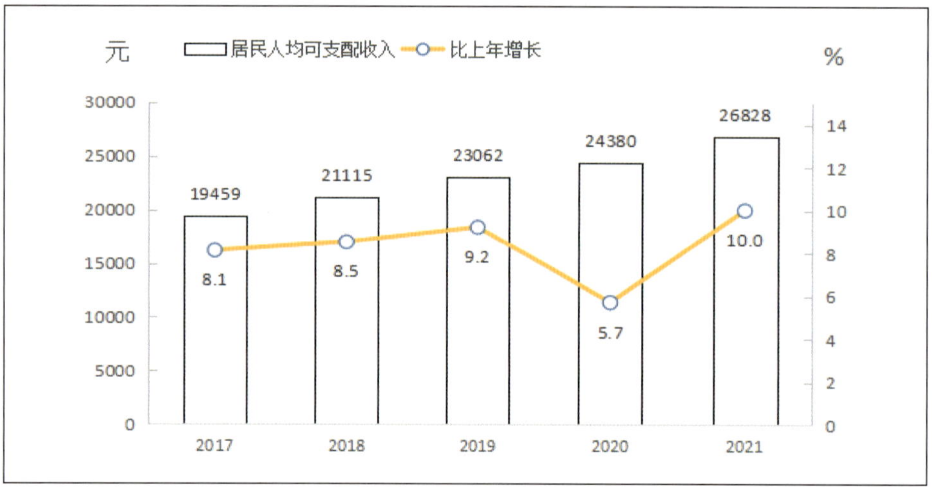

年末参加城乡居民基本养老保险人数 12.47 万人，比上年末增加 0.06 万人。参加基本医疗保险人数 17.86 万人，比上年减少 0.09 万人。参加失业保险人数 5703 人，比上年增加 1133 人。

年末领取失业保险金人数 83 人，比上年增加 29 人；纳入城市最低生活保障的居民 252 人，比上年末减少 12 人；纳入农村最低生活保障的居民 5959 人，比上年末增加 176 人；城乡特困人员 1227 人，比上年末减少 133 人。支付最低生活保障金额 370.7 万元。

九、教育和科学技术

全年中等职业教育招生 461 人，在校生 1251 人，毕业生 291 人。全县普通高中招生 999 人，在校生 2891 人，毕业生 815 人。初中招生 1928 人，在校生 5738 人，毕业生 1709 人。普通小学招生 1605 人，在校生 11764 人，毕业生 1943 人。特殊教育招生 10 人，在校生 67 人，毕业生 10 人。学前教育在园幼儿 4506 人。九年义务教育巩固率为 118.6%，高中阶段毛入学率为 96.3%。

图 13　　2017—2021 年各类学校招生人数

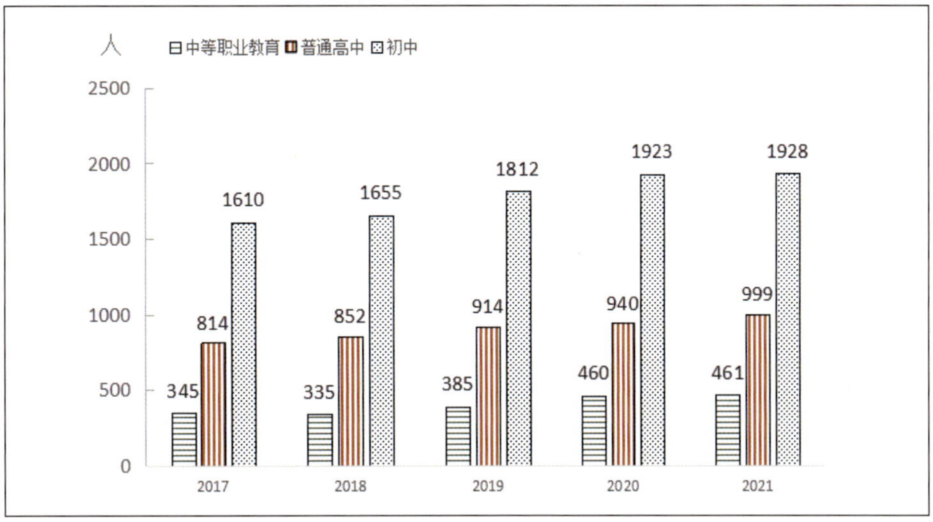

年末有国家高新技术企业 3 家、省科技小巨人领军企业 1 家。全年专利授权 73 件。截至 2021 年底，共存有效发明专利 22 件。

十、文化、卫生和体育

年末共有文化馆 1 个，图书馆 1 个，博物馆 1 个，体育馆 1 个，档案馆 1 个。

年末共有影院 2 家，银幕 6 块。广播电视差转台 1 座，电视台（县级）1 座。有线电视用户 1.38 万户，数字化率 100%。

年末共有各级各类医疗卫生机构 15 个（不含村卫生室）。其中，医院 2 个，卫生院 10 个。年末共有卫生技术人员 694 人，其中执业医师 134 人，注册护士 282 人。年末共有医疗机构床位 745 张。

图 14　　2017—2021 年医疗机构床位数和卫生技术人员数

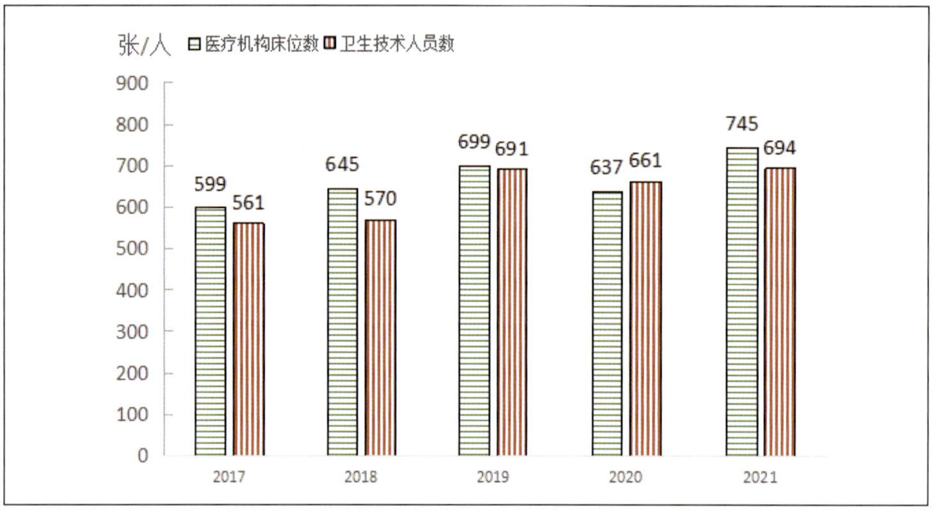

全年我县运动员在全国级赛事中共获得 5 金 1 银；在省级赛事中共获得 5 金 6 银 1 铜。

全年新建 1 个智慧体育公园，全年共计销售体育彩票 1556 万元。

十一、资源、环境和安全生产

全年植树造林总面积 5888 亩。全县完成“三沿一环”森林景观提升 120 亩，村庄绿化 60 亩，松林改造提升 5524 亩，其他造林更新 184 亩。森林抚育 32163 亩，封山育林 12239 亩。新增建成区绿地面积 15.94 公顷。

全县森林覆盖率 72.96%，森林蓄积量 445 万立方米。截至 2021 年底，我县获得国家生态文明建设示范县命名，礼门、泗桥、玛坑 3 个乡获国家级生态乡镇命名；全县省级生态乡镇 8 个，生态村 26 个；市级生态村 100 个。国家级自然公园 1 处，省级自然公园 2 处。国家 AAAA 级旅游景区 1 家，国家 AAA 级旅游景区 4 家。

空气质量达到国家二级标准，全年空气优良天数 365 天，达标比例为 100%。区域噪声均值 51.8 分贝，交通干线噪声均值 67.6 分贝。

发生各类生产安全事故 7 起，死亡 7 人。亿元地区生产总值生产安全事故死亡率 0.078。

注：1. 本公报所列数据为初步统计数，部分合计数或相对数由于单位取舍不同而产生的计算误差，均不做机械调整。

2. 本公报地区生产总值、各产业增加值按现价计算，增长速度按可比价格计算。

资料来源：

本公报中城镇新增就业、登记失业率、社会保障数据来自县人社局；财政数据来自县财政局；税收数据来自县税务局；公路通车里程、公路运输数据来自县交通运输局；户籍人口数据、汽车数据来自县公安局；邮电业务收入、电话用户等数据来自邮政、电信、移动、联通周宁分公司；货币金融数据来自人行周宁支行；保险业数据来自周宁银保监监管组；医保数据来自县医保局；低保数据来自县民政局；教育数据来自县教育局；高新技术企业数据来自县科技局；专利数据来自县市场监督管理局；旅游、文化、体育数据来自县文旅局；广播、电视数据来自县广电局、广电网络周宁分公司；卫生数据来自县卫健局；林业、自然数据来自县林业局；绿地面积数据来自县城市管理局；生态乡镇、环境监测数据来自宁德市周宁生态环境局；安全生产数据来自县应急管理局；城乡居民收支数据来自国家统计局周宁调查队；其他数据来自周宁县统计局。

说 明

一、本索引按主题词首字汉语拼音字母顺序排列，首字为阿拉伯数字的按大小排序，索引主题词后的数字表示页码，数字后的a、b、c表示栏别左、中、右。

二、栏目标题用着色黑体字、类目标题用黑体字，“专文”“大事记”“人物”“附录”类目、“概况”“综述”内容不做索引。

三、空一字起排的款目为上一主题的“附件”。

D

E

F

G

H

J

X

Y